동산도서관 소장 고문헌 번역총서 06

국역 허암유고
虛庵遺稿

동산도서관 소장 고문헌 번역총서 06

국역 허암유고(虛庵遺稿)

초판 1쇄 인쇄　2023년 1월 19일
초판 1쇄 발행　2023년 1월 31일

지 은 이　정희량
옮 긴 이　김윤조, 이지안, 황동권
감 수 자　이종한
펴 낸 이　신일희
펴 낸 곳　계명대학교 출판부
출판등록　제347-1998-1호(1970. 9. 1)
주　　소　대구광역시 달서구 달구벌대로 1095
대표전화　053-580-6233
팩　　스　053-580-6235
홈페이지　www.kmupress.com

ISBN 979-11-6516-181-1 93810　정가 25,000원

"이 저서는 대한민국 교육부와 한국연구재단이 주관하는 2022학년도 대학혁신지원사업의 지원을 받아 수행된 연구임"

동산도서관 소장 고문헌 번역총서 06

국역 허암유고
虛庵遺稿

정희량 지음
김윤조, 이지안, 황동권 옮김
이종한 감수

계명대학교 출판부

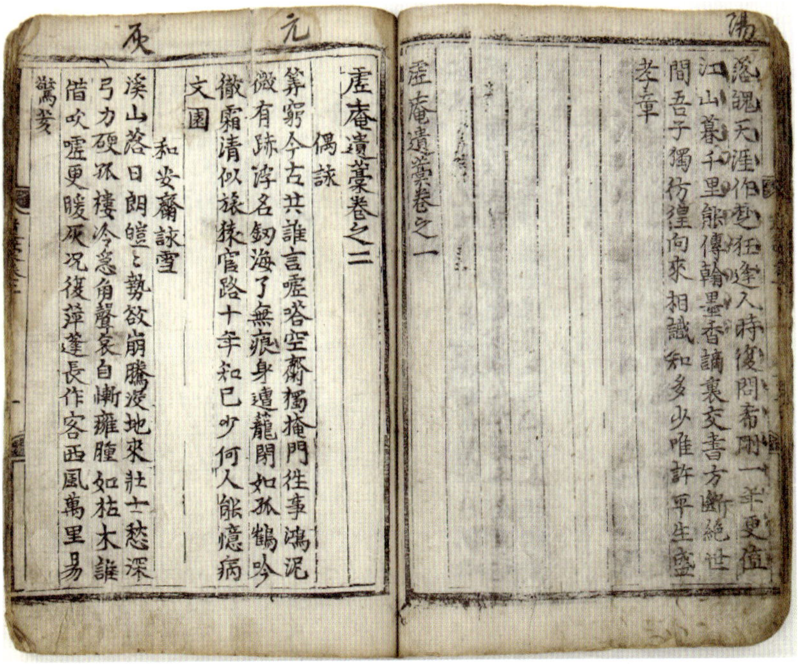

『허암유고』, 정희량(1469~1502?)의 문집
계명대학교 동산도서관 소장

『허암유고』에 대하여

임형택(林熒澤, 성균관대학교 명예교수)

『허암유고(虛庵遺稿)』의 저자 정희량(鄭希亮, 1469~?)은 자가 순부(淳夫), 본관이 해주(海州)이며 허암(虛庵)은 그의 호이다. 연산군 원년(1495)에 문과에 급제하여 한림(翰林) 등의 직책에 있다가 무오사화(戊午士禍) 때 김종직(金宗直)의 당(黨)으로 지목받아 의주(義州)로 유배되고 다시 김해(金海)로 옮겨졌다가 일단 풀려났다. 그가 살던 곳은 고양(高陽) 땅이었다. 모친상 중이었는데, 어느 날 홀연 조강(祖江) 가에 상복(喪服)·상장(喪杖)·신발만 남아 있고 종적은 찾을 수 없었다. 이때 나이 34세였다.

그는 환로(宦路)에 나서서 벼슬살이 2년, 귀양살이 4년이 전부였다. 평소에 말하기를 "앞으로 있을 갑자년의 화가 무오년보다 훨씬 심할 것이다."라고 하였으니, 갑자사화(甲子士禍)를 예견한 말이었다고 한다. 당시 사람들은 대개 그가 자살한 것으로 보지 않고 도피한 것으로 생각하였다. 반정(反正) 이후 다시 세상에 나올 것으로 기대하고 찾기도 하였으나 끝내 얼굴을 나타내지 않았다. 전설에 의하면 퇴계(退溪)가 젊었을 때 산사에서 책을 읽는데, 웬 중이 옆에서 정확히 구두(句讀)를 잡아주는 것이었다. 퇴계는 그 중이 허암일 것으로 생각하여 짐짓 "정허암도 이제 나와서 벼슬을 할 수 있겠지"라고 말을 붙였다. 그 중은 "안 되지, 그는 모친상을 마치지 않았으니 불효(不孝)요, 군명(君命)을 도거(逃去)하였으니 불충

(不忠)이라, 불효불충하고 무슨 면목으로 세상에 설 것인가"라고 하고 밖으로 나갔다. 따라 나가 보았더니 행방이 묘연했다고 한다. 이 일화를 통해서 망명도세(亡命逃世)하는 경우 명분에 용납될 수 없었던 사정을 알 수 있거니와, 그런 행동을 결행하게 된 데는 심각한 정신적 갈등과 함께 특이한 사상이 있었다.

원집에 실린 시고(詩稿)는 대개 의주와 김해 적소(謫所)의 작품이다(다른 원고는 갑자(甲子)의 화에 산일(散逸)되고 옛 벗의 집에 적소의 작품이 보관되어 있었다). 이들 시작(詩作)을 살펴보면 인식된 세계는 암담하게 색칠이 되어있으며, 시적 자아 역시 철저히 분열 고립된 상태이다. 정신적으로 피세(避世)를 추구하고 있었다. 「산은설(散隱說)」이란 한 편의 산문 속에 그의 독특한 인생관이 나타나 있다. '산은'은 장자적 은둔의 개념이다. '은(隱)'이란 세상을 떠나 숨는다는 뜻인바, 성시(城市)로 아니면 산림으로 숨게 마련이다. 그러나 이 양자는 세상으로부터 유리되는 것은 아니므로 자신의 산은의 이론을 스스로 실천한 셈이다.

'산은'이란 "대용(大用)을 무용(無用)의 가운데 붙인 것이다."라고 고차원의 반어를 쓰고 있지만 '허무주의적 사상'에 속하는 것이다. 염세적 사상의 시적 표현으로 「혼돈주가(渾沌酒歌)」라는 작품이 있다. 무위(無爲)의 원시(原始)로 돌아가서 "광막한 취향(醉鄕)은 내가 주인이니, 이 작위는 천작(天爵)이요 인봉(人封)이 아니로다.[醉鄕廣大我迺主, 此爵天爵非人封.]"라고 하여, 일체의 문명 제도를 부정하고 절대적 자유를 동경하고 있다. 이것은 방외인 문학(方外人文學)일면의 사상 경향을 대변한 것이다.

『허암유고』는 원집과 속집으로 구분되어 있다. 원집은 중종반정(中宗反正) 직후 허암을 추모하던 가까운 벗들에 의해서 편찬된 것이다. 3권 1책으로 대개 적소에서 지은 시편들로 엮어져 있다. 허암의 친구 이우(李堣)

가 강원도 감사로 있을 때 초간(初刊)이 나왔으며(중종 6년, 1511), 그 후 허암의 방손에 의해 경상도 감영에서 목활자로 재간(再刊)되었다(광해군 13년, 1621). 여기서는 이 재간본을 영인하였다.

속집은 3권 1책으로 구한말에 허암의 방계 후손에 의해서 편찬된 것이다. 권1에 시부(詩賦) 및 설(說), 잡저(雜著) 등 약간 편이 수록되어 있는데 각종의 문헌에 산재한 것을 뽑은 것이며, 또 별고(別稿)라고 해서 몇 편의 시를 수록했는데, 이들은 허암의 종적이 사라진 이후 그의 작품으로 세상에 유전(流轉)한 것이다. 권2는 부록으로 허암의 친우들이 그를 추모해서 지은 시부 및 행장(行狀), 전문(傳文), 유사(遺事) 등 여러 가지 참고 자료가 수록되어 있고, 권3은 부록으로 「무오사화당적(戊午士禍黨籍)」, 「사우동문록(師友同門錄)」 등이 수록되어 있다.

일러두기

1 이 책은 조선 연산군대의 문인 학자인 허암(虛庵) 정희량(鄭希良, 1469~1502?)의 문집인 『허암유고(虛庵遺藁)』 국역본이다. 계명대학교 동산도서관 벽오고문헌실 소장 『허암유고』를 저본으로 하여 번역하고 주석을 한 것으로, '동산도서관 소장 고문헌 번역총서' 제6권이다. 저본은 1511년(중종6) 간행 목판본으로, 임진왜란 이전에 출간된 초간본이라는 면에서 귀중한 자료이다.

2 이 책은 정희량이 유배지에서 지은 시를 우리말로 옮긴 번역문을 원서의 순서에 따라 배치하고, 원문도 같은 방식으로 전체 번역문 뒤에 수록하였다.

3 주석은 번역과 원문에 각각 일련번호를 붙여 각주로 달았다. 인물, 지명, 기관명, 주요 용어 및 어구에 대한 설명, 작품 관련 배경 지식, 이본에 따른 글자 출입 등을 주로 주석에 담았다. 다만 단어의 짤막한 뜻풀이는 본문의 ( ) 속에 넣었다.

4 번역을 위해서 『허암유고』 삼간본인 규장각본(1897년)을 대조본으로 참고하였다. 이 책의 각주 등에 보이는 '이본'은 규장각본을 이른다.

5 번역과 주석에서 한자는 가능한 적게 쓰고 반복 사용을 피하려고 했지만, 의미 전달에 필요한 경우 괄호에 병기하였다.

6 이 책에 쓰인 주요 문장 부호는 다음 원칙에 따랐다.
' ' 중요한 의미를 지닌 어구나 용어를 강조할 때
" " 대화 등을 인용할 때
( ) 한자를 병기할 때
[ ] 번역한 어구 또는 문장의 원문을 병기할 때
『 』 책 이름을 표기할 때
「 」 책의 편명, 단편 작품명 등을 표기할 때

『허암유고』 서문

이우(李堣)

내가 후세에 이름을 전한 고인을 살펴보니, 그들이 성취한 것이 세 가지가 있었는데 덕(德)이 최상이고, 공(功)이 그다음이며, 문장이 제일 아래였다. 비록 높고 낮은 정도의 차이는 있지만 아름다운 명성을 남겨 썩지 않는 점에서는 모두 동일하다. 공덕(功德)이 있는 사람은 명망과 사업이 위대하고 성대하여 사람들의 이목에 밝게 빛나고 서적에 떠들썩하게 기록되어 당대와 후대를 몹시 놀라게 하는데, 이는 사람들의 찬양을 기다리지 않아도 저절로 그렇게 되는 것이다. 그러나 다만 문장에 훌륭한 말을 전할 뿐 자신은 영달하지 못해 이름이 후세에 크게 드러나지 못한 사람은 비록 정요(貞曜)와 후산(后山)과 같은 훌륭한 시문을 지녔더라도 창려(昌黎)와 위연(魏衍)과 같이 은미하고 숨어있는 것을 드러내어 밝히는 조력[01]이 없었다면 함께 초목과 같이 되어 썩어 없어졌을 것이니 다시 누가 알아주겠는가!

나의 동년 친구[02] 정군(鄭君) 역시 문장에 훌륭한 말을 남겼으나 현달

---

01 정요(貞曜)와……조력: 정요(貞曜)는 맹교(孟郊)의 사시(私諡)이고, 후산(后山)은 진사도(陳師道)의 호이며, 창려(昌黎)는 한유(韓愈)의 관향이다. 맹교와 진사도가 한유와 위연의 도움을 받아 후세에 이름을 남긴 것을 말한다. 한유는 율양현위(溧陽縣尉)가 되어 떠나는 맹교를 위해 「송맹동야서(送孟東野序)」를 지어 그의 시를 극찬하였다. 진사도가 세상을 떠난 뒤인 1115년(예종10)에 위연의 주도로 그의 문집이 간행되었다.

02 동년 친구: 허암(虛庵) 정희량(鄭希良)과 송재(松齋) 이우(李堣) 두 사람은 1469년(예종1) 같

하지 못한 사람이다. 처음에는 성균관[03]에서 유학하면서 이름이 나 점차 사대부들 사이에 널리 알려졌고, 과거에 급제[04]하여 조정에 출사한 후 사관(史館)에 선발되면서 명성이 드러나려 하였다. 그러나 얼마 뒤에 무오사화(戊午士禍)[05]의 변고를 당해 오랫동안 외지에 귀양을 갔다가 방면되어 돌아온 지 얼마 안 되어 큰 사단이 일어날 것을 미리 알고 강물에 빠져 죽었다. 몇 년이 못 되어 정군과 함께 귀양을 갔던 사람들이 거의 다 주살되었는데, 정군만 홀로 사전의 기미를 잘 알아 자결함으로써 그 집안을 온전히 지켜내었으니 지혜롭다 할 만하다. 큰 포부를 지니고 조정에 섰으나 크게 펼치지 못하여 공덕이 당대에 베풀어져 사람들에게 미치지 못했는데, 하물며 후대에 전해지기를 바랐겠는가! 전해지기를 기대할 수 있는 것은 오직 일단의 문장뿐이다.

그러나 평소 지은 글을 집안에서 소장하지 않은 데다 그나마 친구 사이에서 나온 것마저도 갑자사화(甲子士禍)[06]와 을사사화(乙巳士禍)[07]를 겪으면서 흩어지고 없어져 남은 것이 없었다. 비록 한두 작품을 얻었으나 과거(科擧) 문체가 섞여서 자질구레하여 전하기에 부족하였다. 나는 매양 정군의 명성이 사라질까 두려워 항상 마음속에 생각하며 잠시도 잊은 적

은 해에 태어났을 뿐만 아니라 1492년(성종23) 생원시에 함께 합격하였다. 같은 해 함께 급제한 사람을 동년이라고 하였다.

03 성균관: 택궁(澤宮)은 주(周)나라 때 활쏘기를 익히고 선비를 선발하던 궁전으로, 여기서는 성균관을 말한다.

04 과거에 급제: 원시의 '석갈(釋褐)'은 '갈옷을 벗는다'는 뜻으로, 흔히 과거에 급제하여 벼슬하는 것을 말한다.

05 무오사화(戊午士禍): 1498년(연산군4)에 김종직의 「조의제문(弔義帝文)」을 그의 제자 김일손이 사초(史草)에 실은 것을 문제 삼아, 이극돈(李克墩)·유자광(柳子光) 등의 훈구파에 의해 사림이 화를 당한 사건이다. 이 사건에서 김일손은 사형당하고 김종직은 부관참시되었다.

06 갑자사화(甲子士禍): 조선 연산군 10년에 연산군의 생모 윤씨(尹氏)의 복위(復位) 문제가 발단이 되어 일어난 사화로 수많은 명신거유(名臣巨儒)들이 화를 당하였다.

07 을사사화(乙巳士禍): 명종 즉위년(1545)에 명종의 외숙 윤원형(尹元衡)의 소윤(小尹)이 인종의 외숙인 윤임(尹任)의 대윤(大尹) 일파를 몰아낸 사건으로, 유인숙(柳仁淑)·유관(柳灌) 등 대신과 사림 10여 명이 역모죄로 죽임을 당하였다.

이 없었다. 경오년(1510) 봄에 숙달(叔達)[08]의 집에 정군이 용만(龍灣: 의주)과 분성(盆城: 김해) 두 귀양지에서 지은 작품이 있다는 것을 듣고, 곧바로 이택지(李擇之)[09] 군과 함께 찾아가서 확인하였다.

택지와 숙달은 모두 정군의 친구인데, 서로 나에게 권면하기를 "그대는 남쪽에 늙은 부모님이 계시기 때문에 조만간에 반드시 지방관에 보직될 것이니, 그러면 책으로 간행할 수 있을 것입니다."라고 하였다. 내가 받아서 읽어보니, 그 통쾌하고 뛰어난 묘미가 예전에 얻은 것들에 비해 월등하니, 어찌 오랜 귀양살이와 나그네의 시름으로 인한 곤궁과 울분의 감정이 격동케 한 것이 아니겠는가. 고인이 '궁할수록 시가 공교해진다.[窮則詩工]'[10]라고 한 것이 바로 이를 두고 말하는 것이다.

정군은 무릇 세 번이나 외지로 귀양을 갔으니 그의 곤궁함을 알만하다. 특히 용만에서 가장 곤궁했는데, 게다가 시에 뛰어난 매계(梅溪)[11]와 한 고을에서 함께 귀양살이하면서 아침저녁으로 함께 지내며 가르침을 받아 갈고 닦고 시를 주고받았으니[12] 더욱 향상된 것이 또한 어찌 적었겠는가.

---

08 숙달(叔達): 권민수(權敏手, 1466~1517)의 자다. 호는 퇴재(退齋)·기정(岐亭)이고 본관은 안동(安東)이다. 1494년(성종25)에 문과에 급제하여 대사간, 대사헌, 충청도 관찰사 등을 역임하였다.

09 이택지(李擇之): 택지(擇之)는 이행(李荇, 1478~1534)의 자다. 호는 용재(容齋)·창택어수(滄澤漁叟)·청학도인(青鶴道人)이고, 본관은 덕수(德水)이다. 1495년(연산군1)에 문과에 급제하여 예문관 대제학, 우찬성, 이조 판서, 우의정, 홍문관 대제학 등을 역임하였다. 문장이 뛰어났으며, 글씨와 그림에도 능하였다. 저서로는 『용재집』이 있다.

10 궁할수록 시가 공교해진다: 송나라 구양수(歐陽修)의 「매성유시서(梅聖兪詩序)」에 "대체로 세상에 전해 오는 시들은 대부분이 옛날 곤궁한 사람들에게서 나온 것이다.……대개 곤궁할수록 시가 더욱 공교해지는 것이니, 그러한즉 시가 사람을 곤궁하게 하는 것이 아니라, 곤궁한 사람이어야만 시가 공교해지는 것이다.[蓋世所傳詩者, 多出於古窮人之辭也.……蓋愈窮則愈工, 然則非詩之能窮人, 殆窮者而後工也.]"라고 한 데서 온 말이다.

11 매계(梅溪): 조위(曺偉, 1454~1503)의 호이다. 본관은 창녕(昌寧), 자는 태허(太虛), 시호는 문장(文莊)이다. 1474년(성종5) 문과에 급제한 뒤 사가독서에 뽑혀 지평, 승지, 동지중추부사를 역임하였다. 초기 사림파의 대표적인 인물로 김종직(金宗直)의 문집을 편찬했다는 이유로 무오사화 때 유배되어 죽었다. 저술로 『매계집(梅溪集)』이 있다.

12 매계(梅溪)와……주고받았으니: 무오사화 때 정희량과 조위는 김종직의 문인이라는 이유로 의주로 귀양을 가게 되는데, 이곳에서 두 사람은 사제의 연을 맺었다. 매계가 지은 규정(葵亭)에서

처음 자득한 학문에 연원(淵源)의 가르침이 더해지고 곤궁한 처지에서 발현되었으니, 마음에서 우러나와 문장으로 표현된 것이 정교하려고 하지 않아도 저절로 정교해진 것이다. 나는 이에 몹시 기뻐하며 "이것만으로도 후세에 전할 만하니 많을 필요가 없다."라고 하고, 예전에 얻은 것을 모두 버리고 이것 하나만 취해서 보관해 두었는데, 이를 엄선하기 위함이다. 그해(1510) 겨울 과연 강원도 관찰사에 임명되었다.

강릉 부사 김사형(金士衡)[13]군 역시 정군의 친구이다. 내가 이 원고는 전해져야 한다고 말을 한번 하자, 그는 '예예'하며 즉시 목판에 새겨 간행하였다. 비록 창려와 위연의 힘은 없으나, 내가 일고여덟 해 동안 마음에 두고 잊지 않았던 것이 조금은 위로가 되니 정요와 후산도 아마 저승에서 눈을 감을 수 있을 것이다. 예로부터 문장이 전해지는 것은 자제의 사사로운 가족관계에서 나오거나 친구들의 공적인 관계에서 나오는데, 사사로운 가족관계에 의한 것은 빨리 전해지지만 공적인 관계에 의한 것은 오래도록 전해진다. 나와 사형은 모두 정군에게 공적인 친구 관계가 되니 반드시 오래도록 전해질 것임을 의심할 나위가 없다.

어떤 사람이 이에 대해 힐난하기를 "정군이 강물에 빠져 죽은 일은 사람들이 의심하여 추측할 뿐이지 자세한 것을 알지 못합니다. 그렇다면 세상이 싫고 화의 기미를 알아 은거하여 자취를 감추어 영원히 떠나 돌아오지 않고 있는 게 아닌지 어찌 알겠습니까. 예로부터 살아 있는 사람의 문집은 없었으니 이 원고를 간행하는 것은 너무 빠른 것이 아닙니까?"라

학문을 연마하고 시를 수창하며 1500년에 유배지가 옮겨지기 전까지 함께 보냈다. 이때 서로 주고받은 시들이 『매계집』과 『허암유고』에 실려 있다.

13 김사형(金士衡): 사형(士衡)은 김언평(金彦平, ?~1514)의 자다. 본관은 상주(尙州)이며, 1496년(연산군2)에 문과에 급제하여 감찰·장령·강릉 부사 등을 역임하였다. 강릉 부사 재직 시 송재(松齋) 이우(李堣)와 함께 정희량의 문집인 『허암유고』를 간행하였다.

고 하였다. 내가 대답하기를 "세상에 도를 배운 어떤 선비가 세상을 얕보고 멀리 떠나 시운(時運)에 따라 숨거나 세상에 나아가기를 마치 가을 하늘의 한 조각 구름이 일었다가 사라져 자취를 감추듯이 했으니, 지금 그대의 뜻이 여기에 있습니까? 그러나 정군이 도를 깨친 여부는 이미 알 수 없지만, 은거하거나 세상에 나오는 지혜 역시 과연 이와 같을 수 있었겠습니까?"라고 하였다.

만약 혹자의 말대로라면 정군은 반드시 찬바람을 타고 붉은 노을을 먹으며 천 길 산봉우리에서 옷을 펼쳐, 나그네로서의 곤궁함과 가난함이 용만과 분성의 귀양살이보다 몇만 배 심했을 것인즉 그 문장의 진보는 짐작조차 할 수 없을 것이다. 내 장차 지팡이를 짚고 구름을 두드려 찾아가 충허(沖虛)의 집[14]에서 정군에게 술잔을 권하고 정군이 저술한 것을 모두 가지고 돌아와서 이 원고 뒤에 속집을 잇더라도 아직 늦지 않을 것이다. 우선 이 글을 지어서 혹자의 말이 증험될지 여부를 기다린다. 정군의 자는 순부(淳夫)이고, 희량(希良)은 이름이며, 호는 허암(虛庵)이다.

1511년(중종6) 11월일에 분의 정국공신 가선대부 강원도 관찰사 겸 병마 수군절도사 청해군(靑海君) 이우(李堣)가 서문을 쓴다.

---

14 충허(沖虛)의 집: 신선이 사는 곳을 말한다. 충허는 신선이 된다는 말로, 위(魏)나라 완적(阮籍)의 「영회(詠懷)」 82수 가운데 제70수에 "선인들 장수하니 뜻을 기르는 것 충허에 있다네.[列仙停脩齡, 養志在沖虛.]"라고 한 데서 온 말이다.

『소문쇄록』의 기록

조신(曺伸)

『소문쇄록(謏聞瑣錄)』에 다음과 같이 말하였다.

정희량의 자는 순부(淳夫)이다. 기질이 강건하여 덜 여문 과실[15] 여러 말을 먹어도 속이 아프지 않았다. 또 술을 잘 마셨는데, 일찍이 "나는 탁주는 큰 그릇 석 잔, 청주는 큰 그릇 두 잔, 소주는 큰 그릇 한 잔을 마셔서 양을 조금씩 줄인다. 반드시 가슴속을 씻어내는 것이 우선이라서, 술잔에 부어 예법에 맞게 마시는 것을 좋아하지 않고 단지 큰 사발로 들이키는 것을 좋아한다."라고 하였다. 그는 문예에 종사하며 시를 잘 지었고 음양학에 뛰어났는데, 일찍이 자신의 운명을 점쳐보고 때와 벼슬이 일정하지 않은 것 때문에 탄식하기를 "만약 아무 간지에 있으면 크게 귀할 것이지만 아무 간지에 있으면 말할 수 없을 정도의 흉악이 있을 것이다."라고 하며, 늘 세상을 피해 숨을 뜻을 지녔다.

과거에 급제하여 한림이 되었는데[16], 무오년(1498)의 화를 당해 의주(義州)로 귀양갔다가 감형되어 김해(金海)로 옮겼으며, 이듬해인 신유년(1501)[17]

15 덜 여문 과실: 이본에는 '생과자(生果子)'로 되어 있고, 허봉(許篈)의 『해동야언(海東野言)』에는 '生果'로 되어있는데, 『해동야언』의 '생과(生果)'를 근거로 번역하였다. 저본과 대조를 위해서 참고한 이본은 규장각본 『허암유집』(1897, 삼간본)이다.

16 과거에……되었는데: 정희량은 1495년(연산군1)에 문과에 급제한 뒤, 이듬해에 한림이 되었다.

17 신유년(1501): 저본에는 '甲子(1504)'로 되어 있으나, 이본에는 '辛酉(1501)'로 되어 있다. 정희량은 1502년에 세상을 떠난 것으로 추정되기 때문에 신유년으로 번역하였다.

에 석방되었다. 이때 모친상을 당하여 고양(高陽)에서 시묘살이를 하였다. 어느 날 혼자 나가서 언덕을 이리저리 거닐었는데, 어린 종이 찾아오자 그를 속여서 "너는 나를 위해 필관채(筆管菜)[18]를 뜯어 오너라. 내가 먹고 싶구나!"라고 하였다. 어린 종이 돌아왔을 때는 이미 그가 보이지 않았다. 이에 집안사람들이 사방으로 흩어져 찾았으나 종적이 보이지 않자 '분명히 물에 빠져 죽었을 것이다.'라고 하였다. 해평군(海平君) 정기수(鄭耆叟)[19]가 바로 정군의 친족인데 연산군에게 아뢰어 그를 찾아 줄 것을 청했으나 연산군은 "미친놈이 달아나서 죽었는데 무엇 때문에 찾는가!"라고 하여, 끝내 종적이 끊어졌다. 그러나 당시 그가 죽지 않았다고 의심하는 사람도 있었다.

18 필관채(筆管菜): 삼백초과의 여러해살이풀로, 키는 20~50cm 정도 자라며 잎은 어긋나고, 넓은 달걀꼴의 심장 모양이다. 한국, 일본, 중국 등지에 분포한다.

19 정기수(鄭耆叟): 기수(耆叟)는 정미수(鄭眉壽)의 자다. 호는 우재(愚齋), 시호는 소평(昭平), 본관은 해주(海州)이다. 문종의 외손자로, 중종반정 때 정국공신 3등으로 해평 부원군(海平府院君)에 봉해졌다.

목차

『허암유고』 권1

『허암유고』 권2

『허암유고』 권3

허암유고 권1

모래톱에 내려앉은 기러기 平沙落雁[20]

가을빛 짙어지자 비가 도리어 개고	秋容濃淡雨還晴
파도가 잠잠하니 푸른 빛을 머금네	海波不動含淨綠
모래밭 평평하니 높이 쌓인 눈 무너뜨린 듯하고	沙平若翦雪嵯峨
기러기 등 비친 찬 햇살은 비껴 떨어지려 하네	雁背寒光斜欲滴
서풍이 불어와 못가 돌[21]에 내려앉으니	西風吹影落漁磯
글자들 새로 나오느라 못 물이 검어졌지[22]	字字新出臨池墨
무엇하러 곡식밭 그물 주살을 건드리랴	何處稻粱驚網弋
서둘러 갈대꽃 깊은 곳에 머물러야지	急向蘆花深裏宿

20 平沙落雁: 저본에는 전체 제목이 없는데, 이본 곧 규장각본에는 소상팔경(瀟湘八景)이라는 제목이 먼저 있고, 그 아래 '平沙落雁'부터 '江村暮雪'까지 8수의 시가 별도의 제목 없이 기록되어 있다. 저본과 같은 초간본인 고려대 도서관 만송문고본에는 전체 제목이 없다.

21 못가 돌: 원시(原詩)의 '어기(漁磯)'는 낚싯대를 함께 드리우는 물가의 암석이다. 당나라 대숙륜(戴叔倫)의 시 「벗 진우의 산속 집에 들러[過故人陳羽山居]」에 "높은 봉우리의 선경에 붉은 노을이 오르고, 물굽이 낚시터에 녹옥이 굽었네.[峰攢仙境丹霞上, 水遶漁磯綠玉灣.]"라고 하였다. (『全唐詩』 卷273)

22 글자들……검어졌지: 원시의 '임지묵(臨池墨)'은 글씨를 연습한다는 뜻이다. 후한(後漢)의 장지(張芝)가 글씨를 익힐 때, 자기 집에 있는 모든 의백(衣帛)에 글씨를 쓴 다음 다시 빨곤 했으므로, 그를 일러 "못가에서 글씨를 연습하여 못 물이 다 검어졌다.[臨池學書, 池水盡黑.]"라고 하였다. (『晉書』 卷80 「王羲之列傳」)

멀리서 포구로 돌아오는 돛단배[23] 遠浦歸帆

나루터 단풍 숲이 서리에 반쯤 사라지고	渡頭楓林霜半破
바닷바람 불자 성성이 피[24] 떨어지네	海風吹滴猩猩血
가을빛은 위아래가 거울처럼 평평하고	秋光上下鏡面平
만들어낸 조각마다 수정[25]처럼 푸르네	一片鑄出玻瓈碧
언덕 너머 졸던 새 문득 놀라 날아가고	隔岸眠鷗忽驚起
날듯이 오는 돛단배 새 따라 사라지네	客帆飛來隨鳥沒
지는 해 아득한데 어디서 자려는가	落日滄茫何處宿
짧은 젓대 몇 가락에 산수가 푸르러라	短笛數聲山水綠

【해제】

제1·2구에 방점이 찍혀 있다. 이 시는 한치윤(韓致奫 1765~1814)의 『해동역사(海東繹史)』에 「가을날 바라보다[秋望]」라는 제목으로 실려 있는데, 연작 2수로 되어 있으며 글자 출입이 심하다.

---

23 멀리서……돛단배: 멀리서 포구로 돌아오는 돛단배의 모습으로, 소상팔경 중 하나이다. 소상팔경은 중국 호남성 동정호 남쪽에 있는 소수와 상수의 여덟 가지 아름다운 경치로 '평사낙안(平沙落雁)', '원포귀범(遠浦歸帆)', '산시청람(山市晴嵐)', '강천모설(江天暮雪)', '동정추월(洞庭秋月)', '소상야우(瀟湘夜雨)', '연사만종(煙寺晚鐘)', '어촌석조(漁村夕照)'를 말한다. (『夢溪筆談』「書畫」)

24 성성이 피: 성성(猩猩)이는 원숭이의 일종으로, 동물들 가운데 피가 유독 빨갛다고 하므로, 여기서는 곧 빨갛게 물든 단풍 숲을 비유한 것이다.

25 수정: 원시의 '파려(玻瓈)'를 풀이한 말이다. 고대의 옥(玉) 이름으로 '수옥(水玉)'이라 일컫는데, '수정(水晶)'이라 부르기도 한다. 이에 맑고 잔잔한 수면이나 맑고 깨끗한 하늘을 비유하기도 한다. (『觀燕錄』)

어촌의 낙조 漁村落照

푸른 산 그림자 사라져 낚시터 차가운데 青山影空釣磯寒
바다 어귀의 가을빛 움켜 뜰 만큼 짙구나 海門秋色濃可掬
도롱이에 누운 어옹 깨지 않고 잠만 자니 漁翁臥蓑睡不驚
갈매기 흩어지려다 되레 서로 뒤쫓는구나 鷗鳥欲散還相逐
버들가지에 물고기 꿰어 저물녘에 돌아오자 織柳穿魚及暮歸
남쪽 이웃 술 부르고 동쪽 이웃 화답하네 南隣喚酒東隣答
부슬부슬 저녁 비에 서둘러 그물 걷는데 疏疏晩雨急收網
한 줄기 석양이 마른 나무에 걸려 있구나 一抹斜陽掛枯木

【해제】

입성(入聲) '옥(屋)'을 운으로 한 작품인데, '답(答)' 하나만 예외적으로 입성 '합(合)' 운이다. 통운이나 협운으로 통용된 것으로 보인다. 고려 말 익재 이제현 이후로 소상팔경을 제목으로 시를 남긴 작가들은 대개 평성운을 썼지만 허암은 유독 전체 작품에 모두 측성운을 사용하였다. 그 점, 비슷한 시기의 다른 작가와 차이가 도드라진다.

이 시는 소상 팔경(瀟湘八景) 중의 하나인 「어촌의 낙조[漁村落照]」를 읊었는데, 2, 6구에 비점(批點)이 찍혀 있다. 『해동역사(海東繹史)』「예문지(藝文志)」에도 실려 있는데, 제목이 '강마을[江村]'로 되어 있다.

신기루[26]에 갠 이내 山市晴嵐

강가의 푸른 산은 한 송이 옥 같은데	江上青山玉一朶
새벽해 물들이고 피어오르는 이내 푸르네	曉日染成嵐縷碧
떠다니는 구름 퍼지는 안개 화려한 비단 같아	經雲緯霧錦陸離
소상강에서 짜고 보니 가을 물빛이더라	織破瀟湘秋水色
바람 따라 빙빙 돌며 어여쁜 여인을 배워	隨風宛轉學佳人
탁문군[27]의 반쯤 찌푸린 눈썹 그려내었네	畫出文君眉半蹙
잠시 뒤에 운무가 흩어져 비를 뿌리자	俄頃霏微散作雨
푸른 산이 새로 목욕한 듯 툭 튀어나오네	青山忽起如新沐

동정호에 뜬 가을 달 洞庭秋月

맑디맑은 동정호에 가을 그림자 찬데	湖水澄澄秋影寒
이슬에 씻긴 달[28]이 바람결에 떠오르네	露洗風吹生桂魄

---

26 신기루: 대기의 밀도 분포가 서로 달라서, 광선이 굴절하기 때문에 먼 곳의 물상이 공중에 바르게 또는 거꾸로 나타나 보이는 현상인데, 산 위에 나타나면 산시(山市), 바다 위에 나타나면 해시(海市)라고 한다.

27 탁문군(卓文君): 중국 전한(前漢) 임공(臨邛)의 부호인 탁왕손(卓王孫)의 딸이며, 사마상여(司馬相如)의 처이다. 사마상여가 타는 악기 소리에 반하여 반하여 밤중에 집을 빠져나와 그의 아내가 되었으며, 후에 사마상여가 무릉(茂陵)의 여자를 첩으로 삼으려 하자 「백두음(白頭吟)」이라는 가사(歌詞)를 지어 결별의 뜻을 밝혔다.

28 달: 원시의 '계백(桂魄)'은 계수나무의 넋인데, 달을 비유하는 시어(詩語)로 쓰인다.

군산[29]의 늘어선 옥나무는 세어볼 만하고	君山玉樹森可數
늙은 규룡은 구슬 품고 깊이 잠들지 못하네	老虬抱珠眠不熟
한밤에 구름 사이로 구슬픈 소리 새 나오니	夜深哀響落雲間
상수의 혼령이 옥비파 연주[30]하는 것이리	定有湘靈弄瑤瑟
기골 맑아지고 정신 번쩍하여 신선 된 듯	骨淸魂冷我欲仙
봉래산 속 은궐[31]에 찾아온 듯하도다	擬向蓬萊訪銀闕

소상강의 밤비 瀟湘夜雨

우뚝 솟은 구의산[32]에 먹구름 자욱한데	九疑嵯峨雲似墨
빗속에 자고새 우는 상강의 저녁이라	鷓鴣啼雨湘江夕
으스스 찬바람 소리가 처량하게 하고	寒聲淅瀝助凄切
대나무 눈물 자국[33]에 애달파 눈물 떨어질 듯	竹間餘淚哀欲滴

29 군산(君山): 중국 호남(湖南) 동정호(洞庭湖) 가운데에 있는 산의 이름이다.

30 상수의……연주: 굴원(屈原)의 『초사(楚辭)』 「원유(遠遊)」에 "상령으로 하여금 비파를 타게 함이여, 해약을 부리고 풍이를 춤추게 하네.[使湘靈鼓瑟兮, 令海若舞馮夷.]"라고 한 데서 온 말이다. 상수(湘水)의 혼령은, 순(舜) 임금이 창오(蒼梧)의 들에서 죽자 상수에 빠져 죽어 수신(水神)이 되었다는 순 임금의 두 비(妃)인 아황(娥皇)과 여영(女英)의 넋을 이른다.

31 봉래산 속 은궐: 도가에서 말하는 신선이나 옥황상제가 사는 곳이다. 봉래산(蓬萊山)은 전설상 신선이 산다는 삼신산(三神山) 가운데 하나이다.

32 구의산(九疑山): 순 임금을 장사 지낸 데로 알려진 곳으로, 지금의 호남성(湖南省) 영원현(寧遠縣) 남쪽에 있다. 『사기(史記)』 「오제본기(五帝本紀)」에 "순임금이 제위에 오른 지 39년 되던 해에 남쪽으로 순수하다가 창오(蒼梧)의 들판에서 붕어하니, 강남의 구의산에 장례 지냈다.[踐帝位三十九年, 南巡狩, 崩於蒼梧之野, 葬於江南九疑.]"라고 하였다.

33 대나무 눈물 자국: 소상강(瀟湘江) 일대에 자줏빛 반점이 있는 대나무가 자라는데, 아황(娥皇)과 여영(女英)이 순 임금이 죽은 후에 상강에서 슬피 울다가 물에 빠져 죽었을 때 흘린 눈물이 대나무에 얼룩져서 반죽(斑竹)이 되었다는 전설이 있다. (『博物志』 卷8 「史補」)

초나라 노래 지어 천자의 혼을 부르니[34] 楚些爲招帝子魂
달도 바람도 시름하고 하늘마저 우누나 月恨風愁天亦泣
돌아가지 못하고 외론 배에서 보내는 밤 孤舟一夜滯未歸
유배객은 쓸쓸하여 흰머리만 돋는구나 遠客蕭條生白髮

이내 낀 절의 저녁 종소리 煙寺暮鍾

고목과 굽은 절벽[35]에 산 더욱 깊고 古木回巖山轉深
새들은 끝없이 날며 날은 저무네 鳥飛不盡來暝色
구름 뚫고 골짝 넘어 종소리 어디? 穿雲越壑何處鍾
분명 빈 골짝에 고승이 있겠지 定有高僧住空谷
아스라이 누대는 저녁노을에 숨는데 縹緲樓臺隱晚霞
가보고 싶지만 돌아올 길이 없네 雖欲往從歸路隔
해거름에 사자 울음 깜짝 들리니 落日驚聞獅子吼
나귀 등짝 시인[36] 고개 자주 돌리네 驢背詩人首屢側

---

34 초나라 노래 ……부르니: 전국 시대 초(楚) 나라 굴원(屈原)이 초 회왕(楚懷王)을 애도하며 혼을 부르는 글을 지었는데, 그 글 「초혼(招魂)」에 "넋이여 돌아와 아름다운 도성 문으로 들어오라.[魂兮歸來, 入脩門些.]"라고 하였다. 초나라 노래는 원시의 '초사(楚些)'를 옮긴 말로, "사(些)" 자는 「초혼」의 많은 구절 끝에 어기사로 쓰인 초나라 방언이다. (『文選』 卷33 「招魂」)

35 고목과……절벽: 두목(杜牧)의 「옛 유람을 떠올리며[念昔遊]」 시에 "이백이 시를 쓴 수서사에는 고목과 굽은 절벽에 누각 바람이로다.[李白題詩水西寺, 古木回巖樓閣風.]"라고 하였다.

36 나귀……시인: 성당(盛唐)의 시인 맹호연(孟浩然)을 말한다. 맹호연은 눈발이 휘날리는 날 나귀를 타고 장안 동쪽 파교(灞橋)의 위를 지날 때 가장 멋진 시상이 떠올랐다고 한다. 소식의 시에 "그대는 또 못 보았는가 눈 속에 나귀 탄 맹호연을, 시 읊느라 찌푸린 눈썹 산처럼 솟은 두 어깨를.[又不見雪中騎驢孟浩然, 皺眉吟詩肩聳山.]"이라고 하였다. (『蘇東坡詩集』 卷12 「贈寫眞何充秀才」)

강 마을의 저문 눈 江村暮雪

강 마을에 날 저물어 하늘 아득하고	江村落日天杳茫
쓸쓸한 갈대에 저문 눈 소리 들리네	荻葦蕭疏響晚雪
숨은 용 시름 하니 언 물에 물결 일고	蟄龍愁吟凍生鱗
잠든 갈매기 꼼짝 않자 추위 뼈에 사무쳐	睡鷗不動寒徹骨
누구일까, 혼자서 배를 탄 사람	孤舟獨向者誰子
봉창에 우두커니 앉아 가던 길 멈추네	兀坐蓬窓滯行色
강 마을 고상한 이, 맑고 활달한 분	溪上高人定淸曠
어찌하면 찾아가 차를 함께 마실까	安得往尋同茗荈

느낌이 있어 有感

부모님 나를 낳아 기르느라 고생하셨는데[37]	父母生我苦
터럭 하나도 모두 물려주셨지	毫髮皆所賜
아아, 불초한 이 몸은	惜哉不肖身
갖춘 몸이 어찌 아름답지 않았겠는가	具體寧非美
등과 무릎 번거로이 키우시니[38]	提携煩背膝

---

37 부모님……고생하셨는데: 『시경』「소아(小雅)·육아(蓼莪)」에 "부모님 생각에 슬프고 슬프도다, 낳고 길러 주시느라 얼마나 고생하셨던가.[哀哀父母 生我劬勞.]"라고 하였다.

38 키우시니: 원시의 '제휴(提携)'를 풀이한 말로, 『예기』「곡례(曲禮)」에 "어른이 어린이의 손을 잡

거의 골수가 완성되었는데 庶幾完骨髓
어찌하여 공연히 화에 휩쓸려 胡爲浪觸禍
허리며 다리에 채찍을 맞았던가 腰脚遭鞭箠
한 몸도 보전하기 어려운데 寸軀自難保
하물며 부모님의 뜻에 보답하랴 況敢答親志
멀리 하늘 끝으로 귀양을 오니 遠謫天一涯
고향은 만 리나 떨어졌구나 故國隔萬里
혼정신성 못한 지 오래이니 定省久已闕
생각할수록 진실로 부끄럽네 念之良可恥
아우와 누이도 각각 떠돌아다니니 弟妹各飄零
하룻밤에 혼이 수없이 떠도는구나 一夕魂九徙
높은 곳에 올라 홀로 멀리 바라보니 登高獨長望
지는 해에 슬픈 바람이 이네 落日悲風起

감회가 있어 [열세 명의 벗[39]] 有懷【十三友】

1

내가 사랑하는 남사화[40]는 我愛南士華

아 이끌어주면 어린이는 두 손으로 어른의 손을 받든다.[長者與之提携, 則兩手奉長者之手.]" 라고 한 데서 온 말이다.

39 열세 명의 벗: 이본에는 박중열(朴仲說)이 가장 먼저 실려 있고 남사화(南士華)는 다섯 번째인데, 저본에는 남사화가 가장 먼저 실려 있다.

40 남사화: 사화(士華)는 남곤(南袞, 1471~1527)의 자이다. 호는 지정(止亭)·지족당(知足堂), 본

몸은 다르나 형제와 같네 異體同骨肉
배운 것이 바른 도에 있어 所學在正道
왕도와 패도 잘 구분하지 王覇甚分別
허암에서 향불 피우는 교분[41] 나눴고 虛庵香火社
지정에서 비바람 치는 저녁에 만났지 止亭風雨夕
책상 맞대고 회포를 쏟아내고 連床吐懷抱
웃으며 이야기를 주고받았지 一笑相唯諾
내가 가끔 고상한 의논 꺼내면 余時獨高議
그대 얼굴에 희색이 넘쳤지 子面浮喜色
옛사람의 우정과 논해보니 論交古人間
관포지교[42]에도 부끄럽지 않네 管鮑可無怍

2

내가 사랑하는 박중열[43]은 我愛朴仲說
갠 날의 달[44]처럼 속마음 깨끗하지 肝膽如霽月

관은 의령(宜寧), 시호는 문경(文景)이다. 1494년(성종25) 별시 문과에 급제하여 사간원 정원·홍문관 대제학·이조 판서 등을 지냈다. 1519년(중종14) 심정(沈貞) 등과 함께 기묘사화를 일으켜 조광조(趙光祖), 김정(金淨) 등 신진 사림파를 숙청하였다. 저서로는 『지정집』 등이 있다.

41 향불……교분: 향불을 피우는 인연으로 맺어진 결사로 의기투합하는 교분을 뜻한다. 당나라 백거이(白居易)가 무종(武宗) 연간에 태자 소부(太子少傅) 벼슬을 그만두고 형부 상서(刑部尙書)로 관직에서 물러난 뒤 향산(香山)의 승려 여만(如滿)과 향화사(香火社)를 결성, 수행하며 자호(自號)를 향산거사(香山居士)라 하였다. (『舊唐書』 卷166 「白居易傳」)

42 관포지교: 춘추 시대 제(齊)나라 관중(管仲)과 포숙아(鮑叔牙)의 사귐으로, 자신의 속마음까지 알아주는 진정한 친구의 교분을 말한다.

43 박중열: 중열(仲說)은 박은(朴誾, 1479~1504)의 자이다. 호는 읍취헌(挹翠軒), 본관은 고령(高靈)이다. 1496년 문과에 급제하였다. 같은 해 사가독서(賜暇讀書)에 선발되었고, 그 뒤에 곧 승문원과 홍문관의 관직을 거쳐 경연관을 지냈다. 1498년에 유자광(柳子光) 등의 모함을 받아 파직된 후로 관직을 단념하였다. 1504년 갑자사화 때에 동래로 유배되었다가 다시 의금부에 투옥되어 사형을 당했다. 저서로는 『읍취헌유고』가 있다.

44 개인 달: 원시의 '제월(霽月)'은 광풍제월(光風霽月)을 줄인 말이다. 비가 그친 뒤 하늘의 맑고 깨끗한 모습을 형용한 말로, 사람의 인품이 고결하고 흉금이 탁 트인 것을 비유한다. 북송(北宋)

세상일 잊고 물고기 구경할 때[45] 相忘到濠梁
지극한 즐거움[46] 서로 똑같았네 至樂相與敵
매화 핀 창에는 봄비 소리 들리고 梅窓響春雨
초가엔 밤에 눈 내리는 소리 울리네 草屋鳴夜雪
술잔 들 땐 반가운 눈빛[47] 짓고 把酒作靑眼
시 논할 땐 붉은 촛불 돋우었네 論詩跋紅燭
이런 진실한 흥취 말할 때면 謂言此趣眞
아이들 알까봐 늘 두려웠지[48] 常恐兒輩覺
세상일이 이와 같고 보니 世事乃如此
아! 조물주, 깜짝 놀랍구나 造物吁可愕

의 시인이자 서예가인 황정견(黃庭堅)이 주돈이(周敦頤)를 존경하여 쓴 글에 "그 인품이 매우 고명하고 마음결이 시원하고 깨끗하니 마치 맑은 날의 바람과 비 갠 날의 달과 같다.[其人品甚高, 胸懷灑落, 如光風霽月.]"라고 하였다. (『宋史』 卷427 「周敦頤列傳」)

45 물고기 구경할 때: 원시의 '호량(濠梁)'은 호수(濠水) 위의 다리라는 말이다. 장자(莊子)와 그의 친구 혜자(惠子)가 일찍이 호수(濠水)의 다리 위에서 노닐 때, 장자가 "피라미가 나와서 조용히 노니, 이것이 물고기의 즐거움일세.[儵魚出游從容, 是魚樂也.]"라고 하자, 혜자가 "자네는 물고기가 아닌데 물고기의 즐거움을 어떻게 알겠는가.[子非魚, 安知魚之樂也.]"라고 하며 서로 대자연에 도취하여 흥겹게 이야기를 나누며 놀았던 데서 온 말이다. (『莊子』 「秋水」)

46 지극한 즐거움: 세속을 초월하여 자연과 하나가 되는 물아일체의 경지에서 오는 즐거움이다. 『장자』 「지락(至樂)」에 "천하에 지극한 즐거움이 있는가, 없는가? 몸을 살릴 수 있는 것이 있는가, 없는가? ……지극한 즐거움은 세속의 즐거움을 초월하고, 지극한 명예는 세속의 명예를 초월한다.[天下有至樂, 無有哉? 有可以活身者, 無有哉?……至樂無樂, 至譽無譽.]"라고 하였다.

47 반가운 눈빛: 원시의 '청안(靑眼)'은 푸른 눈으로 반갑고 따뜻한 눈빛이다. 진(晉)나라 죽림칠현(竹林七賢)의 한 사람인 완적(阮籍)은 예교에 얽매인 속된 선비가 찾아오면 흰 눈[白眼]을 뜨고, 맑은 고사(高士)가 찾아오면 푸른 눈[靑眼]을 뜨고 대했다고 한다. (『晉書』 卷49 「阮籍列傳」)

48 아이들……두려웠지: 진(晉)나라 사안(謝安)이 왕희지(王羲之)에게 "중년 이래로 애상에 젖곤 하는데, 친우와 헤어지고 나면 며칠간은 우울하기만 하다.[中年傷於哀樂, 與親友別, 輒作數日惡.]"라고 하니, 왕희지가 "나이가 만년에 이르면 자연히 그렇게 되기 마련이다. 그럴 때는 음악으로 기분을 풀어야 하는데, 다만 아이들이 알아서 즐거운 흥취를 방해받을까 그것이 늘 걱정이다.[年在桑楡, 自然至此. 正賴絲竹陶寫, 恒恐兒輩覺, 損欣樂之趣.]"라고 답한 고사가 전한다. (『世說新語』 「言語」)

【해제】

귀양지 의주에서 그리운 벗 13명과의 추억을 읊은 십삼 수 연작시 중 제2수이다. 읍취헌(挹翠軒) 박은(朴誾)에 대해 읊었고, 5·6구에 방점이 찍혀 있다. 정희량과 박은은 매우 친한 사이로 많은 시를 주고받으며 시에 관해 토론하였다.

이 시는 크게 두 부분으로 나뉜다. 전체 12구 중에 앞의 6구는 박은의 고매한 인품을, 뒤의 6구는 박은의 시에 대한 열정을 비유하였다. 앞부분에서 정희량은 박은의 속마음을 '갠 날의 달[霽月]'이라 표현하였다. '갠 날의 달'은 '광풍제월(光風霽月)' 곧 '비가 갠 뒤의 맑게 부는 바람과 밝은 달'을 뜻하는 말로 박은의 고매한 인품을 상징하는 자연이다. 또 두 사람은 세상일을 잊고 물고기를 구경할 때 지극한 즐거움을 느낀다고 하였다. 이때의 지극한 즐거움은 무엇일까? '기심(機心)'이 없는 물고기의 움직임을 통해 자연의 이치를 깨닫는 데에서 오는 흥취일 것이다. 그리고 그와의 많은 추억 중에 매화 핀 창에 들리는 봄비 소리와 깊은 밤 초가지붕에 눈이 내리는 풍경을 읊었다. 두 풍경 역시 속기 한 점 없는 청징한 자연을 상징한다. 정희량은 '제월(霽月)', '호량(濠梁)', '매화[梅]', '눈[雪]'과 같은 시어를 사용하여 박은의 고매한 인품과 속기 한 점 없는 청징한 정신을 강조한 것이다.

뒷부분에서는 분위기가 반전된다. 함께 술을 마실 때는 '반가운 눈빛[靑眼]'을 짓지만, 시에 관해 토론할 때는 꺼져가는 촛불을 돋우어가며 밤새 치열하게 토론한다. 토론이 얼마나 치열했는지 잠자는 아이들이 깰까 두려울 정도였다. 두 사람 모두 시에 관해서는 당대를 대표하는 시인이었던 만큼 토론이 치열하였다. 두 사람 모두 소식(蘇軾), 황정견(黃庭堅), 진사도(陳師道) 등의 강서시(江西詩)에 상당한 관심을 가졌다. 그래서 한시사에서 정희량, 박은, 이행(李荇), 박상(朴祥), 노수신(盧守愼), 황정욱(黃廷彧)

등을 '해동 강서시파(海東江西詩派)'로 부른다.

3

내가 사랑하는 김인로[49]는	我愛金仁老
박옥[50]같은 훌륭한 자질 지녔지	美質如璞玉
겸비한 재덕 드러내지 않으나	才全德不形
외면을 보니 내실을 알겠네	視外知內實
구원에 아름다운 난초 심고서[51]	猗蘭種九畹
뜻을 함께하는 친구라 여기며	許我同一室
취향[52]을 잘 간직하여	謂言保臭味
함께 군자의 자리에 오르자 했네	俱升君子席
누가 쑥대처럼 쓸데없는 나를	誰使篷蒿姿
기댈 곳 없이 나뒹굴게 했나	飄零失依托
앞이 까마득한 만 리 먼 길	茫茫萬里途
힘이 약해 소생할 길이 없네	弱力無由息

49 김인로: 인로(仁老)는 김천령(金千齡, 1469~1503)의 자이다. 본관은 경주(慶州)이다. 1496년(연산군2) 문과에 장원으로 급제하였고, 1498년에 사가독서(賜暇讀書)하였다. 강직하고 청빈한 성품으로 칭송을 받았으나, 35세로 요절하였다. 죽은 이듬해 갑자사화 때, 앞서 대간에 재직하면서 정침(鄭沈)의 가자(加資)를 주장한 일로 부관참시(剖棺斬屍)를 당하였다. 중종반정으로 신원되고 도승지에 추증되었다.

50 박옥(璞玉): 돌 속에 들어있는 가공되지 않은 옥으로, 훌륭한 자질을 지닌 것을 비유하는 말이다. 원래 박옥은 초(楚)나라 변화(卞和)가 형산(荊山)에서 얻은 옥돌로 천하의 보배라고 알려졌다. (『韓非子』「和氏」)

51 구원에……심고서: 결백하고 고결한 절조를 지키기 위해 초야에 물러나 산다는 말이다. 굴원이 조정에서 모함을 받고 쫓겨난 뒤에도 계속 인의(仁義)를 지키겠다는 뜻을 밝히면서 "내가 구원의 땅에다 이미 난초를 심어 놓고는, 다시 백묘의 땅에다 혜초를 심었노라.[余旣滋蘭之九畹兮, 又樹蕙之百畝.]"라고 한 데서 온 말이다. (『古文眞寶後集』卷1「離騷經」)

52 취향[臭味]: 향취와 입맛이라는 말로, 가치관이나 신념을 뜻한다. 진(晉)나라 곽박(郭璞)의 시「온교에게 주다[贈溫嶠]」에 "그대와 향취와 입맛으로 보자면, 이끼는 다르지만 산은 같다네.[及爾臭味, 異苔同岑.]"라고 한 데서 온 말이다.

혹여 본성 변치 않는다면　本性倘不變
난초 시들었다 할 리 없으리　蘭悴何足說

【해제】

인로(仁老)는 김천령(金千齡, 1469~1503)의 자이다. 허암과 마찬가지로 김종직의 문하에서 수학하였다. 소과와 대과 모두 장원을 할 정도로 출중한 재주를 지녀 촉망받는 인재였고, 외유내강의 성품으로 강직한 언사를 서슴지 않아 중죄를 받기도 하였다. 이런 기질은 허암과 닮아 있다.

시에서 '취미(臭味)'란 지향점이나 성향이 비슷한 것을 뜻하는 말로, 주로 마음이 통하는 벗을 지칭할 때 사용된다. 혈기 왕성한 두 젊은이는 우리의 마음을 잘 지켜 뜻을 이루자 다짐하였다. 그러나 소신을 지킨 대가는 칼날이 되어 시인의 목을 겨누었다.

한 치 앞도 내다볼 수 없는 가혹한 현실 앞에 당장이라도 시속에 영합하여 살 궁리를 해 볼 법도 하지만 시인은 편의보다 가치를 선택하였다. 그래서 친구에게 끝까지 지켜 내리라 다짐을 한다.

4

내가 사랑하는 홍애자[53]　我愛洪崖子
기골이 수려하여 신선 중 으뜸　骨秀神仙伯
재주로 이름 알린 지 이십 년　才名二十年
말을 하면 세상을 놀래켰지　出語驚世俗

53 홍애자: 홍언충(洪彦忠, 1473~1508)을 말한다. 홍언충은 1498년(연산4) 정희량·김천령(金千齡)·박은(朴誾)·임희재(任熙載)와 함께 사가독서에 뽑혀 친밀한 관계를 유지하였다. 갑자사화로 유배된 후 벼슬에 나아가지 않았다. 저서로는 『우암고(寓菴稿)』가 있다.

이 사람은 옛 물결과 만나	斯人接古派
큰 강이 서북에서 합했네	大江合西北
도학 공부는 높고 깊으며	學道在崇深
글의 기운은 부박함을 멀리했네	文氣去浮薄
손에 조물주의 용광로[54] 잡았으니	手持造化爐
도연명과 사령운을 빚어내리라	陶謝可鑄出

5

내가 사랑하는 용재 선비[55]는	我愛容齋士
우뚝한 산악 같은 정기 지녔지	嶷嶷山嶽精
높은 기개에 기발한 재주 지녀	倜儻負奇才
숫돌에서 막 갈아낸 보검 같았지	寶劍新發硎
문장은 다만 여사일 뿐이고	文章特餘閏
배운 게 모두 정주의 학문이네	所學皆朱程
어려서 가생[56]을 많이 읽어	賈生少多見
의론이 어찌 그리도 높던지	論議何崢嶸

54 조물주의 용광로: 원시의 '조화로(造化爐)'를 풀이한 말로, 『장자』「대종사(大宗師)」에 "이제 한 번 하늘과 땅을 커다란 용광로라 생각하고 조물주를 큰 대장장이라고 생각한다면 어디로 간들 문제 될 것이 있겠는가?[今一以天地爲大鑪, 以造化爲大冶, 惡乎往而不可哉?]"라고 한 데서 온 말이다.

55 용재: 용재(容齋)는 이행(李荇, 1478~1534)의 호이다. 자는 택지(擇之), 호는 용재·창택어수(滄澤漁水)·청학도인(靑鶴道人), 본관은 덕수(德水), 시호는 문헌(文獻)이다. 1495년(연산군 1)에 문과에 급제하여 예문관 대제학·이조 판서·홍문관 대제학 등을 역임하였다. 문장이 뛰어났으며, 글씨와 그림에도 능하였다. 저서로는 『용재집』이 있다.

56 가생: 가생(賈生)은 전한(前漢) 문제(文帝) 때의 가의(賈誼)를 가리킨다. 그는 학문에 능통하고 글재주가 뛰어나 20세의 어린 나이로 태중 대부(太中大夫)에 발탁되어 복식(服飾)·제도(制度)·관명(官名) 등의 대대적인 개혁을 주장하다가, 당시 대신들의 미움을 받아 장사왕(長沙王)의 태부(太傅)로 좌천되었으며, 이후 33세의 젊은 나이로 죽었다. 「과진론(過秦論)」, 「복조부(鵩鳥賦)」, 「조굴원부(弔屈原賦)」 등의 유명한 글이 있고, 『신서(新書)』 10권과 명나라 때에 편집한 『가장사집(賈長沙集)』이 있다.

일을 만나면 매번 통곡하여 遇事輒痛哭
걸핏하면 사람을 놀라게 했네 動爲人所驚

6

내가 사랑하는 김경류[57]는 我愛金景劉
아득히 남쪽 지방[58]에 있지 邈在祝融國
흙 져다 올린 무덤[59] 즐비하고 負土冢壘壘
손수 심은 무덤가 나무 빽빽했지 森森手種柏
가을바람에 나무가 흔들리니[60] 西風樹不靜
불효자의 근심 언제 끝날꼬 此憂何時畢
이 사람 도가 매우 높으니 斯人道甚高
경박한 세상 순박하게 할 수 있지 薄世可淳朴

7

내가 사랑하는 권씨 아들[61] 我愛權氏子

---

57 김경류: 『허암유고』「사우록」에 '김경류(金景劉)'로 기록되어 있고, 또 정희량의 벗으로 함께 시를 주고받은 흔적이 시편에 보이지만 성명과 사적을 알 수 없다고 한다.

58 남쪽 지방: 원시의 '축융(祝融)'은 중국 고대 제곡(帝嚳) 때의 화관(火官)이자, 남방 또는 남해를 관장하는 신의 이름이기도 하다. 『관자(管子)』「오행(五行)」에 "사룡을 얻어 동방을 다스리고, 축융을 얻어 남방을 다스렸다.[得奢龍而辯於東方, 得祝融而辯於南方.]"라고 하였다.

59 흙……무덤: '등에 흙을 지고 와서 봉분을 만들었다[負土成墳]'는 말이다. 당(唐)나라 정공저(丁公著)는 아버지의 장사에 몸소 흙을 날라다 무덤을 만드느라 얼굴과 체력이 수척해지니, 보는 사람들은 그가 효도로 인해 죽을까 염려하였다. (『牧民心書』 卷7 「禮典六條·敎民」)

60 나무가 흔들리니: 세상을 떠난 부모를 생각하는 슬픈 마음을 의미한다. 공자가 길을 가는데 고어(皐魚)란 사람이 나무를 안은 채 슬피 울고 있기에 까닭을 물었더니, "나무는 고요하고자 하여도 바람이 그치지 않고, 자식이 봉양하고 싶어도 어버이는 기다려 주지 않는다.[夫樹欲靜而風不止, 子欲養而親不待.]"라고 한 데서 온 말이다. (『韓詩外傳』)

61 권씨 아들: 권민수(權敏手, 1466~1517)와 권달수(權達手,1469~1504) 형제를 가리킨다. 권달수는 『허암유고』「사우록」에 이름이 실려 있다. 권민수는 자가 숙달(叔達), 호는 퇴재(退齋), 본관은 안동(安東)이다. 대사헌을 거쳐 충청도 관찰사로 나갔다가 임지에서 병으로 죽었다. 권달수는 자는 통지(通之), 호는 동계(桐溪)이다. 1492년(성종23) 문과에 급제하였다. 1504년

상투 틀면서부터[62] 어울렸지	相從自結髮
형은 뛰어난 기상을 품었고	伯也負異氣
아우는 장대한 기골 지녔지	仲也挾奇骨
나는 그들과 함께 어울리며	吾嘗倚其間
세 발 달린 솥처럼 우뚝 섰지	屹立分鼎足
생각나네, 옛날에 최고를 다퉈	憶昔同爭霸
시와 술로는 강한 상대가 됐지	詩酒作勁敵
싸우면 온전키 어려울까 싶어	決鬪恐難全
칼날 거두며 견고히 대치했지	斂刃各堅壁
이제는 촉, 오, 위 삼국처럼	如今吳蜀魏
장강이 남북으로 갈라놓았네[63]	長江限南北
소식이 이미 끊기고 나니	影響已寂寥
꿈속 넋조차 아득히 멀어지네	夢魂亦緬邈
그리운데 다시 만날 길 없어	思之不可見
홀로 앉아 벌목편[64] 노래하네	獨坐歌伐木

(연산군10) 연산군의 생모 윤씨를 종묘에 모시려 하자 그 부당함을 주장하다가 용궁(龍宮)에 유배되었고, 갑자사화 때 국문을 받다가 옥사하였다. 뒤에 도승지에 추증되었고, 1693년(숙종19) 함창 임호서원(臨湖書院)에 제향되었다.

62 상투 틀면서부터: 원시의 '결발(結髮)'은 상투를 틀거나 쪽을 찐다는 것으로 성년이 됨을 말한다.

63 이제는……갈라놓았네: 정희량과 권씨의 두 아들이 조조(曹操)의 위(魏)나라, 유비(劉備)의 촉(蜀)나라, 손권(孫權)의 오(吳)나라처럼 흩어진 것을 말한다. 장강(長江)은 중국 서쪽에서 발원하여 북쪽 위나라와 남쪽 촉나라와 오나라 사이를 가로질러 동쪽 상해(上海)를 통해 황해로 빠져나가는 긴 강이다.

64 벌목편: 『시경』「소아(小雅)·벌목편(伐木篇)」으로, 잔치를 베풀어 친한 벗을 초대하는 내용을 담고 있다.

【해제】

권민수(權敏手)와 권달수(權達手) 형제에 대해 읊었다. 세 사람은 상투를 틀면서부터 자주 어울렸다. 세 사람은 술과 시로 자부하여 자주 어울리면서도 촉(蜀), 오(吳), 위(魏) 삼국처럼 대치했으나 무오사화 이후 삼국처럼 뿔뿔이 흩어졌다. 세 사람의 관계와 처지를 촉, 오, 위 삼국으로 설명한 것이 인상적이다.

8

내가 사랑하는 안씨의 자제[65]는	我愛安氏子
가학으로 시와 서를 익혔네	詩書有家法
상서로운 시대에 난 세 봉황[66]	瑞世出三鳳
모두 청전의 자질[67]을 지녔네	皆是靑田質
단연 선지가 가장 뛰어나더니	善之最高妙
봉래 대궐에서 홰홰[68] 울었네	噦噦蓬萊闕
한번 울면 구중궁궐까지 전해져	一鳴徹九重
임금께서 사방으로 들으셨네[69]	四聰皆曠達

65 안씨의 자제: 안침(安琛, 1445~1515)의 둘째 아들 안처선(安處善, ?~1504)을 가리킨다. 자는 선지(善之), 본관은 순흥(順興)이다. 1492년(성종23) 생원에 입격하고, 1497년 문과에 급제하였다. 관직은 저작(著作)·설서(說書)·병조 좌랑 등을 지냈다.

66 세 봉황: 안침의 세 아들 처명(處明), 처선(處善), 처성(處誠)을 가리킨다. 봉황은 출중한 재주를 지닌 사람을 비유하는 말이다.

67 청전(靑田)의 자질: 뛰어난 자질을 타고난 것을 말한다. 청전은 중국 절강성(浙江省) 청전현(靑田縣)에 있는 산으로, 학의 서식지로 유명한데, 이곳에서 태어난 학은 그 색깔이 몹시 희고 사랑스럽다고 한다.(『初學記』 卷30 「永嘉郡記」)

68 홰홰(噦噦): 절도가 있고 온화한 모습을 형용한 말이다. 『시경』 「정료(庭燎)」에 "군자가 이르니 방울 소리 화락하게 들린다.[君子至止, 鸞聲噦噦.]"라고 한 데서 유래한다.

69 임금께서 사방으로 들으셨네: 임금이 사방의 소리를 잘 듣는 것을 말한다. 『서경(書經)』 「순전(舜典)」에 "사악에게 자문을 구하며 사방의 문을 활짝 열어 놓아 사방의 눈으로 자신의 눈을 밝게 하고 사방의 귀로 자신의 귀를 통하게 하였다.[詢于四岳, 闢四門, 明四目, 達四聰.]"라는 말이 나온다.

【해제】

입성운(入聲韻)을 사용하여 짝수 구 마지막 글자를 압운한 고체시이다.

안씨(安氏)는 안침(安琛, 1445~1515)으로, 자는 자진(子珍), 호는 죽제(竹齊)이고, 문성공(文成公) 안향(安珦)의 6대손이다. 『허암유집』 「사우록(師友錄)」에 이름이 올라 있는 것으로 보아 정희량과 가깝게 지낸 것으로 보인다. 그는 국가의 문한(文翰)을 총괄하는 대제학을 지냈으며, 각종 실록 편찬에 참여하는 등 문장이 탁월한 인물이다.

그에게는 처명(處明), 처선(處善), 처성(處誠)의 세 아들이 있었는데, 이 중에 두 명이 문과에 급제하였다. 이 시는 그중에서도 둘째인 처선에게 전하는 응원의 메시지로, 막 문과에 급제한 후배에게 축원과 기대를 함께 담았다.

9

내가 사랑하는 이 학사[70]는	我愛李學士
고아한 모습에 마음도 속되지 않네	貌古心不俗
가슴 속[71]에 곤월[72] 품었으나	皮裏備衮鉞
세상 사람들이 어찌 알리오	世人那得識
누구든가 산수에 귀 기울여	誰傾山水耳

70 이 학사: 이우(李堣, 1469~1517)이다. 자는 명중(明仲), 호는 송재(松齋), 본관은 진성(眞城)이다. 1498년 문과에 급제한 뒤 예문관 검열·정언·승지·형조 참판 등을 지냈다. 중종반정에 협력하여 정국공신(靖國功臣)에 봉해졌다. 시문에 뛰어났고 청렴하기로 이름났다. 저서로는 『송재집』이 있다.

71 가슴 속: 원시의 '피리(皮裏)'를 풀이한 말로, 겉으로는 표현하지 않지만 마음속에는 시비에 대한 평가가 분명한 것을 가리킨다. 『진서(晉書)』 「저부전(褚裒傳)」에, "초국(譙國) 환이(桓彛)가 저부를 보고 눈짓을 하며 계야(季野: 저부의 자)는 마음속에 춘추(春秋)가 들어 있다.[季野有皮裏春秋]"라고 한 데서 온 말이다.

72 곤월(衮鉞): 시비에 대한 평가가 분명한 것을 비유하는 말이다. 『경의고(經義考)』에, "화려한 곤룡포보다 영화로운 것은 한 글자의 포양이요, 부월의 주벌보다 엄한 것은 한 글자의 폄척이다.[榮於華衮, 乃一字之褒, 嚴於斧鉞, 乃一字之貶.]"라고 한 데서 온 말이다.

내 아양곡[73]을 들어주던 이가　聽我峨洋曲
그대 한림은 하늘이 낸 신선　翰林天出仙
나 광문[74]은 세속의 벼룩이라오　廣文塵中蝨
영욕은 참으로 같지 않다만　榮辱固不同
취향은 누가 다르다 하리오　氣味誰能別

【해제】

이 학사(李學士)는 시인의 벗이자 퇴계 이황의 숙부인 송재(松齋) 이우(李堣, 1469~1517)로, 「사우록」의 맨 앞에 보인다. 이 시에서도 시인은 자신을 잘 알아주는 벗이었다고 소개하고 있어, 그에 대한 애정이 엿보인다.

3~4구는 온화함 속에 엄정한 잣대를 두었던 이우의 성품을 언급하였는데, 이항(李沆)이 지은 이우의 묘지명에서 "공은 낯빛이 온화하고 기운이 맑았으며 침착하고 말수가 적었다."라고 한 평은 이를 확인시켜 준다. 또 시 짓기를 좋아하여 다수를 남겼으나 화재로 소실되어 현재는 시집 한 권만 남아있다.

이우는 시인의 문집 간행에 주도적인 역할을 한 사람이다. 1511년 강원도 관찰사 시절 시인의 유고 간행을 주도하고 직접 서문을 썼다. 서문에 의하면, 시인의 작품이 사화(士禍)를 겪으며 대부분 일실되었는데, 마침 권민수(權敏手, 1466~1517)의 집에 시인이 유배지에서 지은 작품이 보관되어

73 아양곡(峨洋曲): 마음이 서로 통하는 친한 벗을 비유한 말이다. 춘추 시대 백아(伯牙)는 금(琴)을 잘 연주하였다. 그가 금을 고산(高山)에 뜻을 두면 종자기(鍾子期)가 "높디높기가 마치 태산과 같도다![峨峨兮若泰山]"라고 하고, 또 유수(流水)에 뜻을 두면 "넓디넓기가 마치 강하와 같도다![洋洋兮若江河]"라고 하였다. (『列子』「湯問」)

74 광문: 한가한 직책을 가리키는 말로, 여기서는 저자 자신에 대한 겸사이다. 광문(廣文)은 본래 당 현종(唐玄宗) 때의 문인 정건(鄭虔)이 한직인 광문관 박사(廣文館博士)를 지낸 데서 유래한다.

있어서 이를 정리해 간행하였다고 그 경위를 밝혔다. 『허암유고』는 벗의 자취를 남기고 싶어 했던 이우의 간절한 바람에 힘입어 세상에 모습을 드러낸 것이다.

10

내가 사랑하는 김해중[75]은	我愛金諧仲
너울너울 난새와 학의 정령인 듯	翩翩鸞鶴精
빼어난 문장 하늘로 치솟고	咳唾九天上
맑은 바람 눈꽃에 부누나	淸風吹玉霙
흩어져 인간 세상 보배가 되어	散作人間寶
주옥인 양 모두 밤에도 밝네	珠玉皆夜明
수수[76]도 비범하기 짝이 없어	睡叟亦非凡
제 아들 보기를 형제 보듯	視子猶弟兄
우뚝한 나의 훌륭한 벗은	卓落吾益友
함께 허물없이 지낼 만하네	可以俱忘形

11

내가 사랑하는 금헌옹[77]은	我愛琴軒翁

75 김해중: 『허암유집』「사우록」에 '김해중(金諧仲)'으로 기록되어 있을 뿐 이름과 기타 행적은 알 수 없다. 하지만 동시대 인물로 풍암(楓巖) 김종필(金終弼)이라는 인물이 있는데, 그의 자가 '해중(諧仲)'이다. 김종필은 형인 김숙필(金叔弼)과 함께 시로 문명을 떨쳤다.

76 수수: 수수(睡叟)는 시의 내용으로 보아 김해중 부친의 호인 듯하다. 김해중이 김종필이 맞다면, 김종필의 부친은 김질(金耋, 1433~?)로, 호가 수옹(壽翁)이다.

77 금헌옹: 금헌(琴軒)은 이장곤(李長坤, 1474~1519)의 호이다. 자가 희강(希剛), 본관이 벽진(碧珍), 시호는 정도(貞度)이다. 한훤당(寒暄堂) 김굉필(金宏弼)의 문인으로, 1502년(연산군8) 문과에 급제하였다. 갑자사화에 연루되어 거제도에 유배되었다. 중종반정 뒤에 기용되어 이조판서·우찬성·병조 판서등을 역임하고, 기묘사화 때 조광조를 두둔하여 관직이 삭탈되었다. 그 후 여강(驪江)과 창녕(昌寧) 등지에 은거하며 여생을 보냈다. 저서로는 『금헌집(琴軒集)』이 있다.

세상살이 한적함을 좋아하지	處世樂幽寂
매화 끝에 새 달이 떠오르고	梅梢新月上
맑은 달빛 빈 방에 흩뿌려질 때	淸光散虛室
온갖 상념 식은 재처럼 가라앉히고	衆念死灰靜
문을 닫고 혼자서 기뻐하였지	閉戶自怡悅
석 자 길이 오동 금을 손수 타서	手撫三尺桐
송풍곡[78] 곡조를 섬세히 켜지	細彈松風曲
연주 마치고는 달 아래 거닐며	彈罷月徘徊
우두커니 서자 매화 이슬 떨어지네	起立梅露滴
이 사람 참으로 맑고 활달해	斯人信淸曠
언제나 한 자리서 차를 마셨네	每許同茗席
만 리 먼 곳 서로가 바라만 보니	萬里各相望
비루하고 인색한 마음이 생겨	鄙吝生胸臆
멀리서 초나라 노래 부르실 때면	遙知唱楚些
하늘가 먼 영혼을 불러주시길	招此天涯魄

12

내가 사랑하는 신사중[79]은	我愛申思仲
서로 잘 통해 함께 어울렸지	峨洋頗同調
산사를 찾아가 독서하였고	讀書尋山寺

78 송풍곡: 이백(李白)의 「명고가로 잠징군을 전송하며[鳴皐歌送岑徵君]」 시에 잠징군(岑徵君)이 명고산(鳴皐山)에 들어간 뒤에 "고요한 계곡에 송풍곡을 연주하는 금 소리가 퍼지리라.[琴松風兮寂萬壑]"라고 한 구절이 있다. (『全唐詩』 卷166)

79 신사중: 『허암유고』 「사우록」에 이름이 실려 있으나, 자세한 인물 정보 확인되지 않는다.

바위산에서 마음껏 노닐었지	放情窮巖嶅
오래된 벽에 등불 일렁이고	古壁燈炯炯
찬 창에 부슬부슬 비 내렸지	寒窓雨蕭蕭
차 달여 혓바닥 맑게 적시고	煮茗澆舌本
호방하게 「이소경」[80]을 읊었네	曠朗吟離騷
그대 때로 진첩(晉帖)[81]을 쓰면	君時臨晉帖
옥나무[82]가 붓끝에서 돋아났네	玉樹生秋毫
거리낌 없이 기괴한 얘기도 하고	縱談雜奇怪
손뼉 치며 함께 호기부렸지	拍手相矜豪
인사를 어찌 믿을 수 있으랴	人事安足恃
헤어짐이야 흔하고 흔한 일	散落如牛毛
고개 남쪽은 구름과 물로 막혀 있고	嶺南隔雲水
북쪽 변방은 쑥대 우거졌네	塞北多蓬蒿
만나고 싶어도 언제 볼는지	欲見那可得
그리워라 울적함만 더해지네	懷哉增鬱陶

【해제】

절친한 벗에 대한 그리움이 글 전체를 지배하고 있다. 신사중(申思仲)은 사중이라는 자를 쓰는 신 아무개인데 누구인지 확인이 안 된다. 다만

80 「이소경(離騷經)」: 초 회왕(楚懷王) 때 굴원이 소인들의 참소를 당하여 쫓겨난 뒤 읊은 작품으로, 임금이 간신의 유혹에서 벗어나 정도(正道)로 돌아와 자신을 다시 불러주기를 바라는 뜻을 서술하였다.

81 진첩(晉帖): 진(晉)나라 때 명필(名筆) 왕희지(王羲之, 307~365) 등의 서적(書跡) 또는 모본(摹本), 각첩(刻帖) 등을 이른 말이다.

82 옥나무: 보통 아름다운 나무나 훌륭한 자제를 비유하는데, 여기서는 신사중의 빼어난 글씨를 비유한 말이다.

「사우록」에 언급되는 것으로 보아 가까운 사이인 것으로 보인다.

위의 다른 시와 달리 꽤 긴 작품이다. 전반부에 함께 어울리며 즐거웠던 추억을 회상하고 후반부에는 현재 남북으로 떨어져 지내고 있는 처지에 대한 안타까운 심정을 드러내었다. 고립된 유배 생활은 산사를 찾아다니며 함께 공부하고 차를 마시며 시를 짓던 그 시절을 더욱 귀하고 값지게 하기에 충분하다.

13

내가 사랑하는 황숙도는	我愛黃叔度
고인의 곧음[83] 지녀 강직하였지	侃侃古遺直
문장은 정시(正始)를 법 삼고[84]	文章例正始
학문에도 깨달음이 있었네	且於學有得
팔 부러져 노련한 의원 되었고[85]	折臂成老醫
일신 도모하기 가장 절실하게 하였네[86]	謀身策最密
그대 아니면 뉘에게 배우랴	非君諒誰師
향불 피워 여러 번 감화 받았지	香火已三沐

83 고인의 곧음: 원시의 '고유직(古遺直)'을 풀이한 말로, 옛사람의 곧은 풍도를 지닌 것을 말한다. 공자가 춘추 시대 진(晉)나라 숙향(叔向)에 대해서 "옛날의 유직이다[古之遺直也]."라고 칭찬한 고사가 있다. (『春秋左氏傳』 昭公 14年)

84 문장은 정시(正始)를 법 삼고: 황숙도의 문장이 『시경』의 기풍을 띠고 있다는 말이다. 자하(子夏)의 「모시서(毛詩序)」에 "「주남」과 「소남」은 왕도를 처음부터 바르게 펴는 길이요, 제왕 교화의 기초가 된다.[周南召南, 正始之道, 王化之基.]"라는 말이 나온다.

85 팔……되었고: 온갖 고초를 겪으면서도 직언의 말을 서슴지 않았다는 말이다. 『초사(楚辭)』 「구장(九章)·석송(惜誦)」에 "나는 충성스러운 말을 했다가 원망만 자초했다는 말을 듣고서 지나친 말이라고 생각했었는데, 아홉 번 팔이 부러져 의원이 된 지금에야 그 말이 참으로 맞는다는 것을 믿게 되었다.[吾聞作忠以造怨兮, 忽謂之過言, 九折臂而成醫兮, 吾至今乃知其信然.]"라고 하였다.

86 일신……하였네: 원시는 '모신영최밀(謀身榮最密)'이나 문맥에 따라 이본대로 수정하여 번역하였다.

【해제】

이 연작시의 가장 마지막 작품으로, 근체시 형식을 맞추지 않은 오언고시(五言古詩)이다.

위와 마찬가지로 대상의 이름을 제시하지 않고 '숙도(叔度)'라는 자를 쓰는 황 아무개에 대한 소회를 적었다. 숙도라는 인물은 본서의 「다시 지어 헌지에게 답하다[重賦答獻之]」라는 시에서 한 번 더 언급되는데, 황필(黃㻶, 1464~1526)이란 사람으로 추정된다. 관직을 지낸 시기와 황필의 문집 『상정일고(橡亭逸稿)』에 정희량과 주고받은 시가 다수 수록되어 있다는 것을 근거로 한 추정이다. 황필은 자가 헌지(獻之), 호는 상정(橡亭)으로, 황귀수(黃龜壽)의 아들이고 김종직(金宗直)의 문하에서 수학하였다. 연산군 때 벼슬을 그만두고 낙향하여 후학 양성에 전념한 인물이다.

이 작품은 '곧음[直]'이라는 글자가 글 전체를 이끌고 있다. 우리가 어떤 인물을 떠올렸을 때 그 사람에 대해 가장 먼저 떠오르는 이미지가 있는데, 시인은 이 사람에게서 강직하고 올곧은 기상을 떠올린 것이다. 마지막 구절에 '이 사람이 아니면 곧은 정신을 배울 수 없다'는 뜻을 담아, 당시가 '直'의 가치가 실현되기 어려운 상황이었음을 암시하고 있다. 이 시는 황숙도를 기리는 동시에 현실의 부조리에 타협하지 않는 곧은 정신이 어느 때보다 절실한 시점에서 그 마음을 지켜내려던 자신과의 다짐과도 같다.

밤비에 느낌이 있어 夜雨有感

밤중에 비 그쳤다 내렸다	夜雨止復作
졸졸 낙숫물 뚝뚝 떨어지네	潺湲簷溜滴
근심 걱정에 홀로 잠 못 드는데	愁人獨不寐
벽을 밝히는 촛불 꺼지려고 하네	壁燭吹欲滅
내일 아침에는 거울 보지 말아야지	明朝莫看鏡
양 귀밑머리 반은 새었을 테니	兩鬢應半雪

천마산[87] 天磨山

반공중에 천마산 검날처럼 서 있어	半空釼立天磨山
아래에 있던 나그네 넋이 나간 듯	下有行人魂欲死
알겠다, 웅크린 표범 구름 위에서 휘파람 불어	遙知伏豹嘯雲端
석양에도 찬바람 쉴 새 없이 부는 것을	落日寒風吹不止

87 천마산: 평안북도 의주에 있는 산이다.

변경에서 塞上

성가퀴 구름에 닿아 지세 웅장코	雉堞連雲地勢雄
피리[88] 소리 밝은데 수루[89]는 비어	笛聲嘐亮戍樓空
장군은 활을 쏴 세 겹 갑옷 꿰뚫고	將軍射徹三重甲
장사는 팔찰궁[90]을 빙빙 돌리네	壯士彎回八札弓
만 리 들판 소와 양을 놓아 기르고	萬里牛羊長放野
백 년 동안 관문과 바다[91]에 봉화 끊겼네	百年關海絶傳烽
와보고는 달리 일이 없는 줄 알아	我來更覺無餘事
날마다 성 머리에서 외기러기 세네	日日城頭數斷鴻

---

88 피리: 원시의 '호적(胡笛)'은 날라리 또는 태평소의 별칭이다. 고려가 원나라의 정치적 영향 아래 있을 때 고려조정에 소개되었기 때문에 붙여진 명칭이다.

89 수루: 변방을 지키는 병영으로 적군의 동태를 살피기 위해 지은 망루이다. 위루(衛樓)라고도 한다.

90 팔찰궁: 단단한 재질의 뽕나무로 만든 여덟 개의 비늘을 뚫을 수 있는 좋은 활이다. '팔찰(八札)'은 여덟 겹이란 뜻이다. 춘추 시대 초나라 반당(潘黨)이 양유기(養由基)와 함께 갑옷을 겹쳐 놓고 활을 쏘아서 일곱 겹을 꿰뚫었다는 고사에서 온 말로, 무예가 출중한 것을 이른다.(『左傳』 成公 16年)

91 관문과 바다: 북쪽의 관문과 남쪽의 바닷가라는 뜻이다.

우암[92]과 읍취[93]를 추억하며 憶寓庵挹翠

일찍이 알았지, 궁달이란 하늘 소관	早知窮達摠關天
재명을 타고 나서 적선[94]이 되었네	還把才名作謫仙
함께 청학동을 찾으리라 생각했는데	長憶共尋青鶴洞
홀로 백운편[95]을 읊조리며 상심하네	獨憐虛賦白雲篇
시 짓는 마음 변방에서 적막하지만	詩魂寂寞海山外
칼날 기운 북두성과 견우성에 우뚝하구나[96]	釼氣崢嶸牛斗邊
이별 후의 상심은 소식 끊긴 일	別後傷心消息斷
객지에서 수심으로 한 해 또 한 해	客中愁病過年年

---

92 우암: 홍언충(洪彦忠, 1473~1508)의 호이다. 자는 직경(直卿), 본관은 부계(缶溪), 홍귀달(洪貴達)의 아들이다. 1495년(연산군1) 문과에 급제하여 질정관·부수찬·이조 좌랑 등을 지냈다. 갑자사화 때 유배되었다가 중종반정으로 풀려났다. 예서를 잘 썼으며, 문장이 뛰어나 정희량·이행·박은과 함께 사걸(四傑)로 일컬어졌다. 상주 근암서원(近巖書院)에 제향되었으며, 저서로는 『우암고(寓庵稿)』가 있다.

93 읍취: 박은(朴誾, 1479~1504)의 호이다.

94 적선: 인간 세상에 귀양 온 신선이란 뜻에서 원래 하지장(賀知章)이 이백(李白)을 지칭한 말이다. 여기서는 문재(文才)가 세상에 뛰어난 사람을 가리킨다.

95 백운편: 도연명(陶淵明)의 「곽 주부에게 화답하다[和郭主簿]」 시에 "아득히 흰 구름을 바라본다.[遙遙望白雲]"는 구절이 있는데, 이로 인하여 후세에 '백운편'은 은사(隱士)의 시를 일컫는 말로 쓰였다.

96 북두성과……우뚝하구나: 진(晉)나라 때 오(吳) 땅에 자색 기운이 하늘의 북두성과 견우성 사이로 뻗치는 것을 보고 장화(張華)가 뇌환(雷煥)을 풍성현(豊城縣)의 현령으로 보내 이 두 검을 얻은 다음 하나씩 나누어 가졌다. (『晉書 卷6 張華傳』)

우연히 쓰다[97] 偶書

누가 조물주 영웅 꺼리게 하였는가 誰敎造物忌英雄
공훈이 쓸쓸하니 거울 보기 게으르네 勳業蕭條覽鏡慵
장기가 하늘에 쌓여 연기처럼 구름 검고 瘴氣橫空雲似墨
변방의 산은 그림 같아 눈이 쌓여 하얗구나 胡山如畫雪爲峯
땅은 용혈[98]이 맞닿아 비가 자주 내리고 地連龍穴天多雨
문은 파도가 가까워 한낮에도 바람이 부네 門近鯨濤晝又風
몇 번이나 친구들과 계수음[99]을 불렀던가 幾被故人吟桂樹
객창에서 쓸쓸하게 돌아가는 기러기를 보네 客窓寥落數歸鴻

택지에게 부치다 寄擇之

밝은 시대에 어찌 내 불우함 탄식하랴 明時何敢嘆沈淪

---

97 우연히 쓰다: 이본에는 제목에 "『기아箕雅』에 이 시가 있는데, 첫 구절이 '십 년간 칼을 갈며 적을 평정하려 했거늘, 공훈은 어디 가고 정처 없이 떠돌기만하누나.[箕雅有此詩, 而初句曰, 十年磨劍志平戎, 勳業蕭條欲轉蓬.]'라고 되어 있다."라는 주석이 있다. 원시와 차이를 보이는데, 전하는 과정에서 착오가 생긴 듯하다. 『기아』는 1688년 남용익(南龍翼)이 편찬하고 간행한 시선집이다.

98 용혈: 전설 속에 나오는 용이 산다고 하는 동혈(洞穴)을 말한다.

99 계수음: 계수가(桂樹歌)와 같은 말로, 은자가 부르는 노래를 말한다. 회남소산(淮南小山)의 「초은사(招隱士)」에 "계수나무가 떨기로 자라난 산의 깊은 골짜기로다, 곧고 굽은 가지 서로서로 얽혔구나.[桂樹叢生兮山之幽, 偃蹇連卷兮枝相繚.]"라고 한 데서 온 말이다.

스스로 게을러 은둔자[100] 된 것 뿐이네 自許疏慵附逸民
먼 길을 떠도는 이 몸은 나그네 신세 長道萍蓬身作客
고향 동산의 나비 꿈에서 봄빛을 찾네 故園蝴蝶夢尋春
세월에 희끗한 귀밑머리 막지 못하지만 不禁歲月侵衰鬢
천지가 쫓겨난 신하 돌봐줌이 기쁘네 可喜乾坤着放臣
슬픔 속에 새로 지은 시 몇 수를 多少新詩惆悵得
봉투에 넣어 멀리 적선인에게 부치노라 題封遠寄謫仙人

벽에 쓰다 題壁

1

띠처럼 기다란 압록강 유유히 흐르는데 鴨江如帶去悠悠
세월은 무정하게 강을 따라 흐르누나 歲月無情共逐流
만 리 밖 오랑캐 땅 구름은 변방을 넘고 萬里胡天雲出塞
한 가락 강적[101] 소리에 객은 누대 오르네 一聲羌笛客登樓
긴 바람 연산[102]의 비를 불어 보내오고 長風吹送燕山雨
외기러기 요동[103]의 가을을 물고 오누나 斷雁含來鶴野秋

---

100 은둔자: 원시의 '일민(逸民)'을 풀이한 말로, 덕을 지니고 있으며 은거하는 사람을 말한다.
101 강적(羌笛): 중국 서쪽 강족(羌族)이 불던 관악기로, 길이는 2자 4치이고 구멍은 3개 혹은 4개다.
102 연산: 연산(燕山)은 산해관 북서쪽에 있는 산맥이다.
103 요동: 원시의 '학야(鶴野)'는 요동(遼東)의 큰 들판을 지칭하는 말이다. 한(漢)나라 때 요동 사람 정 영위(丁令威)가 선도(仙道)를 배워 터득한 뒤 천 년 만에 학으로 변해 고향 땅에 돌아와 화표주(華表柱)에 앉아 울었는데, 아무도 알아주는 사람이 없었다는 고사가 전한다. 여기에서

풍경 보니 고향 생각 유달리 느껴져서　覽物懷鄉偏有感
해 지는 외로운 성에서 홀로 머리 긁네[104]　孤城落日獨搔頭

2

타향에서 떠돌며 홀로 슬퍼하노라니　流落他鄉獨自悲
본래 재능과 운명은 어긋나길 좋아하지　從來才命喜相違
백 년을 따져보면 근심하는 날이 많고　百年通計愁多日
일생을 나눠보면 젊은 시절 얼마인가?　一世中分少幾時
근심을 해소할 방법이 없어서　無術可能堪遣悶
한가하면 가는 곳마다 애써 시를 짓네　有閑隨處强題詩
애오라지! 객창의 적막함을 낙으로 삼고　客窓岑寂聊爲樂
청산을 마주하고 앉아 초사를 읽누나　坐對青山讀楚辭

【해제】

위의 시는 두 수의 연작이다. 제1수는 평성(平聲) 우(尤)를 운으로 사용하였다. 제2수는 평성 지(支)를 운으로 사용했는데, '위(違)' 하나만 예외적으로 평성 '미(微)' 운이다. 통운이나 협운으로 통용된 것으로 보인다.

제1수는 유배지 의주의 가을 풍경과 고향 생각에 괴로운 시인의 심정을 읊었는데, 1·2구와 7·8구에 방점이 찍혀 있고, 3·4·5·6구에 원권(圓圈)이 있다. 한치윤의 『해동역사(海東繹史)』에는 제목이 '부질없이 쓰다[漫

유래하여 요동을 '학 벌판[鶴野]'이라고 한다. (『搜神後記』)

104 머리 긁네: 원시의 '소두(搔頭)'는 그리움이나 번뇌 따위로 마음이 괴로운 모습을 형용하는 말이다. 『시경』 「패풍(邶風)·정녀(靜女)」에 "사랑하되 만나지 못하여 머리 긁으며 머뭇거리도다.[愛而不見, 搔首踟躕.]"라고 하였다.

書]'로 되어 있다. 전체에 권점(圈點)이 찍혀 있을 뿐만 아니라 『해동역사』에도 실려 있는 것으로 보아 옛사람들이 무척 좋아했음을 알 수 있다. 유배지 용만의 가을 풍경을 그림처럼 묘사하면서도 시인의 서글픈 감정이 한껏 묻어난다. 이는 고향에 대한 그리운 감정이다.

제2수는 3·4·8구에 방점이 찍혀 있다. 시인은 유배지에서 홀로 떠도는 자신의 처지를 위로하기 위해 '원래 재능과 운명은 어긋나기를 좋아해!'라고 하고, 또 이러한 근심을 해소하기 위해 억지로 시를 짓고 푸른 산을 마주한 채 낭만적 시풍의 『초사(楚辭)』를 읽는다. 자신의 처지를 위로하기 위한 시인의 몸부림이다.

매계 선생의 시[105]에 차운하다 次梅溪先生韻

이상타, 아침에 거울 가득 서리가 보이니 怪却今朝滿鏡霜
나그네 시름 어째서 귀밑머리로 자라는지 鬢毛爭奈客愁長
하늘 끝 적막한 이곳 올라가 굽어보는데 天涯寂寞登臨處
보이는 건 고향과 닮은 청산뿐이구나 唯有青山似故鄉

105 매계 선생의 시: 해당 시는 「9월 21일 한밤에 풍전역에 투숙하다[九月二十一日 冒夜投豐田驛]」로, 전문은 다음과 같다. "부끄럽다 엉성한 재주로 옥당 더럽혔으니, 가을바람에 부절 쥐고 삭막한 의주로 가네. 구불구불 마부 나무라며 먼 길 가고, 아스라이 구름 바라보며 시야 넓히네. 깊은 회포 다잡기 어제 일 아니건만, 이 내 몸은 타향살이 신세로구나. 뉘 가련해할까 필마 타고 동쪽 고을로 가며, 한밤중에 산속 서리 죄다 밟고 간들.[自愧迂疏忝玉堂, 秋風持節向龍荒. 崎嶇叱馭行程遠, 迢遞看雲望眼長. 料理襟懷非昨日, 商量身世是他鄉. 誰憐匹馬東州路, 踏盡千林半夜霜.]" (『梅溪先生文集』 卷2)

【해제】

하평성 일곱 번째인 '양(陽)' 자를 운으로 하여 첫 번째 구와 짝수 구의 마지막 글자에 압운한 칠언절구이다.

매계 조위는 무오사화 때 정희량과 함께 김종직의 문인이라는 이유로 의주로 귀양을 가게 되는데, 이곳에서 두 사람은 사제의 연을 맺었다. 매계가 지은 규정(葵亭)에서 학문을 연마하고 시를 수창하며 1500년에 유배지가 옮겨지기 전까지 함께 보냈다. 의지할 데 없는 외로운 곳에서 정희량은 조위에게 정신적으로도 상당히 의지하였다.

극심한 고뇌는 사람을 늙고 병들게 한다. 유배지에서 하루하루 근심과 고통으로 보낸 시인은 어느 날 아침, 고뇌의 깊이만큼 새어버린 자신의 머리카락을 발견한다. 이제 세상을 향해 내딛기 시작하였는데 이렇게 반백이 된 제 모습에 화들짝 놀라 자리를 피해 밖을 나섰다. 그러나 아직 주변 모든 것들이 거울 속 자신처럼 낯설고 불편하다. 그나마 주변 산천이 고향과 닮아 안심하다가도 언제 다시 고향에 돌아갈지 알 수 없는 현실에 괴롭기만 하다.

택지를 추억하며 憶擇之

시를 지어 적선인[106]에게 부치려네	詩成欲寄謫仙人

106 적선인: 적선인(謫仙人)은 하늘에서 유배당해 땅으로 내려온 신선이라는 뜻으로, 하지장(賀知章)이 이백(李白)의 시에 탄복하여 붙여준 이름인데, 여기서는 이행을 가리킨다.

평소 가장 진심으로 나를 인정했지	許我平生意最親
귀양지에 온 뒤로 소식 끊어졌으니	一別天涯消息斷
외로이 도성의 봄 버린 게 아쉬워라	獨憐孤負禁城春

【해제】

상평성 11번째 '진(眞)' 자를 운으로 하여 제1구와 짝수 구의 마지막 글자에 압운한 칠언절구이다.

택지 이행(李荇)은 시인과 절친한 벗으로, 함께 당대 시가사걸(詩家四傑)로 일컬어졌다. 시인은 이행을 인간 세상에 귀양 온 신선이란 뜻의 '적선인(謫仙人)'이라 표현하였다. 이는 중국 당나라의 저명한 시인 이백(李白)을 지칭하던 말로, 문장이 뛰어난 사람을 비유할 때 흔히 사용한다. 실제로 그는 읍취헌(挹翠軒) 박은(朴誾) 등과 함께 새로운 시풍을 선도하여 한문학사에서 해동강서시파(海東江西詩派)로 분류되기도 한다.

일상적이던 것이 그 무엇보다 귀하게 여겨질 때가 있다. 지금 시인의 상황이 그러하다. 평소라면 가는 봄을 아쉬워하며 함께 시를 짓고 술도 마시며 한껏 여유를 즐겼을 테지만, 그 당연하던 것이 이제는 간절한 염원이 되었다. 벗에 대한 그리움이 진하게 묻어나는 작품이다.

우 목사[107]의 「중양절」 시에 화답해서 바치다　和奉禹牧使九日韻

쓸쓸한 변방에 세월은 빠르게 흐르니　廓落天涯歲月催
애써 시와 술 가지고 홀로 누대 오르네　强將詩酒獨登臺
고향 동산의 솔과 국화 모두 무탈할까　故園松菊俱無恙
응당 가을바람에 주인 오기만 기다리겠지　應向秋風待主來

매계 선생께 써서 드리다　錄奉梅溪先生

광문[108]은 여위고 귀밑털 희끗한데　廣文憔悴鬢蕭疏
세밑에 어른의 수레를 쫓아다녔지[109]　歲晚追隨長者車
석 달 고기 맛을 잊을 지경이니[110]　政爾不知三月味

---

107 우 목사(禹牧使): 우선언(禹善言)으로 자는 덕보(德父), 호는 풍애(楓崖), 본관은 단양(丹陽)이다. 할아버지는 우수로(禹秀老)이며, 아버지는 단성군(丹城君) 우공(禹貢)이다. 점필재(佔畢齋) 김종직의 『문인록』과 정희량의 『동문록』에 보인다. 정희량의 『동문록』에 따르면, "사람됨이 뜻이 크고 기개가 있었으므로, 선생이 그의 자를 자용(子容)이라고 지어 주었다.[爲人倜儻, 先生字之曰子容.]"라고 하였다. 4대 사화가 지난 뒤에 노장의 학풍을 좋아하여, 권세와 명예의 세계를 천하게 보는 초속적인 청담파(淸談派)의 한 사람이었다.

108 광문: 광문(廣文)은 두보(杜甫)가 자기의 벗인 정건(鄭虔)을 높여서 부른 광문 선생의 준말이다. 이 시에서는 자신을 광문으로, 상대방인 조위를 두보로 높여 칭하기 위해 쓴 것으로 생각된다.

109 어른의……다녔지: 조위와 자주 어울렸다는 말이다. 두보(杜甫)의 「비를 보며 회포를 써서 달려가 허 주부공을 맞이하다[對雨書懷走邀許簿公]」 시에 "자리에 차려 놓은 탁주를 바라보며, 어른의 수레가 오는지 문에서 귀 기울이네.[座對賢人酒, 門聽長者車.]"라고 하였다.

110 석 달……지경이니: 학문에 대한 즐거움을 말한 구절이다. 『논어』 「술이(述而)」에 "공자가 제나라에서 순 임금의 음악인 소악(韶樂)을 듣고는, 이를 배우는 석 달 동안 고기 맛도 잊어버린 채, 음악이 이렇게까지 기막힌 경지에 이르리라고는 생각하지 못했다고 말하였다.[子在齊聞韶, 三月不知肉味, 曰不圖爲樂之至於斯也.]"라고 하였다.

십 년의 독서보다 응당 낫구나[111] 祇應勝讀十年書
낡은 벽 깜빡불 보니 이전 일 슬프고 殘燈古壁傷前事
외진 산에 가랑비 내리니 고향 생각만 細雨窮山憶舊居
다만 이 마음 항상 담박하게 한다면 但使此心常淡泊
이 신세 촌부에 부쳐도 무방하리[112] 不妨身世付樵漁

우연히 읊조리다 偶吟

가고 멈춤[113]은 도를 따를 뿐이니 坎止流行道迺尊
이 마음 한적하여 번잡하지 않네 此心閑處不紛紜
귀양 와선 배불리 먹는 일이 전부 謫來飽食無餘事
누워서 본 청산에는 흰 구름 두둥실 臥看靑山起白雲

【해제】

상평성 '원(元)'운과 '문(文)' 자를 운으로 하여 1구와 짝수 구 마지막 글자를 압운한 칠언절구이다.

---

111 십 년……낫구나: 조위와의 만남이 홀로 공부하는 것보다 낫다는 말이다. 정이(程頤)가 깨달음에 대한 제자의 물음에 "그대와 함께 하룻밤 이야기를 나누는 것이, 십 년 동안 독서한 것보다 도 낫다.[共君一夜話, 勝讀十年書.]"라는 고인의 말을 전해준 데서 온 말이다. (『二程遺書』 卷18 「劉元承手編」)

112 이……무방하리: 원시의 '초어(樵漁)'는 나무꾼과 어부로, 촌부로 은거하는 생활을 의미한다.

113 가고 멈춤: 원시의 '감지류행(坎止流行)'를 풀이한 것으로, 흐를 만한 곳에선 흐르고 움푹 팬 곳을 만나면 멈추는 물처럼 시세의 추이에 따라 처신하는 군자의 모습을 비유하는 말이다. 『한서(漢書)』 「가의전(賈誼傳)」에 "흐름을 타게 되면 함께 흘러내려 가고, 웅덩이를 만나면 잠깐 정지할 뿐이다.[乘流則逝, 得坎則止.]"라고 한 데서 유래한다.

앞선 작품들과 달리 상황에 대한 인식이 바뀌었다. 이제까지는 납득이 되지 않는 현실에 대한 울분과 괴로움을 주로 읊었다면 이 시에서는 상황을 겸허히 받아들이고 한가하게 지내는 모습을 내비쳤다. 머리를 짜내느라 힘든 일도 없고, 사람들과 관계를 맺느라 마음 쓸 것도 없다. 하는 거라곤 챙겨주는 밥을 먹는 일뿐이다. 이 얼마나 여유롭고 편안한가.

그러나 이는 수용이라기보다 체념에 가깝다고 하겠다. 단단하던 마음이 현실 앞에 조금씩 무너지고 점차 체념과 자조로 변해가는 인식의 변화가 돋보인다.

눈 내린 뒤에 써서 매계 선생께 드리다 雪後錄奉梅溪先生

객창이라 지는 한 해 유독 아깝나니	客窓偏惜歲將殘
갈대꽃 쓸쓸하고 산에는 눈 가득하네	蘆荻蕭騷雪滿山
변방 밖 바람 거세 매 날갯짓 힘차고	塞外風高鷹翅健
진영 앞 구름 속에 화살 소리 서늘타	陣前雲起箭聲寒
달과 어울려 흥취 즐겨도 상관없건만	不妨夜月相乘興
어째서 시인은 문을 닫고만 지내는지	何事詩人獨閉關
갈옷 여미고 차 달이는 맑은 맛 무궁한데	擁褐煎茶淸味永
얼큰하게 술 취하는 일 말해 무엇하리	況論杯酒作春顔

【매계가 보내온 편지에 "눈이 몇 척이나 쌓여 문도 열지 못하고 있소. 원안(袁安)처럼 홀로 방에 누

워있자니[114] 맑은 흥취가 손에 잡힐 듯하오."라고 하기에 제6구에서 언급하였다. 마지막 뜻은 항 태위(項太尉)와 도 학사(陶學士)의 고사[115]를 넌지시 사용하였다.[來簡云, 雪深數尺, 門戶不開, 袁安獨臥, 淸興可掬, 故第六及之. 末意暗用項太尉, 陶學士事.]】

【해제】

상평성 '한(寒)'운과 '산(刪)' 자를 운으로 하여 첫 구와 짝수 구 마지막 글자를 압운한 칠언율시이다.

함께 귀양살이 중인 지기 조위(曺偉)에게 안부 차 전하는 시이다. 한겨울 북쪽 변방의 날씨를 시각적으로 표현하였다. 을씨년스러운 상공을 매섭게 비상하는 굳센 매의 모습과 군영에 날카로운 화살로 언 공기를 가르며 날아가는 소리는 추운 겨울의 이미지를 한층 더 배가시킨다.

여기서 시인은 더이상 포부를 지키는 선비도, 녹을 받는 관리도 아니다. 그저 시를 쓰는 시인으로 자신의 정체성을 찾고 있다. 조위에게도 춥다고 방안에만 있지 말고 나와서 달도 보고 술도 마시며 흥취를 즐길 것을 권한다. 이러한 호탕한 태도는 점차 현실을 초탈해가는 과정의 결과로 보인다.

이 시는 정조(正祖) 때 편찬된 『해동역사(海東繹史)』에 「변방에서(塞上)」라는 제목으로 실려 있다. 다만 1~4구까지만 수록되어 있는데, 이는 편집자의 의도로 수정된 듯하다.

---

114 원안처럼……누워있자니: 원안(袁安)은 후한(後漢) 때의 명재상이다. 그가 미천했을 때, 낙양에 큰 눈이 내려 다른 사람들은 모두 나가서 눈을 치우고 밥을 구걸하는데, 원안만 유독 눈도 치우지 않고 방 안에 가만히 누워있었다는 고사가 있다. (『後漢書』 卷45 「袁安列傳」)

115 항 태위와 도 학사의 고사: 도 학사(陶學士)는 송대(宋代)에 한림학사(翰林學士)를 지낸 도곡(陶穀)으로, 그가 일찍이 태위(太尉) 당진(党進)의 가희(家姬)를 첩(妾)으로 삼았는데, 하루는 그녀에게 눈 녹은 물을 가져다 차를 끓이게 하면서 말하기를 "당 태위의 집에서는 응당 이런 풍류를 모를 것이다."라고 하자, 그녀가 대답하기를 "저 당 태위는 거친 사람이니 어찌 이런 풍류가 있겠습니까마는, 그는 금을 녹일 만한 따듯한 장막 아래 앉아 조용히 조금씩 술을 음미하면서 미인의 고운 노랫소리를 들으며 양고미주나 마실 뿐입니다.[彼粗人也, 安有此景? 但能銷金暖帳下, 淺斟低唱, 飮羊羔美酒耳.]"라고 하니, 도곡이 그 말에 부끄러워했다고 한다. 원시에는 항 태위(項太尉)로 되어 있으나 고사에는 당 태위(党太尉)로 나온다. (『宋稗類鈔』 卷4 「豪曠」)

병중에 회포를 적다　病中書懷

1

돌아보니 변방의 세월 쏜살같건만　回首天涯歲月遒
애처롭다! 잦은 병으로 누각 못 오름이　獨憐多病倦登樓
남은 삶이 외로워 수족 감춘 거북 같고　殘生兀兀龜藏足
파리한 모습 앙상해 머리 숙인 학 같네　瘦影稜稜鶴側頭
천 리 떠도는 넋 위태롭게 정처 없고　千里羈魂危不定
오경의 새벽 귀향의 꿈 흩어져 사라지네　五更歸夢散難收
포부 큰 시인 쓸모없음 부끄러워하지만　詩人濩落慚無用
본래 문장은 운명과 어긋나는 법　自是文章與命仇

2

석양 속 관문과 산에 장기가 가로놓였는데　落日關山瘴霧橫
처량한 뿔피리 소리 변방 성에서 울리네　角聲凄冷動邊城
장군은 푸른 장막에서 고상한 연회 열건만　將軍翠幕開淸宴
나그넨 가을바람에 짧은 등잔대[116] 대하네　羈客西風對短檠
시구는 도리어 시름겨워야 얻어지고　詩句却因愁裏得
나그네 근심 대부분 질병 속에 생기네　旅情多是病中生

116 짧은 등잔대: 불우한 처지를 드러내는 말이다. 당나라 한유(韓愈)의 「짧은 등잔대 노래[短檠歌]」 시에 "하루아침에 부귀해지면 또 절로 방자해져, 긴 등잔대 높이 올려 진주와 비취를 비춘다네. 아! 세상사가 이러지 않은 게 없으니, 담장 귀퉁이를 그대 보게나, 짧은 등잔대 버려져 있으니.[一朝富貴還自恣. 長檠高張照珠翠. 吁嗟世事無不然, 牆角君看短檠棄.]"라고 하였다.

밝은 시대는 도깨비와 짝함을 미워하니　明時魑魅憎相伴
텅 빈 집에서 조용히 홀로 놀라는구나　悶默空齋獨自驚

3

늘 막다른 길로 향하던 가련한 신세건만　長向窮途事可憐
또 북쪽 변방[117]에서 남은 삶 보낼 줄이야　又從楡塞過殘年
구사일생 끝에 몸은 천 리 밖에 있지만　十生九死身千里
임금을 향한 충심 푸른 하늘을 가리키네　白日丹心指碧天
바둑판처럼 변하는 세속 인정 배우지 않아　不學世情翻似局
우리의 도 현악기 줄처럼 곧음을 알겠네　自知吾道直如絃
평소에 닿는 곳마다 험난함이 겹쳤으니　平生觸處皆重險
마음을 견고한 철과 돌에 견줘봐야지　要試肝腸鐵石堅

【해제】

유배 초기 병중에 자신의 심정을 읊은 세 수의 연작시이다. 제1수는 평성 '우(尤)'를 운으로 한 작품인데, 2·3·4·5·6과 8구에 방점이 찍혀 있다. 제2수는 평성 '경(庚)'을 운으로 한 작품인데, 5·6구에 방점이 찍혀 있으며, 『속동문선(續東文選)』에 실려 있다. 제3수는 평성 '선(先)'을 운으로 한 작품인데, 5·6·7·8구에 방점이 찍혀 있다.

제1수에서 포부가 큰 시인으로 세상에 쓸모없는 존재로 전락한 것에 대해 부끄러워하면서도 원래 문장과 운명은 어긋난 것이라고 하며 자

117　북쪽 변방: 원시의 '유새(楡塞)'를 풀이한 말로, 북쪽 변방의 관문이나 요새를 두루 이르는 말이다. 진(秦)나라 때 몽염(蒙恬) 장군이 북방을 개척하고 변방에 느릅나무를 심은 데서 유래한다.(『漢書』「韓安國傳」)

신의 처지를 담담하게 받아들였다. 「벽에 쓰다[題壁]」라는 연작시에서도 "본래 재능과 운명은 어긋나길 좋아한다."고 읊었다.

제2수에서 '시구는 도리어 시름겨워야 얻어진다[詩句却因愁裏得]'고 하였다. 송나라의 구양수(歐陽修)는 「매성유시집서(梅聖俞詩集序)」에서 "시가 시인을 곤궁하게 만들 수 있는 것이 아니라 아마도 곤궁해진 뒤에 공교해지는 것이다."라고 하였다. 계명대본 『허암유고』에 실린 시는 모두 정희량이 유배지였던 의주와 김해에서 지은 작품이다. 그러고 보니 정말 곤궁한 뒤에야 뛰어난 작품이 나오는 것인가보다.

제3수에서는 불우한 현실에 굴복하지 않겠다는 강한 의지가 느껴진다. 변방에 유배된 외로운 신세지만 임금을 향한 충심은 변함없고, '오도(吾道)는 올곧다'는 신념 역시 변함없다. 시인은 험난한 세상살이를 견디는 자신의 마음을 저 견고한 철과 돌에 견준다.

입춘에 매계 선생께 드리다 　立春奉呈梅溪先生

하늘 끝에 내쳐져서 거듭 머뭇머뭇	天涯落魄重逡巡
서글픈 오늘 아침도 세월 새롭네	惆悵今朝歲月新
좋은 절기에 문득 만난 나물 뜯는 날[118]	佳節忽逢挑菜日
슬픈 마음 모두 고향 그리는 사람	傷心俱是望鄉人

118 나물……날: 중국의 옛 풍속에 음력 2월 2일에 벼슬하는 집안의 여인들이 들에 나가 나물을 캐면 양반이나 백성들이 그 사이에서 노닐었는데, 이를 '도채절(挑菜節)'이라 하였다.

겨울잠 자던 벌레 봄기운에 문 열려 하고	蟄蟲迎氣將開戶
남은 눈은 위세 거두어 봄을 막지 못하네	殘雪收威不禁春
알겠네, 매화 넋의 씻기지 않은 원한	知有梅魂寃未洩
누굴 위해 시냇가에 초췌하게 섰을까	爲誰憔悴故溪濱

도성의 벗들에게 보내다 寄京洛知己

세모에 하늘 끝에 홀로 문 닫고 있자니	歲暮天涯獨閉門
향수와 이별의 한, 넋을 쉬이 녹이네	鄕情離恨易銷魂
시 논하고 술 마주할 때 나를 생각하시겠지	論詩對酒應思我
물에 임하고 산 오를 때 그대들을 그리네	臨水登山更憶君
눈에 보이는 안개와 노을 아득하기만	眼入煙霞空漠漠
꿈속에서 나비 따라 분분히 간다네	夢隨蝴蝶去紛紛
허암에서 언제나 다시 만나서	虛庵何日重携手
밤에 누워 요란한 빗소리 들을까	臥聽蕭蕭夜雨喧

매계 선생께 올리다 奉呈梅溪先生

부끄럽다 책과 칼을 쥐고 병법을 배웠건만[119] 愧將書劍學從軍
홀로 변방 성에 있자니 혼이 끊어지려 하네 獨住邊城欲斷魂
바다 기운이 관문 밖 눈에 흩어져 엉기고 海氣散凝關外雪
호각 소리는 하늘가 구름을 불어 떨어트리네 角聲吹落隴頭雲
가련타 말년에 마음 알아주는 벗 적은데 自憐末路知音少
기쁘게도 선생이 특별히 대우해주시네 猶喜先生下榻勤
게다가 참으로 좋아하는 풍류 있으니 更有風流堪愛處
취중에 마주 보고 자세히 문장 논하네 醉中相對細論文

회포를 풀다 述懷

1

이 게으른 성정 비웃음당할까 하여 疏慵恐被俗人嘲
기꺼이 산수에서 늙은 식충이 되었네 甘向溪山作老饕
큰 포부 품고 대단한 명성 얻으려 했지만 謂把靑雲收價重

119 책과……배웠건만: 장대한 포부를 품고 있었다는 말이다. 원시의 '서검(書劒)'은 서책과 칼로 곧 문무(文武)를 겸비한 것을 의미한다. 당나라 온정균(溫庭筠)의 시 「진림의 묘를 지나며[過陳琳墓]」에 "바람 맞아 갑절이나 슬퍼짐을 이상해 말라, 문무 갖춰 병법을 배우려 한다오.[莫怪臨風倍惆悵, 欲將書劍學從軍.]"라고 하였다. (『溫庭筠詩集』 卷4)

한적히 고아한 시 외며 격조만 높아지누나 閑吟白雪覺調高

흙마루에 음식 펼쳐선 나비 꿈[120]에 속고 土床攤飯欺莊蝶

밤비에 등잔 돋우며 굴원의 이소를 읊네 夜雨挑燈讀楚騷

우스워라 내 삶 그 누구와 닮았나 自笑吾生誰得似

참 딱한 신세 어디서도 보기 힘들지 飄零眞是九牛毛

2

머리나 긁적거리며 늙고 미쳐가니 搔首乾坤老更顚

쓸쓸한 서쪽 바람결에 편지를 전하네 西風寥落雁書傳

꿈결에도 고향은 천 리 먼 곳이요 夢中故國猶千里

변방에서 시름 더하며 또 한 해라 塞上新愁又一年

영욕은 예나 지금이나 깨고 나면 물거품이요 榮辱古今渾得醉

벗들은 사방 흩어져 인연 따라 제 길을 가네 親朋南北各隨緣

예부터 인재는 장사에 발이 묶였으니[121] 長沙自昔留才子

언제쯤 사면령이 하늘가로 내려올까 幾日金鷄下日邊

---

120 나비 꿈: 인생의 무상함을 한바탕 꿈에 비유하는 말로 쓰인다. 『장자』 「제물론」에, 장주(莊周)라는 사람이 꿈에서 나비가 되어 자유롭게 날아다니며 자신이 장주인 줄 모르다가 깨고 보니 장주였는데, 자신이 꿈에 나비가 된 것인지 나비가 꿈에서 장주가 된 것인지 헷갈렸다는 우화가 전한다.

121 인재는……묶였으니: 재주 있는 사람이 시련을 겪는 것을 말한다. 한 문제(漢文帝) 때 문신 가의(賈誼)는 특출난 재주로 젊은 나이에 중대부(中大夫)에 올랐으나, 조정의 간신들에게 시기를 받아 장사왕 태부(長沙王太傅)로 좌천되어 수년을 불우하게 보냈다. (『史記』 卷84 「屈原賈生列傳」)

『송사』를 읽고 讀宋史

건륭[122]이 처음 태평의 기틀 세웠으니 建隆初築太平基
하늘의 뜻으로 한밤에 선위를 받았네[123] 半夜相傳揖讓規
가법이 홀연 금궤를 따라 변하였으니[124] 家法忽從金樻變
하늘의 마음을 먼저 두견새가 알리라[125] 天心先許杜鵑知
조잘조잘 강남을 떼어 주자 지껄이니 啁啾群議江南割
쇠락한 현인들은 재 너머로 귀양 갔네[126] 零落諸賢嶺外移
누가 강왕에게 말머리 돌리게 하였나[127] 誰勸康王回馬首
가련타 실낱같이 쇠잔한 왕업이여 可憐殘業續如絲

---

122 건륭: 중국 북송의 태조(太祖)가 건국하면서 사용한 연호로 960~963년에 해당한다.

123 하늘의……받았네: 송 태조(宋太祖)가 후주(後周)의 공제(恭帝)로부터 황위를 선양(禪讓) 받은 것을 말한다. 960년에 거란(契丹)이 침입했다는 소식에 공제가 태위(太尉) 조광윤(趙匡胤)을 파견하여 방어하도록 하였다. 조광윤이 이끄는 군대가 진교역(陳橋驛)에 주둔하였는데, 밤에 군사들이 조광윤에게 황제의 옷을 입혀 천자로 옹립하였다. 조광윤은 도성으로 돌아와 공제에게 제위를 선양 받아 송나라를 건국하였다. (『宋史』 卷1 「太祖本紀」)

124 가법이……변하였으니: 두태후(杜太后)의 유언에 따라 황위(皇位)가 아들이 아닌 동생 조광의(趙匡義)에게 선양된 것을 말한다. 송 태조의 어머니 두 태후가 죽기 직전에, 나라를 보존하기 위해서는 어린 세자가 아닌 동생 조광의(趙匡義 태종)에게 제위를 선양하라는 말을 남기고 이를 글로 써서 금궤(金櫃)에 간직하게 하였다. 이 말에 따라 태조 사후에 제위가 조광의에게 선양되었다.

125 하늘의……알리라: 북송의 국운이 끝나가는 조짐이 드러났다는 말이다. 송나라 소옹(邵雍)이 천진교(天津橋) 위에서 두견새의 소리를 듣고 "2년이 지나지 않아서 남방의 선비가 들어와 재상이 되고, 천하에 이로부터 일이 많아질 것이다."라고 하였는데, 어떤 사람이 그 까닭을 물으니 "천하가 다스려지면 지기(地氣)가 북쪽에서 남쪽으로 가고, 혼란스러워지려면 남쪽에서 북쪽으로 간다. 이제 남방의 지기가 이르러 새가 그 지기를 먼저 알고 운 것이다."라고 하였다. (『宋元學案』 卷3)

126 조잘조잘……갔네: 남송의 권신(權臣) 진회(秦檜, 1090~1155)가 금(金)나라와 내통하여 화친을 주장하고, 주전(主戰)을 주장한 악비(岳飛)·장준(張浚)·조정(趙鼎) 등을 죽이거나 귀양 보낸 것을 말한다. (『宋史』 卷473 「秦檜列傳」)

127 강왕(康王)에게……하였나: 강화파의 승세로 남송이 건립된 것을 말한다. 강왕은 북송 휘종(徽宗)의 아홉째 아들인 조구(趙構, 1107~1187)이다. 그는 정강(靖康) 2년(1127) 금나라 태종(太宗)의 대군에 의해 수도 변경(汴京)이 함락되고 휘종과 흠종(欽宗) 부자가 잡혀간 정강의 변으로 북송이 멸망하자, 남쪽으로 도주하여 임안(臨安)에서 즉위하여 남송의 초대 황제인 고종(高宗)이 되었다.

【해제】

상평성 '지(支)' 자를 운으로 하여 첫 구와 짝수 구 마지막 글자를 압운한 칠언율시이다. 2~8구까지 권점이 찍혀 있다.

성리학이 완성되고 작동한 송나라는 조선이 모범으로 삼은 나라로서 큰 의미를 지녔다. 이 작품은 북송의 건국과 쇠락, 그 과정에서 절의를 지킨 사람들이 무고하게 희생을 당한 일련의 정황을 은유적으로 묘사하였다. 감정을 최대한 절제하고 객관적인 사실을 담담하게 읊음으로써 더욱 깊은 여운을 준다. 이 작품은 『속동문선』에 수록되어 있다.

중열[128]을 만나 반가워서 써 주다 喜見仲說書贈

외기러기 달빛에 놀라 호산에서 울어대고 斷鴻驚月叫胡山
스산한 갈잎 소리 찬 눈발 속에 서걱이네 蘆荻蕭騷響雪寒
천리 타향에서 반가운 그대 얼굴 보고 千里他鄉逢面目
등잔 아래 마주하여 그간 애환 나누네 一燈相對說悲歡

【해제】

상평성 '산(刪)'운과 '한(寒)' 자를 운으로 하여 1구와 짝수 구 마지막 글자를 압운한 칠언절구이다.

의주의 유배지로 찾아온 벗 박은(朴誾)에게 써준 시이다. 1~2구에서

128 중열: 박은(朴誾, 1479~1504)의 자이다.

그려지는 유배지의 차디찬 날씨와 3~4구에서 그런 추위마저 단번에 녹여낼 벗과의 만남이 절묘하게 대비를 이루고 있다. 한 걸음 내딛기도 힘든 천 리 눈길을 뚫고 찾아온 벗을 보고서 만감이 교차하였을 시인의 모습이 그려지는 듯하다.

중열의 시를 덧붙이다 附仲說詩

서울은 아스라이 만 겹 산에 막혔으니 故國迢遙隔萬山
황량한 마을 적막하여 객의 방석 싸늘하네 荒村寂寞客氈寒
풍상 치는 강호에서 여러 해 떨어져 지내던 중 風霜湖海長年別
비 내리는 밤 술을 마시며 기쁨 나누네 夜雨尊前一日歡

도성으로 돌아가는 중열과 이별하며 贈別仲說還京

1
비바람 치는 객창에서 등불 돋우니 客窓風雪點孤燈
내 신세 유발승[129]과 마찬가지네 身世依稀有髮僧
도성 친구들은 날 생각하겠지만 京洛故人應憶我

129 유발승: 머리를 깎지 않고 기른 승려를 말한다.

초췌한 몰골 앙상터라 말하지 말게 莫言憔悴骨嶒崚

2

자네가 머나먼 연경 길 갈 때 君向燕山道路長

한 병 술로 이별하며 매우 급했지[130] 一尊相別思蒼茫

지금 나는 하늘 끝 유배객 되어 如今又作天涯客

고향으로 돌아가는 자네 부럽네 却羨君歸指故鄕

【중열이 연경(燕京)으로 갈 때 나는 서울에서 송별했고, 중열이 연경에서 돌아오자 나는 유배되어 용만에 있었다. 여관에서 서로 만나고, 또 서울로 돌아가는 그를 전송하니, 사람 일이 우습기가 이러하다.[說向燕時, 余住京相別. 說旣返燕, 而余謫在龍灣. 相遇於逆旅中, 又逆還京師, 人事之可笑也如此.]】

우연히 쓰다 偶書

타향에서 귀양객이 되어 쓸쓸하건만 他鄕作客討蕭疏

오직 강산만이 나를 일깨우누나[131] 唯有江山獨起予

손뼉 치고 미친 듯이 노래하며 웃어도 拍手狂歌成一笑

서생의 버릇 말끔히 없어지지 않네 書生習氣未全除

---

130 매우 급했지: 원시의 '창망(蒼茫)'은 매우 급하다는 말이다. 두보의 「북정(北征)」 시에 "나 두선생은 장차 북으로 가서, 급하게 집안 소식 물으려 하네.[杜子將北征, 蒼茫問家室.]"라고 하였다. (『杜少陵詩集』 卷5) 구조오(仇兆鰲)의 주에 "창망은 매우 급하다는 뜻이다.[蒼茫, 急遽之意.]"라고 하였다.

131 오직……일깨우누나: 자하(子夏)와 공자의 대화에, "공자가 '그림 그리는 일은 흰 바탕이 있은 뒤에 하는 것이다.'라고 하자, 자하가 '예가 다음 단계입니까?' 하니, 공자가 '나를 일깨우는 자는 상이로다. 비로소 함께 시를 말할 수 있도다.'라고 했다.[子曰繪事後素, 曰禮後乎? 子曰起予者商也. 始可與言詩已矣.]"라고 한 말이 있다. (『論語』「八佾」)

매계 선생께 올리다 奉呈梅溪

1

귀양 온 회포를 누구와 풀어보나	謫來懷抱向誰論
선생과 나란히 앉지 못한 지도 한참이라	長與先生坐席分
세상 길 십 년 동안 갖은 고난 겪다 보니	世路十年三折臂
고향으로 하룻밤에도 수없이 혼이 내달리네	家山一夕九馳魂
그저 북해와 같이 술동이의 술[132]만 기울일 뿐	但傾北海尊中酒
동파가 영외에서 지은 글[133] 배우지 마오	休學東坡嶺外文
이 몸 머리털 있는 외로운 승려와 같으니	身似孤僧唯有髮
첩첩 산 외진 곳 낮에도 문 닫혀 있다오	亂山窮處晝關門

2

험난한 변방에 친한 이 드물건만	崎嶇塞外少相親
산수만이 쫓겨난 신하 보살펴주네	唯有溪山着放臣
머리 숙이고[134] 수령의 욕 들으니[135]	俛首頗遭官長責

132 북해와……술: 후한(後漢) 때의 명사 공융(孔融)이 요동(遼東)으로 피난하여 북해(北海)에 살면서 시와 술로 세상을 보냈는데, 그가 일찍이 "좌상에는 언제나 손이 가득하고 술동이에는 언제나 술이 가득하면 나는 아무런 근심이 없다."라고 하였다. (『三國志』「魏志·孔融傳」)

133 동파가……글: 동파(東坡)는 소식(蘇軾)의 호이고, 영외(嶺外)는 중국의 남방 오령(五嶺) 밖으로, 유배지를 뜻한다. 소식이 해주(海州)·혜주(惠州)·황주(黃州) 등 영외 지방의 외직으로 내쫓겨 지내던 중에 특히 좋은 시를 남겼다고 한다. (『東坡全集』「東坡先生墓誌」)

134 머리 숙이고: 한유(韓愈)의 「응과목시여인서(應科目時與人書)」에 "개처럼 고개를 숙이고 귀를 늘어뜨린 채 꼬리를 흔들며 동정을 구하는 것은 나의 뜻이 아니다.[若俛首帖耳, 搖尾而乞憐者, 非吾之志也.]"라고 하였다.

135 수령의……들으니: 당 현종 때에 문인 정건(鄭虔)이 일찍이 현종의 특별한 배려로 광문관 박사(廣文館博士)가 되었는데, 그는 몹시 빈한한 데다 술을 매우 즐겼으므로, 두보가 일찍이 장난삼아 그에게 준 「희간정광문겸정소사업(戲簡鄭廣文兼呈蘇司業)」 시에 "광문이 관사에 이르

변방에는 모두 가련한 사람뿐이네　天涯俱是可憐人

매계에게 써서 드리다　錄奉梅溪

1

쓸쓸한 변방에 한 해가 저물려는데　寥落天涯歲欲遒
못난 나는 병이 많아 몹시 번민하네　龍鍾多病重搔頭
반평생[136] 고향을 떠나 늘 나그네였지　半生去國常爲客
종일 산을 보며 누각을 내려가지 않네　盡日看山不下樓
바다 기운 낮에 어둡더니 온통 비가 되고　海氣晝暝渾作雨
갈대꽃 화창이 갠 날 가을에 놀라네　荻花晴衮又驚秋
참담한 고난의 땅에 함께 유배와　共來慘淡風霜地
앉아서 석양 마주하니 절로 시름겹네　坐對斜陽只自愁

러서는 당의 계단 밑에 말을 매 놓았다가, 취하면 말을 타고 그냥 돌아가서 자못 관장의 꾸지람을 들었었네.[廣文到官舍, 繫馬堂階下, 醉則騎馬歸, 頗遭官長罵.]"라고 한 데서 온 말이다.

136 반평생: 정희량은 34세에 세상을 떠난 것으로 추정되기 때문에 일반적인 기준으로 보면 반평생의 삶이다. 그리고 그는 1494년(성종25) 성종 승하 후 수륙재(水陸齋)를 올리자 이를 반대하는 데 앞장섰다가, 이듬해 1월에 해주(海州)로 귀양을 갔고, 또 1498년(연산군4) 7월에 무오사화에 연루되어 의주로 귀양을 갔다.

2

타향의 산수 다투어 조롱하고 속이니　他鄕山水競嘲欺
시인은 좋은 시구 얻기가 드물구나　爲是騷人得句稀
세밑의 검은 구름 잔뜩 눈 내릴 기세고　歲暮凍雲多雪意
변방의 추운 날씨 맑은 햇살이 적구나　塞垣寒日少晴暉
끝없는 풍진 세상에 누가 날 알아줄까　風塵袞袞誰知己
하염없는 세상사에 홀로 사립문 닫네　世事悠悠獨掩扉
다행히 매계가 나의 졸렬함 받아주어　幸有梅溪容我拙
가끔 술 마시며 함께 세상일 잊는다네　時因杯酒共忘機

3

대장부의 행동 모두 하늘에 달린 것을　丈夫行止摠關天
늘그막에 서로 알게 된 게 어찌 우연이겠나　末路相知豈偶然
뛰어난 글재주[137] 대적할 사람 없건만　八斗才名人莫敵
도성 생활 십 년에 손님 앉힐 방석조차 없네[138]　十年京洛客無氈
말채찍 잡고 공의 뒤 따름이 합당하고[139]　執鞭端合居公後
덕을 논하면 나보다 앞서 우러러본다네　論德宜尊齒我先

---

137 뛰어난 글재주: 원시의 '팔두(八斗)'는 매우 뛰어난 시문의 재능을 뜻한다. 『남사(南史)』 「사령운열전(謝靈運列傳)」에 "천하의 재주가 한 섬이라면 조자건이 여덟 말을 점유하고 있으며, 내가 한 말, 나머지 한 말을 세상이 함께 나누어 가지고 있다.[天下才有一石, 曹子建獨占八斗, 我得一斗, 天下共分一斗.]"라고 하였다.

138 손님……없네: 시인 자신의 가난함을 비유한 말이다. 당 현종이 일찍이 광문관(廣文館)을 설치하고 정건(鄭虔)을 박사(博士)로 삼았는데, 그가 몹시 가난하였으므로 두보가 일찍이 그에게 장난삼아 지어준 「정 광문에게 장난삼아 쓰다[戲簡鄭廣文]」 시에, "재주와 명성은 삼십 년을 날렸으되, 빈객은 추워도 앉을 털방석 없네.[才名三十年, 坐客寒無氈.]"라고 하였다.

139 말채찍……합당하고: 매계 조위의 마부가 되어 수레를 끌고 싶을 정도로 매우 흠모한다는 말이다. 『사기』 「관안열전 찬(管晏列傳贊)」에 "가령 안자가 지금 이 세상에 살아 있다면 내 비록 그를 위해 말채찍을 잡더라도 기쁜 마음으로 받들어 모시겠다.[假令晏子而在, 余雖爲之執鞭, 所忻慕焉.]"라고 하였다.

술 마시며 목청껏 시 읊다가 손뼉 치는데 把酒高吟還撫掌
이런 행위 세상에 전해질까 두렵구나[140] 玆遊恐被世間傳

매계의 「문 승상[141] 사당을 배알하고」[142] 시에 차운하다

次梅溪謁文丞相廟韻

1

까마득한 옛 자취 아득하여 찾기 어려운데 茫茫往跡杳難尋
당시 일 말하려니 대낮에 절로 어두워지네 欲說當時日自陰
쓸쓸한 정기는 남쪽으로 건너간 후 사라졌고[143] 正氣蕭條南渡盡
처참한 오랑캐 바람 북쪽에서 깊이 불어왔지 胡風慘慽北來深
애산에서 패망한 일[144] 그의 죄가 아니라 崖山一敗非人罪
연옥[145]에서도 천추의 충심 변함없었다네 燕獄千秋未死心

---

140 대장부의……두렵구나: 이본에 빠져 있다.

141 문 승상(文丞相): 남송(南宋) 말기의 재상이자 충신 문천상(文天祥, 1236~1282)을 가리킨다. 자는 송서(宋瑞), 호는 문산(文山)이다. 남송이 멸망한 후 원나라에서 벼슬하는 것을 거절했다. 도종(度宗)의 장자 익왕(益王)을 도와 남송 회복에 노력했지만 실패하고, 다시 체포되어 유폐되었다가 3년 후 처형되었다. 「정기가(正氣歌)」를 지어 자신의 충절을 나타내고 죽었다. (『宋史』 卷418 「文天祥列傳」)

142 「문 승상 사당을 배알하고」 시: 총 5수로, 『매계집』 권3 「연행록(燕行錄)」에 실려 있다.

143 남쪽으로 건너간 후 사라졌고: 북송(北宋) 마지막 왕 고종(高宗)이 금(金)나라에 쫓겨 남쪽으로 양자강을 건너 임안(臨安)으로 도읍을 옮긴 것을 말한다.

144 애산(崖山)에서 패망한 일: 남송(南宋)이 완전히 패망한 것을 말한다. 애산은 지금 광동성(廣東省) 신회현(新會縣)의 남쪽 대해(大海) 가운데 있는 산 이름이다. 남송(南宋) 말기에 장세걸(張世傑)이 황제 병(昺)을 받들어 이 산을 지키다가 원나라 장수 장홍범(張弘範)에게 패하자 육수부(陸秀夫)가 황제를 업고 바다에 빠져 죽었다. 이로써 남송은 완전히 패망하였다. (『元史』 「張弘範列傳」)

145 연옥(燕獄): 문천상이 원나라 장수 장홍범(張弘範)에게 사로잡혀 3년 동안 구금되었던 연경(燕京)의 감옥을 말한다. (『宋史』 卷418 「文天祥列傳」)

피로 일생의 뜻을 써서 옷에 남겼으니[146] 血寫平生衣有贊
맑고 깨끗한 광채가 지금까지 비추누나 輝光皎潔照如今

【해제】

하평성 12번째 '침(侵)' 자를 운으로 하여 첫 구와 짝수 구의 마지막 글자(尋, 陰, 深, 心, 今)를 압운한 칠언절구이다. 5~6구에 방점이 찍혀 있다.

문 승상(文丞相)은 충신 문천상(文天祥)으로, 원나라의 협박과 회유에도 굴복하지 않은 그의 숭고한 정신은 많은 이들에게 귀감이 되었다. 또 사형을 당하기 직전 옥중에서 쓴 호방한 기상과 결연한 의지를 담은 「정기가(正氣歌)」는 지금까지도 명작으로 손꼽힌다.

2

평생 간흉 주벌을 위해 상소를 올렸건만 平生手疏爲誅姦
말로에 상심한 마음만은 읊기 어려웠지 末路傷心獨詠難
해가 우연에 다가가니 누가 씻어줄 것인가[147] 日迫虞淵誰取洗
하늘이 기나라 무너뜨려도 내내 보필하려 했네[148] 天傾杞國欲躋攀

---

146 피로……남겼으니: 문천상이 연경(燕京)에 구금되었다가 참수되기 직전에 지은 찬(贊)으로, 그의 부인이 시신을 거두었을 때 문천상이 입고 있던 옷에 적혀 있었다고 한다. 그 내용은 다음과 같다. "공자는 인(仁)을 이룬다 하였고, 맹자는 의(義)를 취한다고 하였다. 오직 의를 다하면 인에 이르는 것이다. 성현의 글을 읽었으니, 배운 것은 과연 무슨 일인가. 지금 이후로는 거의 부끄러움이 없을 것이다.[孔曰成仁, 孟曰取義. 惟其義盡, 所以仁至. 讀聖賢書, 所學何事. 而今而後, 庶幾無愧.]" (『宋史』 卷418 「文天祥列傳」)

147 우연에……것인가: 이미 남송(南宋)의 국운이 기울어 중흥하기 어렵다는 말이다. 이는 당나라 덕종(德宗) 때의 문신 여온(呂溫, 772~811)이 적인걸(狄仁傑)의 공적을 칭송하여 지은 찬(贊)에 "해를 우연(虞淵)에서 취하여 함지(咸池)에서 씻어 광채가 나게 하였다.[取日虞淵, 洗光咸池.]"라고 한데서 빌린 말이다. 우연은 해가 져서 들어간다는 전설 속의 연못으로 여기서는 나라가 망할 위기에 빠진 것을 비유한다. (『新唐書』 卷115 「狄仁傑列傳」)

148 기국(杞國)의……했네 : 남송에 원나라에 패망하였으나 문천상이 원나라에 투항하지 않고 죽음으로 절의를 지킨 것을 말한다. 원시의 '천경기국(天傾杞國)'은 『열자(列子)』 「천단(天瑞)」에, 기(杞) 나라의 어떤 사람이 하늘이 무너지면 제 몸을 붙일 곳이 없을까 노심초사했다는 고

북방 옥안에서 털을 씹은 소무의 절개[149] 이루고　嚙氈北獄成雙節
서쪽 산에서 굶어 죽은 백이숙제[150]와 나란하네　恥食西山自一班
낙락한 고명이 충의전[151]에 우뚝하니　落落高名忠義傳
그 울림 천하고 미련한 사내조차 흥기시키네　餘風能起賤夫頑

3

하룻밤 새 서풍이 푸른 바닷물을 뒤엎으니　一夜西風碧海翻
두 도성[152]의 관원 행차에 새가 놀라 달아나네　兩都冠蓋鳥驚奔
북에서 세월 보내며 충심은 더해 가는데　北來歲月丹心老
남쪽 도성 바라보니 한낮에도 어둡기만[153]　南望塵埃白日昏
즉묵이 위태로울 때 제나라가 믿어주었고[154]　卽墨將危齊可恃

사에서 온 말로, 흔히 쓸데없는 걱정을 의미하지만, 여기서 하늘이 무너진다는 것은 황제의 죽음을 의미한다.

149 북방……절개: 한 무제(漢武帝) 때 소무(蘇武)가 흉노에 사신으로 갔다가 억류되었는데, 흉노왕의 온갖 회유와 협박에 굴하지 않고 큰 움 속에 갇혀 쌓인 눈을 녹여 마시고 부절(符節)에 달린 전모(旃毛)를 뜯어 먹으며 끝까지 정절을 지키다가, 19년 만에 고국으로 돌아왔다고 한다. (『漢書』 卷54 「蘇武傳」)

150 서쪽……백이숙제: 백이(伯夷)와 숙제(叔齊)는 은(殷)나라 말기 고죽군(孤竹君)의 두 아들로, 주 무왕(周武王)이 끝내 은나라 주왕(紂王)을 멸하고 주(周)나라를 세우자 의리상 주나라의 곡식을 먹을 수 없다 하고는 수양산에 들어가 고사리만 캐 먹고 살다가 마침내 굶어 죽었다는 고사가 전한다. 서쪽 산은 수양산을 가리킨다. (『史記』 卷61 「伯夷列傳」)

151 충의전(忠義傳): 『송사(宋史)』 「충의열전(忠義列傳)」에 실린 「문천상열전」을 가리킨다.

152 두 도성: 원나라 수도 대도(大都=연경(燕京))와 상도(上都=개평부(開平府))를 말한다. 원나라 초대 황제 쿠빌라이 칸이 연경에 도읍한 뒤 이를 '대도'라고 하고, 원래 자신의 봉토였던 개평부에는 '상도'를 설치하였다.

153 남쪽……어둡기만: 문천상의 죽음과 송나라의 패망을 의미한다. 「문천상열전」 문천상이 남쪽을 향해 절을 올리고 죽었다는 기록이 있다. 원시의 '백일(白日)'은 임금이나 황제를 뜻하는 말로, 곧 대낮에 어둡다는 것은 국운이 다하였다는 말이다.

154 즉묵이……믿어주었고: 즉묵(卽墨)은 전국 시대 제(齊)나라 위왕(威王) 때 즉묵 땅을 다스렸던 즉묵 대부(卽墨大夫)를 가리킨다. 즉묵 대부에 대해서 날마다 헐뜯는 말이 들려오자 위왕이 즉묵으로 사람을 보내 조사해보니 소문과 달리 잘 다스려지고 있었다. 위왕은 이 일이 즉묵 대부가 임금의 측근에게 뇌물을 주지 않아 비롯된 것임을 알고, 그에게 1만 호를 봉해주었다. (『史記』 卷46 「田敬仲完世家」)

공명의 생전에는 그래도 촉한 보전되었지[155] 孔明未死漢猶存
당당하던 정기가 공과 함께 사라졌으나 堂堂正氣公俱逝
천고의 세월 지나도 절개 더욱 드높네 千古人間節更尊

4

경염 승상[156] 영웅의 재주 의지했지만 景炎承相仗雄才
실낱같은 나라 기상 회복이 어려웠네 王氣如絲挽不回
정수에서 용의 승천[157]에 깜짝 놀라고 鼎水方驚龍馭遠
기산에서 적을 이겼다는 소식[158] 없었네 祈山未見捷書來
지모를 널리 떨쳐 마음 더욱 장하고 謀張越國心逾壯
시는 두보 못잖으니 일 더욱 슬퍼라 集杜陵詩事益哀
연나라 도성[159]에서 충의의 울분 어찌 사라지랴 燕市豈消忠憤氣

---

155 공명의……보전되었지: 문천상이 죽기 전까지는 남송이 보전되었다는 말이다. 공명(孔明)은 삼국시대 촉한(蜀漢)의 재상 제갈량(諸葛亮)의 자이다. 선주(先主) 유비(劉備)를 도와 천하통일을 도모하였고, 후주(後主) 유선(劉禪)을 보좌하다가 9년 만에 죽자, 촉나라도 망하고 말았다. (『三國志』 卷35 「蜀書·諸葛亮傳」) 여기서는 문천상을 제갈량에 비유한 것이다.

156 경염 승상: 문천상을 가리킨다. '경염(景炎)'은 중국 남송 시대 단종(端宗)의 연호이다.

157 정수에서 용의 승천: 정수용염(鼎水龍髥)과 같은 말로, 황제의 죽음을 뜻한다. 황제(黃帝)가 형산(荊山) 아래에서 솥을 주조하여 완성하자 하늘에서 용이 내려와 황제를 태우고 승천하였는데, 이로 인해 후대에 이곳을 정호(鼎湖)라고 불렀다. 여기에서는 남송의 임금 단종(端宗)의 죽음을 의미하는 듯하다. (『史記』 卷28 「封禪書」)

158 기산에서……소식: 제갈량이 위(魏)나라를 정벌하기 위하여 기산(祈山)으로 출병하였는데, 이때 부장으로 있던 마속이 가정(街亭)에 있으면서 그의 지시를 따르지 않고 산 위에 군대를 주둔시켰다가 위나라 군에게 대패한 일이 있다. 여기서는 남송이 원나라에 패망한 사실을 의미하는 듯하다. 남송의 단종이 원나라의 핍박으로 도망가다가 죽자, 장세걸(張世傑)·문천상(文天祥)·육수부(陸秀夫) 등이 단종의 아우 위왕(衛王) 조병(趙昺)을 황제로 받들고 남해 가운데 있는 애산(崖山)으로 옮겨가 송나라 황실의 부흥을 꾀하였다. 그러나 원나라 장수 장홍범(張弘範)이 남송의 마지막 거점인 애산을 공격하여 문천상은 포로가 되었고, 다음 해에 육수부가 버티다가 패하여 위왕을 업고 애해(崖海)에 뛰어들어 죽음으로써 남송은 멸망하게 되었다.

159 연나라 도성: 원시의 '연시(燕市)'는 전국 시대 연(燕)나라의 수도를 가리키는데, 자객(刺客) 형가(荊軻)가 일찍이 여기에서 개백정 및 축을 잘 연주하는 고점리(高漸離) 등과 서로 어울려 날마다 도성 거리에서 술을 진탕 마시고 애절한 가락의 축을 연주하며 노래를 불러 비장한 회포를 풀었다는 고사가 유명하다. 여기서는 문천상이 원나라에 투항하지 않고 죽음으로 절의를 지킨 것을 칭송한 듯하다. (『史記』 卷86 「刺客列傳」)

푸른 하늘 한바탕 우레 마땅도 하지 晴天應作一轟雷

5

명절날[160] 술[161]에다 제수[162] 올리며 伏臘椒漿薦苾芬
문산[163]의 높은 충절을 익히 들었네 文山高節昔曾聞
옛 벽엔 벌레와 뱀 모양의 붉은 전서 남았고 蟲蛇古壁留丹篆
비바람 이끼 긴 비석에 푸른 무늬 유장하네 風雨苔碑長碧紋
쓸쓸히 남은 넋 항주와 월주[164]로 돌아가고 寥落遺魂歸杭越
처량도 한 옛 사당에는 이내뿐이네 凄涼古廟只煙雲
못난 선비 선생의 뜻 알지 못하는데 豎儒不識先生志
무엇하러 하릴없이 제문 짓는지 何用區區草祭文

우연히 읊조리다 偶吟

1

종이창 아래 밝은 데서 문득 참선하는데 紙牕明處輒參禪
단정히 앉아 향 사르니 마른 어깨 우뚝하네 端坐焚香兀瘦肩

160 명절날: 원시의 '복랍(伏臘)'은 여름철의 삼복(三伏)과 겨울철의 납일(臘日)에 지내는 제사 이름인데, 세시복랍(歲時伏臘)의 약칭이다. 명절과 같은 좋은 날을 가리킨다.
161 술: 원시의 '초장(椒漿)'은 초로 담근 술로 신에게 제사 지낼 때 썼다.
162 제수: 원시의 '필분(苾芬)'은 제수 곧 제사 음식을 말한다. 『시경』「소아(小雅)·초자(楚茨)」에 "제수 향기 자욱하니 신령이 즐겁게 먹고 마시시네.[苾芬孝祀, 神嗜飮食.]"라고 하였다.
163 문산: 문천상의 호이다.
164 월주: 지금 절강성 소흥(紹興)이다.

사방 벽 가득한 도서의 주인 될 만하고 四壁圖書堪作主
일생 동안 시와 술은 일가를 이루었지 一生詩酒更成顚
푸른 산이 눈에 가득하니 백발이 싫어지고 青山入眼人嫌白
맑은 강에서 크게 노래하니 생각 깊어지누나 綠水高歌思獨玄
어긋나는 벼슬길 어찌 뜻대로 하랴 出處參差吾豈敢
원래부터 조물주의 마음대로였거늘 從來造物本多權

2

남북을 떠돌다[165] 귀밑털이 세었으니 支離南北鬢毛殘
빈집에서 멍하니 홀로 문 닫고 있네 噓嗒空齋獨閉關
누른 잎 떨어질 때 고향을 떠나와 黃葉落時辭故國
흰 구름 나는 곳 보니[166] 어머니 그립네 白雲飛處憶慈顏
어쩌다 시 지어도 도리어 비방 거리랴 詩因偶得還嫌謗
세상과 서로 멀어지니 절로 한가롭네 世與相遺自卜閑
못난 이 몸을 끝내 어디에 쓰겠는가 短枝區區終底用
이나 잡으며 푸른 산 대하는[167] 게 낫지 不如捫蝨對青山

165 남북을 떠돌다: 원시의 '지리(支離)'는 뿔뿔이 흩어진 것을 뜻한다. 두보의 시 「영회고적(詠懷古跡)」 5수 가운데 첫째 수에 "동북의 난리 통에 뿔뿔이 흩어져, 서남의 천지간을 떠돌아다니노라.[支離東北風塵際, 漂泊西南天地間.]"라고 하였다. (『全唐詩』 卷230)

166 흰……보니: 어버이를 그리워하는 정을 말한다. 당나라 적인걸(狄仁傑)이 태항산(太行山)을 넘어가던 중에 흰 구름이 외로이 떠가는 남쪽 하늘을 바라보면서 "저 구름 아래에 어버이가 계신다.[吾親所居, 在此雲下.]"라고 하고는 한참 동안 머물러 있다가 구름이 다른 곳으로 옮겨 간 뒤에 다시 길을 떠났다는 고사가 있다. (『舊唐書』 「狄仁傑列傳」)

167 이나……대하는: 왕안석(王安石)의 시에 "푸른 산에서 이를 잡으며 앉았고, 꾀꼬리 울 땐 책 베고 잠을 자네.[青山捫虱坐, 黃鳥枕書眠.]"라고 한 데서 온 말이다.

섣달 그믐날 밤 除夜

나그네 시름 번다하여 머리 세려 하는데 客愁撩亂欲華顚
남은 밤 한 치 한 치 타가는 등불 같구나 殘夜如燈寸寸燃
술독을 앞에 두고 흠뻑 취하고 싶지만 要向尊前須大醉
새벽닭 울음 그치니 아, 새해로구나 曉鷄聲斷是明年

봄날 잠결에 읊어 계문[168]에게 부치다 詠春眠寄季文

띠집 처마 밑에 홀로 앉으니 아지랑이 일고 茆簷獨坐看游絲
산새 소리 요란한데 봄날은 느릿느릿 흘러가네 山鳥亂啼春晝遲
온몸에 내리쬐는 햇살은 잘 익은 술 같고 暖日著人濃似酒
마구 쏟아지는 졸음에 바보처럼 늘어지네 新愁滿眼懶如癡
형상 잊고 홀연 장생의 나비가 되어보고[169] 忘形忽作莊生蝶

---

168 계문: 성중엄(成重淹, 1474~1504)의 자이다. 호는 청호(晴湖), 본관은 창녕(昌寧)이다. 1494년(성종25) 문과에 급제한 뒤, 예문관 검열·홍문관 저작·춘추관 사관 등을 지냈다. 이때 성중엄 역시 정희량과 마찬가지로 무오사화에 연루되어 의주 근처인 인산에 유배되어 있었다.

169 형상……되어보고: 장자(莊子)의 호접몽(胡蝶夢) 고사를 통해 완전히 잠에 들어간 경지를 표현하였다. 원시의 '망형(忘形)'은 자신을 잊는다는 뜻이다. 『장자(莊子)』「양왕(讓王)」에 "뜻을 기르는 자는 자신의 형체를 잊고, 형체를 기르는 자는 자신의 이익을 잊고, 도를 이룬 자는 자신의 마음까지도 잊는 법이다.[養志者忘形, 養形者忘利, 致道者忘心矣.]"라고 하였다. 장생(莊生)은 장주(莊周)로, 『장자』「제물론(齊物論)」 옛날에 장주가 꿈속에서 나비가 되었는데, 자신이 장주인 줄도 알지 못하였다. 그러다가 얼마 뒤에 깨어나니 바로 장주였다. 이에 장주가 꿈에서 나비가 된 것인지 나비가 꿈속에서 장주가 된 것인지를 알 수가 없었다.

사물에는 진정 노자의 이(夷) 경지 이루네[170] 視物眞成老子夷
기쁨 근심 옳고 그름 죄다 잊고 사니 憂樂是非渾不記
지금 이 한가한 맛 그대는 아실런지 此中閑味恐君知

【해제】

상평성 '지(支)' 자를 운으로 하여 1구와 짝수 구 마지막 글자를 압운한 칠언율시이다.

따스한 봄 햇살 아래 가만히 앉아 있다가 잠이 들어버린 경험이 있다면 이 시가 더욱 생생하게 읽힐 것이다. 장주(莊周)의 호접몽처럼 꿈과 현실의 경계를 잊은 채 무아지경에 든 시인은 어느새 현실을 초월하는 면모를 보인다.

성중엄(成重淹)과는 함께 사가독서를 하면서 가깝게 지냈다. 성중엄은 1498년 무오사화 때 경연관으로서 명현들의 무고한 화를 변호하다가 의주 부근 인산(麟山)에 유배되었고, 1500년에 하동(河東)으로 유배지를 옮겼다. 정희량과 같은 시기에 근처에서 유배 생활을 한 인물로, 누구보다 위안이 되고 편히 마음을 나눌 수 있는 벗이었을 게다.

성중엄의 시는 『동문선』에 「인산(麟山)」과 「3월 14일 허암과 강가에서 놀기로 하고 지어서 주다[三月十四日約虛庵遊江上吟贈]」 등 5수가 실려 있는데, 유배 당시의 시가 대부분이다.

170 노자(老子)의……이루네: 노자가 도에 대해 "도는 보려고 해도 볼 수 없으니 그것을 이(夷)라고 하고, 들으려고 해도 들을 수 없으니 그것을 희(希)라고 한다.[視之不見, 名曰夷, 聽之不聞, 名曰希.]"라고 한 데서 온 말이다. (『道德經』 14章)

동파 따라 놀이 삼아 「귀거래사」 구절을 모으다 戲集歸去來辭, 效東坡

1

돌아와서 전원을 찾으니	歸去問田園
환영하는 솔·국화 그대로네	懽迎松菊存
금과 책을 홀로 즐기니	琴書聊獨樂
부귀 역시 기쁘지 않구나	富貴亦非欣
해가 뜨면 농사일 살피고	東日觀農植
남창에 기대어 술잔 들이키네	南窓引酒尊
내 삶이야 인제 그만두었으니	吾生今已矣
세상일 다시 무얼 말하랴	世事復何言

2

세 갈래 길[171]에 봄이 가려는데	三徑春將老
봄바람 쉬지 않고 불어오누나	東風吹未休
좋은 시절 만날 수 없으니	良辰不可得
이 즐거움 어찌 다시 얻을까	是樂復何求
지팡이 짚고 술 마시며 홀로 걷고	杖酒時孤往
휘장 친 수레 몰며[172] 노닐기도 하네	巾車或命遊

171 세 갈래 길: 은자의 처소라는 말로, 한나라 때의 은자 장후(蔣詡)가 집의 대나무 숲 사이에 '세 갈래 길[三徑]'을 만들어 놓고, 오직 양중(羊仲)과 구중(求仲) 두 사람하고만 다닐 수 있도록 하였다. 도연명의 「귀거래사(歸去來辭)」에 "세 갈래 길은 황폐해졌으나 소나무와 국화는 여전히 그대로 있다.[三徑就荒, 松菊猶存.]"라고 하였다.

172 휘장……몰며: 도연명의 「귀거래사」에 "혹은 휘장 친 수레를 몰고[或命巾車]"라고 하였다.

산 넘고 물 건너 깊은 골짝 찾는데[173] 登臨尋窈窕
어린 종들 서로 만류하네 稚僕請相留

3

시국을 느끼니 참으로 비통한데 感時良可悲
서글퍼라 늙음 마저 찾아오네 惆悵老猶期
시와 술을 마음으로 기뻐하고 詩酒心相悅
배와 수레는 행로가 틀리지 않았지 舟車塗未非
뜬구름 깊은 골짝을 찾아가고 遊雲尋壑往
지친 새는 사람에게 날아드네 倦鳥向人飛
문 앞길에서 홀로 휘파람 불자 獨嘯門前路
솔바람 나의 옷에 불어오네 松風吹我衣

【해제】

이 시는 도연명(陶淵明)의 「귀거래사(歸去來辭)」의 시구를 모아서 지은 세 수의 연작시로, 소식(蘇軾)의 「귀거래집자(歸去來集字)」를 본받은 것이다. 소식은 도연명의 「귀거래사」를 즐겨 읽었는데, 그 시구를 모아서 열 수의 연작시를 지은 다음 아이들에게 외우도록 하였다.

고향으로 돌아가고 싶은 심정과 전원에 은거하여 세속의 명리에 초연하고 싶은 마음을 표현하였다. 그러나 시국을 생각하면 참으로 비통한 마음이 일어나는 것은 어쩔 수 없나 보다. 그래도 더는 현실 정치에 참여할

173 깊은……찾는데: 도연명의 「귀거래사」에 "깊숙하게 골짝을 찾기도 하고[旣窈窕以尋壑]"라고 하였다.

수 없는 몸, 더욱이 늙기까지 하였다. 정희량이 무오사화에 연루되어 의주로 유배되었을 때의 나이가 30살이다. 늙었다고 하기에는 젊은 나이다. 정희량의 시에 '늙었다'는 표현이 자주 등장하는데, 이는 정치적 이상을 실현하는 과정에 수많은 외압을 겪음으로써 몸과 마음이 지쳤다는 것으로 이해해야 하지 않을까? 이제 세속의 명리를 끊고 고향으로 돌아가 전원에 은거하여 시와 술로써 유유자적하고 싶은 의지를 강하게 드러내었다.

4

무릎 어루만지기 취미가 되고	撫膝猶成趣
금을 잡자 절로 얼굴 펴지네	携琴自傲顔
산들바람 국화꽃 길에 불어오고	微風來菊徑
아이들은 소나무 대문에 기댄다	稚子倚松關
먼 산은 오갈 때마다 바라보고	遠岫行常眄
외론 배 갔다가 홀로 돌아오네	孤舟去獨還
물가에서 어찌 즐겁지 않으랴	臨流胡不樂
고개 들고 마음껏 돌아다니네	矯首任盤桓

5

돌아가자, 전원이 묵으려 하니	歸去田園蕪
험난하지, 일마다 날로 그릇돼	崎嶇事日非
내 삶은 이제 여기서 그만	吾生今已矣
세상 길 어디로 다시 더 가리	世路向何之
방안에는 편안하게 마실 수 있고	室有怡顔酒
마음에는 기심이 하나도 없네	心無倦鳥疑

제때에 애오라지 즐거워 할 일	及時聊自樂
지팡이 짚고서 맑은 시 이야기하네	扶杖話淸詩

회포를 쓰다 書懷

1

적막하구나 용만 고을	寂寞龍灣郡
처량하도다 갈대밭 가을	凄涼蘆荻秋
강산은 눈을 푸르게 하고	江山靑客眼
세상사 머리를 희게 하네	世事白人頭
괴로운 심사 자주 꿈을 깨워	役役頻驚夢
유유히 홀로 누각에 기대네	悠悠獨倚樓
타향은 참으로 밉살스러우니	他鄕殊可惡
비바람에 절로 시름겹구나	風雨自生愁

2

고향과 삼천리 떨어진 곳	去國三千里
종일 부모 생각만 나는구나	思親十二時
평생 보잘것없는 처지 근심 터니	生涯憂濩落
늙고 병들어 쓸모없을까[174] 겁나네	老病怯支離

---

174 쓸모없을까: 원시의 '지리(支離)'는 잔결(殘缺)되어 쓸모없는 사물 또는 신체가 완전하지 못한

번민의 침묵 깊어 적막한데 　　憫默潛成寂
입 닫고 바보처럼 꼼짝없네 　　喑啞兀似癡
여기인 문장이 습관이 되어 　　文章餘結習
홀로 앉아 억지로 시를 쓰네 　　獨坐强題詩

3
오랑캐 산 인근 들 에워싸고 　　胡山圍近野
요동 바다 외론 성과 접하네 　　遼海接孤城
북과 호각 소리마다 위급하고 　　鼓角聲聲急
변방의 봉화 밤마다 놀라네[175] 　　邊烽夜夜驚
천지간에 양 귀밑털 세지만 　　乾坤雙鬢白
세월에도 충심만은 빛나리라 　　歲月寸心明
나라에 바친 몸 헛되이 늙으니 　　許國身空老
북받치는 감개 어떡하나? 　　其如感慨情

【해제】

자신의 심정을 읊은 세 수의 연작시이다. 제1수는 평성 '우(尤)'를 운으로 한 작품으로, 3·4구에 방점이 찍혀 있다. 제2수는 평성 '지(支)'를 운

불구자를 가리키기도 한다. 『장자』「인간세(人間世)」에 "자신의 몸을 지리하게 한 사람도 자신의 몸을 충분히 기르고 천수를 누리는데, 하물며 그 덕을 지리하게 한 사람에 있어서랴![夫支離其形者, 猶足以養其身, 終其天年, 又況支離其德者乎!]"라고 하였다.

175 북과……놀라네: 『연산군일기』 32권, 연산 5년 2월 2일 기사에, 평안도 절도사 이조양(李朝陽)이 보고서를 올려 "전자 구령진(仇寧鎭)을 포위했던 적병들이 비록 포위는 풀었지만 그대로 집결하여 진을 친 채 물러가지 않고 있다가 청수보(淸水堡)의 민가 20호를 불태웠고 또 관사에 불을 지르고 노략질하여 갔습니다. 청컨대 요해처(要害處)에 성을 쌓고 목책을 설치하도록 하여 주옵소서.[前者賊兵圍仇寧鎭, 雖解圍, 而猶聚屯不退, 因火其靑水堡民家二十餘戶, 又火官舍, 掠物而去. 請要害處築城設柵.]"라고 하였다. 이런 사실로 미루어 봤을 때 당시 야인들의 발호가 심했던 듯하다.

으로 하였고, 제3수는 평성 '경(庚)'을 운으로 한 작품이다.

유배지 용만에서의 괴로운 심정과 부모님을 보고 싶은 그리운 감정을 토로하면서도 임금에 대한 충심만은 퇴색하지 않고 오히려 빛나고 있음을 강조하였다. 시인은 '치군택민(致君澤民)', 곧 '임금을 보좌하여 성군이 되게 하고 백성을 윤택하게 하는' 책무를 실천하지 못하고 유배지에서 헛되어 늙고 있어서 북받치는 감정이 터져 나온다.

비 내릴 때 즉흥으로 읊다 雨中卽事

쓸쓸한 저녁 비에 홀로 문을 닫으니 晩雨蕭蕭獨閉門
어스름 달빛에 살구꽃 그림자 성기네 杏花疏影月黃昏
소년의 미친 흥취 모두 사라지자 少年狂興都銷盡
빈집에 묵묵히 앉아 바다 구름만 보네 默坐空齋看海雲

우연히 쓰다 偶書

요즈음 압록강 가에서 쓸쓸하게 지내다가 年來索寞鴨江濱
세상에 고개 돌려 나루터를 물으려 하네 回首塵沙欲問津
객지에서 우연히 한식날 비를 만나니 客裏偶逢寒食雨
꿈속에서 여전히 고향집 봄을 기억하네 夢中猶憶故園春

일생의 시름과 병이 귀밑머리 새게 하지만	一生愁病添衰鬢
변방의 시내와 산이 내쫓긴 신하를 받아주네	萬里溪山著放臣
그저 소홀하고 게을러 불우하게 된 것일 뿐	直以疏慵成落魄
운명이 시인을 곤궁하게 한 것이 아니라네	非關時命滯詩人

봄날 회포를 쓰다　春日書懷

모래톱 풀들은 아직 한기 머금었건만	沙草尚含凍
봄바람 불어오니 새싹 돋으려 하네	春風吹欲生
엷은 먹구름 바다와 닿아 어스름한데	輕陰連海暗
희미한 햇살 구름 사이로 새어 나오네	薄日漏雲明
집 떠난 나그네 부모 생각에 눈물이 나고	游子思親淚
외로운 이 몸 도성 떠나 슬프도다	孤身去國情
시절에 느꺼워 홀로 탄식하노니	感時仍獨嘆
마음속에 온갖 시름 솟구치누나	愁緒政崢嶸

성응경[176]과 작별하며 지어주다 贈別成應卿

적막하고 외딴 타향이라 친한 벗 적은데	他鄕寥落少知音
괴로이 훌륭한 그대[177] 전송하는 시 짓네	沅芷萋萋入苦吟
하룻밤 새 하늘가 나그네 신세가 된 우리	一夜天涯同是客
십 년 세월 책과 보검[178] 끼고 함께 마음 논했지	十年書劍共論心
솜털 같은 봄 정취 바람 속에 흩어지고	春情似絮風中亂
구름 같은 이별의 한 비 온 뒤 깊어지네	別恨如雲雨後深
이제 산천 유람은 더욱 아득해졌으니	從此溪山還杳邈
꿈속 혼만 쓸데없이 찾아다니겠구나	定教魂夢費相尋

【해제】

하평성 12번 째 '침(侵)' 자를 운으로 하여 첫 구와 짝수 구 마지막 글자를 압운한 칠언율시이다.

성몽정(成夢井, 1471~1517)은 단종을 위해 절의를 지킨 성담수(成聃壽)의 아들로, 1498년 문과에 급제하였다. 이 해는 시인이 의주로 유배를 당한

176 성응경: 응경(應卿)은 성몽정(成夢井, 1471~1517)의 자이다. 본관은 창녕(昌寧), 호는 장암(場巖)이다. 1498년(연산군4) 문과에 갑과로 급제했으나 연산군의 폭정으로 물러나 있다가, 1506년 중종반정 이후 다시 등용되어 이조 참판· 대사헌 등을 역임하였다. 시호는 양경(襄景)이다. 저서로는『장암일고(場巖逸稿)』가 있다.

177 훌륭한 그대: 원시의 '원지(沅芷)'를 풀이한 말로, 재덕이 출중한 사람을 비유하는 말이다.『초사(楚辭)』「구가(九歌) · 상부인(湘夫人)」에 "원수엔 백지가 있고 풍수엔 난초가 있음이여, 그대를 생각하매 감히 말을 하지 못하도다.[沅有芷兮澧有蘭, 思公子兮未敢言.]"라고 한 데서 온 말이다.

178 책과 보검: 이 두 가지는 옛날에 문인들이 몸에 휴대하는 물건이다. 당나라 시인 맹호연(孟浩然, 689~740)의 시「낙양에서 월로 가다[自洛之越]」에 "분주하게 다닌 삼십 년 세월, 학문도 무예도 이룬 게 없구나.[遑遑三十載, 書劍兩無成.]"라는 구절을 차용하였다.

해이기도 한데, 몽정은 갑과(甲科)로 급제할 만큼 출중한 기량을 지녔음에도 연산군의 폭정에 환멸을 느껴 벼슬을 단념하고 물러나 있었다. 이런 강직한 성품은 시인과 닮았다.

이 시는 1499년 봄에 지은 것으로 추정된다. 무슨 연유로 만남이 성사되었는지 알 수는 없으나 봄을 맞아 몽정이 유배지로 시인을 찾아온 듯하다. 평소 공부하며 세웠던 굳은 의지를 저버리지 말자고 서로 다짐하며 아쉬운 이별을 하였다.

후에 몽정은 중종반정에 가담하여 정국공신에 녹훈되어 전한(典翰) 벼슬을 시작으로 공조 참판까지 역임하고, 사후 예조 판서에 추증되었다.

벽에 쓰다 題壁

병든 몸 애써서 홀로 누각 오르니	强扶衰病獨登樓
눈길 다한 먼 하늘은 바다 머리네	望盡長天是海頭
세 섬[179]에 비 개자 갈매기 등이 젖고	三島雨晴鷗背濕
한 강에 바람 잦자 거울 물빛 흐르네	一江風定鏡光流
푸른 산은 어버이 꿈 막지 못하고	靑山不鎖思親夢
대낮에 아우 생각 슬며시 생겨나	白日潛生憶弟愁

179 세 섬: 압록강 하류에 있는 오적도(於赤島)·검동도(黔同島)·위화도(威化島)의 세 섬인 듯하다. 『신증동국여지승람』 53권 「평안도」에 "위의 세 섬은 그 땅이 모두 기름지고 넉넉하여서 백성들이 많이 개간해 경작했었는데, 천순 5년(1461) 신사에 농민들이 건주위(建州衛)의 야인(野人)에게 잡혀가 그 뒤부터는 관(官)에서 개간을 금지했다.[上三島, 其地俱沃饒, 民多耕墾, 天順五年辛巳, 農民爲建州衛野人所虜, 自後官禁耕墾.]"라고 하였다.

타향 산천 좋다 한들 부질없는 것[180] 自古他鄕虛信美
병들어 초췌하면 또 눌러 앉겠지 若爲憔悴重淹留

느낌이 있어 有感

하늘 끝에 갇힌 처지 외로운 신세 天涯滯跡嘆伶俜
어느 누가 장사에서 가생을 물으 誰向長沙問賈生
분분한 세상사에 머리는 세고 世事紛紛頭欲白
울적한 강산이나 눈길 시원해 江山鬱鬱眼還靑
술잔 앞에 묵묵히 봄 아파하고 尊前憫默傷春意
객지에서 쓸쓸히 빗소리 듣네 客裏蕭疏聽雨聲
서글퍼라 고향은 갈 수가 없고 惆悵故鄕歸不得
묽은 연기 처량한 날 애를 끓이네 澹煙凄日自傷情

벽에 쓰다 題壁

해안에서 수척해지며 울 거 뭐 있나 憔悴何勞泣海陬

---

180 타향……것: 육유(陸遊)의 「춘만(春晩)」 시 함련에서 "산천이 참 좋다마는 고향과 멀고, 천지는 무정하여 두 귀밑이 가을이구나.[山川信美故鄕遠, 天地無情雙鬢秋.]"라고 하였다.

풍광 보니 오히려 흐린 눈이 씻기네 風煙猶自割昏眸
사방의 산 들판을 둘러 다 하늘인가 싶고 四山抱野天疑盡
한줄기 강 허공을 담아 땅은 떠 있나 하네 一水涵虛地欲浮
맑은 날이면 누런 송아지와 함께 풀밭에서 졸고 課日晴眠黃犢草
비 오는 날에는 도롱이 입고 흰 갈매기와 눕지 披蓑雨卧白鷗洲
알겠다, 이 성군의 시대 인재가 넘치니 也知聖代多才俊
나 따위야 마땅히 낚싯배에서 늙어야지 如我端宜老釣舟

저물녘의 조망 晩望

서글퍼라 병든 눈 활짝 뜨이지 않아 惆悵無因病眼開
억지로 초췌한 몸 일으켜 누대 오르네 强扶顦顇獨登臺
화창한 모래 언덕에 갈매기 편히 졸고 日晴沙岸鷗眠穩
봄바람 부는 강물에 기러기 목욕하네 風暖春江鴈浴來
버들 그늘 짙어지자 시내 비 지나가고 楊柳陰多溪雨過
갈대 그림자 사라지자[181] 조수 밀려오네 蒹葭影沒海潮回
풍수의 난초 원수의 백지 읊을 만하니 澧蘭沅芷堪宜詠
타향살이 시름 쉬이 가라앉지 않누나 羈思如今未易裁

181 갈대……사라지자: 해가 져서 그림자가 보이지 않는 상황을 말한다.

옛날을 추억하며 憶昔

문장이 두우성 자리를 요동시켜	文章撼動斗牛躔
봉래산[182] 제일의 신선인가 하였네	準擬蓬萊第一仙
은촛대는 밤새 달빛인 양 환하고	銀燭通宵明似月
옥당을 둘러보면 하늘처럼 아득했지	玉堂回首逈如天
손바닥 위로 영롱한 이슬[183] 잔에 나누고	杯分掌上玲瓏露
화로 앞에 감도는 연기 옷에 스몄지	衣襲爐前繚繞煙
슬프게도 근년에 불우한 신세 되어	惆悵年來成落魄
굴원의 이소경만 거듭 읊조리노라[184]	離騷重詠屈原篇

【해제】

하평선 첫 번째 '선(先)' 자를 운으로 하여, 첫 구와 짝수 구 마지막 글자를 압운한 칠언율시이다.

유배를 오기 전 많은 이들의 촉망의 받으며 기대에 찬 삶을 살았던 자신의 모습을 추억하며 감회를 적은 글이다. 이제 물거품이 되어버린 옛 영광을 떠올리니 제 처지가 더욱 비참하다. 시인은 자연스레 자신과 비슷

182 봉래산: 전설상 신선이 산다는 동해의 삼신산(三神山) 가운데 하나이다.

183 손바닥……이슬: 선인장은 이슬을 받기 위해 만든 승로반(承露盤)을 받치고 있는 손을 말한다. 한 무제(漢武帝)가 신선술에 미혹되어 감로(甘露)를 받아 마시고 수명을 연장하고자 하여, 건장궁(建章宮)에 신명대(神明臺)를 세우고 구리로 선인(仙人)의 손 모양을 만들어 세워서 동반을 떠받치고서 감로를 받게 하였다. (『漢書』 卷25 「郊祀志上」)

184 굴원의……읊조리노라: 자신의 처지를 참소로 쫓겨난 굴원에 비긴 것이다. 굴원은 춘추 시대 초나라의 충신으로 간신들의 모함으로 유배를 당하고, 자신의 울분과 충정을 「이소(離騷)」에 담았다.

한 처지에 놓였던 굴원(屈原)을 떠올린다.

굴원은 중국 초(楚)나라의 충신으로, 간신배의 참소를 입어 유배를 당한 인물이다. 그는 충정을 담은 많은 글을 남겨 후대에 두고두고 회자되며 충절의 표상으로 자리 잡았다. 그 가운데 으뜸으로 꼽히는 「이소(離騷)」는 임금의 총명을 가리는 간신배들의 행태를 담은 작품이다. 지금 시인에게 더할 나위 없이 위로가 되는 글이 아닐 수 없다. 시인은 「이소」를 되뇌며 애써 울분을 달래본다.

문득 감회가 있어 寓懷

밝은 시대에 내쫓겨 광인 되었으니	明時竄逐坐顚狂
빈집에서 다 잊는 법이나 배웠으면	欲向空齋學病忘
변방에서 떠도는 긴긴 나그네 신세	萬里萍蓬長作客
창에 비바람 몰아쳐 그저 애타기만	一窓風雨自回腸
책에 묻혀 보낸 세월 다 옛일 되었고	卷中歲月皆陳迹
꿈속에 노니는 산천 온통 고향이구나	夢裏溪山是故鄕
크고 작은 세상사 다 따져보느라	算盡世間多少事
지금 벌써 귀밑머리 새었구나	祇今先得鬢蒼浪

송 감사[185]의 순행을 노래하다 謠宋使相巡行

위엄 있고 진중한 분 변경을 지켜	要公嚴重鎭邊疆
느릿느릿 돌아보아 기강 세우네	按轡徐來整紀綱
바람은 수레 좇아 은덕 베풀고	風逐車輪能作澤
꽃은 옥 부절[186] 맞아 빛을 발하네	花迎玉節自生光
단번에 예악으로 교화가 되고[187]	一麾禮樂絃歌俗
천 리에 뽕과 삼[188]이 잘도 자라네	千里桑麻雨露鄕
좋은 인재 어느 누가 기뻐 않으랴	借得賢才誰不喜
길가는 사람 감당[189]을 노래하겠네	路人堪詠召南棠

185 송 감사: 송일(宋軼, 1454~1520)이다. 『허암유집』 「사우록」에 "송일은 자는 가중(可仲), 시호는 숙정(肅靖)이며, 여산(礪山) 사람으로, 공손(恭孫)의 아들이다. 문과에 급제하였다. 선생이 귀양 가서 의주에 있을 때 평안 감사(平安監司)가 되었다. 중종반정 뒤에 정국공신에 기록되었다. 중종 계유년(1513)에 영의정에 임명되었다. 호는 송봉이다.[宋軼, 字可仲, 諡肅靖, 礪山人, 恭孫子. 登文科. 先生謫在義州時, 爲平安監司. 反正後, 錄入靖國功. 中宗癸酉, 拜領相. 號松峯.]"라고 하였다.

186 옥 부절: 원시의 '옥절(玉節)'은 옥으로 만든 부절(符節)인데, 고대에 천자의 명령을 받은 자가 지닌 일종의 징표이다. 여기서는 감사 송일을 가리킨다.

187 교화가 되고: 원시의 '현가(絃歌)'는 예악으로 교화함을 뜻한다. 『논어』 「양화(陽貨)」에 "공자가 무성에 가서 금(琴)을 타면서 노래 부르는 소리를 들었다. 부자가 빙그레 웃으면서 '닭을 잡는 데 어찌 소 잡는 칼을 쓰느냐.'라고 말씀하셨다.[子之武城, 聞弦歌之聲. 夫子莞爾而笑曰, 割鷄焉用牛刀.]"라는 글에서 유래한 말이다. 작은 고을을 다스리면서 높은 도를 펼치는 것에 빗댄 말이다.

188 뽕과 삼: 뽕나무를 심고 누에를 쳐서 고치를 얻고 마를 심어 섬유를 얻는 것은 모두 고대 농업에서 의복을 해결하는 가장 중요한 경제 활동이었다.

189 감당: 『시경』 「소남(召南)」의 편명으로, 주나라 소공(召公)의 훌륭한 정치를 찬미한 노래이다. 백성들이 소공의 선정에 감동하여 그가 아래에서 쉬었던 감당 나무를 사랑하고 꺾지 않았다고 한다. 원시의 '소남당(召南棠)'은 '소공당(召公棠)'이라고도 한다.

누가 앵두를 보내와서 매계에게 나눠 드리다

人有惠我櫻桃, 分寄于梅溪案右

소갈병 앓는 내게[190] 귀한 과일 따다 주니	摘來珠實寄相如
맑은 창에서 잠 깨어 목마를 때[191] 제격	端合晴牕睡渴餘
생각해서 드리오니 경계하지 마시고[192]	爲報慇懃休按釼
좋은 시구 지어서 보배[193] 대신하시길	好將詩句替瓊琚

매계에게 올리다

上梅溪

신들이 한곳에 모인 지리산	智異之山神所鍾
남쪽 지방에 우뚝이 홀로 서 있네	巍巍獨立天南方
산 아래 육십 고을 별처럼 나뉘었고	星分其下六十州

190 소갈병 앓는 내게: 사마상여는 소갈병 곧 당뇨병을 앓았다고 한다. 이에 한시에서 당뇨병을 상여갈(相如渴)이라고 표현한다. 『사기』「사마상여열전(司馬相如列傳)」에 "상여는 말이 어눌했으나 글을 잘 지었다. 평소 소갈병을 앓았다.[相如口吃而善著書. 常有消渴疾.]"라고 하였다.

191 잠……때: 원시의 '수갈(睡渴)'은 잠을 자다가 깨었을 때 목이 마른 것을 말한다.

192 경계하지 마시고: 원시의 '안검(按劍)'은 '경계한다'는 뜻이다. 왕유(王維)의 「술을 부어 배적에게 주다[酌酒與裵迪]」 시에 "친구여 술이나 한 잔 드시게, 인정은 물결처럼 뒤집히는 것. 늙도록 사귄 벗도 오히려 경계하고, 먼저 성공한 이도 후배의 앞길 막나니.[酌酒與君君自寬, 人情翻覆似波瀾. 白首相知猶按劍, 朱門先達笑彈冠.]"라고 하였다.

193 보배: 원시의 '경거(瓊琚)'는 아름답게 정제된 옥을 말하는데, 상대방의 시문을 가리킨다. 『시경』「위풍(衛風)·모과(木瓜)」에, "나에게 모과를 주거늘 경거로써 갚는다.[投我以木瓜, 報之以瓊琚.]"라고 하였다. 그 주에 "경(瓊)은 아름다운 옥을 말하며, 거(琚)는 패옥의 이름이다."라고 하였다.

기운은 삼신산[194]에 닿아 아득히 푸르네　氣接三島青茫茫

짙은 구름과 안개 새어나가지 않아　蓄縮雲霧祇不洩

극심한 가뭄에도 물이 콸콸 흐르네　歲若大旱能沛滂

녹나무와 대나무[195] 매우 싱그러워　豫章竹箭是特潤

진기하고 아름다운 새 머물기 좋네　奇珍怪羽焉足當

신선들[196] 대낮에 어찌 그리 펄펄 나는가　群仙白日何翩翩

바람수레, 번개수레 무지개 옷 걸쳤네　飆輪電轂虹霓裳

앞몰이꾼은 악전, 뒷몰이꾼은 교송[197]　前驅偓佺後喬松

기린을 타기도, 봉황을 타기도 하네[198]　或騎麒麟翳鳳凰

그 가운데 기골이 가장 빼어난 사람　中有一人骨最秀

북두성·견우성[199] 지나 옥황상제 곁으로 왔네　捫牛歷斗來帝傍

땅의 신령 참담하고 산은 근심했으나　坤靈慘慘山爲愁

초목은 해·달·별의 밝은 빛을 입었네　草木借被昭回光

---

194 삼신산: 원시의 '삼도(三島)'는 중국의 동쪽 발해 가운데 있다고 하는 삼신산(三神山)으로, 봉래산(蓬萊山)·방장산(方丈山)·영주산(瀛洲山)을 말한다. 이 삼신산에는 신선들이 살고 불사약(不死藥)이 있으며, 새와 짐승이 모두 희고 궁궐이 황금으로 지어졌다고 한다.

195 녹나무와 대나무: '예장(豫章)'은 녹나무로 대표적인 좋은 목재이고, '죽(竹)'은 큰 대나무, '전(箭)'은 작은 대나무로 둘 다 뛰어난 인재를 비유하는 말이다.

196 신선들: 매계 조위는 1472년(성종3) 8월에 자형인 점필재 김종직, 뇌계(㵢溪) 유호인(兪好仁) 등과 함께 지리산을 유람했는데, 이들을 지칭한다.

197 앞몰이꾼은……교송: 악전(偓佺)은 순 임금 때 괴산(槐山)에서 약초를 캐고 살던 신선이고, 교송(喬松)은 주(周)나라 영왕(靈王)의 태자 왕자교(王子喬)와 신선인 적송자(赤松子)를 말하는데 둘 다 불로장수했다고 한다. (『列仙傳』)

198 기린을……하네: 이 구절은 두보의 시 「한 간의에게 부치다[寄韓諫議]」에서 취하였다. 기린과 봉황은 신선이 타는 상서로운 짐승이다. 『집선록(集仙錄)』에 "여러 신선이 모두 모이는데, 지위가 가장 높은 자는 난새를 타고, 그다음은 기린을 타며, 그다음은 용을 탄다.[群仙畢集, 位高者乘鸞, 次乘麒麟, 次乘龍.]"라고 하였다. '예(翳)'는 원래 가리개 또는 일산을 뜻하는데, 여기서는 탄다는 의미로 쓰였다.

199 북두성·견우성: 매계의 빼어난 문재(文才)가 도성에 드러났다는 말이다. 진(晉)나라 때에 장화(張華)가 천문(天文)을 보니 두성과 우성 사이에 이상한 기운이 쏘아 뻗치므로 그 기운이 생긴 곳을 찾아 땅 밑에서 보검(寶劍)을 파낸 일이 있었다 한다. (『拾遺記』 卷10)

구진성[200]·표미거[201] 곁에서 이름 떨치고	大名鉤陳豹尾傍
문장은 이백·두보와 함께 나란했네	文章李杜同周行
조정에 이름을 올린 지[202] 이십 년	金閨通籍二十年
밤이슬[203] 마시고 계수나무 향기 먹었네	噓吸沆瀣餐桂香
웅건한 필치 휘날리자 푸른 기운 솟구치고	健筆飄飄騰翠氣
침방울[204] 땅에 떨어지자 쟁쟁히 울렸도다	咳唾落地鳴鏘鏘
삼가 인구에 회자되는 뛰어난 작품 외우고	猥誦高篇衆口餘
개인의 옛 주머니에 든 한치 비단 모았지	收拾寸錦私古囊
낮에 읊조린 시 때때로 꿈에 보이는데	晝吟時時夜夢見
눈앞의 황홀함이 구양수와 같았네	目中恍惚如歐陽
임금 앞에서 은자로 된 서적 잘못 읽어	帝前誤讀銀字書
잠시 내쳐져 도깨비 마당에 머무르네	小却處之魑魅場
대궐은 겹겹이 막혀 아득하지만	天門杳杳隔九千
몸은 힘차게 올라 훨훨 날고 싶어하지	身欲奮飛低回翔
나를 인정하여 몇 길 담장 엿보았고[205]	公今許我窺仞墻
열쇠로 자물쇠 열어 학식 남김없이 주었네	玉匙啓鑰無留藏

200 구진성: 하늘의 자미원(紫微垣) 안에 위치하여 천제(天帝)의 호위를 맡는다는 별을 가리킨다.
201 표미거: 표범의 꼬리로 장식한 임금의 수레이다.
202 조정에……지: 원시의 '금규(金閨)'는 한(漢)나라 때 궁궐의 문인 금마문(金馬門)으로, 본래 학사(學士)들이 대조(待詔)하던 곳이었는데, 전하여 조정(朝廷)을 가리킨다. 통적(通籍)은 조정의 명부에 이름을 올렸다는 뜻으로, 처음으로 벼슬함을 이르는 말이다.
203 밤이슬: 원시의 '항해(沆瀣)'는 신선이 마신다는 밤사이에 내린 맑은 이슬을 말한다.
204 침방울: 기침하여 뱉어낸 침으로, 고상한 언어나 아름다운 시문을 비유한다.
205 몇……엿보듯: 학덕이 높은 스승을 바라볼 수 있었다는 말이다. 원시의 '인장(仞墻)'은 스승의 학덕이 높아서 도저히 따라갈 수 없다는 뜻이다. 공자의 제자 자공(子貢)이 "선생님의 담장은 몇 길이나 되어서 그 문을 들어가지 못하면 종묘의 아름다움과 백관의 많음을 볼 수 없다.[夫子之牆數仞, 不得其門而入, 不見宗廟之美, 百官之富.]"라고 한 데서 유래하였다. (『論語』「子張」)

본인이 써본 의약[206]을 주기도 하고 授以刀圭親手試
간과 쓸개 바꿔주고도 강하고 굳세네 換易肝膽猶强剛
공을 어찌 옥황상제 앞에 둘 수 있으랴 安得置公玉皇前
앉혀서 나라가 영원히 번창하도록 하리라 坐令域內開壽昌
사마가 끄는 큰 수레[207] 본래 근심스러우니 高車駟馬本憂患
공을 따라 만 리 간들 무슨 상관이랴 從公萬里吾何傷

【해제】

전체 19운 38구 266자에 달하는 대작이다. 평성 '양(陽)'을 운으로 한 작품인데, '행(行)' 하나만 예외적으로 평성 '경(庚)' 운이다. 통운이나 협운으로 통용된 것으로 보인다.

매계 조위에게 올린 시로, 그의 학문과 문장, 인품 등을 칭송하였다. 무오사화 때 정희량과 조위는 의주로 함께 귀양을 왔다가 사제의 연을 맺었다. 조위가 정희량보다 15살이 많다. 정희량이 1500년(연산군6) 5월 김해로 옮기기 전까지 두 사람은 많은 시를 주고받으며 유배지에서의 외로움을 달랬다. 이때 서로 주고받은 시들이 『매계집』과 『허암유고』에 다수 실려 있다.

신선들이 사는 지리산, 그중에 기골이 가장 빼어난 신선은 옥황상제 곁으로 가서 문장을 떨쳐 이백, 두보와 나란하였다. 조정에 나아가서

206 의약: 원시의 '도규(刀圭)'는 가루약의 양을 잴 수 있게 만든 숟가락으로, 전하여 의술이나 약을 지칭한다.

207 사마가……수레: 사마(駟馬)는 네 필의 말이 끄는 높고 큰 수레로, 전하여 현귀한 사람이 타는 것이다. 한나라 사마상여가 장안으로 들어가던 중 고향인 성도(成都)를 지나다가 승선교(昇仙橋) 다리 기둥에 "네 필의 말이 끄는 큰 수레를 타지 못하면 다시는 이 다리를 지나지 않겠다.[不乘高車駟馬, 不過此橋.]"라는 문구를 남겼다고 한다. (『三國志』 卷11)

는 아름다운 시문을 지어 인구에 회자되었다. 그러나 지금은 내쳐져 도깨비 마당에 머무르고 있다. 시인은 그 신선을 다시 조정으로 보내 나라가 번창하도록 해야 한다고 호소하였다. 그 신선은 바로 매계 조위다. 스승 조위에게 보내는 최고의 찬사다.

밤에 앉아 차를 달이며 夜坐煎茶

밤이 얼마나 됐나 눈이 내리려는데	夜如何其天欲雪
푸른 등불 켠 낡은 집에 추위로 잠 못 드네	青燈古屋寒無眠
상머리에 있는 이끼 낀 낡은 주전자 가져다	手取床頭苔蘚腹
푸른 바다 같은 차고 맑은 샘물 붓누나	瀉下碧海冷冷泉
센 불과 약한 불[208] 알맞게 조절하니	撥開文武火力均
담 위의 달 떠다니고 맑은 연기 나네	壁月浮動生晴煙
솔바람 쏴쏴 빈 골짝에 메아리치고	松風颼颼響空谷
폭포수 콸콸 긴 냇물에 울리는구나	飛流激激鳴長川
천둥·번개 우르르 쾅쾅 한참 치더니	雷驚電走怒未已
번갈아 급히 환원산[209] 고개 넘누나	急輪轉越轘轅巓
잠시 뒤 구름 걷히고 바람 잦아드니	須臾雲捲風復止

208 센 불과 약한 불: 원시의 '문무화(文武火)'는 약이나 차를 달일 때 적당한 시간과 농도 등을 맞추기 위해 화력을 높였다 낮췄다 하는 것이다. 화력을 낮추는 것을 문화(文火)라고 하고, 화력을 높이는 것을 무화(武火)라고 한다.

209 환원산: 험난한 산을 가리킨다. 중국에서는 태항산(太行山), 환원산(轘轅山), 효산(崤山) 세 산의 길을 가장 험난하다고 한다.

물결은 일지 않아 맑고 잔잔하더라　　波濤不起淸而漣
큰 다완으로 빙설의 빛 들이마시자　　大瓢一傾氷雪光
간담이 훤히 뚫리며 신선과 통하네　　肝膽炯徹通神仙
천천히 혼돈의 구멍을 뚫어내어　　徐徐鑿破渾沌竅
홀로 신마 몰아 상선 세계[210]에 노니네　　獨馭神馬游象先
돌아보니 접때 서로 다투던 땅에　　回看向來石+孛磙地
요마와 속된 마음 모두 간 데 없네　　妖魔俗念俱茫然
다만 알겠노라, 마음의 근원 자유로워　　但覺心源浩自運
세상 밖 휘저으며[211] 하늘에서 소요함을　　揮斥物外逍遙天
점점 아름다운 곳 다하여 묘처에 이르자　　漸窮佳境到妙處
손뼉치며 이소편을 낭랑하게 읊조리네　　拍手朗詠離騷篇
들으니, 상계의 진인 깨끗함을 좋아해　　吾聞上界眞人好淸淨
밤이슬 호흡하여 똥오줌을 씻어내고　　噓吸沆瀣糞穢痊
아침노을 먹고 구슬 복용해 장수하며　　餐霞服玉可延齡
골수 씻고 털 밀어 고운 동안이라지　　洗髓伐毛童顔鮮
나도 세상에서 이와 같을진대　　我自世間有如此
어찌 고고한 신선과 장수를 다투리오　　豈與枯槁爭長年
보지 못했나, 노동은 굶주리면 월단차 삼백 조각 완상함을[212]

---

210 상선 세계: 우주가 생겨나기 이전의 세계를 말한다. 『채근담(菜根譚)』에 "잠시 태어나기 이전에 어떤 모습이었을까를 생각해보고, 또 이미 죽은 뒤에 어떤 상태가 될까를 생각해보면 모든 상념이 재가 되어 식어버리고 한결같이 천성이 고요해져서 스스로 사물을 초월했다고 여기며 천지가 창조되기 이전의 상태에서 즐기게 된다.[試思未生之前有何象貌, 又思旣死之後作何景色, 則萬念灰冷, 一性寂然, 自可超物, 外遊象先.]"라고 하였다.

211 휘저으며: 원시의 '휘척(揮斥)'은 자유롭게 휘젓고 다니는 것을 말한다. 『장자』「전자방(田子方)」에 "대저 지인으로 말하면, 위로 청천을 엿보고 아래로 황천에 잠기며 팔극을 휘젓고 다니면서도 신기가 변하지 않는다.[夫至人者, 上闚靑天, 下潛黃泉, 揮斥八極, 神氣不變.]"라는 말이 나온다.

212 노동은……완상함을: 당나라 시인 노동(盧仝)이, 간의대부(諫議大夫) 맹간(孟簡)이 보내 준 월

君不見盧仝饑弄三百片

문자 공허하니 도덕경 부질없어라　　文字汗漫空五千

【해제】

전체 15운 30구 215자에 달하는 대작이다. 평성 '선(先)'을 운으로 한 작품으로, 『속동문선』에도 실려 있다.

위의 시는 크게 두 부분으로 나뉜다. 전반부는 불 위에 찻주전자를 얹고 차를 끓일 때 시간의 변화에 따른 물의 끓는 상태와 소리를 다양한 자연현상을 통해 핍진하게 묘사하였다. 후반부는 차를 마신 뒤 몸의 정화 과정을 읊었다. 차를 마시자 차가 몸 안에 퍼지며 정기를 순환시켜 속기 한 점조차 남기지 않고 깨끗하게 씻어낸다. 그리고 절대적 자유를 얻어 세상 밖을 소요하는 몽환적인 느낌이 온몸을 지배한다.

정희량의 스승 점필재(佔畢齋) 김종직(金宗直)을 비롯한 그의 문인들은 차를 즐겨 마셨을 뿐만 아니라 다시(茶詩)를 남겼다. 김종직은 「다원(茶園)」을, 남효온(南孝溫)은 「은당자명(銀鐺煮茗)」을, 이목(李穆)은 장편의 다부(茶賦)를 지어 차의 5공(功) 6덕(德)과 일곱 가지 효능 등을 노래하였다. 이밖에 정희량에게 큰 영향을 미친 매월당(梅月堂) 김시습(金時習) 역시 「양다(養茶)」·「작설(雀舌)」·「자다(煮茶)」 등의 다시를 지었다.

단차(月團茶)를 두고 지은 「다가(茶歌)」에, "봉함 열자 간의의 얼굴 완연히 보는 듯해라, 손으로 삼백 조각의 월단차를 점열하네.[開緘宛見諫議面, 手閱月團三百片.]"라고 하였다.

찌는 더위 大熱

유월이라 더운 구름 천지를 찌고	六月火雲蒸海嶽
아가리 벌린 금오[213] 동쪽에 뜨네	金烏呀口昇天東
축융과 회록[214]이 그 위세를 돕고	祝融回祿助其威
우사[215]는 움츠리고 비렴[216] 게을러	雨師縮頸飛廉慵
활활 타오르는 불은 손을 델 듯	赫赫丁夫手可炙
숨 가쁜 온천수는 고개 숙이고 부끄러운 듯[217]	婦壬潛喘低羞容
깊은 산 범과 표범 목말라 두렵고	深山虎豹恐渴死
깊은 물 속 시끌벅적 뭇 용 애달프네	水底擾擾哀群龍
광대무변 넓디넓은[218] 우주가 온통	大哉芒碭宇宙內
이글이글 숯불로 구리를 녹이듯	如以熾炭燒頑銅
산도 흙도 불에 타서 흐물흐물한데	崖焚土灰方爛熳

---

213 금오: 태양 속에 있다는 세 발 가진 신조(神鳥)로 '금아(金鴉)' 또는 '삼족오(三足烏)'라고도 하는데 태양을 지칭하는 말로 쓰인다.

214 축융과 회록: 모두 신화에서 불을 맡은 신의 이름이다.

215 우사: 신화에서 비를 맡은 신 이름이다.

216 비렴: 신화에서 바람을 맡은 신 이름이다.

217 활활……부임: 원시의 '정부(丁夫)'는 불을, '부임(婦壬)'은 온천수를 말한다. 여기서는 뜨거운 불과 뜨거운 온천수도 유월의 불볕더위에 미치지 못한다는 의미인 듯하다. 소식(蘇軾)의 「진일주가(眞一酒歌)」에 "임공은 공중에 날고 정녀는 지하에 감추니, 삼복에 우물을 만나도 전혀 맛보지 못한다.[壬公飛空丁女藏, 三伏遇井了不嘗.]"라고 했는데, 왕문고(王文誥)의 집주(集注)에 "임공은 물을 가리키고, 정녀는 불을 가리킨다. 화청궁(華淸宮)에 이미 온천수가 나왔으니, 임수(壬水)는 끓어올라 위에 있고 정화(丁火)는 엎드려 아래에 있는 것이다."라고 하였다. 또 한유의 「육혼의 산불을 읊어 황보식에 화답하면서 그의 운을 써서[陸渾山火和皇甫湜用其韻]」 시에 "불의 여인이 물의 부인이 되어 대대로 혼인하였네[女丁婦壬傳世婚]"라는 구절이 있는데, 음양가에서 "정(丁)은 불[火]이라 하고, 임(壬)은 물[水]이다.[以丁爲火, 以壬爲水.]"라고 하므로, 정은 양(陽) 속의 음(陰)이 되고 임은 음 속의 양이 된다. 따라서 정녀(丁女)로 임의 부인이 되도록 하면 물과 불이 서로 합하는 것이니, 이것을 '여정부임(女丁婦壬)'이라고 한다.

218 넓디넓은: 원시의 '망탕(芒碭)'은 광활한 모습을 이르는 말이다.

하물며 내 몸뚱이 새장에 갇혀	況我有身囚樊籠
남쪽 창에서 낮잠 자도 곤혹스러워	南牕午睡困煩歊
하늘 향해 맑은 바람 부르짖지만	仰空大叫呼淸風
맑은 바람 간데없이 열기 더하고	淸風不來氣愈鬱
파리와 모기 얼굴에 붙어 몽롱함 깨우네	蠅蚋撲面欺矇矓
인간 세상 그 어디에 잠시 피한들	人間何處得暫避
빙정[219]과 승로반[220] 얻을 수 없지	氷井露盤知難逢
듣자 하니 곤륜산 정상에 눈이 쌓여	吾聞崑崙之上高積雪
대낮에도 신선 궁궐 서늘하다고	白日凜凜神仙宮
어찌하면 그 꼭대기에 훨훨 날아가	安得飄飆最絶頂
속세에 찌든 가슴 씻어버릴까	一洗千古塵埃胸

취해서 노래하다 醉歌

그대 보지 못했나	君不見
신야에서 구름 일군 노인네와	莘野耕雲叟
위수에서 낚시하는 늙은이를[221]	渭川釣魚翁

---

219 빙정: 고대 제왕이 얼음을 보관하던 곳이다. 왕이 복날에 대신(大臣)들에게 이곳의 얼음을 하사하였다고 한다.

220 승로반: 맺힌 이슬을 받는 쟁반이다. 한나라 무제(武帝)가 불로장생하기 위해 원정(元鼎) 2년(BC 115)에 건장궁(建章宮) 신명대(神明臺)에 승로반(承露盤)이라는 이 구리 쟁반을 설치하여 여기에 맺힌 이슬에 옥가루를 타서 마셨다고 한다.

221 신야에서……늙은이를: 각각 은(殷)나라 이윤(伊尹)과 주(周)나라 강태공(姜太公)을 가리킨다. 이윤은 신야(莘野) 즉 유신씨(有莘氏)의 들판에서 농사를 짓다가 탕왕(湯王)의 초빙을 받고 상

하나같이 산림의 일개 범부였지만	俱是山林一凡夫
때를 만나 교룡처럼 몸을 떨쳤지	時來奮迅如蛟龍
사내의 곤궁과 영달을 알 수 없다지만	男兒窮達未可知
지금 나는 가을 쑥처럼 귀밑머리만 쇠었네	我今衰鬢生秋蓬
소매 속에서 십 년을 간 검을 어루만지니	袖裏摩挲十年劍
세상에서 누가 영웅이 될까	世間何者爲英雄

【해제】

이 시는 5·7언 잡체시(雜體詩)로, 평성(平聲) 동(東)운을 쓴다. 수련에 "신야에서 구름 일군 노인네"와 "위수에서 낚시하는 늙은이"는 각각 은(殷)나라 이윤(伊尹)과 주(周)나라 강태공(姜太公)을 가리키는데, 모두 젊은 시절에는 현달하지 못하다가 늙은 뒤에야 높은 벼슬에 올라 뜻을 펼친 인물이다. 미련의 '소매 속에서 10년을 간 검'은 가도(賈島)의 「검객(劍客)」에 "십 년 동안 간 검[十年磨一劍]"과 상통하는 의상으로, 자신의 재주가 뛰어난 것을 비유하는 것과 동시에 소매 속에 감추어져 쓰이지 않는 실정을 한탄하는 비유이다.

그런데 이 시는 심의(沈義, 1475~?)의 『대관재난고(大觀齋亂稿)』에 「뜻을 붙이다(寓志)」라는 제목으로 수록되어 있다. 『대관재난고』는 1530년경 초고가 완성되고, 이후 지속적으로 증보되어 1580년을 전후하여 권응인(權應仁)이 간행하였다. 『허암유고』는 이보다 앞서 1511년 이우(李堣) 등이 편집 간행하였다. 문집 편차에 선후가 있긴 하지만, 정희량과 심의의 나이

(商)나라를 도와서 왕업(王業)을 이루었고, 강태공은 위수(渭水) 물가에서 낚시질하다가 문왕(文王)을 만나 사부(師傅)로 추대된 뒤에 문왕의 아들인 무왕(武王)을 도와서 은나라를 멸망시키고 천하를 평정하였다.

차이가 여섯 살밖에 되지 않는 점, 그리고 두 사람이 모두 이행(李荇), 홍언충(洪彦忠) 등 당시의 명사와 교유한 기록이 있는 점을 보면 둘 중 어느 한 사람의 작품이라고 특정하기는 어려울 듯 하다.

직경[222]과 중열에게 부치다 寄直卿仲說

이백과 두보 오래전에 세상 떠나 李杜死已久
시 짓는 이 소식과 황정견뿐이었지 作者唯蘇黃
원풍 연간[223]에 활약 펼쳤으니 馳聘元豐間
이들 감당할 이 뉘 있었으랴 諸老誰敢當
숨 쉬면 고운 무지개를 토해내듯 噓吸吐虹霓
곱고 아름다운 시를 이뤄내 粲爛成文章
하늘이 아끼고 땅이 감춰온 것들 天慳與地祕
낱낱이 다 헤쳐 내보이니 披露呈毫芒
해와 달은 능멸당할까 걱정하고[224] 日月畏陵暴
강과 바다는 뒤집힐까 곤란해했지 河海困簸揚

222 직경: 홍언충(洪彦忠, 1473~1508)의 자이다. 호는 우암(寓菴), 본관은 부계(缶溪)이다. 홍귀달(洪貴達)의 아들이다. 1495년 문과에 급제하여 질정관(質正官)·부수찬·이조 좌랑 등을 지냈다. 갑자사화 때 간언 상소를 올려 유배되었다가 중종반정으로 풀려났다. 문장과 글씨에 뛰어났고, 저서로는 『자만사(自挽辭)』가 있다.

223 원풍 연간: 원풍(元豐)은 송나라 신종(神宗)의 연호로, 1078~1085년 사이이다. 여기서는 소식(蘇軾)과 황정견(黃庭堅)이 활동했을 때를 가리킨다.

224 해와……걱정하고: 한유(韓愈)가 친구 맹교(孟郊)를 추천한 시 「선비를 추천하며[薦士]」에 "이백과 두보 만나 시가 훌쩍 흥하니, 온갖 시인들 능멸당해 시달리네.[勃興得李杜, 萬類困陵暴.]"라고 한 데서 온 말이다.

비유하자면 기산의 봉황이 比如岐山鳳
높은 언덕에서 우는 것과 같아[225] 噦噦呼高岡
한 번 울고 삼천 년 지났건만[226] 一鳴三千秋
후세에 소리 더욱 길게 울리네 後世聲愈長
근래에는 울음소리 적막하여 邇來寂無聞
뭇 새들만 미친 듯 설쳐대는데 百鳥徒爾狂
두 분이 고인의 소리에 화답하니 二子和其聲
맑은 소리는 궁상[227]의 곡조로다 淸響含宮商
홍애[228]는 활달하고 대범한 기상 洪崖氣磊落
하늘로 솟은 곧은 절벽 같으니 壁立摩蒼蒼
때때로 노기와 탄식 쏟아내면 有時肆怒噫
만 개 구멍[229] 우레 치듯 쩌렁 萬竅喧崩硠
요괴들[230]도 간담 철렁 내려앉고 夔魖亦破膽
뭇 귀신들 모두 의기 꺾였지 衆怪皆摧藏
취해 휘두른 붓 비바람과 섞여 醉墨雜風雨

225 기산의……같아: 훌륭한 문장가의 출현을 말한다. 『국어(國語)』「주어(周語)」에, "주 나라가 일어날 적에 봉황이 기산에서 울었다.[周之興也, 鸑鷟鳴於岐山.]"라고 한 데서 온 말이다.

226 한 번……지났건만: 소식(蘇軾)의 시에 "두 마리 새가 되어 서로 울며 수창터니, 한 번 울고 그친 지 삼천 년이라.[化爲兩鳥鳴相酬, 一鳴一止三千秋.]"라는 구절이 있는데, 여기서 이백, 두보, 소식, 황정견의 명성이 오랫동안 전해지는 것을 말한다. (『蘇東坡詩集』 卷37 「書丹元子所示李太白眞」)

227 궁상(宮商): 오음(五音)의 궁음(宮音)과 상음(商音)을 합칭한 것으로, 전하여 악곡이나 시가의 음조를 말한다. 여기서는 홍언충과 박은의 문장이 뛰어난 것을 비유한 말이다.

228 홍애: 홍애(洪崖)는 전설에서, 황제(黃帝)의 신하로서 신선이 되었다는 영륜(伶倫)의 호이다. 여기서는 홍언충을 가리킨다. (『神仙傳』)

229 만 개 구멍: 대지(大地) 위에 바람과 부딪쳐 나는 모든 소리를 말한다. 『장자』「제물론」에 "큰 땅덩어리가 숨을 내뿜는 것을 바람이라 하는데, 가만히 있으면 모르지만 일단 일어났다고 하면 만 개의 구멍이 노하여 부르짖기 시작한다.[夫大塊噫氣, 其名爲風, 是唯無作, 作則萬竅怒號.]"라고 한 데서 온 말이다.

230 요괴들: 재해를 일으킨다는 기허(夔魖)를 옮긴 것으로, 여기서는 조정에 해를 끼치는 간사한 무리를 가리킨다. (『春秋左氏傳』 文公 18年)

우레가 치듯 몹시도 휘황하네	雷電何煒煌
중열은 홀로 목을 길게 빼어	仲說引孤吭
읊조리면 대나무 계수 향 나고	咀嚼筠桂香
배를 두드려 기이한 소리내니	叩腹出奇音
처음엔 황제의 음악인가 했네	初疑帝樂張
간간이 생황을 느릿느릿 불면	徐徐間笙鏞
연주 소리 쟁쟁하게 울리고	節奏聲鏘鏘
붓 휘둘러 종이에 써 내리면	揮毫灑百紙
비단이 규장[231]을 감싼듯했지	錦繡裹珪璋
옛날 도성에 있을 때	憶昔在京師
날개 나란히 함께 날았건만	側翅同翱翔
하늘이 시끄러움 싫다 하여	天翁厭喧聒
나를 도깨비 사는 곳에 가뒀네	囚我魑魅鄉
입 닫고 아무 말 못 하게 되니	卷舌使泯默
주린 창자에 근심과 분노가 가득	愁憤撐飢腸
그대들과 함께 읊조릴 수 없어	不得相伴吟
슬피 울며 괜스레 혼자 맘 상하네	啾啾空自傷
그대들 부디 놀라 이상타 마오	願子勿驚怪
참으로 강개하여 하는 말이니	此言誠慨慷

231 규장: 예식 때 사용하는 옥(玉)으로, 재덕이 출중한 인물을 비유하는 말이다. 『예기』 「빙의(聘義)」에, "규장 한 가지만으로 예를 이루고 다른 폐백을 쓰지 않는 것은 그 덕이 있기 때문이다.[圭璋特達, 德也.]"라고 하였다.

【해제】

하평성 7번째 '양(陽)' 자를 운으로 하여 짝구 수 마지막 글자에 압운한 장편 고시이다. 5언 44행, 220자이다.

함께 관직을 지내고 시를 지으며 마음을 나누었던 홍언충과 박은에게 보낸 시이다. 특히 이들의 뛰어난 작시 능력을 중심으로 서술하였는데, 그 성취가 이백, 두보, 소식, 황정견의 계보를 잇는다고 하였다. 진솔하고 생동감 있는 시풍을 추구했던 이들은 실제로, 이행과 시인을 포함하여 당대에 사걸(四傑)로 불렸다.

시작(詩作)뿐만이 아니라 정신까지도 닮아 있는 이들은 강직(剛直)한 성품으로 관직에 있는 동안 간언과 직언을 일삼아 임금의 미움을 받은 탓에 파직과 유배를 반복하였다. 1504년 갑자사화가 일어나자 두 사람은 다시 한번 유배되었다. 박은은 유배지에 이른 지 100일도 못 되어 처형되었는데, 죽음을 앞두고도 곧은 자세를 잃지 않고 하늘을 향해 미소를 지었다고 한다. 홍언충은 유배지를 전전하다가 중종반정에 해배되고, 이후 더는 벼슬에 나가지 않고 여생을 마쳤다. 아래는 홍언충이 진보현(眞寶縣)에 유배되었을 당시 이제 자신이 죽을 것으로 생각하고 스스로 남긴 묘갈명이다. 기존의 번역을 가져다 약간의 손질을 가하면 이러하다.

대명 천하	大明天下
해가 먼저 비추는 나라에	日先照國
남자의 성은 홍이요,	男子姓洪
이름은 충, 자는 직이라	名忠字直
반평생 옹졸하게 살며	半生迂拙
글공부에만 전념하더니	文字之攻

32년 만에 생을 마쳤네	在世卅有二歲而終
명은 어찌 그리 짧으며	命何云短
뜻은 어찌 그리 장구한가	意何其長
고향에 묏자리를 정하니	卜于古縣
무림의 고을이로다	茂林之鄕
위에는 청산이요	靑山在上
아래는 물굽이로다	灣碕在下
천추만세 흐른 후에	千秋萬歲
누가 이 들판 지나랴	誰過斯野
가리키고 서성이며	指點徘徊
슬퍼할 이 있으리라	其必有悵然者矣

월식 月蝕

어느 초여름 한밤중에	孟夏夜之半
하늘에 달이 떠올랐네	有月升天空
처음에는 하얀 연꽃이	初如白芙蕖
청랭궁에서 피어나서	披出淸冷宮
돌연 검은 수정 같다가	忽似黑水精
다시 진토를 뒤집어쓰더니	又被塵土蒙
온 하늘 잿더미가 된 듯	天形若灰死
우주가 잠시 어둑해졌네	宇宙俄冥濛

별들은 여전히 웅건하여　衆星尙雄剛
빛을 쏘아 영롱함을 다투네　射彩爭玲瓏
아, 이 경악할 만한 일은　此事吁可愕
완악한 해충들 탓이라네　厥咎惟頑蟲
실로 총명하신 상제께서　上帝實聰明
높은 데서 길흉을 주재하니　高居司吉凶
해와 달을 허공에 매달아　懸之日與月
만고에 쌍 눈동자가[232] 되게 했네　萬古爲重瞳
간교한 귀신도 더럽히지 못하니　神姦不敢瀆
사특한 놈들 어찌 나쁜 짓 하리　邪孼那能兇
어찌하리 저 두꺼비 정기[233]가　奈彼蝦蟆精
잠든 용을 속여 달을 탐하고　婪酣欺睡龍
크고 둥근 거울 겨우 삼켜선　忍呑大圓鏡
가슴 속에 삼켜 버렸으니　納以方寸中
뇌사는 헛되이 도끼 벌여놓고[234]　雷師虛設斧
우림은 그저 활만 펼쳤을 뿐[235]　羽林徒張弓

232 쌍 눈동자: 눈 하나에 동자가 두 개인 중동(重瞳)을 옮긴 것이다. 중국의 고대 순(舜)임금과 초나라 항우(項羽)가 모두 눈동자가 두 개였다는 데서 흔히 제왕을 비유하는 말로 쓰인다. 여기서는 세상을 밝게 비추는 해와 달을 비유한 말이다. (『史記』「項羽本紀論」)

233 두꺼비 정기: 당나라 시인 노동(盧仝)의 「월식(月蝕)」 시에 달을 먹는 것은 두꺼비의 정기라고 하는 구절이 있다. "옛 노인의 말을 전해 들으니, 달을 먹는 건 두꺼비의 정기라네. 둘레가 천 리나 되는 달이 네 배로 다 들어가니, 이런 멍청이를 그 누가 낳았단 말이냐.[傳聞古老說, 蝕月蝦蟆精. 徑圓千里入汝腹, 如此癡騃阿誰生.]"라고 하였다. 이 시는 특히 역당(逆黨)들을 조롱하여 지은 시라고 한다. (『全唐詩』 卷387)

234 뇌사는……벌여놓고: 뇌사(雷師)는 우레를 담당하는 신격(神格)으로 도끼로 우레를 치는 도구로 삼았다고 한다.

235 우림은……뿐: 우림(羽林)은 천군(天軍)을 관장하는 별로 여기서는 활을 들고서 도성과 왕궁을 지키는 군대를 가리킨다. 이상 두 구절은 측근 신하들이 간신들로부터 왕을 제대로 보필하지 못하였음을 비유적으로 읊은 것이다.

이목을 스스로 지키기 어려워	耳目自難保
어둡기가 장님과 귀머거리라	昏塞猶盲聾
대지와 아득히 단절되었으니	下土隔茫茫
우리의 도가 어디로 통할는지	吾道何由通
환퇴가 방자하게 설쳐대어서	桓魋肆唐突
공자는 발붙일 곳 없었고[236]	仲尼無所容
장창이 간사한 혀를 놀려	臧倉弄妖舌
맹자는 더욱 곤궁하였지[237]	軻也祗益窮
선악을 어찌 믿을 수 있으랴	善惡豈足憑
후대 사람들 늘 무지몽매하네	後世常瞢瞢
비분강개한 옥천자가	慷慨玉川子
칼 뽑아 바람에 외쳤거늘[238]	挺劍呼天風
구중궁궐 멀고도 아득하여	九門邈而遠
두 줄기 눈물 가슴을 적시네	涕泗雙垂胸
피 쏟아 쓴 글 서북으로 보내지만	血寫牋西北
아아 게으른 바람신이 가질 못하네	咄咄飛廉慵

236 환퇴가……없었고: 환퇴(桓魋)는 춘추 시대 송나라 사람으로 일명은 상퇴(向魋)이다. 『맹자』「만장 상(萬章上)」에, 공자가 송나라를 지나가려 하자 사마환퇴(司馬桓魋)가 길목을 지키고 있다가 죽이려 하므로, 변복을 하고 송나라 땅을 지나갔다는 일화가 있고, 『사기(史記)』「공자세가(孔子世家)」에는, 공자가 일찍이 조(曹)나라를 떠나 송나라로 가서 제자들과 함께 큰 나무 밑에서 예(禮)를 익히고 있을 적에 환퇴가 공자를 죽이려고 그 나무를 베어내자, 공자가 그곳을 떠나버렸다는 일화가 있다. (『孟子』「萬章上」, 『史記』卷47「孔子世家」)

237 장창이……곤궁하였지: 장창(臧倉)은 전국 시대 노 평공(魯平公)의 측근 신하이다. 『맹자』에, 평공이 일찍이 맹자를 만나려고 하자, 장창이 맹자는 예를 지키지 않은 분이라 하여 평공으로 하여금 맹자를 만나지 못하게 했다는 일화가 있다. (『孟子』「梁惠王下」)

238 옥천자가……외쳤거늘: 옥천자(玉川子)는 노동의 호이다. 그의 시 「월식」에 "땅 위의 미천한 신하 노동은 옥황상제께 하소연합니다. 신의 마음에 한 치의 비수가 있으니 요망한 두꺼비의 창자를 갈라 버리겠습니다.[地上蟣虱臣仝告愬帝天皇. 臣心有鐵一寸, 可刳妖蟆癡腸.]"라고 하였다.

내 지금 옥천자의 글을 재연하노니 我今重演玉川詞
어찌하면 이 충정 환히 밝힐거나 安得耿耿明其衷

【해제】

상평성 첫 번째 '동(東)'과 두 번째 '동(冬)' 자를 운으로 하여 짝수 구 마지막 글자를 압운한 장편 시로, 글자 수는 212자이다.

일식과 월식 같은 기상이변은 재앙의 전조로 여겼다. 그래서 이변이 관측되면 제사를 지내거나 죄수를 풀어주는 등 하늘의 노여움을 풀기 위해 노력을 기울였다.

이 시는 재앙의 전조로 간주하던 월식 현상을 간악한 신하들이 임금의 눈과 귀를 가려 옳은 정치를 하지 못하도록 조장하는 것에 비유하여 세태를 풍자하였다. 큰 흐름을 보자면, '환한 달이 떠오름→월식이 진행됨→월식을 두꺼비(간악한 신하)가 달을 삼킨 것에 비유→어둠에 잠식당하여 깜깜해진 세상→결국 세상에 도가 사라짐→옥천자(시인 자신)의 비분강개한 심정 표출' 정도로 요약해 볼 수 있다.

시에 나오는 옥천자(玉川子)는 당나라 시인 노동(盧仝, 79?~835)의 호이다. 그는 1677자에 달하는 「월식시(月蝕詩)」를 지어 당대의 부패한 정부를 신랄하고 생동감 있게 풍자하였다. 이 작품은 시인도 밝혔듯이 노동의 시와 같은 주제 의식을 담고 있다.

일식 日蝕

맑은 새벽 나를 깨우는 소리	淸晨呼我起
어르신들 문 앞에서 울고 있었네	父老門前泣
지금은 5월 한여름이라	云此仲夏月
화덕이 한창 이글이글한 시기	火德方爀爀
더구나 모든 양의 으뜸인 태양	況彼衆陽宗
만고 세월 운행에 법칙이 있지	萬古行有律
어쩌다가 운행의 도수[239] 잃어	如何失躔次
음기에 먹히는 일 당하다니	迺被陰氣蝕
눈부시게 빛나는 둥근 태양이	煌煌十分光
어둑어둑 십에 칠팔 사라지다니	慘慘虧七八
백성들 놀랍고 괴이해 하고	小民但驚怪
군자는 혼자서 탄식만 하네	君子獨歎息
듣자니 예전에 요순 임금 때	聞昔堯舜時
하늘을 공경해서 늘 두려워했지	敬天恒惕若
양곡에 뜨는 태양 공손히 맞아[240]	寅賓自暘谷
해와 달이 모두 가지런했네	日月皆秩秩
북을 친들 어떻게 구제하랴	擊鼓豈其救

239 운행의 도수: 원시의 '전차(躔次)'는 태양·달·별들이 운행하는 도수이다.
240 양곡에……맞아: 『서경』「요전(堯典)」에 "희중에게 따로 명하여 동쪽 바닷가에 살게 하니 그곳이 바로 해 뜨는 양곡인데, 해가 떠오를 때 공손히 맞이하여 봄 농사를 고르게 다스리도록 하였다.[分命羲仲, 宅嵎夷, 曰暘谷, 寅賓出日, 平秩東作.]"라는 말이 나온다.

속된 일 두렵고 놀랍기만 해 俗事還怕愕
조정이 진실하게 잘 헤아리면 廟堂誠可念
내 말이야 몰라도 되는 일이지 吾言非所職

느낌이 있어 有感

끼룩끼룩 잘 우는 기러기 嗷嗷能鳴鴈
목을 빼고 대열 따르네 引頸隨其行
추운 날 변방 사막에 떨어져 天寒落沙塞
다시는 함께 날지 못하네 不復同翺翔
삼 년 동안 도성을 떠났더니 三年別古國
튼튼한 날개[241] 이미 부러졌네 六翮已摧傷
어느 때 다시 바람을 타고 何時得天風
너네들과 함께 곡식 먹을까 與爾共稻粱

【해제】

평성 '양(陽)'을 운으로 한 작품인데, 행(行)' 하나만 예외적으로 평성 '경(庚)' 운이다. 통운이나 협운으로 통용된 것으로 보인다. 3구에서는 "추

241 튼튼한 날개: 원시의 '육핵(六翮)'은 새의 양 날개를 말한다. 이백은 「고풍(古風)」 시에서 "새들은 천변만화를 타고나 크든 작든 각기 의지함이 있네. 주주새는 또한 무슨 잘못으로 양 날개를 휘두를 수 없는가. 원하노니 뭇 새의 날개 품고 한결같이 황하로 날아가리. 나는 것이 내 원하는 바 아니거늘 장차 어디로 돌아갈까 탄식하노라.[羽族稟萬化, 小大各有依. 周周亦何辜, 六翮掩不揮. 願銜衆禽翼, 一向黃河飛. 飛者莫我願, 歎息將安歸.]"라고 하였다.

운 날 변방 사막에 떨어져"고 읊었으며 5구에서는 "삼 년 동안 도성을 떠났더니"라고 읊었다. 이 시는 아마도 정희량이 의주로 유배된 지 3년이 되던 1500년에 지은 것으로 보인다. 유배 온 뒤 다시는 서울로 돌아가지 못할 것이라는 좌절감이 4구와 6구를 통해 드러나며, 기러기가 무리와 함께 날아가는 것을 보고 서울에 있는 벗들과 함께하던 시기를 그리워하는 마음이 잘 나타나 있다.

오래된 측백나무 古柏

늙은 측백 높직이 우뚝하더니	老柏高崢嶸
부러져 살아갈 뜻을 잃었네	摧折少生意
어찌 독한 안개만 스며들겠나	豈止毒霧熏
서리와 눈도 켜켜이 쌓이지	亦有霜雪萃
바르고 꼿꼿하면 신이 도우니	正直神所扶
독사가 어찌 감히 희롱하랴	蛇虺豈敢戲
가지와 잎이 저절로 초췌하니	柯葉自憔悴
지나는 사람마다 눈물 흘리네	過者出涕淚
또다시 하늘로 솟을 뜻 품어	且復凌霄志
높이 솟은 게 아직 죽지 않았네	偃蹇猶不死
비록 가지 하나만 남았지만	雖然一枝在
큰 목수가 어찌 버리겠는가	大匠焉得棄

【해제】

거성 '치(寘)'를 운으로 한 작품이고, 마지막 두 구만 상성 '지(纸)' 운이다. 측백은 정희량을 지칭하는 것으로 탄탄대로를 걸을 것만 같던 시인의 뜻이 좌절되고 유배를 오게 된 상황을 빗대었다. 유배를 와서 늙고 초췌해져 사람들이 모두 안타까워하지만 정희량 시인은 다시 재기할 뜻을 드러내고 있다.

우암께 감사하며 드리다 謝贈寓庵

1

손님께서 방장산에서 오시어	客從方丈來
나에게 무지개 옷을 주셨네	遺我白霓裳
선녀의 베틀에서 나왔기에	出自仙女機
깨끗하기가 눈과 서리 같구나	皎潔如雪霜
정으로 실마리를 꿰매었으니	縫以情頭緖
도저히 잊을 수가 없구나	緘之不可忘
하늘 위의 홍애자께서는	上有洪崖子
은은하게 햇빛을 비추누나	隱隱照日光

2

천상의 신선 홍애자께서	洪崖天上仙
나에게 주머니 속 약을 주셨네	貽我囊中藥

한알 한알 금솥으로 달였으니 一一金鼎熟
둥글둥글 밝은 달 같구나 團圓似明月
먹으면 티끌 먼지가 씻겨지고 服之塵穢醒
해쓱한 얼굴에 윤기가 돈다네 病顏生玉色
아득한 구름 속 사람이여 望望雲間人
바람 따라 소식을 전합니다 因風報消息

비 온 뒤 통군정에 올라 불어난 물을 살펴보며[242] [연구시(聯句詩)]

雨後登統軍亭, 觀漲【聯句】

장맛비가 먼 변방에서 그치자 積雨收遠塞
홀연 바람은 맑고 볕은 밝구나 風日忽淸亮
한줄기 압록강 아득히 드넓어 一水來浩渺
골짝마다 세차게 넘쳐나네【매계[243]】 萬壑極奔漲【梅】
벽에 부닥쳐 천둥 치듯 광광 觸壁轟雷霆
바람과 부딪쳐 독 안에서 울리듯 철썩[244] 遇風喧甕盎
성난 기세 높은 언덕 타고넘어 怒勢駕高陵

242 비……살펴보며: 조위의 『매계집』에는 「비가 내린 뒤에 통군정에 올라[雨後登統軍亭]」로 되어 있다.

243 매계: 『매계집』에는 '대허(大虛)'로 되어 있는데, 조위의 자다. 아래도 동일하다.

244 독……철썩: 불어난 강물이 바람과 부딪쳐 철썩거리는 모습을 마치 물이 항아리 속에서 흔들리고 부딪쳐 시끄럽게 울리는 소리로 비유한 듯하다. 한유(韓愈)의 「악양루별두사직(岳陽樓別竇司直)」이라는 시에 "남은 물결 노호하기를 그치지 않으니, 시끄러운 소리 항아리 안에서 울리는 듯.[餘瀾怒不已, 喧聒鳴甕盎.]"이라고 하였다.

오르는 곳마다 새로 빚은 술 솟네【계문】	登處潑新釀【文】
뜨고 잠기는 물새 그림자	浮沈鷗鷺影
들락날락하는 어룡 모습	出沒魚龍狀
오물조차 거두어 버리지 않고	納汚不相捨
하늘도 잠기는 무진장[245]이구나【순부[246]】	涵虛無盡藏【夫】
끝없이 불어난 물 넘치려 하고	汪洋憤欲洩
세찬 물소리 더욱 웅장하네【매계】	澎湃聲愈壯【梅】
일백 개의 북을 난타하듯	亂打鼓百面
만 대의 수레 급히 지나가듯【순부】	急越車萬兩【夫】
강에 채찍 던진들 어찌 막을쏘냐[247]	投鞭詎能斷
잔으로 강물 측량하듯 짐작조차 어렵네[248]【계문】	持杯未易量【文】
음산한 날씨 재앙을 모으고	陰機畜妖孽
상쾌한 공기 무더운 장기 씻네【순부】	爽氣洗炎瘴【夫】
숲을 삼켜 아스라이 끝이 없고	呑林渺無涯
땅을 뒤덮어 갈 곳 잃을 지경【매계】	掩陸迷所向【梅】
배는 힘겹게 춤추듯 요동치고	舟楫困掀舞

245 무진장(無盡藏): 다함이 없는 창고라는 말로, 양적으로나 질적으로 대단히 많은 것을 표현한 말이다. 소식의 「적벽부(赤壁賦)」에 "취하여도 금함이 없고, 써도 다하지 않으니 이것이 바로 조물주의 무진장 보고이다.[取之無禁, 用之不竭, 是造物者之無盡藏也.]"라고 하였다.

246 순부: 『매계집』에는 '순부(淳夫)'로 되어 있는데, 정희량의 자다. 아래도 동일하다.

247 강에……막을쏘냐: 채찍을 강에 던져 넣어 메운다는 말로 엄청난 강물의 위세를 의미한다. 전진(前秦)의 부견(苻堅)이 동진(東晉)을 공격하려 할 때, 그의 부하 석월(石越)이 동진에는 장강의 험고함이 있어서 함부로 군대를 출동시켜서는 안 된다고 하자, 부견이 말하기를 "이렇게 많은 우리 군대로 장강에 채찍만 던져도 그 흐름을 단절시킬 수 있는데, 어찌 험고함을 믿을 수 있겠는가.[以吾之衆旅, 投鞭於江, 足斷其流, 何險之足恃?]"라고 하였다. (『晉書』 卷114 「苻堅傳」)

248 잔으로……어렵네: 술잔으로 강물의 수량을 짐작한다는 말로, 엄청난 양의 강물을 비유하였다. 반고(班固)의 「유통부(幽通賦)」에 "표주박으로 바닷물을 헤아리고 대롱 구멍으로 하늘을 본다.[既傾蠡而酌海, 遂側管而窺天.]"라고 하였다.

천지는 넘실넘실 출렁이네【계문】　乾坤浮蕩漾【文】
섬은 자라처럼 움츠러들고　島嶼縮如鼇
물줄기는 솜옷처럼 펼쳐지네　派流鋪似纊
천오[249] 날아오르듯 황홀하고　恍惚天吳騰
하백[250] 왕성하듯 비린내 진동　腥獰河伯旺
날개 치는 대붕 폭풍 보내오고　擧翮鵬送飆
이빨 가는 고래 물결 토하네【순부】　磨牙鯨吐浪【夫】
자라와 악어 소굴을 옮기고　黿鼉移窟穴
교룡과 악어 갈 곳을 모르네　蛟鰐昧俯仰
상양[251]은 춤을 막 멈추고　商羊舞初已
풍이[252]는 기세가 드높구나【매계】　馮夷氣方亢【梅】
도도히 흘러 천 리를 내달려　滔滔赴千里
한식경만에 쏜살같이 흘러가네【계문】　忽忽纔一餉【文】
잠겨서 토양 밑으로 스며들고　潛入土囊底
무젖어 은하수 위로 통하네　潤通星漢上
한없이 넓음이 우주와 같고　茫茫宇宙合
은은함이 무지개와 비슷하네　隱隱虹霓放
흰 안개 흩어져 가랑비 뿌리고　白霧散成霏

249　천오: 물을 다스리는 신이다. 『산해경』 권14 「대황동경(大荒東經)」에 "여국에 신인이 있는데, 머리가 여덟이고 사람의 얼굴을 하고 있으며, 호랑이 몸에 꼬리가 열 개이니 이름이 천오이다.[蓋余之國有神人, 八首人面, 虎身十尾, 名曰天吳.]"라고 하였다.

250　하백(河伯): 강을 맡아 다스리는 신이다.

251　상양: 상양(商羊)은 큰비가 올 무렵이면 한쪽 다리를 구부리고 춤을 춘다는 전설상의 새 이름이다. 한ㅇ나라 왕충(王充)의 『논형(論衡)』 15권 「변동(變動)」에 이르기를, "상양은 비가 오기 전에 먼저 아는 새이다. 비가 오려고 하면 한쪽 발을 굽히고 일어나서 춤을 춘다.[商羊者, 知雨之物也. 天且雨, 屈其一足起舞矣.]"라고 하였다.

252　풍이: 황하의 신으로 곧 하백 또는 수신(水神)의 범칭이다. 일설에는 하백의 아내라고도 한다.

푸른 산 교묘히 병풍 만드네【순부】	靑山巧作障【夫】
음악을 연주하는 소리 여전하고	奏樂聲猶在
뗏목 타는 뜻[253] 숭상할 만하네【계문】	乘槎意可尙【文】
흐린 눈을 닦듯 시력 밝아지고	刮瞙增眼明
종기 터지듯 속이 시원하구나【순부】	決癰愜志暢【夫】
잔 구름 넓은 창공 쓸어내고	纖雲掃寥廓
지는 해 수많은 봉오리 머금네	落日銜千嶂
멀리 보며 마음껏 돌아보고	遠覽悠眄睞
힘껏 찾으며 광활한 곳 향하네【매계】	冥搜傃空曠【梅】
즐겁구나, 벗들과의 유람	樂哉吾輩游
뒷날 다시 오기를 기약하네【순부】	他年期再訪【夫】

【해제】

전체 52구 260자에 달하는 대작이다. 정희량, 매계 조위, 청호(晴湖) 성중엄(成重淹) 세 사람이 돌아가면서 시구를 지어 연결한 연구시(聯句詩)이다. 성중엄 역시 무오사화에 연루되어 의주 근처인 인산(麟山)에 유배되었다. 조위의 『매계집(梅溪集)』에 동일 작품이 실려 있다.

세 사람은 비가 온 뒤에 통군정(統軍亭)에 올라 불어난 압록강 물을 보고 시를 지었다. 많은 비가 내린 뒤 천지를 집어삼킬 듯 호쾌하게 흐르는 압록강을 온갖 미사여구를 사용하여 묘사하였다. 정희량은 이런 압록강을 보고 "종기 터지듯 속이 시원하다."라고 하였다. 그는 유배지에서의

---

253 뗏목 타는 뜻: 『논어』 「공야장(公冶長)」에 "도가 행해지지 않아 뗏목을 타고 바다에 떠서 가리라.[道不行, 乘桴, 浮于海.]"라고 하며 천하에 어진 임금이 없어 공자가 도를 행할 수 없음을 탄식하였다.

외로움, 고향에 대한 그리움, 자신의 능력을 펼치지 못하는 데에 대한 우울감 등이 마음에서 곪을 대로 곪았을 것이다. 이때 모든 것을 집어삼키며 거침없이 바다로 터져나가는 압록강을 보고 답답한 마음이 뻥 뚫리는 통쾌함을 느꼈을 것이다. 이는 나머지 두 사람도 마찬가지다. 『허암유고』에 실린 많은 시에는 유배지에서의 우울감이 지배적인 데 비해 이 시는 시인의 호쾌한 면모가 유감없이 드러나 있다.

객관에 홀로 누운 가을 한밤에 인기척 없이 고요하고
비바람 소리 스산하니 도성을 떠난 비참한 심정이 들어 시로 토로하다

獨臥旅館, 秋夜將半, 寂無人聲, 風雨颯然
有去國悲慘之情, 聊發之於詩云

빈방에 날이 점차 새려는데 虛室夜將曉
창 너머 벌레 소리 길구나 隔窓蟲語長
가을 소리는 이미 적막하고 秋聲已寂歷
비 기운 되레 멀리서 들리네 雨氣還滄茫
꿈결에 천 리 타향이오 殘夢客千里
고향은 먼 하늘 저쪽 故鄉天一方
벼슬 초라한 광문이 廣文官自冷
오히려 내 처량함보다 낫구나 猶勝此凄涼

금강사에 쓰다 題金剛寺

이 오랜 절 언제 지었는지 寺古何年作
승려에게 물어도 모른다 하네 問僧僧未知
청산은 평온하게 저물어가는데 青山澹欲夕
소낙비 급하게 시를 재촉하네 白雨急催詩
우연히 고상한 이의 경역에 묵으며 偶宿高人境
아울러 청정한 사람[254]의 기미 잊네 兼忘靜者機
나는 지금 꿈속에 있는 듯하니 吾今如夢裏
괴이하네, 나는 대체 누구일까? 還怪我爲誰

추월암에 쓰다 題秋月庵

1

노을은 산꼭대기에 갓 올라오고 煙霞初出頂
오랜 절은 벽라 덩굴[255]에 깊네 古寺薜蘿深

---

254 청정한 사람: 이백의 「영선사방에서 산해도를 감상하고[瑩禪師房觀山海圖]」 시에 "그윽이 참 마음과 하나가 되어 고요한 이의 완상물로 참으로 알맞다.[杳與眞心冥, 遂諧靜者翫.]"라고 하였다. 정자(靜者)는 청정의 도를 깨달아 마음이 고요한 자를 말하는데, 은자나 승려 등을 가리키는 말로 쓰인다.

255 벽라 덩굴: 벽라는 벽려(薜荔)와 여라(女蘿) 넝쿨을 합칭한 말인데, 옛날에 은자(隱者)들이 흔히 이것으로 옷을 지어 입었던 데서 온 말로, 전하여 은자나 고사(高士)의 처소를 가리키기도 한다.

괴이한 바위는 용이 엎드린 듯 醜石龍疑伏
깎아지른 절벽은 별이 잠길 듯 懸崖斗欲沈
석양은 어느 고을 나무숲일까 夕陽何郡樹
성근 비에 이 산엔 그늘이 지네 疏雨此山陰
절경 두고 떠나기도 머물기도 어려워 勝境行難住
청정한 사람에 못내 부끄럽네 多慙靜者心

2

산꼭대기에 있는 은거지 巖棲在絶頂
옛길은 이끼로 덮여 있네 古徑蒼苔幽
서쪽 강에 뜬 달 쉬 보지만 易得西江月
북쪽 산의 가을에 먼저 놀라네 先驚北嶽秋
절 이름 응당 우연이 아니니 寺名應不偶
우리도 즐겁게 노닐 만하네 吾輩亦堪遊
지는 해에 시내 구름 캄캄하니 落日溪雲黑
쓸쓸해라 원숭이와 학[256]의 시름이여 蕭蕭猿鶴愁

【해제】

평성 '우(尤)'를 운으로 한 작품으로 제3·4구에 방점이 찍혀 있다. 두 수로 된 연작시인데 의주에서 유배 중이던 시인이 암자에 올라 자신의 소회를 풀어낸 작품이다. 첫째 수에서는 추월암에서 보이는 풍경을 읊었는데, 마지막 제7·8구에서 백발이 될 때까지 유배지를 벗어나지 못하고 서

256 원숭이와 학: 은둔 선비를 가리킨다.

울을 그리워하고 있을 자신의 미래를 암울하게 그려내었다. 둘째 수에서는 가을이라는 시간적 배경을 들어 추월암에서 풍경을 즐기자고 말한다. 그러나 마지막 두 구에는 첫째 수와 마찬가지로 혼자 거처하고 있는 은자의 슬픔을 통해 시인이 혼자 의주로 유배와 지내는 쓸쓸함을 드러내고 있다.

지정께 부치다 寄止亭

친구들 모두 승승장구하는데	故人皆袞袞
나 홀로 날개가 꺾이었구나	唯我獨摧殘
백발로 삼상[257]에 유배되니	白首三湘謫
큰 꿈 조금도 펼치기 어렵네	青雲一字難
세상인심에 병은 깊어가고	世情因病熟
옛 뜻으로 금(琴)을 잡고 연주하네	古意取琴彈
달밤에 친구가 더욱 그리워	夜月偏知己
맑은 창에 그대 얼굴 비치네	淸牕照子顔

257 삼상: 유배지를 말한다. 삼상(三湘)은 중국 호남성의 상향(湘鄉)·상담(湘潭)·상음(湘陰)으로, 춘추 시대 초나라 굴원(屈原)이 조정에서 쫓겨나 귀양을 살던 곳이다.

용재와 읍취 두 시백에게 부치다 寄容齋挹翠兩詩伯

하늘 저 너머로 이별하고 一別隔層霄
황량한 성에서 오랜 세월 흘렀네 荒城歲月遙
장한 마음 부질없이 호방하고 壯心空落落
성근 귀밑머리 절로 쓸쓸하네 疏鬢自蕭蕭
꿈속에서는 두꺼비 시끄럽고 夢裏蝦蟆聒
시름 속에 도깨비 날뛰누나 愁邊魑魅驕
떠도는 넋 위태로워 정처 없으니 羈魂危不定
반드시 초사로 넋을 부르리라 須用楚詞招

도성의 친구 한두 명에게 부치다 寄京洛一二知己

친구와 길이길이 이별하고 故舊長爲別
변방에서 오랜 세월 흘렀네 天涯歲月深
격년으로 편지가 이르더니 隔年書一到
한밤중 꿈에 다시 찾아왔네 半夜夢重尋
인적없는 곳에 묻혀 지내지만 汩沒無人境
청고해라, 죽지 않은 이 마음 淸孤未死心
시름겹게 홀로 서서 크게 노래하니 高歌愁獨立
단풍나무의 해 점점 어두워지네 楓樹日沈沈

겨울 눈 冬雪

북풍에 하늘 기운 막히고 北風天氣閉
서쪽 변새로 언 구름이 걷히네 西塞凍雲摧
넓은 들판에 한창 뭇 것들 숨어들고 大野方成蟄
푸른 강물에 홀연 우렛소리 울리네 滄江忽動雷
음양이 거세게 부딪히며 다투니 陰陽傷戰薄
계절이 놀라 돌아갈까 걱정이라 節序恐驚回
지극한 이치를 누구에게 물어보나 至理憑誰問
외로운 신하는 홀로 슬프기만 하네 孤臣政獨哀

직경의 편지를 받고 기뻐서 사신 편에 편지를 부치고 喜得直卿書, 因迎使簡示

어젯밤 등화[258]에 즐거웠더니 昨夜燈花喜
친구가 편지를 보내왔구려 故人今有書
풍상에 시상은 단단해지고 風霜詩思健
세월에 수염은 듬성듬성 歲月鬢毛疏

258 등화: '등화(燈花)'는 등잔불 심지 끝이 타서 맺히는 꽃 모양의 불똥을 말한다. 불이 꺼지려 할 즈음에 이 등화 현상이 일어나면 조만간 기쁜 일이 있게 된다고 한다. (『本草』「燈花」,『西京雜記』3)

길은 걷다 보면 끝이 나지만 道路行行盡
강산은 나날이 화창하다오 江山日日舒
반가운 그대 만나게 되면 儻逢靑眼對
내 마음 또 어떠할까 吾意更何如

도성으로 돌아가는 직경[259]을 증별하며 贈別直卿還京師

1

북쪽 변방에서 쓸쓸히 지내다 寥落關山北
그대 만나 두 눈 다시 환하네 逢君眼更明
풍상 속에 친구 얼굴을 보고 風霜看舊面
술잔 들며 깊은 정을 나누었지 樽酒話深情
한 번 헤어지니 하늘가의 기러기 一別天邊鴈
삼 년째 물 위의 부평초 신세라 三年水上萍
자주 못 본다고 말하지 마시게 莫言相見寡
눈물이 절로 갓끈을 적신다오 我淚自霑纓

2

속절없이 긴 세월 흘렀는데 悠悠多歲月

259 도성으로 돌아가는 직경(直卿): 홍언충이 1498년 가을에 질정관으로 중국을 갔는데, 다음 해 임무를 마치고 도성으로 돌아가는 길에 잠시 정희량을 만난 것으로 보인다.

갈 길은 또 아득하기만 하지 道路亦漫漫
만 리 길을 이제 막 돌아가는데 萬里行初返
석 잔 술의 흥취 끝나지 않았네 三杯興未闌
마음으로만 서로 안부를 물으며 寒暄肝肺裏
꿈속 혼으로나 만나고 헤어지리 離合夢魂間
강엄의 솜씨 빌려보려는데 欲借江淹筆
시름겨워 한(恨)자 쓰기 어렵네[260] 愁題恨字難

변방의 눈 塞雪

추운 날씨 참으로 적막한데 寒天政寂寥
차갑게 떨어지는 눈 쓸쓸하네 冷落雪蕭蕭
먼 멧부리 정상이 뭉툭하고 遠岫仍摧骨
긴 강에 조수도 일지 않네 長江不起潮
교룡은 굴에서 겨울잠 자고 蛟龍依窟蟄
승냥이와 범 바람 타고 날뛰네[261] 豺虎挾風驕

260 강엄의……어렵네: 강엄의 솜씨는 훌륭한 문장을 가리킨다. 강엄은 남조(南朝)의 저명한 문장가/변문(騈文) 대가이다. 그가 젊었을 때 꿈에서 어떤 사람에게 오색 붓을 받은 뒤로 글솜씨가 크게 향상되었는데, 만년에 곽박(郭璞)이라는 사람이 그 붓을 다시 받아 가는 꿈을 꾼 뒤로는 더 이상 좋은 시구를 짓지 못했다는 일화가 전한다. 진시황(秦始皇), 이릉(李陵), 왕소군(王昭君), 혜강(嵇康) 등 왕후장상이나 기인 및 뜻있는 선비들이 원한을 삼킨 채 죽어간 것을 쓴 「한부(恨賦)」가 대표작의 하나이다. (『南史』 卷59 「江淹列傳」, 『文選』 卷16 「恨賦」)

261 승냥이와……날뛰네: 『주역』 「건괘(乾卦)·문언(文言)」에 "구름은 용을 따르고 바람은 범을 따른다.[雲從龍, 風從虎.]"라고 하였다.

유독 애달프다, 시인의 귀밑털	獨惜吟詩鬢
시름 속 반이나 희끗희끗함이	愁邊已半凋

【해제】

평성 '소(蕭)'를 운으로 한 작품이다. 자신을 '굴에서 겨울잠 자는 교룡'으로, 무오사화를 일으킨 훈구파를 '날뛰는 승냥이와 범'으로 비유하였다. 시인은 이렇게 대비적으로 형상화함으로써 유배당한 자신의 억울한 처지를 더욱 돋보이게 드러내었다.

가랑비 微雨

시내 구름 쉬이 비를 뿌리자	溪雲易作雨
물나라의 산 온통 쾌청하네	水國山全晴
짙은 운무 바람 따라 흩어지고	漠漠隨風散
성근 구름 햇살 내보내 밝구나	疏疏漏日明
갈매기 주변 모래언덕 하얗고	鷗邊沙岸白
새 너머 저물녘 산 푸르구나	鳥外暮山靑
조물주 참으로 장난을 좋아해	造物眞多戲
나를 괴롭혀 맑은 시구 짓게 하네	煩吾句自淸

눈 내린 뒤에 雪後

1

해풍이 간밤의 눈 불어 날리고	海風吹夜雪
봄빛은 숲에서 짙어만 가네	春色著林濃
시인의 흥취 나랏일[262] 벗어나고	詩興鹽梅外
산수는 예와 지금 변함이 없네	溪山今古中
시 읊느라 어깨는 웅숭그려 솟고	吟肩愁聳峻
술통이 빌까 조바심 나네	尊酒怯成空
문을 닫고 혼자서 가만있자니[263]	閉戶形將影
쓸쓸하기 짝이 없는 병든 늙은이	蕭條獨病翁

2

넘실넘실 흰색이 대지에 뜨고	蕩漾浮平地
쭈뼛쭈뼛 먼 숲이 죄다 잠겼네	崢嶸沒遠林
깊은 골짝에 주린 표범 갇혀 지내고	峽深藏餓豹
가지 미끄러워 놀란 새 떨어지네	枝滑落驚禽

---

262 나랏일: 원시의 '염매(鹽梅)'는 음식의 양념이 되는 소금과 매실(梅實)로서, 임금을 잘 보좌하여 좋은 정사를 베풀게 함을 이른 말이다. 『서경』「열명 하(說命下)」에 "내가 국을 만들려고 하거든 그대가 소금과 매실이 되어 주오.[若作和羹, 爾惟鹽梅.]"라고 하였다.

263 혼자서 가만있자니: 원시의 '형장영(形將影)'은 형체가 그림자를 거느린다는 말로 외로운 처지에 놓여 있다는 말이다. 이백의 「월하독작(月下獨酌)」 시에 "꽃그늘 아래에서 한 병의 술을, 친한 이도 하나 없이 홀로 마시네. 술잔 들어 밝은 달을 마중하노니, 나와 달과 그림자가 세 사람을 이루었네.[花下一壺酒, 獨酌無相親. 擧杯邀明月, 對影成三人.]"라고 하였다.

낡은 신발 눈에 찍힌 발자국 슬퍼[264] 敗履悲前跡
눈 개인 창에서 옛 생각 하네 晴窓有古心
조각배로 천하를 떠돌아다닐 마음 扁舟湖海志
오늘 같은 날에 또 찾아드네 此日復侵尋

다시 앞의 운을 써서 매계 노인께 화답하여 드리다

重用前韻, 答梅溪老人和贈

1

어찌하여 세월이 갈수록 如何歲月晚
되려 나그네 수심 깊어지나 轉作客愁濃
묵묵히 매성유의 시[265]를 읊고 脈脈梅詩裏
쓸쓸히 사혜련의 부[266]를 짓네 蕭蕭謝賦中
곤궁한 신세 아직 문 닫아걸고 身窮猶閉戶
홀로 앉아 다시 허공에다 쓰네[267] 坐獨更書空

---

264 낡은……슬퍼: 한 무제(漢武帝) 때 제(齊)나라 사람 동곽 선생(東郭先生)은 살림이 빈궁하여 가죽신에 언덕만 있고 바닥이 없어져서 눈 위를 걸어가면 발바닥의 금이 찍혔다는 고사가 있다. 자신의 초라한 모습을 비유한 것이다. (『史記』 卷126 「滑稽列傳」)

265 매성유의 시: 처지가 곤궁하여 시로 시름을 달랜다는 말이다. 매성유(梅聖兪)는 송나라 때 저명한 시인인데 몹시 곤궁한 삶을 살았다. 구양수(歐陽修)가 매성유의 시를 평하며 "대체로 시는 궁할수록 더욱 훌륭해지니, 그렇다면 시가 사람을 궁하게 만드는 것이 아니라, 사람이 궁해진 뒤에야 시가 훌륭해진다.[蓋愈窮則愈工, 然則非詩之能窮人, 殆窮者而後工也.]"라고 칭송하였다. (『文忠集』 卷42 「梅聖兪詩集序」)

266 사혜련의 부: 눈에 대한 묘사를 통해 인생무상을 노래한 남조 송나라 사혜련(謝惠連)의 「설부(雪賦)」를 가리키는 것이 아닌가 한다.

267 허공에다 쓰네: 의지가 꺾여 탄식하며 지내는 것을 말한다. 진(晉)나라 은호(殷浩)가 평민으로 전락한 뒤에 온종일 멍하니 앉아 허공에 '쯧쯧, 괴상한 일이로다.[咄咄怪事]'라고 쓰며 탄식했

세상사는 서글프기만 하니 　　世事堪惆悵
노인에겐 청산이 제격이로다 　　青山亦老翁

2

처량히 복조부[268]를 읊고 　　凄涼吟鵩賦
처연히 단풍 숲[269]을 마주하네 　　愁殺對楓林
변방 관문에는 기러기가 오지 않고 　　關塞無來雁
바람 부는 처마엔 새도 앉지 않네 　　風簷不下禽
대나무 빛이 스며들었을 테고 　　可能侵竹色
또 매화꽃은 떨어지려 할 터 　　更欲折梅心
고국 떠난 지도 한 해가 지났으니 　　故國經年別
하늘끝에서 고향 찾는 꿈만 꾸네 　　天涯夢一尋

【매화와 대나무는 모두 선생의 고향 물건이기에, 마음이 갈 수밖에 없어서 말한 것이다.[梅竹, 皆先生故國之物, 故足以關念故云.]】

다고 한다. (『世說新語』「黜免」)

268 복조부: 「복조부(鵩鳥賦)」는 한나라 문신 가의(賈誼)가 장사(長沙)에 좌천되었을 때 불우한 심정을 읊은 글이다. 흔히 유배를 당한 처지임을 보일 때 비유적으로 쓰인다.

269 단풍 숲: 유배지를 가리킨다. 당나라 시인 유우석(劉禹錫)이 10년 동안 강상(江湘)에 유배되어 있다가 조정으로 돌아가는 길에, "십 년 동안 초수의 단풍 숲에 있다가 오늘 밤 처음으로 장락궁의 종소리를 듣노라.[十年楚水楓林下, 今夜初聞長樂鐘.]"라고 한 데서 유래한다.(『劉賓客文集』卷24「元和甲午歲……有懷續來諸君子」)

매계의 시를 덧붙이다 附梅溪韻

1

하늘 꽃이 막 땅에 떨어지니	天花纔着地
밤새도록 언 구름 짙었구나	一夜凍雲濃
우주는 섣달 한겨울[270] 속이고	宇宙窮陰裏
강산은 눈 속에 파묻혔구나	湖山積縞中
풍년 점치며[271] 길조 다퉈 말하는데	占年爭道瑞
뉘엿뉘엿 지는 해 금세 사라지네	遲日旋成空
양원의 시[272] 생각지도 못하고	未擬梁園賦
홀로 시 읊는 변방 늙은이로군	孤吟塞上翁

2

처마를 뚫고 방문을 때리며	穿簷兼透戶
나무 누르고 다시 숲 뒤덮네	壓樹更堆林
길에는 말 타고 노는 이 없고	陌上無遊騎
처마엔 추위에 떠는 새 있네	簷間有凍禽

---

270 섣달 한겨울: 원시의 '궁음(窮陰)'은 음이 꽉 찬 상태인 겨울 음력 10월을 뜻한다. 음력 10월은 순음(純陰)인 곤괘(坤卦)에 해당하고, 동지가 되면 양효(陽爻) 하나가 아래에서 다시 생겨나, 11월에 해당하는 복괘(復卦)가 된다.

271 풍년 점치며: 흔히 겨울에 눈이 많이 내리면 이듬해 풍년이 든다고 하였다. 농가의 말에 의하면, 동지 이후 세 번째 술일(戌日) 이전에 세 차례 눈이 내리면 풍년이 든다고 하였다. (『農政全書』)

272 양원의 시: 서한(西漢)의 양효왕(梁孝王) 유무(劉武)가 자신의 화려한 양원(梁園)에서 세밑에 사마상여(司馬相如), 매승(枚乘), 추양(鄒陽) 등과 함께 주연(酒筵)을 베풀고 놀다가 눈이 오자 흥에 겨워 먼저 시를 짓고는 간찰을 주면서 사마상여에게 시를 짓게 하였다는 고사에서 온 말이다. (『史記』 卷58 「梁孝王世家」)

담요 씹던[273] 괴로운 절개 품고 齧氈懷苦節
버들솜 읊던[274] 꽃다운 마음 상상하네 詠絮想芳心
산음의 흥취[275]가 함께 일어나 併起山陰興
조각배 타고 달빛 아래 친구 찾네 扁舟月下尋

아우 생각 憶弟

중년에 병마가 이르렀건만 災疾中年至
떠돌이 신세에 고향도 머네 飄零故國賒
외기러기 헛되이 그림자 위로하니 雁孤空弔影
형 땅 늙은이는 꽃이 지려 하네[276] 荊老欲無花

---

273 담요 씹던: 한 무제(漢武帝) 때 소무(蘇武)가 흉노(匈奴)에 사신으로 가자, 흉노의 임금 선우(單于)는 그를 억류하고서 갖은 방법으로 항복을 권하였으나, 끝내 절개를 굽히지 않았다. 그러자 선우는 그를 큰 움막에 가두고서 음식도 주지 않았다. 마침 눈이 내리니 소무는 누워서 솜털로 짠 담요를 씹어[嚙氈] 눈과 함께 삼키며 끝끝내 절개를 잃지 않았다. (『漢書』 卷54 「蘇建傳」)

274 버들솜 읊던: 진(晉)나라 사안(謝安, 320~385)이 자질(子姪)들을 모아놓고 글을 강론하다가 갑자기 눈이 쏟아지자 "흰 눈이 펄펄 내리는 것이 무엇 같으냐?"라고 물었다. 형의 아들이 "소금을 공중에 뿌리는 것과 비슷합니다."라고 하자, 형의 딸 사도온이 "버들솜이 바람에 날리는 것으로 비유하는 것이 낫겠습니다."라고 하였다. 사안은 사도온의 적절한 비유를 듣고 기뻐했다고 한다. (『晉書』 卷96 「王凝之妻謝氏列傳」)

275 산음의 흥취: 진(晉)나라 때 산음(山陰)에 살던 왕휘지(王徽之)가 어느 날 밤에 큰 눈이 막 개고 달빛이 휘영청 밝은 것을 보고는 홀로 술을 마시면서 좌사(左思)의 「초은시(招隱詩)」를 읊조리다가 갑자기 섬계(剡溪)에 사는 친구 대규(戴逵)가 생각났다. 그는 즉시 거룻배를 타고 밤새도록 가서 다음 날 아침에야 대규의 집 문 앞에 당도해서는 그 집을 들어가지 않고 다시 뱃머리를 돌렸다. 어떤 사람이 그 까닭을 묻자, 왕휘지가 대답하기를 "내가 본래 흥겨워서 왔다가 흥이 다해서 되돌아가는 것이다. 굳이 대안도(안도는 대규의 자)를 만날 것 있겠는가.[吾本乘興而行, 興盡而返, 何必見戴安道耶.]" 하고는 그대로 되돌아왔던 고사에서 온 말이다. (『晉書 卷80 「王徽之列傳」)

276 꽃이 지려 하네: 필생화(筆生花)가 없다는 뜻이다. 필생화는 이백이 소싯적 붓끝에 꽃이 피는 꿈을 꾼 뒤로 문명이 세상에 떨쳐 졌다는 고사에서 생긴 말로서 재치와 문장이 모두 뛰어난 것을 의미한다. (『開元天寶遺事』 「夢筆頭生花」)

세상사 슬픔과 기쁨 넘치는데	人事悲歡足
막다른 길에 세월은 아득하네	窮途歲月遐
평생 형제 우애[277]의 뜻 지녔으니	平生急難志
한밤중에 눈물이 왈칵 쏟누나	半夜涕滂沱

모진 추위　苦寒

적막한 산골짝에 황혼이 드니	牢落溪山晚
어느덧 한해도 다 지났구나	崢嶸歲月窮
찬 창에 귀뚜라미 울어대고	寒窓吟蟋蟀
언 칼집에 교룡 흐느끼네[278]	凍匣泣蛟龍
처연하게 서리 기운 감돌고	慘慘飛霜氣
쓸쓸히 바다 바람 불어드니	蕭蕭送海風
술동이 속에 술이 없었다면	若無尊裏酒
시름에 금세 노인 되었으리	愁殺易成翁

277 형제 우애: 원시의 '급난(急難)'은 형제간에 우애하며 위급할 때 서로 돕는 것을 뜻하는 말로, 『시경』「상체(常棣)」의 "저 할미새가 들판에서 부산하게 날 듯, 위급한 상황에서는 형제들이 서로 돕는 법이라오. 항상 좋은 벗이 있다고 해도, 그저 길게 탄식만을 늘어놓을 뿐이라오.[脊令在原, 兄弟急難. 每有良朋, 況也永歎.]"라는 말에서 유래한 것이다.

278 칼집에 교룡 흐느끼네: 옛날에 오제(五帝) 가운데 한 사람인 전욱(顓頊)이 예영검(曳影劍)이라는 명검을 써서 사방을 정벌하였는데, 그 검을 사용하지 않고 상자 속에 보관하고 있을 때에는 용과 범이 신음하는 듯한 소리[如龍虎之吟]가 새어 나왔다고 한다. 흔히 재능을 품고 쓰이지 못하고 불우하게 일생을 마치는 것을 비유할 때 쓰인다. (『拾遺記』「顓頊」)

【해제】

오늘 하루도 별일 없이 지났다. 그러고 보니 어느새 한 해도 다 저물었다. 북쪽 변방의 겨울 추위는 유배객에게 갑절의 고통을 안겨주기에 충분하다. 3~6구에서 시각적, 청각적으로 변방의 추위를 생생하게 전달하고 동시에 메마르고 얼어붙은 시인 자신의 감정을 투영하고 있다.

시인에 대한 옛 기록을 보면 굉장한 애주가로 알려져 있다. 술을 마실 때도 격식을 차리고 잔에 부어 마시지 않고 큰 사발에 가득 부어서 단숨에 마시는 것을 즐겼다고 하니, 시인이 호방하고 거침없는 성격이었음을 짐작할 수 있다. 울분 속에 시와 술을 벗 삼아 보낸 한 해의 끝자락, 시인의 탄식은 언 칼집의 냉기만큼이나 시리다.

세모 歲暮

빠른 세월 점점 다해가는데 急景垂垂盡
외로운 생 한없이 떠돌았지 孤生衮衮浮
강산은 도성의 모습이 아니니 江山非故國
북과 나발 소리 새삼 시름 자아내네 鼓角動新愁
어디에서 반가운 벗 만나볼까 何處開靑眼
마음 상해 쉬이 백발 되었구나 傷心易白頭
고향에서 편지 가끔 보내오지만 鄕書來有數
높은 관직 때문은 아니랍니다 不是爲公候

회포를 풀다　述懷

쑥대 같은 양 살쩍 천지 떠돌며　宇宙雙蓬鬢
시 쓰고 글 읽는 나그네 하나　詩書一旅人
우뚝하기 태산의 기상 감추고　峥嶸埋嶽氣
티끌 세상 떠도는 와룡의 신세　漂泊臥龍塵
상강에 빠져 죽은 시인에다가　湘水沈騷客
형산에 내쳐진 곧은 신하네　衡山滯直臣
옛날이나 지금이나 처량하기만　凄涼今古事
하물며 불평을 품을까보냐　況復更輪囷

중경에게 부치다　寄仲敬

내 몸은 험한 변방에 있으니　身與關山阻
하늘은 세월을 빠르게 하네　天敎歲月頻
풍상이 편백 고목을 파고들고　風霜侵古柏
티끌 세상에 큰 물고기 칩거했네[279]　塵海蟄脩鱗

279 큰……칩거했네: 한 해가 가는 것이 빠름을 비유한 말이다. 소식의 「수세(守歲)」 시에 “한 해가 다해 감을 알고자 한다면, 골짜기로 들어가는 뱀과 같아라. 긴 비늘이 반나마 이미 들어가니, 가는 뜻을 뉘라서 막을 수 있으랴.[欲知垂盡歲, 有似赴壑蛇. 脩鱗半已沒, 去意誰能遮.]”라고 한 데서 유래하였다.

발걸음 삐끗하면 함정에 드니	失脚翻投井
머리 돌려 헛되이 나루터 물었지[280]	回頭枉問津
지음을 만나기 늦지 않으니	知音猶未晩
적선 같은 그대를 생각하노라	念爾謫仙人

귀양지에서 謫中

성 위로 태고의 눈 무너지고	城崩太古雪
땅에는 장기 어린 운무가 피어오르네	地起瘴人雲
외발 달린 산 도깨비 만나고[281]	一脚逢山鬼
세 차례 울음소리에 원숭이 걱정되네[282]	三聲怕嶺猿
시대에 느꺼워 속절없이 눈물 흐르고	感時虛灑淚
고향 떠나니 혼백은 쉬이 놀라네	去國易驚魂
가만히 기다려도 금계[283]는 늦고	坐待金鷄晩

280 나루터 물었지: 『논어』「미자(微子)」에 "장저와 걸닉이 김매며 밭 갈고 있을 때 공자가 지나가다가 자로를 시켜 나루터를 물어보게 하였다.[長沮桀溺, 耦而耕, 孔子過之, 使子路問津焉.]"라고 한 데서 온 말이다.

281 외발……만나고: 변방 외지를 비유하는 말이다. 두보의 「태주에 있는 사호 정건이 그리워서[有懷台州鄭十八司戶]」 시에 "산 도깨비는 다리가 하나뿐인데, 살무사는 크기가 나무만 하네.[山鬼獨一脚, 蝮蛇長如樹.]"라는 구절이 있다. (『杜少陵詩集』 卷7)

282 세……걱정되네: 두보의 「가을 흥취[秋興]」 시에 "원숭이 울음 세 번 들으면 눈물이 주르르, 사명 받들고 헛되이 팔월의 배 따라가네.[聽猿實下三聲淚, 奉使虛隨八月槎.]"라는 구절이 있다. 시인 스스로 외발 도깨비나 단장(斷腸)의 원숭이 같은 설화적 존재가 되어 이들과 함께 노닌다는 뜻으로, 현실과 유리된 자신의 심정을 표현한 것으로 생각된다. (『杜少陵詩集』 卷17)

283 금계: 사면령을 가리킨다. 금계(金鷄)는 천상의 닭이자, 머리를 황금으로 장식한 닭을 가리키는데, 조정에서 사면하는 조서를 반포할 적에는 대나무에 금계를 매달아서 의장(儀仗) 남쪽에 세워 두었다고 한다. (『新唐書』 卷48 「百官志3」)

지지배배 참새들만 지저귀누나 啾啾衆雀喧

지윤에게 주다 贈之胤

천지는 본래 넓고 넓은데[284] 乾坤自納納
세월은 유유히 흘러만 가네 歲月送悠悠
시와 술로 그대 만난 날은 詩酒逢君日
강호에서 실의했을 때였지 江湖失意秋
세상사 구름 따라 흩어지고 事隨雲共散
이 몸은 세상과 더불어 떠다니네 身與世同浮
고향에 돌아갈 길이 없으니 故國歸無計
만날 때는 머리 희어졌겠지 相看欲白頭

해중의 시에 차운하다 次諧仲詩

경국의 방책 아뢰던 못난 나는 龍鍾經國策

---

284 넓고 넓은데: 원시의 '납납(納納)'은 모든 것을 수용하여 넓고도 넓다는 뜻이다. 두보의 「들녘을 바라보며[野望]」 시에 "넓디넓어 천지가 광대하고, 가도 가도 지방은 아득하네.[納納乾坤大, 行行郡國遙.]"라고 하였다.

쓸쓸하기가 병든 사마상여 같네[285] 寂寞病相如
흰 구슬은 원래 죄가 없는 것[286] 白璧元無罪
역사책에 기록한 것 후회되네[287] 青編悔有書
세상에서 나는 타던 말 잃고[288] 世間吾喪馬
호량에서 그댄 물고기 즐거움 알았지[289] 濠上子知魚
어찌 한탄하랴! 공명이 늦다고 豈恨功名晚
단지 옛집으로 돌아가고 싶네 唯須返舊居

해중의 시를 덧붙이다 附諧仲韻

슬프게도 그대 떠돈 지 오래인데 悲君流落久

---

285 쓸쓸하기가……같네: 무오사화를 당해 의주로 귀양 온 자신의 처지를 한나라 때의 문인인 사마상여가 문제(文帝)의 능원령(陵園令)으로 있다가 병이 들어 사직하고 무릉(茂陵)으로 물러나 살았던 것에 빗대어 표현한 듯하다. 당나라 때의 시인 이상은(李商隱)이 지은 「영호 낭중에게 부치다[寄令狐郎中]」 시에 "양원의 옛 빈객 처지 묻지를 마라, 무릉 가을비에 병든 사마상여로다.[休問梁園舊賓客 茂陵秋雨病相如]"라고 하였는데, 이후로 이 시구는 초라하게 병들어 쓸쓸하고 무료한 문인의 처지를 비유하는 말로 많이 쓰였다.

286 흰……것: 원시의 '백벽(白璧)'은 가운데 구멍이 뚫린 둥근 모양의 흰 구슬이다. '백벽삼헌(白璧三獻)'이라는 고사가 있는데, 참된 가치를 인정받지 못하거나 재주를 가지고 있으면서도 펼칠 때를 만나지 못하는 것을 뜻한다. 춘추 시대 초나라 변화(卞和)가 산속에서 옥돌을 얻어 여왕(厲王)에게 바쳤다가 왼쪽 발을 잘리고, 무왕(武王)에게 바쳤다가 다시 오른쪽 발을 잘린 뒤, 세 번째로 문왕(文王)에게 바쳐 진가(眞價)를 인정받았던 고사가 전한다. (『韓非子』「和氏」)

287 역사책에……후회되네: 1498년(연산군4) 『성종실록』을 편찬할 때 사관 탁영(濯纓) 김일손(金馹孫)이 자신이 기초한 사초(史草)에 스승인 점필재 김종직의 「조의제문」을 실은 것이 발단이 되어 김일손·표연말(表沿沫)·정여창(鄭汝昌)·최부(崔溥) 등 수십 명의 사림이 사형을 당하거나 유배를 갔고, 김종직은 부관참시를 당하였다. 이때 정희량 역시 의주로 유배를 갔다. 이 시구는 이를 염두에 두고 지은 듯하다.

288 타던……잃고: 『주역』「규괘(睽卦)·초구(初九)」에, "초구는 뉘우침이 없어지리라. 말을 잃어도 쫓지말지니 스스로 돌아올 것이니라. 악인을 보면 허물이 없으리라.[初九, 悔亡. 喪馬勿逐, 自復. 見惡人无咎.]"라고 하였다.

289 그댄……알았지: 자연에서 한가로이 지내는 것을 말한다.

요사이 기력이 쇠하진 않았는지	氣味更何如
근심 떨치려 시로 흥을 돋우고	遣悶詩添興
기러기에 편지 부쳐 소식 전하겠지	傳聲雁寄書
응당 선실의 부름[290]이 있을 것이니	應逢宣室詔
압록강 물고기 배 속에 장사치 마오[291]	莫葬鴨江魚
다행히 변방으로 가는 객이 있어	幸有歸邊客
다정하게 귀양살이 소식 묻습니다	殷勤問謫居

【해제】

상평성 6번째 '어(魚)' 자를 운으로 하여 매 짝수 구 마지막 글자에 압운한 오언율시이다.

'해중(諧仲)'은 김종필(金終弼)로 추정되지만, 시인과 마찬가지로 유배에 처한 것으로 보인다. 굳이 소식을 듣지 않아도 그가 어떻게 지내고 있을지 훤히 안다. 울분을 달래려 시를 짓고, 답답함에 술도 마시고 어쩌다 운이 좋게 인편이라도 만나면 버선발로 달려가 편지를 쥐어 주겠지. 시인은 자신과 마찬가지로 고통스럽게 하루하루를 견디고 있을 벗에게 언젠가는 다시 제자리로 돌아갈 것이니 부디 그때까지 잘 견디라며 다독이고 있다.

---

290 선실의 부름: 임금이 다시 등용해주는 것을 의미한다. 선실(宣室)은 한나라 미앙궁(未央宮) 앞의 정실(正室)을 가리킨다. 가의(賈誼)가 좌천되어 장사왕 태부(長沙王太傅)로 있다가 1년 남짓 만에 소명을 받고 조정으로 돌아오니, 문제(文帝)가 선실에 앉아 가의에게 귀신의 근본에 대해 묻고는 그의 말을 밤늦도록 경청하였다고 한다. (『漢書』 卷48 「賈誼傳」)

291 압록강……마오: 유배지에서 자신을 잘 지키고 있으라는 당부의 말이다. 초나라 충신 굴원의 「어부사(漁父辭)」에 "차라리 상강에 빠져 죽어서 물고기 배 속에 장사를 지낼지언정, 어찌 이 깨끗한 몸으로 세속의 더러운 먼지를 뒤집어쓸 수 있겠는가.[寧赴湘流, 葬於江魚之腹中, 安能以皓皓之白, 而蒙世俗之塵埃乎.]"라고 한 데서 온 말이다.

세모에 놀이 삼아 창문에 쓰다 歲暮戲題牕上

사람은 곤궁과 같이 사는 법 人與窮相住
하늘이 또 한 해를 바꾸네 天教歲易遷
큰 강엔 밀물과 썰물 있고 長江潮復汐
외로운 달은 기울고 차네 孤月缺還圓
어제는 가서 오늘이 아니고 昨日非今日
내년이 바로 지난해라네 明年是去年
가련도 하지 소계자[292] 신세 可憐蘇季子
변방 창가에서 머리 세었네 頭白此窓邊

느낌이 있어 有感

시인은 보잘것없는 처지로[293] 騷人坐濩落
변방 강가를 표류하고 있네 漂泊塞江邊
땅은 풍운[294]의 기운과 멀어지고 地隔風雲氣

292 소계자: 소진(蘇秦)을 말한다. 전국 시대 사람으로 귀곡자(鬼谷子)에게 종횡가의 학설을 익혔다. 처음 진 혜왕(秦惠王)에게 유세했으나 써주지 않아 초라한 모습으로 집에 돌아오니, 식구들이 거들떠보지도 않았다고 한다. (『史記』 卷69 「蘇秦列傳」)

293 보잘것없는 처지로: 원시의 '호락(濩落)'은 너무 크고 텅 비어 쓸모가 없는 것을 말한다. 『장자』 「소요유」에 "텅 비어 쓸 데가 없다.[瓠落無所容.]"라는 표현이 나오는데, 호락(瓠落)을 후인들이 호락(濩落)으로 적기도 했다.

294 풍운: 풍운제회(風雲際會)의 약칭으로 임금과 신하의 아름다운 화합을 의미한다. 『주역』 「건괘

혼은 나의 수명[295]을 녹이는구나 魂銷犬馬年
공명은 일찍부터 나를 싫어했고 功名嫌我早
늙음은 남보다 먼저 찾아왔네 老病與人先
우습구나. 타향의 산에 뜬 달 笑殺他山月
가을에 몇 번이나 차고 기울었나 秋來幾缺圓

홍씨의 정원에서 지은 계문의 시에 차운하다.

次季文遊洪氏園林韻【名右文, 義州人也.】

[홍씨(洪氏)는 이름이 우문(右文)이고 의주 사람이다.]

숨어 사는 사람은 아니지만 雖非遯世者
깊은 이 정원에 자취 감췄네 晦跡此深園
손수 가꾼 숲은 장막 되었고 手種林成幄
몸소 키운 기장으로 밥을 짓네 躬耕黍供飧
산수에서 일찍부터 고요히 지내 溪山曾抱默
도회의 요란함 유독 싫어하네 城市獨厭喧
외진 동네라 찾아오는 이 적어 窮巷人來寡
이웃 승려나 간혹 문 두드린다지 隣僧或叩門

(乾卦) 구오(九五)」에 "구름은 용을 따르고 바람은 범을 따른다.[雲從龍, 風從虎.]"라고 하였다.

295 나의 수명: 원시의 '견마년(犬馬年)'은 윗사람에게 자신의 나이를 낮추어 말하는 것이다. 견마는 신하가 임금에게 자신을 개와 말에 견주어 낮추는 칭호이다.

계문의 원시를 덧붙이다 附季文詩

허암 어른을 뜻밖에 만나 邂逅虛庵老
주부의 정원에 함께 놀았지 同遊主簿園
찬물에 띄운 외는 저녁 술안주 浮瓜供晚酌
보리방아 찧어서 조반 지었네 舂麥作朝飧
자리는 그늘 따라 옮겨 다니고 坐席隨陰轉
지저귀는 새소리 종일 들렸지 聞禽盡日喧
정원 주인 하는 말 "찾는 이 적어 自言來客少
오늘 저녁 비로소 문을 열었소." 今夕始開門

지정과 읍취헌이 창화한 시에 차운하다 次止亭挹翠相唱韻

하늘이 박하게 준 운명 賦命天應薄
유독 세상사 고난만 겪누나 偏嘗世味辛
함께 할 때 많이 깨치지 못했는데 同床多不察
멀리 떨어져 누구와 다시 친할까 絶域更誰親
온 우주는 옛날과 다름없건만 宇宙渾如舊
세상사는 얼마나 변하는지 風塵幾變新
모름지기 읍취헌의 술을 가져다 須將挹翠酒

멀리 홀로 깨어 있는 이 위로한다면[296] 遠慰獨醒人

읍취의 시를 덧붙이다 附挹翠詩

지난 세월 돌아보면 탄식만 나와 今古成嗟咄
세상살이[297] 실컷 고생만 했네 行藏飽苦辛
지음은 모두 멀리 귀양 갔으니 心知皆遠謫
알고 지내는 친한 벗 적구나 面識少相親
즐거운 일 해마다 줄어드는데 樂事年年減
속된 마음 나날이 새로 생기네 塵機日日新
근래 가을이 되어 술이 익어서 邇來秋釀熟
지정을 불러 함께 취하노라 邀醉止亭人

296 모름지기……위로한다면: "홀로 깨어 있는 이"가 누구인지 확실하지 않지만, 문맥상 남곤을 가리키는 것으로 보인다. 이는 「어부사(漁父辭)」의 "뭇사람들 다 취했는데 나 홀로 깨어 있네.[衆人皆醉我獨醒]"에서 가져온 말이지만, 제목에서 남곤과 박은 모두를 언급하고 있으며 미련 첫째 구절에서 읍취헌을 직접 언급한 것을 볼 때 "홀로 깨어 있는 이"는 다른 한 사람인 남곤을 가리킨다고 보는 것이 자연스럽기 때문이다. 정희량과 박은은 모두 무오사화(1498)로 귀양을 갔지만, 남곤은 화를 면했다.

297 세상살이: 원시의 '행장(行藏)'은 용행사장(用行舍藏)의 준말로, 자신의 도를 펼 수 있느냐 없느냐에 따라 거취를 결정하여 조정에 나아가기도 하고 은퇴하기도 하는 것을 말한다. 『논어』「술이(述而)」에 "써주면 도를 행하고 버리면 은둔한다.[用之則行, 舍之則藏.]"라고 한 데서 나온 말이다.

지정의 시를 덧붙이다 附止亭詩

벗을 사귈수록 교분이 깊어져[298] 論交曾啖蔗
세상살이 오랠수록 괴로움 잊었네 處世久忘辛
좋은 벗에 의해 안목 새로워지고 眼爲良知刮
벼슬살이로 몸이 가까워졌다네 身從簿領親
티끌 세상에 슬픔과 기쁨 넘치니 塵埃悲喜足
세월에 하얀 귀밑머리 돋았구나 歲月鬢毛新
한가로운 이야기 나누지 않고 莫向閑中話
은근히 옛사람을 입에 올리노라 慇懃道舊人

계문이 나에게 부친 시에 차운하다 次季文寄余之作

1

퇴지는 이부에서 관직 마치고[299] 退之終吏部
매요신은 원외랑으로 늙었지[300] 梅也老郎官

---

298 교분이 깊어져: 원시의 '담자(啖蔗)'는 점입가경(漸入佳境)과 같은 뜻이다. 진(晉)나라 고개지(顧愷之)가 사탕수수[甘蔗]를 꼬리 부분부터 맛보자, 어떤 사람이 그 이유를 물으니 "점점 더 좋은 맛을 보려고 해서이다.[漸至佳境.]"라고 한 데서 유래한다.

299 한퇴지는……마치고: 퇴지(退之)는 당나라 대문호 한유(韓愈)의 자이다. 그는 25세에 진사에 급제한 이후 여러 관직을 거쳐 이부시랑(吏部侍郎)까지 지냈다. 그래서 흔히 한유를 '한 이부(韓吏部)'라 부른다.

300 매요신은……늙었지: 송나라 시인 매요신(梅堯臣)은 일찍이 하남 주부(河南主簿), 도관 원외

재주가 사람들에게 버림받으니 才被時人棄
몸은 태평성대의 여유 누리네 身爲聖代閑
시 짓고 술 마실 때 그댈 찾으니 尋君詩酒裏
완적과 유령[301]처럼 나를 대하네 待我阮劉間
시의 깊은 맛 아는 이 적으니 至味應知少
새로 지은 시 자세히 보누나 新篇仔細看

2

일찍부터 세상살이 골몰하느라 生涯曾日沒
도리어 옛 도관[302]에게 부끄럽네 還愧舊都官
벼슬살이에서 자주 쫓겨나[303] 世路頻三黜
산수에서 한가함을 얻었구나 溪山得一閑
몸은 술 속으로 숨기에 제격 身宜逃酒裏
이름 역시 시에 의탁하였지 名亦托詩間
알아주는 이 적음이 귀한 법 所貴相知寡
세속의 시선에 방해받지 말게 休妨俗眼看

랑(都官員外郎) 등 말직을 지내면서 일생을 몹시 빈궁하게 살았다. 그래서 흔히 매요신을 '매도관(梅都官)'이라 부른다.

301 완적과 유령: 중국 위진(魏晉) 때 청담(淸談)으로 유명한 일곱 명의 현사, 즉 죽림칠현(竹林七賢)의 일원이다. 이 두 사람 외에 혜강(嵇康)·산도(山濤)·상수(向秀)·완함(阮咸)·왕융(王戎) 등이 있다.

302 옛 도관: 도관 원외랑(都官員外郎)을 지낸 매요신을 말한다.

303 자주 쫓겨나: 삼출(三黜)은 올바른 도리로 벼슬하다가 여러 번 쫓겨난 것을 말한다. 『논어』「미자(微子)」에 "유하혜(柳下惠)가 감옥을 관장하는 관리가 되었다가 세 번이나 쫓겨났다. 그러자 어떤 사람이 묻기를 '그대는 이 나라를 완전히 떠날 수 없었습니까?' 하니, 유하혜가 말하기를 '올바른 도리로 사람을 섬긴다면 어디를 간들 세 번 쫓겨나지 않겠으며, 올바른 도리를 외면하고 사람을 섬긴다면 어찌 부모의 나라를 떠날 필요가 있겠는가.' 하였다.[柳下惠爲士師三黜. 人曰, 子未可以去乎? 曰, 直道而事人, 焉往而不三黜, 枉道而事人, 何必去父母之邦.]"라고 하였다.

3

쓸쓸한 옛 성 굽이에서	寥落古城曲
못난 나는 몇 년을 지냈나	龍鍾臥數年
구름 뚫을 듯 괜히 기세 뽐내고	凌雲空負氣
달을 대하고 홀로 시를 읊누나	對月獨吟篇
보검은 날이 개면 큰 산에 묻히고[304]	寶劍晴埋嶽
구슬 빛 밤이면 못에서 빛나네[305]	珠光夜出淵
왜 수고롭게 알아주길 구하나	何勞求識己
온종일 빈 배만 띄우는구나	終日泛虛船

4

나는 지음이 적은데	如我知音寡
어울린 지 벌써 십 년	從遊已十年
함께 『성종실록』 편수하였고[306]	共修宣廟錄
이제 압록강에서 창화를 하네	相和鴨江篇
덕 쇠해 봉황이 천 길 위를 날고[307]	衰鳳翔千仞

304 보검은……묻히고: 진(晉)나라 때 오(吳) 땅에 자색 기운이 하늘의 우수(牛宿)와 두수(斗宿) 사이로 뻗치는 것을 보고 장화(張華)가 뇌환(雷煥)을 풍성현(豊城縣)의 현령으로 보내 이 두 검을 얻은 다음 하나씩 나누어 가졌다. (『晉書』 卷6 「張華傳」)

305 구슬……빛나네: 어떤 사람이 물속에 들어가서 귀한 구슬을 얻자, 그의 부친이 "천금의 구슬은 반드시 깊은 못 속에 숨어 사는 흑룡의 턱밑에나 있는 법이다. 네가 그 구슬을 손에 넣은 것은 필시 그 용이 잠든 틈을 만났기 때문일 것이다. 만약 흑룡이 깨어났더라면 네가 어떻게 멀쩡할 수 있었겠느냐?[夫千金之珠, 必在九重之淵, 而驪龍頷下, 子能得珠者, 必遭其睡也. 使驪龍而寤, 子尙奚微之有哉.]"라고 했는데, 보통 임금의 총애를 얻어 고위 관직에 오르는 사람의 위태로운 상황이나 벼슬길의 험난함을 비유하는 말로 쓰인다. (『莊子』 「列禦寇」)

306 함께……편수하였고: 정희량과 성중엄(成重淹)은 1498년 『성종실록』 편찬에 참여하였다.

307 덕……날고: 치세(治世)를 기다린다는 말이다. 봉황은 치세에 나타나고 난세에는 숨는다는 새로, 가의(賈誼)의 「조굴원부(弔屈原賦)」에 "봉황이 천 길이나 높이 날아 덕이 빛나는 곳을 보고 내려앉도다.[鳳皇翔于千仞兮, 覽德輝而下之.]"라고 하였다. (『古文眞寶後集』)

진창 속 용은 깊은 연못에 숨었지[308]　泥龍蟄九淵
서북쪽 경치 구경 실컷 했으니　飽觀西北美
가만히 남쪽 가는 배나 기다리세　坐待向南船

5

바다와 산악에 가을비 내리니　海嶽三秋雨
어느덧 중년의 나이 되었구나　星霜二髮年
그대 함께 멀리 유배돼 애달픈데　憐君同遠謫
나에게 맑은 시편 부쳐 화답하네　和我寄淸篇
조각달이 우물에 맑게 비치고　片月澄金井
두꺼운 얼음 옥연에 담긴 듯[309]　層氷貯玉淵
밤 되어 무지개가 북두성 꿰니　夜來虹貫斗
알겠노라 시 실어갈 배인 줄　知是載詩船

---

308 진창……숨었지: 자취를 감춰 몸을 보존하며 때를 기다리는 것을 말한다. 『주역』 「계사전 하(繫辭傳下)」에 "용과 뱀이 칩거하는 것은 몸을 보존하기 위함이다.[龍蛇之蟄, 以存身也.]"라고 하였다.

309 조각달이……듯: 성중엄의 고매한 인품을 형용한 말이다. 주자(朱子)의 스승인 연평(延平) 이통(李侗)의 인품을 두고 한 말로, 얼음으로 만든 호리병에 맑은 가을 달이 비친 것과 같이 티 없이 고결한 정신을 뜻한다. (『朱子大全』 卷87 「祭延平李先生文」)

부벽루에 올라 목은의 시에 차운[310]하다 登浮碧樓, 次牧隱詩

1

아득한 세상사를 벗어나 보니 蒼茫塵事外
강물에 뜬 달 밝은 부벽루 江月夜明樓
자라 머리 위에 탁 트인 우주 宇宙鼇頭闊
학의 등짝 올라 탄 가을의 강산 溪山鶴背秋
옛사람 모두 가고 적막하기만 古人俱寂寞
우리들 기분 대로 맘껏 놀아야지 吾輩得遨遊
신선 되어 가기보다 훨씬 낫지만 遠勝登仙去
은자 부류가 아니라 부끄럽구나 慙非靜者流

2

풍류 넘치는 목은 그 어른 風流牧隱老
시가 은거지를 진동했다지 詩筆動滄洲
적막한 강산은 그대로여서 寂寞江山在
내 오늘 다시 누에 기대 보네 吾今更倚樓

310 목은의 시에 차운: 목은(牧隱)은 고려 말 문신 이색(李穡, 1328~1396)의 호이다. 시는 「부벽루(浮碧樓)」란 작품으로, 이색의 시 가운데 명작으로 손꼽힌다. 『목은집』 권2에 실려 있다. 허암은 율시와 절구 두 편을 지었는데 차운시는 첫 번째 율시 한 수만 해당한다.

매계의 시에 차운하다 次梅溪韻

1

탁월한 재주[311] 평생 조금 밖에 못 썼으니	八斗平生着一分
건안의 문사들 죄다 이리저리 흩어졌네	建安諸子儘紛紛
압록강 좋은들 시를 읊어 무엇 하랴	鴨江縱好何須句
송악이 신령한들 구름 있지 않다네[312]	松嶽應靈未有雲
세상은 한 이부[313]만 용납하고	天地獨容韓吏部
아이들 포 참군[314]만 이야기하는데	兒童猶說鮑參軍
외람되이 진번의 의자 잘못 내려받았으니[315]	自慙誤下陳蕃榻
득의양양 이군의 수레 다시 몰아봤으면[316]	更欲楊楊御李君

---

311 탁월한 재주: 원시의 '팔두(八斗)'를 풀이한 말이다. 남조 송나라 사영운(謝靈運)이 "천하의 재주는 모두 한 섬인데 조자건(曹子建)이 혼자서 여덟 말을 가지고, 내가 한 말을 가지고, 천하 모든 사람들이 나머지 한 말을 나누어 가졌다.[天下才有一石, 曹子建獨占八斗, 我得一斗, 天下共分一斗.]"라고 한 말에서 유래하였다. (『說郛』 卷12 「八斗之才」)

312 송악이……않다네: 세상에 쓰일 기회가 없다는 말이다. 장적(張籍)의 「행로난(行路難)」에 "용도 진흙 속에 묻힌 채 구름을 못 만나면, 저 하늘에 오를 날개가 생길 수 없는 거라오.[龍蟠泥中未有雲, 不能生彼昇天翼.]"라고 하였다.

313 한 이부: 한 이부(韓吏部)는 당 헌종(唐憲宗) 때 이부 시랑(吏部侍郞)을 지낸 한유(韓愈)를 말한다.

314 포 참군: 포 참군(鮑參軍)은 남조 송나라 때 임해왕(臨海王) 자욱(子頊)의 전군 참군(前軍參軍)이었던 포조(鮑照)를 가리킨다. 그는 뛰어난 시인으로 후대에 추앙을 받았다.

315 진번의……내려받았으니: 매계와 가깝게 지내는 것을 겸사로 표현한 말이다. 진번(陳蕃)은 후한 사람으로, 그가 예장 태수(豫章太守)로 있으면서 다른 손님은 모두 사절하고 오직 서치(徐穉)가 올 때만 의자를 내려놓았다가 그가 가면 다시 올려놓았다고 한다. (『後漢書』 卷53 「徐穉列傳」)

316 이군의……몰아봤으면: 매계를 곁에서 모시고 싶다는 말이다. 이군(李君)은 동한(東漢)의 명사 이응(李膺)이다. 순상(荀爽)이 일찍이 이응을 뵙고 나서 수레를 몰고 집에 돌아와서는 기뻐하며 "내가 오늘에야 이응을 위하여 수레를 몰았구나.[今日乃得御李君矣.]"라고 하였다. (『後漢書』 卷67 「李膺列傳」)

2

학통이 문단 멀리까지 전해지니 衣鉢詞林遠有傳
명성이 전해져 후인들 어질다네 聲名付與後人賢
백 년 인생 쉼 없이 흘러 반이나 지났는데 百年袞袞猶強半
만사는 유유히 지나 온전한 것이 없구나 萬事悠悠已欠全
세상사 칼 앞에서 밥 짓듯 위태롭지만[317] 世味危如炊劍劇
문장은 갓 썬 비계 곱듯 아름답다네 文章美似截肪鮮
가련타, 고질병에 눈병까지 생겼으니 自憐舊疾增蝦蟹
시 지어 보내는 일 날마다 이어질까 두려워라 怕遣詩筒日日連

도성의 한두 친구에게 부치다 寄京洛一二知己

명성을 얻어 한림원으로 보내질 때 收取聲名寄翰林
뒷날 초야에 묻히지 않을 줄 알았다 端知異日不埋沈
푸른 솔 빛으로 세월 함께 견뎠으나 共持歲月青松色
백옥의 마음으로 속세에 있기 어렵네 難掩塵埃白玉心
등불 오래 켠 비 내리는 밤 시율 준엄하고 夜雨長燈詩律峻
봄바람 부는 유상곡수[318]에 술잔 가득 붓네 春風曲水酒杯深

317 세상사……위태롭지만: 진(晉)나라 명사들이 모여서 가장 위태로운 것을 두고 시를 한 구씩 부르는데 한 사람이, “창 머리에 쌀을 씻고 칼 머리에 밥 짓는다.[予頭淅米劍頭炊.]”라고 하였다. (『晉書』 卷92 「顧愷之」)

318 유상곡수: 원시의 ‘곡수(曲水)’는 굽이굽이 흐르는 물에 술잔을 띄워 그 잔이 자기 앞에 오기 전에 시를 짓는 유상곡수(流觴曲水)를 가리킨다. 진(晉)나라 때 왕희지(王羲之)가 삼월 삼짇날

한단에서 아득히 꿈을 한 번 꾼 뒤[319] 茫茫一夢邯鄲上

홀연 알았다, 한 세상 벌써 지나갔음을 斗覺人間已古今

안재[320]에 쓰다

題安齋【季文先人, 安貧樂道, 終於畎畝, 故以德公擬之也.】

[계문의 선친으로, 가난을 편안히 여기고 도를 즐기다가 초야에서 삶을 마쳤기 때문에 그를 방덕공(龐德公)[321]에 비긴다.]

녹문의 가문에 이런 아이[322] 있었지 鹿門家世只寧馨

만년에 가보 지키며[323] 일생을 보냈네 晩把靑氈送一生

당시의 명사 41명과 회계(會稽) 산음(山陰)에 있는 난정(蘭亭)이란 정자에 모여 유상곡수를 즐기며 「난정집서(蘭亭集序)」라는 명문을 남겼다.

319 한단에서……뒤: 한단지몽(邯鄲之夢)이라는 고사를 가리키는 것으로, 허망한 꿈에서 깨어나듯 부질없는 인간사가 끝났음을 뜻한다. 옛날에 노생(盧生)이라는 사람이 한단(邯鄲)의 여관에서 도사(道士) 여옹(呂翁)이 주는 베개를 베고 잠이 들었는데, 온갖 부귀영화를 누리다가 80세가 넘어 죽는 꿈을 꾸었다. 꿈에서 깨어 보니, 잠들기 전에 여관 주인이 짓던 기장밥이 채 익지도 않았다는 고사가 있다. (『枕中記』)

320 안재: 성팽로(成彭老, ?~?)의 당호이자 호이다. 본관은 창녕(昌寧)이다. 성중엄(成重淹)의 부친으로, 1469년 생원시에 입격하였다.

321 방덕공(龐德公): 방공(龐公) 또는 방거사(龐居士)라 부르기도 하는데, 아내와 함께 농사를 지으며 서로 손님을 대하듯 공경하였으며, 형주 자사(荊州刺史) 유표(劉表)가 초빙하자 나아가지 않고 가솔을 모두 거느리고 녹문산(鹿門山)에 들어가 다시는 세상에 나오지 않았다. (『後漢書』 卷83 「逸民列傳」)

322 이런 아이: 원시의 '영형(寧馨)'은 진송(晉宋) 시대의 속어(俗語)로 '이러한 아이[寧馨兒]'라는 감탄사의 준말이다. 진나라 때 왕연(王衍)이 어려서 매우 총명하고 풍채가 뛰어났는데, 그가 총각 시절에 일찍이 산도(山濤)를 방문했을 때 산도가 그를 보고 한참 동안 감탄하더니, 그가 떠날 때는 또 그를 눈여겨보면서 말하기를, "그 어떤 여인이 이러한 아이를 낳았단 말인가?[何物老媼, 生寧馨兒.]"라고 한 데서 온 말로, 총명하고 영특함을 의미한다. (『晉書』 卷43 「王衍傳」)

323 가보 지키며: 원시의 '청전(靑氈)'은 선대로부터 전해진 귀한 유물을 가리키는데, 계문 집안의 가보는 안빈낙도이다. 진(晉)나라 왕헌지(王獻之)가 누워있는 방에 도둑이 들어와 물건을 모조리 훔쳐 가려 할 적에 "도둑이여, 그 푸른 모포는 우리 집안의 유물이니, 그것만은 놓고 가는 것이 좋겠다.[偸兒, 靑氈我家舊物, 可特置之.]"라고 하자, 도둑이 질겁하고 도망쳤다는 고사에서 유래한 것이다. (『晉書』 卷80 「王獻之列傳」)

부귀는 지름길 많음을 일찍 알았고　富貴早知多捷徑
천지는 결국 나그네의 휴식처[324]구나　乾坤終是作長亭
표주박 속 일월은 한가로이 오가고　瓢中日月閑來往
마음속 별들은 스스로 깜빡깜빡　心上星辰自晦明
부끄럽다, 한없이 어리석은[325] 내가　愧我空空無底物
헛된 명성으로 홀로 초가집에 기댐이　獨憑茅屋以虛名

밤에 읊다　夜詠

쓸쓸하고 희미한 등불 밤에 홀로 밝고　寥落殘燈夜獨明
텅 빈 방에 있는 난 그림자 야위었네　室虛容我影崢嶸
저녁 봉화 지난 뒤 이제 잠들었건만　夕烽過後眠初定
산속 호각 소리에 꿈이 절로 깨네　山角吹來夢自驚
먼 변방이라 도성 소식 드물기만 하고　地僻稀逢京國雁
외로운 신세라 객창의 반딧불이로군　身孤堪比客牕螢
고인의 곤궁한 처지 나는 두루 맛보아　古人窮境吾嘗遍
잦은 병치레에다 유배까지 당했구나　多病還遭竄逐幷

---

324 나그네의 휴식처: 옛날 길에 5리와 10리마다 각각 정자를 두어 행인들이 쉴 수 있도록 하였는데, 5리마다 있는 것을 단정(短亭)이라 하고, 10리마다 있는 것을 장정(長亭)이라 하였다.

325 어리석은: 원시의 '공공(空空)'은 매우 어리석다는 말이다. 『논어』「자한(子罕)」에 공자가 "내가 아는 것이 있는가? 나는 아는 것이 없다. 그러나 어떤 비루한 사람이 나에게 무언가를 물으면 그가 아무리 어리석다 하더라도 나는 그 묻는 말의 양쪽 끝을 다 말해 주노라.[吾有知乎哉? 無知也. 有鄙夫問於我, 空空如也, 我叩其兩端而竭焉.]"라고 하였다.

객지에서 客中

변방으로 귀양 와 병든 노인 됐으니 一謫天涯作病翁
못난 내가 어찌 막다른 길의 통곡[326]을 면하리 疏慵那免哭途窮
깊은 밤 참새는 가지에 쌓인 눈 밟고 枝間踏雪三更雀
흩어진 기러기 진흙에 발자국 남겼네 泥上留痕四散鴻
성긴 파도는 시 쓰는 노인의 갈옷이고 薄薄海濤詩老褐
처량한 가을 국화는 초나라 사람 모습 凄凄秋菊楚人容
원래 조물주 마음 더욱 알 수 없는데 從來造物眞難料
기쁘다, 문장이 늙을수록 더욱 뛰어남이 可喜文章老益工

깊은 밤 홀로 앉아 느낌이 있어 짓다 夜深獨坐有感而作

스산한 여관에 밤기운이 맑으니 旅館蕭條夜氣清
곧추앉은 시인 의기가 드높구나 騷人危坐膽峥嶸
한 점 희미한 등불에 충심 늙어가고 殘燈一點丹心老
잦은 화각[327] 소리에 흰머리만 생기네 畫角三聲白髮生

326 막다른 길의 통곡: 곤궁한 처지에 놓여 답답해하는 것을 말한다. 위(魏)나라 완적(阮籍)이 시대를 한탄하며 답답한 마음을 풀기 위해 혼자 수레를 몰고 다니다가 막다른 길에 다다르면 문득 통곡을 하고 돌아왔다는 궁도곡(窮途哭)의 고사가 전한다. 뒤에 이 고사는 극도의 비관적인 세계관을 비유하는 말로 쓰였다. (『晉書』 卷49 「阮籍列傳」)

327 화각: 옛날 관악기인데, 중국 서쪽 강족(羌族)에서 사용하였다. 대나무나 가죽으로 만드는데,

만리 밖에서 함께하는 건 술병뿐 萬里相隨唯酒病
십 년 동안 헛되이 시명 지어냈네 十年虛做是詩名
정말 부끄럽다, 배운 게 경세제민 아니고 多慙所學非經濟
풍진을 좇아 태평성대만 생각한 게 只逐風塵度大平

지정에게 부치다 寄止亭

구구한 출처에 영욕 모두 겪었으니 出處區區寵辱并
문장과 운명은 겨루기를 좋아하지 文章與命喜相爭
귀양 와 맑은 시를 천 수나 지었고 淸詩謫後得千首
가을 들어 흰 머리 몇 가닥 늘었나 白髮秋來添幾莖
천상의 친구들은 서신조차 끊어졌고 天上古人書斷絶
객지에서 귀향 생각에 꿈속 떠도네 客中歸計夢飄零
가련타 저물녘 누에 올라 바라보니 可憐落日登樓眼
뜬구름 탓에 밝게 보이질 않는구나 猶被浮雲不肯明

【당나라 방간(方干)의 시에, "오언 시구 겨우 읊었는데, 수염이 또 몇 가닥 새버렸나."[328]라고 하였다.[唐方干詩, "纔吟五字句, 又白幾莖鬚."]】

겉에다 그림을 그려 놓았기 때문에 화각(畫角)이라고 한 것이다. 그 소리가 애절하고 높은데, 옛날 군중에서 이것을 사용하여 사기를 진작하고 군대를 엄숙하게 하였으며 제왕이 순시할 때 또한 이것을 사용하여 계엄을 알렸다. 남조(南朝) 양(梁)나라 간 문제(簡文帝)의 「절양류(折楊柳)」 시에 "드높은 성루에서 단소 소리 들려오고 공허한 숲속에 화각 소리 슬프구나.[城高短簫發, 林空畫角悲.]"라고 하였다.

328 오언……새버렸나: 방간(方干)의 「유부에게 주다[贈喻鳧]」 시에 나오는 구절이다.

【해제】

하평성 8번째 경(庚)자와 9번째 '청(靑)' 자를 운으로 하여 첫 구와 짝수 구 마지막 글자를 압운한 칠언율시이다. 벗 남곤(南袞, 1471~1527)에게 그리움과 소회를 담아 부친 작품이다.

누대에 올라 도성을 바라보는데 구름에 가려 보이지 않는다. 여기서 구름은 임금의 눈과 귀를 가리는 간신배를 비유한 말이다. 이들의 농간으로 당분간 유배에서 풀려날 길이 없는 자신의 처지에 다시금 낙담하는 시인이다.

용재 거사에게 부치다　寄慵齋居士

넋이 다 빠지고 앙상히 야윈 나그네	客魂銷盡瘦崢嶸
긴 집에서 한탄하며 혼자 놀라네	咄咄長齋默自驚
조각달은 이 맘 비춰 도성에 가닿고	片月照心臨古國
새벽 별 꿈결에 변방 성에 떨어지네	殘星隨夢落邊城
친구의 문자는 천금만큼 소중하고	故人字跡千金重
늙은이 명성은 한 터럭처럼 가볍지	老子聲名一髮輕
진뢰[329]의 각별한 우정 말하지 마세	莫話陳雷生死地

329 진뢰(陳雷): 동한(東漢) 때 사람 진중(陳重)과 뇌의(雷義)의 병칭으로, 벗 사이에 매우 돈독한 관계를 가리킨다. 이들은 같은 고향 사람으로 우정이 대단히 깊었는데, 고향 사람들이 이 둘에 대해 "아교풀이 스스로 잘 붙는다 하지만 뇌의와 진중만은 못하리라.[膠漆自謂堅, 不如雷與陳.]"라고 칭송하였다. (『後漢書』「獨行·陳重雷義傳」)

이제 세상인심 조금은 알겠으니 從今粗亦識時情

【해제】

하평성 8번째 '경(庚)'자 운자로 썼고, 첫 번째 구와 짝수 구절 마지막 글자에 압운한 평기식의 칠언율시이다. 이 작품은 『속동문선』에 실려 있다.

벗 이행(李荇)에게 보낸 시이다. 아마 시인은 이행으로부터 편지나 기별을 받은 듯한데, 앞에 4구에는 자신의 근황을 전한다. 하루가 어떻게 흘러가는지도 모른 채 그저 넋을 놓고 지내고 있는 시인은 어떠한 의지도 포부도 없다. 다만 내면의 의지처이자 돌아갈 곳인 고향과 벗에 대한 그리움이 짙어져 갈 뿐이다.

시인에게 벗은 이 고단하고 참담한 유배지 생활을 버티게 하는 원동력이다. 존재 자체만으로도 힘이 되는, 그래서 천금을 주어도 바꿀 수 없는 귀함 그 자체이다. 마음을 나누는 친구라면 곤경에 처한 친구를 두고 볼 수만은 없다. 어떻게든 어려움에서 벗어나게 하려고 부단히 애를 쓰고 노력할 것이다. 그러나 계란으로 바위를 칠 수는 없는 법. 이제 시인은 세상이 돌아가는 이치를 조금은 알기에 친구의 마음을 충분히 알고도 남는다. 그래서 '나를 위해 아무것도 해줄 수 없다고 낙심하지 마시게, 이렇게 소식만 주고받아도 나는 만족한다네.'라며 친구를 위로한다.

동짓날 느낌이 있어　　至日有感

타향살이 더딘 세월 점점 느끼니　　漸覺他鄉歲月遲
고향 떠나 떠도는 몸 백발 되었네　　飄零去國鬢成絲
땅속의 원기가 회복하는 날　　地中一氣初來復
변방의 외로운 신하 슬퍼지누나　　塞外孤臣獨感悲
알겠네, 하늘 마음 원래 옳아서　　可見天心元不錯
사람 일에 관여해서 밀어주는 줄　　更關人事互相推
아득한 이 이치를 그 누가 알랴　　茫茫此理知誰會
포희[330]를 향해서 물어나 볼까　　爲向庖羲欲問之

희강[331]의 편지를 받고　　得希剛書

뜻을 잃고 하늘 끝에서 초나라 미치광이[332] 되자　　落魄天涯作楚狂
사람 만날 때마다 그의 안부 물었지　　逢人時復問希剛
한 해만에 강산은 또 저물어 가고　　一年更値江山暮

---

330 포희: 중국 고대 전설에 삼황(三皇) 가운데 한 사람으로 보통 복희(伏羲)라고 부르는데, 『주역』의 팔괘(八卦)를 처음 만들어 천지 만물의 이치를 설명하였다.

331 희강(希剛): 이장곤(李長坤, 1474~1519)의 자이다.

332 초나라 미치광이: 세상을 피해 숨어 사는 은자를 가리킨다. 춘추 시대 초나라의 육통(陸通)이 나라에 도가 쇠하자 미친 체하며 벼슬하지 않고 숨어 살았다. 이에 당시 사람들이 초나라의 미치광이[楚狂]라고 불렀다고 한다. (『論語』「微子」)

천 리 길에 글 향기 전해 받았네　千里能傳翰墨香
유배지에 편지 왕래 이제 끊기고　謫裏交書方斷絶
세간에서 그대만이 홀로 떠돌아　世間吾子獨彷徨
지난날 허다한 이 알고 지내도　向來相識知多少
평생토록 허여할 이 성효장[333] 하나　唯許平生盛孝章

333 성효장: 이장곤을 지칭하는 말이다. 성효장(盛孝章)은 후한(後漢) 사람 성헌(盛憲)으로, 공융(孔融)의 절친한 벗이다. 공융이 조조(曹操)에게 보낸 글에, "세월이 멈추지 않고 계절이 유수처럼 흘러 어느새 벌써 나이 오십을 맞았는데……이 세상 친구들 거의 모두가 낙엽처럼 지고 오직 남아 있는 것을 회계의 성효장뿐이다.[歲月不居, 時節如流, 五十之年, 忽焉已至.……海內知己, 零落殆盡, 唯有會稽盛孝章尙存.]"라고 한 구절을 차용한 것이다. (『文選』 卷41 「論盛孝章序」)

허암유고 권2

우연히 읊다 偶詠

고금을 다 헤아린들 누구와 이야기할까	算窮今古共誰言
문 닫은 채 빈 집에서 멍하니 탄식하네[334]	嘘嗒空齋獨掩門
지난 일은 종적 없이 그 자취 흐릿하고	往事鴻泥微有跡
헛된 이름은 바다를 벤 듯 끝내 흔적 없네	浮名劍海了無痕
이 몸 외로운 학 마냥 새장에 갇혔으니	身遭籠閉如孤鶴
노래가 원숭이 울음처럼 서릿발에 사무치네	吟徹霜淸似旅猿
벼슬길 십 년에 지기가 적으니	宦路十年知己少
누가 병든 문원[335]을 기억하리오?	何人能憶病文園

334 멍하게 탄식하네: 조용히 정신을 다스리는 것을 말한다. 『장자』「제물론(齊物論)」에 "남곽자기는 궤석에 앉아서 하늘을 우러르고 탄식하는데 멍하게 있는 것이 마치 자신을 잃은 것 같았다.[南郭子綦, 隱几而坐, 仰天而嘘, 嗒焉似喪其耦.]"라고 한 데서 온 말이다.

335 병든 문원: 소갈병을 앓고 있는 자신을 비유한 말이다. 문원(文園)은 한나라 때 효문원 영(孝文園令)을 지낸 사마상여를 가리키는데, 그가 만년에 소갈병을 심하게 앓았다.

안재의 「눈을 읊다」 시에 화운하다 和安齋詠雪

시내와 산에 지는 햇빛 희디희게 비치니　溪山落日朗皚皚
빛살이 튀어 오르다 땅속으로 들어가네　勢欲崩騰沒地來
장사는 시름 깊어 활을 억지로 당기고　壯士愁深弓力硬
외론 누대 추위 몰려와 뿔나팔 소리 슬프네　孤樓冷急角聲哀
절로 부끄럽네, 종기로 고목처럼 메마르니　自慙癰腫如枯木
누가 도와 바람 불어 재를 다시 태우랴　誰借吹噓更暖灰
더구나 부평초처럼 떠도는 나그네라　況復萍蓬長作客
만 리 서풍에 풀뿌리 쉬이 놀래키네　西風萬里易驚荄

공석이 연경에 가는 것을 전송하며[336] 送公碩赴燕京

모두 구름 사이 육사룡[337]으로 인정하니　共許雲間陸士龍
젊어서 명성이 누구보다 으뜸이었지　少年聲譽冠諸公

---

336 공석이……전송하며: 김세필(金世弼, 1473~1533)의 『십청집(十淸集)』 권4에 이 시가 있는데, "기미년(1499) 겨울에 선생은 질정관으로 연경에 갔다. 이때 선생은 나이가 27세였다. 이 시는 허암이 용만에 귀양 갔을 때 준 것이다.[己未冬, 先生以質正官赴燕. 是時, 先生年二十七歲. 此詩, 虛庵謫龍灣時所贈也.]"라는 주석이 달려있다.

337 구름 사이 육사룡: 재능이 특출난 사람을 비유한 말이다. 사룡(士龍)은 진(晉)나라 문인 육운(陸雲)의 자이다. 그는 시문에 출중하여 형인 육기(陸機)와 이륙(二陸)으로 병칭되었다. 그가 장화(張華)의 소개로 순은(荀隱)을 처음 만났는데, 장화가 두 사람이 모두 재능이 출중하므로 서로 특별한 소개를 하도록 하자, 육운이 손을 들면서 "구름 사이의 육사룡[雲間陸士龍]이요." 라고 하니, 순은은 "해 아래 순명학[日下荀鳴鶴]입니다."라고 대답했다고 한다. (『世說新語』「排調」)

한가로이 천지 사방의 풍월 노닐고	優游風月三千界
산수 여덟아홉 개를 삼킨 배포라[338]	蟠屈溪山八九胸
출중한 재능 기주 북쪽을 비울 만하니[339]	逸足自能空冀北
뛰어난 재주 누가 요동에서 뽐내랴	高才誰敢詑遼東
그대 괄목상대할 테니 일찍 돌아와	期君刮目歸來早
못나고 병든 이 노인에게 보여주게	如我疏慵一病翁

【해제】

5·6구에 방점이 찍혀 있다. 김세필(金世弼, 1473~1533)은 본관이 경주(慶州)로, 자는 공석(公碩)이고 호는 십청헌(十淸軒) 또는 지비옹(知非翁)이다. 1504년 갑자사화에 연루되어 거제도에 유배되었다가 1506년 중종반정으로 풀려나 홍문관 응교로 기용된 뒤 사가독서의 은전을 입은 인물이기도 하다.

이 시는 정희량이 1499년 질정관으로 연경으로 가던 김세필을 전송하며 쓴 시이다. 정희량은 김세필의 문재를 육사룡에 비유하여 칭찬하고 자신을 병든 늙은이로 칭하였다.

---

338 산수……배포라: 배포가 대단히 큰 것을 말한다. 사마상여의 「상림부(上林賦)」에 "초나라의 운몽택(雲夢澤)은 사방이 900리인데, 운몽택만 한 것 8, 9개를 삼켜도 가슴속에 전혀 거리낌이 없다."라고 한 데서 온 말이다.

339 기주……만하니: 기주(冀州) 북쪽은 준마가 많이 생산되는 지역이다. 한유의 「온조 처사를 전송하는 서[送溫造處士序]」에 " 백락이 기주 북쪽의 들판을 한번 지나자, 말 떼가 마침내 텅 비게 되었습니다. 대체로 기주 북쪽은 천하에서 말이 가장 많은 곳인데, 백락이 아무리 말을 잘 알아본다 하더라도 어떻게 그 말 떼를 텅 비게 할 수 있었겠습니까? 그것을 해명하는 자가 말하기를 '내가 이른바 텅 비었다는 것은 말이 없다는 것이 아니라 좋은 말이 없다는 것입니다.'라고 하였다.[伯樂一過冀北之野, 而馬群遂空. 夫冀北, 馬多於天下, 伯樂雖善知馬, 安能空其群耶? 解之者曰, 吾所謂空, 非無馬也, 無良馬也.]"라는 글귀가 있다. 여기서는 김세필이 백락처럼 인재를 알아보는 뛰어난 안목을 지녔음을 비유하였다.

금강사[340]에 쓰다 題金剛寺

도성에서 보낸 두 해 세속의 소란 싫어 兩年城裏厭塵喧
지팡이 짚고 덩굴 숲 지나 절 문에 이르네 一杖穿蘿到寺門
예로부터 산수에는 멋진 풍경 많으니 自古溪山多勝境
이제부터 수석에다 시혼을 입혀야지 從今泉石着詩魂
솔바람 솔솔 불자 까마귀 그림자 날고 松風習習鴉飜影
부슬부슬 저녁 비에 골짝 구름 피어나네 暮雨疎疎洞起雲
탁자에서 청담을 나누며 오래 머무니 半榻淸談留日永
이곳의 한가로운 맛 승려와 나누었네 此間閑味與僧分

추월암[341]에 쓰다 題秋月庵

우연히 속세의 얽매임에서 벗어나 偶脫人間俗事牽
멀리 송악의 최고봉에 오르는구나 遠尋松嶽最高巓
안개 덮인 일천 봉우리 땅이 없는 듯 千峯入霧疑無地
벼랑 오르는 한 가닥 길 하늘 오르는 듯 一徑緣崖若上天
광활한 요동 바다의 해 나란히 보이고 平挹蒼茫遼海日

340 금강사: 평안북도 의주군 송장면 금광리 석숭산(石崇山)에 있는 절이다.
341 추월암: 평안북도 의주군 송장면 금광리 석숭산에 있는 암자다.

가물대는 압록강 안개를 멀리서 마주하네	迴臨明滅鴨江煙
뒷날 풍진의 굴에서 백발이 되면	他年白首紅塵窟
몇 번이나 서쪽을 향해 울적하게 바라볼까	幾向西涯望鬱然

연경으로 가는 직경[342]을 전송하며 送直卿赴燕京

홍애와 이별하려니 지난날 생각나	欲別洪崖記往年
가을 석양빛 온통 시름이 짙구나	夕陽愁色共秋天
멀리 서호 가로 귀양 와 가련터니	自憐遠謫西湖上
십 년 이른 재회 누가 생각했으랴	誰料重逢十載前
꿈결에 만난 듯 애틋한 날이건만	此日多情如會夢
때로는 말없이 참선하곤 하였지	有時無語輒參禪
내일 아침 황하 다리[343]에서 또 이별하고	明朝更向河梁別
사천 리 연경 길을 뒤돌아보겠지	回首燕京路四千

【해제】

하평성 첫 번째 '선(先)' 자를 운으로 하였고, 첫째 구절과 짝수 구절 마지막 글자를 압운한 칠언율시이다.

342 연경으로 가는 직경: 홍언충은 1498년 가을에 동지사(冬至使) 질정관으로 중국에 갔다.

343 황하 다리: 벗과 이별하는 곳을 뜻한다. 한나라 이릉(李陵)이 흉노의 땅에서 소무(蘇武)와 이별하면서 지은 「소무에게 주다[與蘇武]」 시에, "손을 잡고서 황하의 다리에 오르노니, 그대는 저물녘 어디로 가느냐?[携手上河梁, 遊子暮何之?]"라고 한 구절이 있다.

1498년 동지사로 명나라에 가던 홍언충은 의주를 지나다 시인을 만나기 위해 잠시 들렀다. 유배에서 풀려나서야 볼 수 있을 줄 알았던 친구를 뜻밖에 만나게 된 시인은 눈물이 왈칵 쏟아졌을 것이다. 그러나 기쁨도 잠시, 하룻밤의 정담을 나눈 두 사람은 곧 이별을 맞는다. 기쁨이 컸던 만큼 서운함이 갑절로 느껴졌을 터. 이러한 아쉬움과 그리움은 아래의 시에서 또렷이 드러난다.

꿈이 생각나 직경에게 부치다 記夢寄直卿

꿈결에 그대 멀리서 찾아와주었으니	夢見洪崖自遠方
절름 나귀에 낡은 모자 쓴 적선인이라	蹇驢古帽謫仙狂
창가서 마주하니 강산에 날 저물었고	一牕相對江山暮
천리 길을 이제 돌아가니 세월 오래리	千里初歸歲月長
내 시는 백거이와 같이 속되어 부끄럽고[344]	愧我文章同白俗
그대 시구는 황향[345]을 능가해 기뻤지	喜君詩句逼黃香
고개 돌리니 사람은 간데없고	回頭忽失人何處

344 내……부끄럽고: 소식(蘇軾)이 당나라 시인을 평하면서 "원진(元稹)의 시는 가볍고 백거이(白居易)는 속되며, 맹교는 빈한하고 가도는 메말랐다.[元輕白俗, 郊寒島瘦.]"라고 하였다. (『東坡全集』 卷91 「祭柳子玉文」)

345 황향: 총명하고 박학하여 재주가 넘치는 사람을 칭송하는 말이다. 황향(黃香)은 후한 때 강하(江夏) 사람으로, 어려서 모든 서책을 두루 보아 읽지 않은 책이 없었고 문장에도 뛰어나며, 특히 천문·역법· 음악 등을 좋아하여 박문강기(博聞強記)하였으므로 사람들이 "천하에 둘도 없는 강하의 황동이로다.[天下無雙江夏黃童]"라고 칭송하였다. (『後漢書』 卷80 「文苑列傳·黃香」)

석양에 성긴 주렴만 걸려 있었다오　　唯有疏簾掛夕陽

【해제】

하평성 '양(陽)' 자를 운으로 하여 첫 구와 짝수 구 마지막 글자를 압운한 칠언율시이다.

꿈에서 홍언충을 만나고 감회를 읊은 시이다. 위의 시에서 홍언충과 짧은 만남을 가졌던 시인은 그 여운이 꿈으로까지 이어졌다. 꿈속에서 다리를 절뚝이는 나귀와 해진 모자를 쓴 남루한 행색을 한 친구를 만났다. 비록 초라한 행색이긴 하나 시인의 눈에는 그저 반가운 친구다. 해 드는 창가에서 손을 마주 잡고 그간 묵혀두었던 속내를 터놓으며 회포도 풀고, 긴 시간 길 위를 떠돌며 고생할 벗에게 염려와 당부도 잊지 않는다. 또 평소처럼 서로 시도 한 수씩 지으며 흥을 돋우었다.

한창 즐거운 시간을 보내다 불현듯 정신을 차리고 보니, 조금 전까지 눈앞에 있던 사람은 온데간데없다. 아뿔싸, 꿈이구나! 꿈에서 깬 시인은 한동안 헛헛한 마음을 가누지 못하고 조금씩 희미해져 가는 꿈의 기억을 놓지 않으려 시로 남겨두었다.

중양절에 계문에게 주다　　九日贈季文

바닷가 창망하여 흥 갈수록 짙어지고　　海上蒼茫興轉濃
시와 술로 그대 만나 참 기쁘네　　喜君詩酒得相逢
하늘 끝에서 두 번째 맞는 황화절　　天涯再度黃花節

객지라 얼른 백발 노인 되었도다 客路催成白髮翁
이 내 신세 이제는 기러기 같고 身世卽今同北雁
강산은 작년처럼 서풍 그대로 부네 江山如昨有西風
산에 올라 두목 혼령 만나면 登臨杜牧精靈在
곤궁한 데 울고 선 이 비웃으리라[346] 笑我龍鍾泣道窮

계문의 시에 차운하다 次季文韻

허암은 달변이고 안재[347]는 눌변 虛庵好辨安齋訥
우리 모두 평생 옛것을 배웠다네 俱是平生學古胸
세간에 마이는 원래 다름이 없고 世間馬異元無異
천하에 노동은 절로 같지를 않지[348] 天下盧仝自不仝
도가 맞아 세 번 내쳐질 줄 서로 알고 道合相知三黜際

---

346 산에……비웃으리라: 자신의 처지에 연연하여 좋은 절기를 맘껏 즐기지 못하는 상황이 안타깝다는 말이다. 두목(杜牧)은 당나라 시인으로, 그의 시 「중양절에 제산 높은 곳에 올라[九日齊山登高]」가 절창으로 꼽히며 후대 시인들에게 회자되었다. 그 시의 마지막 구절에 "그저 거나하게 취하는 걸로 좋은 명절에 보답할 뿐, 높은 데 올라서 석양을 한탄할 거 무에 있나. 예로부터 인생사가 이와 같을 뿐인데, 우산탄의 눈물로 옷깃 적실 필요 있으랴.[但將酩酊酬佳節, 不用登臨恨落暉. 古往今來只如此, 牛山何必獨霑衣.]"라고 하여 삶을 달관한 태도를 보였다. (『樊川詩集』 卷3)

347 안재: 성중엄의 부친 성팽로(成彭老)의 호이다.

348 세간에……않지: 서로 마음이 잘 통한다는 말이다. 마이(馬異)와 노동(盧仝)은 당나라 때 사람으로 절친한 친구 사이이다. 두 사람 모두 시를 잘 지어 평소 자주 주고받았다. 노동이 마이에게 이름자를 가지고 장난삼아 시를 지어주었는데, 그 시에 "어제 내가 그대와 다르고 그대가 나와 다른 것은, 이는 크게는 같고 작게는 달라서요. 오늘 내가 그대와 같고 그대가 나와 다르지 않은 것은, 이는 같음도 가버리지 않고 다름도 오지 않아서라.[昨日仝不仝異自異, 是謂大仝而小異. 今日仝自仝異不異, 是謂仝不往兮異不至.]"라고 하였다. (『玉川子詩集』 卷2 「與馬異結交詩」)

마음 깊이 친한 터에 뭐 다른 말 할까 情親豈待二言中
보이는 것으로 깊이를 따져본다면 若將面目論深淺
속내 터놓고 지낼 이 북동쪽에 있다오 肝膽相應置北東

계문의 원운을 덧붙이다 附季文韻

만날 적엔 친구가 될까 미심쩍더니 相見未知爲我益
헤어져 보니 이 마음 고루해지누나 相離便覺鄙生胸
의견 꽤 달랐던 건 차이를 원한 게 아니고 論多不合非求異
도는 사심 없어 구차한 영합 부끄러워하네 道本無私恥苟同
자신하지, 생과 사에 연연하지 않으니 自信浮休生死外
어찌 꼭 쥐고 놓는 데 마음을 쓰랴 何須悲慄捨操中
꼽아보니 절반은 훌쩍 지나버린 청춘 青春屈指已強半
다시 압록강 동쪽에서 거닐며 읊조리세 更約行吟鴨水東

계문의 시에 차운하다[349] 次季文韻

눈앞을 스쳐가는 구름인 양 일마다 새로우니 過眼如雲事事新

349 계문의 시에 차운하다: 이본에는 "『기아』에 뽑혀 실려 있다[選載箕雅]"라는 주석이 있다.

갈림길 세상에서 미친 듯 노래하고 홀로 우네	狂歌獨泣路岐塵
백 년을 살아본들 삼만 육천 일	百年三萬六千日
온 세상 동서남북 떠도는 신세라	四海東西南北人
송옥의 원망하는 시는 지는 낙엽 슬퍼하고	宋玉怨騷悲落木
이백의 슬픈 글은 남은 봄을 아쉬워하네[350]	謫仙哀賦惜餘春
취향에 혹시라도 남는 밭이 있다면	醉鄕倘有閑田地
유령[351]과 더불어 이웃하고 싶어라	乞與劉伶且卜隣

계문의 「춘설」 시에 차운하다 　次季文春雪

하늘의 큰 용광로[352] 특별히 꽃 만들어	天上洪爐別作花
그것을 촘촘하게 펑펑 뿌리는구나	更教密密復斜斜
열린 문으로 침범해 다시 칩거케 하고	侵凌開戶還成蟄
새싹을 핍박해 돋아나지 못하게 하네	逼迫句萌未有芽
생각하니, 그대 옷깃 병든 학 같고	憶子短翮如病鶴

350 송옥의……아쉬워하네: 원망하는 시는 송옥(宋玉)이 스승 굴원이 추방된 것을 슬퍼하며 지은 「구변(九辯)」으로, 그 첫머리에 “슬프다 가을 기운이여[悲哉, 秋之爲氣也.]”라고 시작하여 「비추부(悲秋賦)」라고도 한다. 슬픈 글은 이백(李白)이 유배지에 있을 때 지은 「남은 봄이 아쉬워[惜餘春賦]」를 가리킨다. 무심히 흘러가는 세월 속에 속절없이 그리워만 하는 서글픈 소회를 담았다.

351 유령: 유령(劉伶)은 중국 남북조시대 진(晉) 나라의 문인으로, 죽림칠현의 한 사람이다. 술을 좋아하여 항상 술을 지니고 다녔으며, 「주덕송(酒德頌)」을 지어 술을 예찬하였다. 세속을 초월한 애주가의 전형으로 일컬어진다.

352 큰 용광로: 원시의 ‘홍로(洪爐)’는 만물을 구워내는 큰 화로로 천지(天地)·조물주(造物主) 등을 비유하여 쓰는 말이다. 『장자』 「대종사(大宗師)」에 “지금 한결같이 천지를 큰 용광로로 삼고 조화옹을 큰 대장장이로 삼는다면 어디에 간들 안 될 것이 있겠는가.[今一以天地爲大鑪, 以造化爲大冶, 惡乎往而不可哉?]”라고 한 데서 온 말이다.

가련타, 움츠린 내 목 추위 떠는 거위네 憐予縮頸似寒鵝
요사이 시의 값이 너무나도 싸니 邇來詩價應輕賤
누가 나에게 자하주를 띄울거나 誰向虛庵泛紫霞

【계문의 시에 "고상한 이 유하주 내기할 줄 아네"라는 구절이 있는데, 구양수와 매요신의 고사[353]를 언급한 것이다.[季文詩, 有高人知有賭流霞之句, 用歐梅故事及之.]】

비 오는 날 회포를 써서 매계에게 올리다 雨中書懷, 錄奉梅溪

1

고향 동산의 봄빛이 바람에 졌을 텐데 故園春色落風前
귀양 객은 가슴 아파 두견새 원망하네 遷客傷心怨杜鵑
강호에 내리는 비 열흘 동안 이어지고 一雨江湖連十日
이 몸의 시름과 질병 삼 년이 넘었네 隻身愁病過三年
성루 오른 왕찬 헛되이 「등루부」 전했고[354] 登樓王粲空傳賦
도성을 떠난 영균 홀로 하늘에 물었지[355] 去國靈均獨問天
마음속으로 원하던 바는 지기이니 懷抱所須知己在

---

353 구양수와 매요신의 고사: 구양수(歐陽脩)와 매요신(梅堯臣)은 송나라 때 문신이자 문장가로, 서로 가깝게 지냈다. 어느 날 구양수가 자화(子華)에게, 내일 매요신이 편지를 보내오지 않으면 내가 술을 한 잔 보내겠다고 내기를 하였는데, 이를 들은 매요신이 시를 지어 "버쩍 얼어 시 읊는 날 누가 알아주랴, 서로 유하주를 내기 거는구나.[凍吟誰料我, 相與賭流霞.]"라고 하였다.(『宛陵集』卷51「二月五日雪」)

354 성루……전했고: 동한(東漢)의 왕찬(王粲)이 형주(荊州)의 유표(劉表)에게 의탁해 있으면서 뜻을 펴지 못하고 또 세태가 어지러운 것을 상심하며 「등루부(登樓賦)」를 지어 울분을 토했는데, 이후로 선비가 뜻을 펴지 못하고 고향을 그리는 고사로 많이 쓰였다.

355 도성을……물었지: 「천문(天問)」은 초나라 굴원이 쫓겨난 뒤 근심 걱정 속에 산택(山澤)을 방황하면서 하늘을 쳐다보고 탄식하며 우주의 모든 사실에 관해 의문을 제기하여 하늘에 묻는 형식으로 지은 글이다. (『楚辭』卷3)

공을 따라 어울림 어찌 한탄하리오	從公何恨共周旋

2

열흘 내리던 음산한 비 보슬비로 바뀌니	連旬陰雨轉霏微
고향 떠난 상심 돌아가고파 괴롭네	去國傷心苦憶歸
강호로 고개 돌리니 도리어 까마득해	回首江湖還漠漠
곁의 도깨비마저 더욱 아쉬워하누나	側身魑魅更依依
오늘 아침에는 내일의 늙음을 모르니	今朝莫解明朝老
열 가지 일 중 응당 아홉은 틀리누나	十事多應九事非
떠도는 인생 참으로 허물이 있으니	浮世百年眞有累
산림과 성시가 서로 어긋났구나	山林城市兩相違

연경으로 가는 택지[356]를 전송하며 　送擇之赴燕京

우뚝한 동관[357]에서 문장을 논하다가	崢嶸東觀論文地
서쪽 변방에 내버려진 도성 떠난 혼	廓落西隅去國魂
일대의 명사들과 노닐 수준 아니니	一代交游誰許我

356 연경으로 가는 택지: 택지(擇之)는 이행(李荇)의 호이다. 그는 1500년 4월에 성절사(聖節使) 질정관으로 중국에 사행을 갔다.

357 동관: 동관(東觀)은 궁중의 장서각(藏書閣)이다. 본래 동한(東漢) 때 낙양의 남궁(南宮)에 있던 건물인데, 이곳에서 반고(班固) 등이 『한서(漢書)』를 편집하였고, 장제(章帝)와 화제(和帝) 때 황궁의 장서각으로 쓰였다. 여기서는 예문관(藝文館)을 가리키는 말로, 이행과 정희량은 1497년에 예문관 검열을 지냈다.

평생 그대에게만 마음을 보였지	百年懷抱獨憑君
아름다운 산수 노래한 시 주머니에 가득하고	滿囊詩摠溪山好
만나서 다정한 이야기에 향기 짙어라	挹袂香深笑語薰
오늘 다시 초라한 이별을 하노라니	今日又爲貧賤別
옛 강가에서 저녁 바람에 눈물 뿌리네	暮風吹淚古江濆

【해제】

상평성 13번째 '원(元)'운과 12번째 '문(文)' 자를 운으로 하여 짝수 구 마지막 글자를 압운한 고체시이다.

이행(李荇)과 아쉬운 이별을 하고 남긴 시이다. 4구에서 '그대에게만 마음을 보였지'라는 표현에서 상대에 대한 시인의 마음이 얼마나 특별했는지를 알 수 있다. 이행은 『허암유고』에 그리움의 대상으로 여러 번 등장하는 인물이기도 하다.

시인이 세상을 떠났다는 말을 듣고 그가 남긴 추모시를 소개한다. 기존의 번역을 그대로 옮겼다.

허암 거사가 참된 세계를 찾아가서	虛庵居士去尋眞
부질없는 세상사를 보지 않게 됐구려	不見悠悠世事新
상수에 넋 있어 사람들 조상하리라	湘水有魂應共弔
인간 세상엔 몸을 감출 곳 없었구나	人間無地可臧身

불의한 세상과 타협을 하지 못하고 떠나버린 고결한 벗에 대한 애도는 여기서 그치지 않았다. 9년 뒤인 1511년 이우(李堣)와 함께 시인이 남긴 유고를 수습하여 세상에 내놓는 데 앞장섰다. 시인에 대한 그의 마음 역

시 각별했음을 짐작하겠다.

글을 써서 보내준 자홍[358]에게 사례하며 부치다 寄子弘謝惠翰墨

그대 그리워 시름으로 여러 해 보냈건만	憶君愁病度年年
편지 한 통에 칠언시까지 보내주었구려	一札兼承七字篇
서리 맞은 천 마리 토끼털을 뽑아내고	拔出抱霜千兔翰
달이 날아 만 그루 솔 연기를 찧었었지[359]	搗殘飛月萬松煙
멀리 하늘 위에 별처럼 찬란히 반짝이다	遠從磊落星辰上
돌연 장독 서린 아득한 변방에 떨어졌네	忽墮蒼茫瘴霧邊
글 보내준 친구의 뜻 참으로 소중하니	珍重故人相贈意
마음 담아 옥당의 현인에게 인사하노라	寫情端拜玉堂賢

【해제】

하평성 첫 번째 '선(先)' 자를 운으로 하여 첫 구와 짝수 구 마지막 글자(年, 篇, 煙, 邊, 賢)를 압운한 칠언율시이다.

---

358 자홍: 자홍(子弘)은 민원(閔愿, 1476~1521)의 자이다. 본관은 여흥(驪興)이고, 충청도 관찰사를 지낸 민사건(閔師騫)의 아들이다. 1498년(연산군4) 문과에 급제하여 헌납(獻納)·사간(司諫)·대사간(大司諫) 등을 지냈다.

359 서리……찧었었지: 유배를 오기 전에 함께 지은 시문이 많았음을 비유하는 말이다. 송나라 백옥섬(白玉蟾)의 시 「종이를 청하려고 제갈계은에게 부치다[乞紙寄諸葛桂隱]」에, "날마다 천 마리 토끼를 대머리로 만들고 삽시간에 만 그루 소나무 연기되어 사라졌네.[一日禿除千兔穎, 霎時磨盡萬松烟.]"라고 한 구절을 차용하였다. 천 마리 토끼털은 다량의 붓을 비유한 말로, 서리가 내리면 토끼의 털이 가늘어지므로 시문에서 흔히 토끼털로 만든 붓을 '상토(霜兎)'로 표현한다. 만 그루 솔 연기는 다량의 먹을 비유한 말로, 소나무를 태울 때 나오는 그을음으로 만든 묵을 송연묵(松煙墨)이라고 하는데 이에 묵을 '송연(松煙)'이라 표현한다.

몇 해 만에 보고 싶던 친구로부터 편지와 시를 받았다. 유배를 오기 전 함께 지었던 글이 얼마나 많았던지, 붓으로 쓴 토끼는 천 마리나 되고, 먹으로 쓴 소나무는 만 그루를 셀 정도다. 3, 4구는 한시에서 상투적으로 쓰는 은유 방식임에도 시의 맛을 한껏 살려주고 있다.

이제는 추억으로나 간직할 인연인 줄 알았는데, 이렇듯 자신을 잊지 않고 소식을 보내온 친구의 정성에 정중히 감사를 표하였다.

중열이 보내준 시에 화답하다 答仲說惠詩

1

말세의 풍파 속에 진정한 벗 적은데	末路風塵少我知
이상타, 그댄 어리석은 날 받아주구려	怪君猶抱舊時癡
벗을 그리는 시상은 삼절[360]에 더해지고	詩情渭樹增三絶
강가 매화의 시풍은 갈수록 기발해지네[361]	句法江梅轉一奇
유배지에서 오랫동안 쓸쓸히 지내는데	踽踽湘纍長作客
원대한 그대가 유독 많이 위로해주네	飄飄宋玉獨多辭

360 삼절: 세 가지가 뛰어나다는 말로, 흔히 시·글씨·그림이 모두 뛰어난 사람을 일컬을 때 쓰는 표현이다.

361 강가……기발해지네: 박은의 시풍이 황정견과 유사하다는 말이다. 황정견은 북송 시기 대표적 시인으로 새로운 시풍을 열었는데, 그가 강서(江西) 사람이라 하여 강서시파(江西詩派)로 일컫는다. 우리나라 한문학에서 박은이 강서시파의 시풍이 있다고 하여 그를 해동 강서시파로 부른다. 원시의 '강매(江梅)'는 물가에 자란 야생 매화로, 송나라 황정견이 스승 소식의 인품을 물가의 매화에 비유하여 지은 시에서 왔다. (『古文眞寶前集』 卷3 「贈東坡」, 『警修堂全藁』 冊17 「北禪院續藁2·東人論詩」)

언제쯤 다시 허암에서 모임을 열어	何年更結虛庵社
향불 아래 침상 맞대고 그리웠다 말할까	香火連床話所思

【보내온 시에, '강운(江雲)', '위수(渭樹)' 등의 시어가 있고, 또 구법이 황산곡(黃山谷: 황정견(黃庭堅))과 몹시 흡사하였기에 3·4구에서 이렇게 말한 것이다.[來詩有江雲渭樹等語, 又句律太逼山谷, 故三四及之.]】

2

태평성세에 변방에서 귀양살이 신세	明時魑魅與同群
강호에서 연말 맞으니 그대 유독 그립네	歲晚江湖獨憶君
달 뜬 밤 금헌[362]에서 옥과 같던 사람	夜月琴軒人似玉
저물녘 봄 나무 아래 구름을 뚫는 시구	暮天春樹句凌雲
어부사의 초췌[363]는 유독 원망케 하고	楚辭憔悴偏多怨
유신이 떠돌며 지은 부[364]는 혼을 끊누나	庾賦登臨政斷魂
우수수 비바람이 몰아칠 때면	每到蕭蕭風雨裏
어지러운 옛 생각에 괴롭도다	不堪懷古思紛紛

362 금헌: 이장곤의 호로, 그가 살던 집의 이름이었을 것으로 추측된다.

363 어부사의 초췌: 유배지에 있는 것을 말한다. 초나라 굴원이 상수 가로 유배되어 지은 「어부사(漁父辭)」에 "굴원이 쫓겨나 강가에 노닐어 못 가를 거닐면서 시를 읊조림에 안색이 초췌하고 모습이 비쩍 말라 있었다.[屈原旣放, 遊於江潭, 行吟澤畔, 顏色憔悴, 形容枯槁.]"라고 하였다. (『古文眞寶後集』 卷3 「漁父辭」)

364 유신이……부: 유신(庾信)은 남북조 시대 양나라 사람으로, 서위(西魏)에 사신으로 가 있을 때 양나라가 망하자 적국에서 벼슬하다가 북주(北周)에 들어간 뒤 더욱 중용된 바 있었는데, 이에 양심의 가책을 느끼고 있던 차에 시국을 걱정하고 고국을 그리는 내용의 「애강남부(哀江南賦)」를 읊어 서글픈 정회를 표출하였다. (『周書』 卷41 「庾信列傳」)

역복 김사종에게 지어 주다　　贈易卜金嗣宗

드넓고 넓은 산과 숲 강과 바다에	山林湖海兩茫茫
현자와 지자들 점술가로 많이 숨었네	賢智多於卜裏藏
계주[365]는 풍진을 백안시하며 미워했고	季主風塵憎白眼
군평[366]은 세월 들여 점술서를 공부했네	君平歲月括靑囊
도는 넓디넓게 혼돈한 우주의 밖으로 통하고	道通漠漠鴻蒙外
몸은 허허롭게 태극의 곁에 있다네	身在空空太極傍
속마음 번거로이 씻느라 괴로워하지 말게	莫苦將心煩水洗
맑은 근원 우물처럼 절로 청량해지리니	澄源如井自淸涼

공취루에 쓰다　　題拱翠樓

드넓은 숲이 끊긴 곳에 비경이 드러나고	地平林斷發天慳
구름 밖으로 솟은 처마 봉황 깃들만하네	雲外高簷可宿鸞

365 한나라 때의 복술가(卜術家) 사마계주(司馬季主)이다. 장안(長安)의 동쪽 시장에서 점을 치며 살았는데, 당시의 중대부(中大夫) 송충(宋忠)과 박사(博士) 가의(賈誼)가, "들으니, 옛날의 성인은 조정에 있지 않고 반드시 점쟁이나 의원 중에 있다고 합니다.[吾聞古之聖人, 不居朝廷, 必在卜醫之中.]"라고 하면서, 그를 찾아가 함께 토론을 해보고는 그의 해박함에 감탄하였다고 한다. (『史記』 卷127 「日者列傳」)

366 군평: 한나라 때의 은자 엄군평(嚴君平)이다. 촉(蜀)에 살며 점치는 일로 생업을 삼아 날마다 성도(成都)의 시장에서 가게를 열고 점을 보아 돈을 벌었는데, 하루 생활비인 백전(百錢)만 벌면 즉시 가게 문을 닫았다고 한다. (『漢書』 卷72 「王貢兩龔鮑傳」)

고개 돌리니 동남은 모두 푸른 숲이요 回首東南皆碧樹
발을 걷으니 서북은 바로 푸른 산이더라 捲簾西北卽靑山
백 대의 천지는 부질없는 옛 자취이니 乾坤百代空陳跡
비바람 치는 아침에 홀로 난간에 기대네 風雨今朝獨倚欄
술에 취해 돌아갈 길 멀다는 걸 모르니 醉裏不知歸路遠
되레 이 몸이 그림 속에 있는가 하노라 却疑身在畫圖間

압록강 봄의 조망 鴨江春望

변방은 일마다 툭하면 맘을 상하게 하니 邊城事事動傷神
바닷가의 미친 노래 은둔[367]과는 다르네 海上狂歌異隱淪
봄에도 꽃은 보이지 않고 눈만 보이니 春不見花猶見雪
여긴 기러기도 아니 오건만 사람이 오랴 地無來雁況來人
옅은 물안개 아득하고 새벽까지 비 내리며 輕陰漠漠雨連曉
여린 풀 무성하고 나루터엔 바람만 가득 細草萋萋風滿津
서글퍼라 꽃다울 때 오랜 유배객 惆悵芳時長作客
수건 젖는 흐르는 눈물 어이 견디랴 可堪垂淚更沾巾

367 은둔: 장저(長沮)와 걸닉(桀溺)처럼 세상을 피해 새나 짐승과 함께 어울리는 조수동군(鳥獸同群)과 같은 은둔을 말한다.

【해제】

평성 '진(眞)'을 운으로 한 작품으로, 『속동문선』에도 실려 있다. 유배지에서의 외로움과 울분, 그리고 갈등 등을 읊었다. 정희량이 의주에서 부르는 '미친 노래[狂歌]'는 세상을 피해 새나 짐승과 어울리는 장저(長沮)와 걸닉(桀溺) 같은 은자의 노래와 다르다. 그의 노래에는 다시 조정에 나아가 치군택민(致君澤民)을 실현하고픈 의지가 반영되어 있다.

3구에서 "봄에도 꽃은 보이지 않고 눈만 보인다."고 읊었다. 이는 당나라 동방규(東方虯)의 시 「소군원(昭君怨)」의 '오랑캐 땅에는 화초가 없어서, 봄이 와도 봄 같지 않네.[胡地無花草, 春來不似春.]'라는 유명한 시구를 연상시킨다. 이 3구에 대해 허균(許筠)은 『국조시산(國祖詩刪)』에서 "시상을 안배했으면서도 뜻이 있다[排而旨]"고 하고, 또 『성수시화(惺叟詩話)』에서는 "비록 다듬은 흠이 있으나 또한 다정다감하다.[雖傷彫琢, 亦有多情.]"라고 평가하였다.[368]

사상 은부 송일의 시에 차운하다 次宋使相恩府軼韻

득실에 어찌 자세한 품평 따지랴만 得失何須仔細評
설촉은 일찍이 청평검을 시험했지[369] 薛門曾被試靑萍

368 김남기, 「정희량 한시 연구」, 『한국한시연구』 3, 한국한시학회, 1995, 181쪽.
369 설촉은……시험했지: 설촉(薛燭)은 춘추 시대 월(越)나라 사람으로 칼을 잘 감정하는 것으로 유명하였다. 청평검(靑萍劍)은 전국 시대 월나라 왕 구천(句踐)의 명검으로, 설촉의 감정을 받고서야 그것이 명검임을 알게 되었다고 한다.

깊은 가을 바다와 산엔 금(琴)의 선율 울리고 秋高海嶽朱絃動
빛나는 별자리에는 자줏빛 기운 서렸네 彩徹星躔紫氣橫
통달한 선비는 만물의 시초[370]를 따르나니 達士自能隨衆父
돈[371] 중시하는 세상 물정 부끄러워라 世情堪愧重方兄
공을 위해 일창삼탄하지만 爲公一曲還三歎
차마 들으랴, 귀뚜르 귀뚜라미 소리인 것을 忍聽啾啾蟋蟀聲

매계와 이별하며 奉別梅溪

삼 년을 함께 압록강에서 배 탔건만 三年同上鴨江船
다시 만 리를 옮겨갈 줄 뉘 알았으랴 誰料重爲萬里遷
설령 풍상이 야윈 뼈 엄습하진 않더라도 縱免風霜侵瘦骨
악어가 흘리는 비릿한 침을 어찌 견디리 那堪蛟鰐墮腥涎
돌아올 때 요동의 학은 쓸쓸할 테고[372] 歸來寂寞遼東鶴
이별 뒤에 위수 북쪽 하늘 아득하리[373] 別後滄茫渭北天

---

370 만물의 시초: 원시의 '중보(衆父)'는 '중보(衆甫)'와 같은 말로, 만물의 시초를 뜻한다. 『도덕경』 21장에 "예로부터 지금까지 도라는 그 이름이 없어지지 않았기 때문에 중보를 인식할 수가 있는 것이다. 내가 중보의 상태를 어떻게 아느냐 하면, 바로 이 도를 통해서이다.[自古及今, 其名不去, 以閱衆甫. 吾何以知衆甫之狀哉, 以此.]"라는 말이 나오는데, 왕필(王弼)이 "중보는 만물의 시초이다.[衆甫, 萬物之始也.]"라고 풀이하였다.

371 돈: 원시의 '방형(方兄)'은 '공형(孔兄)'과 같은 말로 '공방형(孔方兄)' 즉 돈을 이르는 말이다.

372 요동의……테고: 다시 만날 기약이 없을 것이라는 말이다. 요동의 학은, 요동(遼東) 사람 정영위(丁令威)가 신선이 되고 나서 천 년 만에 학으로 변해 다시 고향을 찾아오니 옛사람은 아무도 없고 무덤만 즐비하여 슬피 탄식하였다는 고사에서 온 말이다. (『搜神後記』 卷1)

373 위수……아득하리: 벗을 간절히 그리워하나 만나지 못할 것이라는 말이다. 두보가 이백을 그리워하면서 지은 「봄날 이백을 추억하며[春日憶李白]」에 "위수 북쪽엔 봄 하늘에 우뚝 선 나무, 강 동쪽엔 저문 날 구름.[渭北春天樹, 江東日暮雲.]"이라고 하였다. (『杜少陵詩集』 卷1)

백 대에 만날까 한 그대 몇 번이나 볼는지	百世一逢能幾見
병든 사내 저녁 구름 앞에서 눈물 뿌리네	病夫揮淚暮雲前

【해제】

하평성 첫 번째 '선(先)' 자를 운자로 하여 첫 구와 짝수 구 마지막 글자를 압운한 칠언율시이다. 5, 6구에 방점이 찍혀 있다.

시인은 1500년 5월에 경남 김해로 유배지가 옮겨지는데, 동시에 조위도 순천(順天)으로 옮겼다. 먼저 순천으로 옮겨 가는 조위와 이별하며 지은 시로 보인다. 당시 평안도에 흉년이 들어 백성들이 고통받고 있었는데, 그 와중에 귀양인을 구휼하느라 도의 살림이 더욱 곤란하다는 장계를 받은 연산군이 시인을 비롯하여 평안도에 귀양살이 중이던 이들을 전국 각지로 나누어 보내도록 명했기 때문이다.

『허암유고』에는 조위와 주고받은 시가 20수 이상 실려 있다. 이는 『허암유고』에 실린 다른 인물들과 비교해볼 때 많은 비중을 차지한다. 동병상련의 처지에서 서로 얼마나 위안이 되었을지 짐작이 가는 대목이다. 이렇듯 시인은 남쪽 변방에 가서 고생할 벗에 대한 염려도 염려지만, 고된 유배지에서 안식처와 같던 벗을 어쩌면 다시는 만날 수 없을지도 모르는 현실 앞에 망연자실하고 만다.

송 사상 어른께 올리다 奉呈宋使相恩府

평소 신묘한 감식안 지녔고	平生鑑識妙如神

문장은 문단에서 탁월하였지	翰墨場中第一人
외람되이 정다운 눈길을 받았으니	愧我猥蒙靑眼顧
공 아니면 누가 늙은이와 친구하랴	非公誰許白頭親
북해의 붕새 되어 선배들 뒤따르고[374]	北溟羽翼推先化
동합에서 의관 입고 후진을 맞이하네[375]	東閤衣冠拜後塵
오늘 또 친구와 이별을 하노라니	今日又爲知己別
성 가득 꽃버들인데 봄이 아닐세	滿城花柳不能春

부벽루에 쓰다　題浮碧樓

단청 누각 우뚝하고 기둥은 날 듯	畫閣崢嶸棟欲飛
머물러 앉았자니 떠나기 싫네	騷人駐此去遲遲
다리 가 강물에는 갈매기 곤히 자고	橋邊白水鷗眠熟
절 안 이끼엔 새 발자국 기이도 하네	寺裏靑苔鳥跡奇
비바람 치는 텅 빈 산에 비석만 우뚝	風雨空山唯有碣
천지에 더 이상 빼어난 목은 시[376] 없네	乾坤牧老更無詩

---

374 북해의……뒤따르고: 앞서 사신을 갔던 이들처럼 사행을 떠나 뜻을 크게 펼칠 것이라는 말이다. 북해의 붕새는 『장자』 「소요유(逍遙遊)」에 북해에 사는 대붕(大鵬)이 남해(南海)로 옮겨갈 때 구만리나 높이 날아올라서 여섯 달을 날아간 뒤에 한 번 쉰다고 한다고 한 데서 온 말이다.

375 동합에서……맞이하네: 어진 인품을 표현한 말이다. 한나라 무제 때 포의로 재상에 오른 공손홍(公孫弘)이 3개의 객관(客館)을 지어 동쪽으로 난 작은 문을 열고 천하의 선비들을 불러들이고, 녹봉을 모두 이들을 접대하는 데에 쓰고 자기 자신은 매우 검소한 생활을 하였다고 한다. (『漢書』 卷59)

376 빼어난 목은 시: 목은(牧隱)은 이색(李穡, 1328~1396)의 호이다. 그가 평양성을 지날 때 지은 시 「부벽루(浮碧樓)」는 명편으로 손꼽히며 정도전·서거정 등 후대 많은 시인이 차운하였다.

달 밝은 밤 홀로 난간에 서니　　月明獨倚欄干立
옛 나루에 고깃배 물결만 이네　　古渡灘生釣艇移

중경[377]이 내게 보여준 작품에 차운하다　　次仲敬示余之作

그대 일찍이 통달한 줄 알았으니　　知君早悟大方家
좋은 자질 타고나 다듬을 거 없지　　美質天成不用磋
오색찬란한 칼 기운이 천체를 감싸고　　劍氣結虹蟠象緯
달빛 서린 구슬 광채 민산과 아미산을 비추네[378]　　珠光凝月射岷峨
학문은 우뚝하여 업하[379]에 안 부끄럽고　　學呑磊落休慙鄴
시는 청신해서 비로소 하손[380]을 보았지　　詩到淸新始見何
나는 뜻만 클 뿐 능력이 없어　　顧我狂疏才力薄
수레에 기대 겁먹은 개구리라 가련하네　　自憐憑軾惻驚蛙

---

377 중경: 이목(李穆, ?~?)의 자이다. 인물 정보가 자세하지 않은데, 조위의 『매계집』 「연행록(燕行錄)」에 중경에게 준 시가 2수 실려 있고, 무오사화에 연루되었다는 기록이 있다.

378 오색찬란한……비추네: 이목의 거대하고 비상한 기상을 표현한 말이다. 민산(岷山)과 아미산(峨眉山)은 중국 촉(蜀) 땅에 있는 높고 험준한 산이다.

379 업하: 뛰어난 문학 집단을 비유하는 말이다. 후한 건안(建安) 연간(196~220)에 조조(曹操) 부자(父子) 밑에서 활약한 문학 집단 가운데 특히 뛰어난 7명을 건안칠자(建安七子)라고 하는데, 조조가 업(鄴: 지금의 하남성 임장현) 땅에 도읍하였으므로 이들을 '업중칠자(鄴中七子)'라고도 부른다.

380 하손: 남조 양나라 시인 하손(何遜)을 가리켜 말한 것이 아닌가 한다. 안지추(顔之推)의 『안씨가훈(顔氏家訓)』 「문장(文章)」 편에 "하손의 시는 실로 청신하고 교묘하여 외물의 모습을 그대로 본떠 묘사한 말이 많다.[何遜詩實爲淸巧, 多形似之言.]"라고 하였다.

매계의 「우중」 시[381]에 차운하다 　次梅溪雨中作

누가 은하를 걷어 거꾸로 동이째 쏟았나? 　誰捲銀河倒瀉盆
새벽녘 하늘 즈음은 이미 구름 같은 색 　曉看天際已同雲
서생은 깨알 같은 잔글자 보기 어렵고 　書生病㥘蠅頭字
가난한 선비는 쇠코잠방이[382] 자랑을 그치네 　貧士休誇犢鼻裙
계옥 신세[383] 슬프게도 객 된 지 오래고 　桂玉堪憐爲客久
고향 편지는 해를 넘겨도 소식이 없네 　鄕書猶滯隔年聞
이 아침 탄식만 할 뿐 함께할 사람 없으니 　今朝咄咄無人共
길이 태평성세 열어주신 임금[384]을 생각하노라 　長憶瑤琴舜殿薰

매계의 시를 덧붙이다 　附梅溪韻

누런 매실 익을 적에 비가 동이째 퍼붓고 　黃梅時節雨翻盆

381 매계가……시: 『매계집』 권3에 「오랜 비[久雨]」라는 제목으로 실려 있다.
382 쇠코잠방이: 여름에 농부가 일할 때 입는 잠방이이다.
383 계옥 신세: 계옥(桂玉)은 계수나무 땔나무와 옥으로 지은 밥이라는 말로, 물자가 부족하여 생활하기 곤란할 때 사용하는 말이다. 전국 시대 소진(蘇秦)이 초(楚)나라 왕에게 "초나라의 밥은 옥보다도 비싸고 땔감은 계수나무보다도 비싸다. 지금 내가 옥으로 지은 밥을 먹고 계수나무로 불을 때고 있으니, 이 또한 어려운 일이 아니겠는가.[楚國之食貴于玉, 薪貴于桂, 今臣食玉炊桂, 不亦難乎.]"라고 불만을 토로한 고사에서 유래한 것이다. (『戰國策』 「楚策3」)
384 태평성세……임금: 원시의 '요금순전훈(瑤琴舜殿薰)'은 순임금이 오현금(五絃琴)을 타면서 「남풍가(南風歌)」를 불렀던 것을 말한다. 당나라 백거이(白居易)의 「태평악사(太平樂詞)」 시에 "맑은 이슬 요 임금 술잔에 떠 있고, 훈풍은 순임금의 노래를 일으키도다.[湛露浮堯酒, 薰風起舜歌.]"라고 하였다.

은은한 천둥소리 산골 구름을 끌어안네 隱隱轟雷擁峽雲
먼 데서 온 손님 여름[385] 만날까 걱정하고 遠客怕逢瓜蔓水
미인은 울금 치마[386] 빛바랠까 염려하네 佳人愁黦鬱金裙
질퍽질퍽 진흙길은 한참 나가길 방해하고 街泥浩浩長妨出
졸졸졸 낙숫물 소리 이제 듣기도 지겹네 簷溜淙淙已厭聞
내일 아침은 맑디맑게 갤 것이니 準擬明朝晴景好
논두렁 밭이랑에 낮 바람 따뜻하리라 稻畦麥壟午風薰

중경과 작별하며 주다 贈別仲敬

원래 빈 골짝에선 발자국 소리도 기쁜데[387] 從來虛牝喜跫然
하물며 만난 그대가 적선임에랴! 何況逢君是謫仙
가랑비에 한 편의 시 두고 서로 이야기하고[388] 細雨一篇揮麈話
반 벽에 읽다 만 책 쌓아둔 채 등불 마주하고 잠드네 殘書半壁對燈眠
산속 집을 즐겨 찾아 한참 바둑을 두고 好尋山閣圍棋久

---

385 여름: 원시의 '과만수(瓜蔓水)'는 오이 넝쿨이 한창 뻗어 나간다는 뜻으로, 보통은 음력 5월을 가리키는 표현인데, 여기서는 여름의 뜻으로 사용되었다.

386 울금 치마: 울금초(鬱金草)로 염색한 황금색 치마를 가리킨다.

387 원래……기쁜데: 『장자』 「서무귀(徐无鬼)」에, 텅 빈 골짜기에 숨어 사는 사람을 가정한 뒤에 "그런 사람은 저벅저벅 걸어오는 사람의 발소리만 들어도 기뻐하는 법이다. 그런데 하물며 형제나 친척이 그 곁에서 소곤거리는 소리라면 오죽하겠는가![聞人足音跫然而喜矣. 又況乎昆弟親戚之謦欬其側者乎!]"라고 말한 내용이 나온다.

388 서로 이야기하고: 원시의 '휘주(揮麈)'는 고라니 꼬리털[麈尾]을 매단 불자(拂子)를 흔들어 이야깃거리로 삼는다는 뜻인데, 그로 인해 뒤에 담론하는 것을 가리켰다. 먼지떨이처럼 생긴 불자는 위진(魏晉) 때 청담(淸談)을 즐기던 사람들이 많이 가지고 다녔으며, 나중에는 선종(禪宗)의 승려들도 애용하였다.

강변 누각 자주 올라 먼저 시를 짓네 多上江樓得句先
즐거움 지극하면[389] 이별의 한 쉬이 생기니 樂極易生離別恨
저물녘 구름[390]에 그리움[391] 어찌 견디리오 可堪搔首暮雲前

계문이 매계를 모시고 배를 타고 호수를 구경하는데, 나는 병으로 나아갈 수 없어서 시를 부치다

季文陪梅溪, 泛舟觀湖, 病不得赴, 詩以寄之

맑고 맑은 호수 거울처럼 평평한데 湖水澄澄鏡面平
외로운 배 종일 가벼이 떠다니네 孤舟盡日獨歸輕
청산은 물 가운데 은은하게 비치고 青山隱隱中流影
푸른 나무 양 언덕에 겹겹이 맑네 碧樹重重兩岸晴
아스라이 신선이 천상에서 모이고 縹緲神仙天上會
아득히 술잔은 그림 속에서 오가네 滄茫杯酒畫間行

---

389 즐거움 지극하면: 주나라 무왕은 「상명(觴銘)」에서 "즐거움이 극에 달하면 슬픔이 찾아드는 법, 술에 빠져 그릇된 행동을 하면 종묘사직이 위태로워지리라.[樂極則悲, 沈湎致非, 社稷爲危.]"라고 하였다. (『後漢書』「朱穆傳」注)

390 저물녘 구름: 두보가 위수(渭水) 북에 있을 때, '구름과 나무[雲樹]'를 끌어다 강동(江東)에 있는 이백을 그리워하는 마음을 묘사하기를 "위수 북쪽에는 봄 하늘의 나무요, 장강 동쪽에는 저물녘 구름이로다. 언제나 한 동이 술을 마시며, 다시 함께 자세히 시문을 논해볼꼬.[渭北春天樹, 江東日暮雲. 何時一樽酒, 重與細論文?]"라고 하였다. 후에 이를 '춘수모운(春樹暮雲)' 또는 '운수지사(雲樹之思)'라 하여 멀리 떨어진 벗을 그리워하는 것을 비유하게 되었는데, 이를 원용하여 한 말이다. (『全唐詩』卷224「春日憶李白」)

391 그리움: 원시의 '소수(搔首)'는 그리움이나 번뇌 따위로 마음이 괴로운 모습을 형용하는 것으로, 『시경』「패풍(邶風)·정녀(靜女)」에 "사랑하되 만나지 못하여 머리 긁으며 머뭇거리도다.[愛而不見, 搔首踟躕.]"라고 한 데서 온 말이다. 두보의 「누상(樓上)」 시에 "천지 사이에서 속절없이 머리 긁어, 자주 백옥잠 비녀를 뽑는다.[天地空搔首, 頻抽白玉簪.]"라고 하여, 난리 통에 의지할 데 없이 외로운 신세를 탄식하였다.

부끄럽구나, 잦은 병치레하는 신세 自慙多病身如此
괜히 부럽네, 영주의 이응과 곽태[392] 空羨瀛洲李郭名

【해제】

평성 '경(庚)'을 운으로 한 작품으로, 성중엄과 조위가 강에 배를 띄우고 노니는 장면을 상상하여 시로 읊었다. 시에서 묘사한 경치는 한 폭의 풍경화와 같다. 시인 역시 두 사람이 배 위에서 술잔을 주고받는 모습을 '술잔이 그림 속에서 오가네'라고 읊었다. 흔히 이를 '시중유화(詩中有畵)'라고 한다.

시인은 두 사람의 뱃놀이 모습을 '이곽선주(李郭仙舟)'에 비유하며 몹시 부러워하였다. 원래 시인도 뱃놀이를 함께 하기로 했는데 병이 나서 참석하지 못하였다.

모진 무더위 苦熱

인간 세상 나쁜 기운 피할 길 없는 법 人間無路避氛埃
하늘을 뒤덮은 독한 습기 개지 않네 毒霧熏天鬱不開

392 영주의……곽태: 영주(瀛洲)는 봉래(蓬萊), 방장(方丈)과 함께 삼신산(三神山)으로 불리는 선경이다. '이곽(李郭)'은 이응(李膺)과 곽태(郭泰)의 병칭인데, 여기서는 배를 타고 호수를 구경하는 계문과 매계를 의미한다. 동한(東漢)의 명망가인 이응이 낙양(洛陽)에서 고향으로 떠나는 곽태를 전송하면서 둘이 배를 타고 강을 건너갔는데, 이 광경을 보고서 사람들이 신선과 같다고 찬탄하며 부러워했다는 이곽선주(李郭仙舟)의 고사가 전한다. (『後漢書』 卷68 「郭泰列傳」)

북해의 붕새도 날개를 늘어뜨리고 溟海鵾鵬應側翅
곤륜산의 옥돌도 재로 변하네 崑崙玉石便成灰
뉘 집 정원에 바람 불다 비 내릴거나 誰家院落風還雨
어데 연못 누대에 버들이 이끼에 스칠까 何處池臺柳拂苔
좁은 초가집에 유독 해는 긴데 咫尺茆簷偏日永
한낮의 낮잠 윙윙 모깃소리 두렵네 午牕渾睡惕蚊雷

홍씨의 동산에서 노닐며 계문의 시에 화답하여 주인에게 드리다

遊洪氏園林, 和季文韻, 奉贈主人

과분하게도 대궐을 애써 출입했으나 恥向王門強曳裾
홀로 자연 속 전원의 삶 그리워했네 獨懷泉石事田廬
맑은 바람 가득한 구름 속에 잠들고 淸風四面雲間宿
푸른 나무 무성한 그림 속에 있구려 碧樹千章畫裏居
산 풍경 강을 건너 궤안으로 들어오고 山色渡江來几案
연꽃 향은 비와 함께 마을로 풍겨오네 荷香連雨入村墟
부끄럽지만 나도 산수 몹시 사랑하니 愧余亦有煙霞癖
물가에서 어부와 짝하길 허락해주오 肯許灘頭伴釣漁

【주인이 숲속에 집을 지어 더위를 피하는 곳으로 쓰고 있었다. 나와 계문이 하룻밤을 잠시 묵었기에 3, 4구에서 이를 언급하였다.[主人結巢林間, 以爲避暑之地. 僕與季文, 假宿一夜, 故第三四及之.]】

【해제】

상평성 6번째 '어(魚)'를 운목으로 하여 첫 구와 짝수 구 마지막 글자를 압운한 칠언율시이다.

홍씨는 본서의 앞 작품에서 홍우문(洪右文)이며 의주 사람이라고 소개하였다. 그가 의주 어딘가에 무더위를 피할 작은 별장을 소유하고 있었는데, 시인은 성중엄(成重淹)과 함께 이곳을 노닐다 하룻밤을 묵었다.

인적이 드문 이곳은 주위에 보이는 것이라곤 온통 산과 물과 구름뿐이다. 이 아름다운 풍광에 흠뻑 매료된 시인은 이런 곳에서의 삶이야말로 진정 자신이 원하던 모습이 아닐까 생각한다. 그러나 거침없는 패기로 세상과 맞서다 패잔병이 되어서야 온 자신을 보자니 어쩐지 얼굴이 화끈거린다. 꽁꽁 감춰두어 자신도 몰랐던 제 마음을 여기 산과 구름은 알고 있으리니.

계문이 나에게 보내준 시에 화답하다　和季文寄余之作

1

태평성대에 초췌하게 인산[393]으로 귀양 와	明時憔悴謫麟山
타향살이 고달픔 술로나마 달래보네	客裏熙熙借酒懽
네 벽의 벌레 소리 꿈속까지 요란하고	四壁蟲聲侵旅夢

393 인산: 평안도 의주(義州)에 있었는 인산진(麟山鎭)을 말한다. 본래 인주(麟州)였으나 고려 고종 때 반란이 일어나 인산으로 강등되었고, 조선 세종 때 진(鎭)이 설치되었다.

강가의 가을 정취 간담을 늙게 하네 一江秋色老詩肝
천지에 도가 다하여 심한 곤액 당하니 道窮天地身偏阨
산수에서 괴로이 읊조린 시구 서늘하기만 吟苦煙霞句帶寒
진작 알았지 풍진 속에 그릇된 걸음 많아 早識風塵多誤脚
자릉탄[394]에 편히 누워 지냄만 못한 줄을 不如高臥子陵灘

【해제】

상평성 '산(刪)'과 '한(寒)' 자를 운으로 하여 첫 구와 짝수 구 마지막 글자에 압운한 칠언율시이다.

그야말로 '말세(末世)'를 만난 탓에, 억울하기 짝이 없는 이 심정을 무엇으로도 달랠 길이 없다. 게다가 모든 것이 쇠락해가는 가을의 분위기는 시인의 마음을 더욱 시들게 한다. 잘 때 귀뚜라미는 어찌 그리 울어대는지, 꿈속까지 들어와 시인을 괴롭힌다. 이렇게 세상이 자신을 저버릴 줄 알았다면 그리 무모하게 덤비지 않았을 텐데 하고, 자조 섞인 한숨을 내쉰다.

괴롭고 지친 삶을 이어가는 시인에겐 그래도 마음을 알아주는 친구가 곁에 있다. 불행인지 다행인지 같은 처지에 있는 친구가 마치 제 모습 같아 안쓰러우면서도 위로가 된다. 함께 시를 주고받는 것은 다반사고, 종종 근처를 유람하기도 하였다. 실제로 성중엄은 『허암유고』에 가장 많이 언급되는 인물 가운데 한 사람이다.

---

394 자릉탄: 중국 후한 광무제 때의 은사(隱士) 엄광(嚴光)이 머물던 엄릉탄(嚴陵灘)으로, 자릉(子陵)은 엄광의 자이다. 그는 어릴 적부터 광무제와 친구였는데, 광무제가 제위에 오른 뒤에 이름을 고치고 숨어 살았다. 이에 후인들이 그가 낚시하던 곳을 '엄릉탄'이라 불렀다.

2

오두막 성근 울, 바다와 산을 접해	矮屋疏籬接海山
아스라한 풍경이 맑은 흥을 돕네	蒼蒼猶自助清懽
가만 보니 명경지수에 물새 그림자 가라앉은 듯	靜看水鏡沈鷗影
읊노라니 날카로운 시가 귀신의 간도 깨뜨릴 듯	吟覺詩鋒破鬼肝
이 몸의 시정은 온통 늙어가려 하고	楚客騷情渾欲老
반랑의 센 머리[395]는 추위에 쉬이 놀라네	潘郎愁鬢易驚寒
근래에 비바람 불어 마를 날이 없으니	邇來風雨無乾日
강과 호수 어딘들 물결 일지 않으리	何處江湖不起灘

3

은은한 긴 강에 어디에나 산뿐이니	隱隱長江面面山
귀양 와서 누구와 애환을 나눌까	謫來誰與共悲懽
이제야 알겠네, 세상사는 달팽이 뿔	始知世事皆蝸角
쥐의 간 신세라고 조물주를 원망하랴[396]	肯向天公怨鼠肝
부귀는 김일제와 사고의 왕성함[397]을 따르고	富貴獨歸金史熱
문장은 가도와 맹교의 청한함[398]을 좋아했지	文章偏許島郊寒

---

395 반랑의 센 머리: 반랑(潘郞)은 진(晉)나라 반악(潘岳)으로, 그는 32세 때부터 흰머리가 나기 시작하여 중년에 백발이 되었다고 한다. 여기서는 시인이 중년의 나이에 머리가 센 것을 반악에 비유한 것이다. (『文選』 卷13 「秋興賦序」)

396 세상사는……원망하랴: 세상사가 다 작고 하찮은 일이라 크게 연연할 게 없고, 또 자연의 섭리이므로 슬퍼할 게 없다는 말이다. 육유(陸游)의 시 「회포를 풀다[寓懷]」에 "성공과 실패는 달팽이의 양쪽 뿔과 같고, 귀하고 천함은 한 마리 쥐의 간과 같도다.[成敗兩蝸角, 貴賤一鼠肝.]"라고 하였다.

397 부귀는……왕성함: 김일제(金日磾)는 한나라 때 7대에 걸쳐 고관대작에 올라 부귀영화를 극도로 누렸던 집안이고, 사고(史高)는 한 선제(漢宣帝)의 외척으로 권세를 누린 집안이다. (『前漢書』 卷77 「蓋寬饒傳」)

398 문장은……청한함: 가도(賈島)와 맹교(孟郊)는 당나라 때 유명한 시인으로 평생을 빈한하게 살았는데 그러한 삶이 시에도 투영되었다. 이는 소식이 당나라 시인들의 시 품격에 대해 "맹교

분주하게 얻고 잃기 모두 이와 같으니　　紛紛得喪都如此
깊숙한 술잔 잡고서 바다 물결 걷기를　　須把深杯捲海灘

4

평소에 의기 서로 같음이 기뻤는데　　平生意氣喜相同
산수를 지척에 두고도 따르지 못하네　　咫尺溪山不可從
인산의 저녁 구름 밤비 자주 뿌리고　　麟嶽暮雲多夜雨
갈대 섬 안개 물결 가을바람 일으키네　　荻洲煙浪起秋風
눈 속 푸른 솔의 지조 함께 지켰는데　　共持雪裏青松操
되려 세상의 흰머리 공평할까 두렵네[399]　　還怕人間白髮公
근심스레 빈방에서 적막을 마주하다　　愁向空齋對寂寞
시를 지어 간소옹[400]을 한참 생각하네　　題詩長憶簡巢翁

5

어리석은 나는 세상과 맞지 않아　　疏慵與世少相同
형체와 그림자 근래에 서로 싫어하네　　形影年來亦厭從
대문은 푸른 벼랑과 맑은 물 마주하고　　門對蒼崖兼白水
방에는 밝은 달과 맑은 바람 가득하네　　室容明月更淸風
이따금 그대 만나 논한 시론 뛰어나고　　逢君往往論詩宿

는 청한하고, 가도는 수척하다.[郊寒島瘦.]"라고 평가한 것에서 확인할 수 있다. (『東坡全集』 卷91 「祭柳子玉文」)

399 세상의……두렵네: 두목의 「은자를 전송하며[送隱者]」 시에 "세간의 공평한 도리는 오직 백발뿐이라, 귀인의 두상에도 일찍이 봐준 적이 없었네.[公道世間惟白髮, 貴人頭上不曾饒.]"라고 한 데서 온 말이다.

400 간소옹: 미상이다.

가끔 역사서 보며 펼친 의론 공정했지	閱史時時服議公
가슴속 요순의 도를 뱉어내지 못하니	肚裏唐虞喑不吐
사람들 우물쭈물[401] 늙은이라 부르네	傍人呼我囁嚅翁

6

출처진퇴[402]의 다름을 비교하지 말라	莫把行藏較異同
평탄과 고난 평생 함께하는 법인걸	平生夷險共相從
사방에 먹구름 껴도 비는 내리지 않고	四郊久密無新雨
강한 날개[403] 상처 입고 저녁 바람 기다리네	六翮初傷待晚風
타고난 천성이 조물주를 따를 만하니	賦與自能隨造物
길흉[404]으로 저공에게 화낼 게[405] 뭐 있나	乘除何用怒狙公
나라 바로잡는 건 내 직분 아니니	濟時匡國非吾職
끝내 산수에 방랑하는[406] 늙은이가 되겠지	終作溪山漫浪翁

401 우물쭈물: 원시의 '섭유(囁嚅)'는 말을 하려다가 머뭇머뭇하는 모양으로, 한유의 「반곡으로 돌아가는 이원을 전송하며[送李愿歸盤谷序]」 시에 "공경의 문 앞에 찾아가 그들의 눈치를 살피고, 권문세가로 통하는 길로 분주하게 달려가며, 발을 들어 나아가려다가도 멈칫 머뭇거리고, 입을 열어 말하려다가도 더듬거린다.[伺候於公卿之門, 奔走於形勢之途, 足將進而趑趄, 口將言而囁嚅.]"라고 한 데서 온 말이다.

402 출처진퇴: 원시의 '행장(行藏)'은 용행사장(用行舍藏)의 준말로, 자신의 도를 펼 수 있느냐 없느냐에 따라 거취를 결정하여 조정에 나아가기도 하고 은퇴하기도 하는 것을 말한다. 『논어』「술이(述而)」에 "써주면 나의 도를 행하고, 써주지 않으면 감춘다.[用之則行, 舍之則藏.]"라고 하였다.

403 강한 날개: 원시의 '육핵(六翮)'은 튼튼한 날개를 뜻하는 말이다. 공중에 높이 나는 새는 여섯 개의 강한 깃털을 지니고 있다 한다.

404 길흉: 원시의 '승제(乘除)'는 인간의 일에 있어 승은 잘되는 일을 가리키고, 제는 잘못되는 일을 가리키는 말로 쓰인다.

405 저공: 조삼모사(朝三暮四)의 고사에 나오는 원숭이 기르기를 좋아했다는 옛사람이다. (『莊子』「齊物論」)

406 방랑하는: 원시의 '만랑(漫浪)'은 세속에 얽매이지 않고 형해(形骸) 밖을 방랑하는 문사(文士)를 뜻하는 말이다. 당나라 안진경(顔眞卿)의 「용주도독겸어사중승본관경략사원군표묘비명(容州都督兼御史中丞本管經略使元君表墓碑銘)」에서 "원결(元結)이 양수(瀼水) 가에 살면서 자칭 낭사(浪士)라 하고 「낭설(浪說)」 7편을 지었다가, 뒤에 낭관(郎官)이 되자 당시 사람들이 '낭자(浪者)도 부질없이[漫] 벼슬을 하는가?' 하고는 '만랑(漫浪)'이라 불렀다"라고 한다.

용혈 龍穴

삐죽삐죽 솟은 옛 석굴 하늘과 통하니	巉巉古穴與天通
비바람 칠 때 종종 무지개를 드리우지	風雨時時忽放虹
옛날부터 이 사이에 용이 누워있었으니	知有此間龍臥久
바닥없는 깊고 푸른 못 하늘처럼 드넓네	碧潭無底水如空

홀로 앉아 차를 달이며 시를 지어 매계에게 드리다 獨坐煎茶, 奉呈梅溪

1

낮이 긴 날 객사에 따분하여 잠만 오는데	日長旅館閑生睡
향긋한 차 끓여 마시니 아픈 눈 뜨이네	煮啜瓊漿病眼開
평생 묻은 세속의 때 씻어내 버렸더니	拚洗百年塵土汚
막고야산에서 온 옥결 신인 보았다네[407]	姑山親見玉人來

2

한 줄기 솔바람에 사방 벽 서늘한데	一陣松風四壁寒

407 막고야산에서……보았다네: 맑은 차를 마시고 신선 세계를 느꼈다는 말이다. 막고야산은 신인(神人)이 산다는 곳이다. 『장자』「소요유」에 "막고야 산에 신인이 있는데 피부가 하얗고 윤택하여 옥설(玉雪)과 같다."라고 하였다.

호접몽[408]을 깨니 정신이 한가롭네 夢回蝴蝶覺神閑
맑은 창에 종일 향 사르며 앉고 보니 晴窓盡日焚香坐
이 마음 광활한 태극 사이에 있구나 心在鴻濛大極間

3
남강[409] 붕어 회 뜰 약속 게을렀더니 南江懶膾金鱗鯽
북쪽 들창 차분히 옥주를 흔드네[410] 北戶閑揮玉麈風
낭랑하게 이소 읽자 통쾌해지니 朗讀離騷成一快
하늘은 우리를 궁하게 한 적 없지 天敎我輩不曾窮
【매계와 남호(南湖)에서 낚시를 하기로 하였는데, 게으른 탓에 함께 하지 못하였기 때문에 이렇게 말한 것이다.[梅溪有南湖釣魚之約, 懶不能從, 故云.]】

4
바둑판 위 바둑돌 삼십 개 局上枯棋三十
가슴속에 든 문자 오천 자 胸中文字五千
선생은 홀로 즐거울 테니 想見先生獨樂
물가에서 숲에서 신선이시리 水邊林下神仙

408 호접몽: 『장자』「제물론」에, 장주(莊周)가 꿈에서 나비가 되어 즐겁게 노닐다가, 꿈에서 깨고 보니 나비가 아닌 인간 장주더라는 내용이 있다. 여기서는 잠에서 깬 것을 비유한 듯하다.
409 남강: 지금 용산 부근의 한강, 곧 용산강의 별칭이다. 남호(南湖)라고도 한다.
410 옥주를 흔드네: 차분히 이야기를 나누는 것을 의미한다. 옥주(玉麈)는 옥으로 된 자루와 고라니의 꼬리털로 만든 먼지떨이로, 청담가(淸談歌)들이 청담을 나눌 때 이것을 손에 들었다고 한다.

매계가 지은 시 「남강에서 고기 잡는 즐거움을 쓰다」[411] 시를 덧붙이다

附梅溪述南江叉魚之樂

1

들판에 연기 짙고 풀밭은 아득한데　　煙濃野闊靑蕪遠
조수에 배 떠나니 파란 마름 열리네　　潮落船移綠荇開
작년엔 남포에서 두약 향초 캐더니　　南浦去年搴杜若
오늘은 무심하게 고기잡이 하네　　等閑今日打魚來

2

거울 같은 수면 깨끗하여 차게 눈에 비치고　　鏡面澄澄潑眼寒
거룻배서 그물 던지니 마음 더욱 한가롭네　　投叉艇子意猶閑
고기 비늘 득실득실 비린 바람 일어나니　　鱗鬐狼藉腥風起
흥은 뱃전 두드리고 노 젓는 데 있다네　　興在鳴榔鼓枻間

3

날랜 배로 향초 물가 곁에 갔다가　　輕橈去傍蘼蕪渚
빠른 말로 버들 바람 타고 오네　　快馬來乘楊柳風
압록강 은빛 생선회 이미 물리고　　已厭鴨江銀縷膾
서생의 시 짓기 본래 궁하지 않다네　　書生口業本非窮

411 남강에서……쓰다: 『매계집』 권1 ‘칠언절구’에 「정허암의 강남에서 고기를 잡는 즐거움이란 시에 차운하다[次鄭虛菴江南叉魚之樂韻]」란 제목 아래 3수가 수록되어 있다.

4

흰 새는 쌍쌍이 한가로이 날고 白鳥閑飛兩兩
붉은 물고기 셀 수 없이 팔딱이네 紅鱗潑剌千千
푸른 도롱이 푸른 삿갓 어떠하리 未妨綠蓑靑篛
인간 세상의 물 신선이라 부르네 喚作人間水仙

앞의 운을 다시 써서 매계에게 바치다 重用前韻, 奉呈梅溪

1

보내준 맑고 산뜻한 강가의 시구를 貽我淸新江上句
일판향[412] 피우며 직접 열어보누나 拈香一瓣手親開
어젯밤 남조에서 교룡이 울었던 건 南潮昨夜蛟螭泣
바람과 운무 휘감는 걸 좋아해서지 爲愛風煙捲取來

2

거사의 마음 눈 속의 달처럼 차건만 居士胸襟雪月寒
쓸쓸함을 싫어해 그리 한가롭진 않네 却嫌寥寂未全閑
마음 안정시키는 방법을 공께서 아실까 安心有法公知否

412 일판향: 일판향(一瓣香)은 꽃잎 모양의 향으로, 존경하는 어른을 흠모하여 우러러볼 때 사용한다. 송나라 진사도의 시 「연국 문충공 집에서 육일당의 도서를 보고 짓다[觀兗國文忠公家六一堂圖書]」에 "지난날 일판향을, 공경히 증남풍[曾鞏]을 위해 살랐네.[向來一瓣香, 敬爲曾南豐.]"라고 하였다. (『後山集』 卷1)

초연한 작은 방에서 자신을 찾아야지 覓我翛然丈室間

3.

만물은 똑같아 물고기도 내 즐거움 알고 物無彼此魚知我

즐거움 소요에 있어 뱀은 바람 시새우지[413] 樂在逍遙蛇愛風

내 마음 고요한 물과 같이해야 하니 要使吾心如止水

세상사 시비[414]란 본디 끝이 없는 법 人間指馬本何窮

4.

득실은 분분하여 만 가지로 다르고 紛紛得失吹萬

영고성쇠에 탄식하기도 천 가지라 咄咄榮枯政千

적벽 물가에서 낚시하며 한 해가 지는데 赤壁磯頭歲晏

유유자적 나부끼며 글 짓는 소선이라[415] 飄飄作賦蘇仙

【해제】

세상은 복잡다단하여 논리로 따질 수 없다. 이해하자고 들면 괴롭기만 하다. 원래 세상살이가 이런 것인가 보다 하고 받아들이면 그만인 것

413 뱀은……시새우지: 『장자』「추수(秋水)」에 "외발 달린 기는 노래기를 부러워하고, 노래기는 뱀을 부러워하고, 뱀은 바람을 부러워하고, 바람은 눈을 부러워하고, 눈은 마음을 부러워한다.[夔憐蚿, 蚿憐蛇, 蛇憐風, 風憐目, 目憐心.]"라고 한 데서 차용한 말이다.

414 시비: 원시의 '지마(指馬)'를 풀이한 말이다. 『장자』「제물론」에 "이것이 곧 저것이요 저것이 곧 이것이다. 저것에도 하나의 시비가 있고 이것에도 하나의 시비가 있다.……손가락[指]을 가지고 손가락의 손가락 아님을 깨우치는 것이 손가락 아닌 것을 가지고 손가락의 손가락 아님을 깨우치는 것만 못하고, 말[馬]로써 말의 말 아님을 깨우치는 것이 말 아닌 것으로써 말의 말 아님을 깨우치는 것만 못하다."라고 한 데서 온 말로, 세상의 시비(是非)가 혼동된 것을 의미한다.

415 적벽……소선이라: 소선(蘇仙)은 송나라의 소식을 가리킨다. 자는 자첨(子瞻), 호는 동파(東坡)이고 당송팔대가 가운데 한 사람이다. 임술년(1082) 7월과 10월 두 차례 적벽(赤壁)에서 술을 마시며 뱃놀이를 하고 이날의 풍류를 「전적벽부(前赤壁賦)」와 「후적벽부(後赤壁賦)」라는 글로 남겼다. 여기서는 귀양 와 시를 지으며 지내는 매계를 소식에 비유한 것이다.

을. 세상살이에 점점 초연해지는 시인이다.

홍 상국의 운에 차운하여 급하게 지어 매계에게 드리다

走筆次洪相國韻, 奉呈梅溪

1

반백의 머리카락 엉성한 채로 潘郎蕭颯二毛年

만 리 길 돌아와 서책 오천 권 萬里歸來卷五千

간밤에 무지갯빛 북두 쏘더니 昨夜虹光橫斗北

허리춤에 번쩍번쩍 용천검 찼네 腰間閃閃動龍泉

2

밝은 시절 내쫓긴 지 이미 세 차례 竄逐明時已見三

모지라진 머리카락 비녀가 헐거워라 蕭蕭短髮不盈簪

다행히 공에게 가르침 받아 從公幸得傳心訣

황망히 헤매던 길 방향 찾았네 惝怳迷途忽指南

3

늙은이는 도성 떠나 늘 나그네 신세 龍鍾去國長爲客

상자 가득 산수 노래한 시들 모두 시름투성이라 滿篋江山摠帶愁

함양이 쓴 시로 종이 귀해질 것이라 하니[416] 人說咸陽應紙貴
중선루[417]에서 맑은 시구 새로 지으시리 淸詞新就仲宣樓

용문 龍門

돌문 앞 푸른 안개 낮에도 어둑하고 石門蒼霧晝冥濛
별빛이 적셔주어 비와 이슬 통하네 潤接星河雨露通
한 줄기 영험한 샘물 마르지 않으니 一派靈源澄不竭
이 사이에 교룡이 살고 있으리라 此間疑是有蛟龍

용문에서 더위를 피하며 남의 시에 차운하다 龍門避暑次人韻

푸른 산 그림자 깊은 술잔에 거꾸로 잠겨 靑山倒影蘸深杯
무수한 연꽃이 발그레 활짝 피었네 無數芙蓉酒面開
붉은 벼랑에서 취중에 시 쏟아내고 싶으나 欲向丹崖灑醉墨
호탕한 적선의 재주가 아닌 듯하네 恐非磊落謫仙才

---

416 함양이……하니: 함양(咸陽)은 함양 군수를 지낸 조위를 가리킨다. 조위가 지은 시가 훌륭하여 많은 사람에게 회자할 것이라는 말이다.

417 중선루: 호북성 당양현(當陽縣)의 성루(城樓)이다. 한나라 왕찬(王粲)의 자가 중선인데 이 누대에 올라가 「등루부(登樓賦)」를 지었기 때문에 이후로 중선루가 된 것이다. 후세에 시인이 누대에 올라 회포를 푸는 일의 전거가 되었다. (『三國志』 卷21 「王粲傳」)

【해제】

평성 '회(灰)'를 운으로 한 작품이다. 1, 2구에서 묘사한 경치는 한 폭의 풍경화이다. 아름다운 경치와 시 그리고 술이 있으니 어찌 시를 짓지 않을 수 있으랴! 시인은 자신의 재주가 시선(詩仙)인 이백(李白)에 미치지 못한다고 겸손해한다.

봄날 계문의 시에 차운하다 春日次季文韻

1

비바람 쳤다가 개였다가 하건만 一番風雨一番晴
변방에서 병들어 누워 나가기 싫네 病臥江城懶出行
봄풀이 좋은 시구와 무슨 상관이랴 春草何關詩句好
온 못의 봄풀 여전히 절로 짙푸르네 滿塘依舊自靑靑

【보내온 시에 "시구에 멋진 시어 없다 말하지 말라, 온 못의 봄풀 이미 푸르고 푸르네."라는 구절이 있어서 언급한 것이다.[來詩有句裏莫言無好語, 滿塘春草已靑靑, 及之.]】

2

비가 들판을 씻고 말끔히 개이자 雨洗郊原爛熳晴
어촌에는 이때 촌사람들 다니누나 漁村時有野人行
유독 가련타, 아무 일 없는 객사 생활 獨憐旅館渾閑事
서산의 한 줄기 푸른 빛 누워서 보네 臥看西山一抹靑

3

마을 집 길가에 핀 꽃을 보노라니[418] 借看黃四宅邊花
객살이에 봄이 서글퍼 백발만 늘었지 客裏傷春白髮多
도성 떠나 함께 귀양객 된 지 삼 년 去國三年同作謫
월나라 곡조 타니 금슬[419]에 스미네 彈成越曲入雲和

4

그립다 지난날 손수 꽃 심은 물가에 憶昔溪頭手種花
그대 날마다 취해 잠든 적 많았지 先生日日醉眠多
이 몸 하늘 끝에서 떠도는 신세건만 天涯落魄身如此
세월은 변함없이 영화 연간[420] 같구나 歲月依然似永和

---

418 마을……보노라니: 봄날 우연히 꽃을 보게 된 것을 말한다. 두보의 시 「강가를 홀로 거닐며 꽃을 찾다[江畔獨步尋花]」에, "황사랑의 집에는 꽃이 길에 가득한데, 천 송이 만 송이가 가지를 눌러 나직하구나.[黃四娘家花滿蹊, 千朶萬朶壓枝低.]"라고 한 데서 온 말이다. 황사랑(黃四娘)은 마을의 한 노파를 일컫는 말이다.

419 금슬: 원시의 '운화(雲和)'는 본래 운화산(雲和山)으로 금슬(琴瑟)이나 비파가 생산되는 산의 이름인데, 이에 근거하여 한시에서 금슬(琴瑟)의 이칭으로도 쓰인다.

420 영화 연간: 영화(永和)는 동진(東晉) 목제(穆帝)의 연호(345~356)이다. 여기서는 영화 9년(353) 3월 3일에 왕희지·사안·손작(孫綽) 등 당대의 명사 40여 명이 회계 산음의 난정에 모여서 곡수(曲水)에 술잔을 띄우고 시를 읊으면서 성대한 풍류놀이를 했던 고사를 가리키는 것으로, 시를 지으며 풍류 즐기기 좋은 봄이 돌아왔다는 말이다.

매계의 「강 마을의 흥취」[421] 시에 차운하다　次梅溪江村雜興

1

하늘하늘 수양버들 깊숙한 뽕나무 길　楊柳依依柘逕深
저물녘 나귀 타니 어디서 원숭이 우짖네　夕陽驢背似猿吟
느긋이 산수 다니느라 돌아가기 잊고　緩尋泉石忘歸去
갈매기와 어울려 마음을 트네　更向沙鷗共許心

2

바다 위로 은은한 무지개 걸렸으니　隱隱虹霓海上綸
순풍에 넘실넘실 푸른 물결 이누나　好風吹動碧鱗鱗
누굴까 마힐의 그림 같은 시[422] 가져다　誰將摩詰詩中畫
강호로 내쫓긴 신하에게 준 이는　付與滄浪放逐臣

---

421 매계의……흥취: 『매계집』 권1에 「강 마을의 흥취를 읊어 허암에게 주다[詠江村雜興, 呈虛菴]」라는 제목으로 실려 있다.

422 마힐의……시: 매계의 시를 비유한 말이다. 마힐(摩詰)은 당나라 시인 왕유의 자이다. 왕유는 그림에도 뛰어났는데, 소식이 왕유가 그린 「남전연우도(藍田煙雨圖)」을 보고 "마힐의 시를 음미해 보면 시 속에 그림이 있고, 마힐의 그림을 관찰해보면 그림 속에 시가 있다.[味摩詰之詩, 詩中有畫, 觀摩詰之畫, 畫中有詩.]"라고 극찬하였다. (『東坡全集』 補遺)

매계의 시를 덧붙이다 附梅溪韻

1

물고기는 헤엄치며 푸른 물 깊이 놀고	游魚鼓鬣綠波深
숲의 새는 읊조리는 나를 도와 지저귀네	林鳥和鳴助我吟
만물이 자득할 때 천기 절로 움직이니	物自得時機自動
사람은 만물 보고 하늘 마음 알아야지	人應觀物見天心

2

바닷가 밀물 들 때 낚시 걷어서	海岸潮回捲釣綸
술이며 밥을 짓고 물고기 요리하네	山尊野飯煮霜鱗
외론 필마 저문 길을 돌아오나니	伶傳匹馬歸來晚
금화전 시종 신하[423]인 줄 뉘 알까	誰識金華侍從臣

---

423 금화전……신하: 정희량이 유배를 오기 전에 예문관 대교로 임금을 곁에서 모신 것을 말한다. 금화전(金華殿)은 한나라 미앙궁(未央宮) 안에 있던 건물인데, 이곳에서 경전을 강론한 데서 경연이나 서연하는 곳을 가리킨다. (『漢書』 卷100上 「敍傳」)

직경[424]의 시권[425] 뒤에 쓰다 題直卿詩卷後

밝은 구슬[426] 누가 내 앞에 떨어뜨렸나 誰遣明珠墮我前
청신함은 이태백의 시에 견줄 만하네 淸新堪比謫仙篇
세상의 좋은 구절은 원래 주인 없거늘 世間妙句元無主
괴이하다, 하늘이 그대에게만 준 것이 可怪天公與子偏

우연히 읊조리다 偶吟

시인은 무슨 일로 변방 성에 누웠는가 詩人底事臥邊城
도깨비 모인 곳에서 세월 빨리 흐르네 魑魅叢中歲月驚
우습다, 호방한 뜻 아직 줄지 않았으니 自笑豪情猶未減
천 겹의 은산[427]에서 밀물과 썰물 보네 銀山千疊看潮生

---

424 직경: 홍언충의 자이다.

425 시권: 원시는 「산은이 매화를 보내왔기에 시로 보답한다[散隱送梅花 詩以報之]」로, 홍언충의 『우암고(寓菴稿)』에 권1에 실려 있다.

426 밝은 구슬: 명월주(明月珠) 곧 야광주(夜光珠)를 가리킨다. 맑은 광채가 마치 밝은 달빛 같다 하여 이렇게 이름한 것이다. 명월주를 던져 준다는 것은 『사기』 「추양열전(鄒陽列傳)」에 "신은 들으니, 명월주나 야광벽을 어두운 밤길 가는 사람에게 던져 줄 경우, 칼을 어루만지며 노려보지 않을 사람이 없다고 합니다. 왜냐하면 까닭 없이 보물이 앞에 이르기 때문입니다.[臣聞明月之珠夜光之璧, 以闇投人於道路, 人無不按劍相眄者. 何則? 無因而至前也.]"라고 한 데서 온 말이다. 여기서는 상대방의 시가 매우 아름다워 깜짝 놀랐다는 의미이다.

427 은산: 하남성(河南省) 창평현(昌平縣) 동북쪽에 있는 산이다. 봉우리가 높고 험준하며 항상 얼음과 눈이 쌓여 있어 백색으로 보이기 때문에 은산(銀山)이라 이름하였으며, 산기슭에 모두 검은 석벽이 있으므로 철벽이라고도 하였는데, 사람의 의지가 굳고 기상이 높아 범할 수 없음을 비유하는 말로 쓰였다.

직경을 놀리며 嘲直卿

1

옥당이 날개를 떨쳐 구름을 능가하려 하고 玉堂揮翰欲凌雲
재주와 힘 특출하기가 옛 광문[428]과 같네 才力瑰奇古廣文
다만 길이 꽃으로 빚은 술 더럽힐까 두려우니 只恐長爲花酒汚
난초 끓인 물로 목욕하여 향기 쐬려 한다오[429] 蘭湯一沐要三薰

2

비단 떨기 가운데 이미 혼이 취했으니 羅綺叢中已醉魂
귀양지는 마치 말발굽 흔적 쓸어낸 듯 謫門如掃馬蹄痕
양주의 꿈에서 한 번 깰 길 없어[430] 無因一覺楊州夢
비로소 시인의 습관이 남았음을 믿겠소 始信詩人習氣存

---

428 광문: 당 현종(唐玄宗) 때의 문인 정건(鄭虔)을 가리킨다. 현종이 일찍이 광문관(廣文館)을 설치하고 정건을 박사로 삼았는데, 그가 몹시 가난하였으므로 두보가 일찍이 그에게 장난삼아 지어 준 「정광문 장난삼아 쓰다[戱簡鄭廣文]」 시에 "재주 명성은 삼십 년을 날렸으되, 빈객은 추워도 앉을 방석이 없네.[才名三十年, 坐客寒無氈.]"라고 하였다.

429 난초……한다오: 직경에게 좋은 영향을 받고 싶다는 말이다. 『초사』 「구가(九歌) · 운중군(雲中君)」에 "난초 끓인 물로 몸을 씻고 향초 끓인 물로 머리 감는다.[浴蘭湯兮沐芳.]"라고 하였다.

430 양주의……없어: 당나라 시인 두목이 강남의 번화지인 양주(揚州)에서 우승유(牛僧孺)의 막료로 있을 적에 홍등가에서 마음껏 풍류를 즐겼는데, 뒤에 낙양에서 당시의 일을 술회하며 지은 「회포를 풀다[遣懷]」 시에 "십 년 만에 양주의 꿈을 한 번 깨고 보니, 청루에서 박정하다는 이름만 실컷 얻었구나.[十年一覺揚州夢, 贏得靑樓薄倖名.]"라는 구절이 나온다.

직경이 나에게 준 시에 차운하다 次直卿贈余之作

1

강산이 드높은 기개 도왔으리니 江山應助氣崢嶸
나귀 타고 지은 시 구절구절 맑네 驢背歸來句句淸
그대 이런 청신한 시 어디서 얻었나 問子飄飄何處得
타향에서 온통 시름만 이는데 他鄕摠是爲愁生

2

풍진 속에 이별하여 떠돈 지 오래인데 一別風霜爲客久
아, 그대 시안에 내 두 눈이 훤해지네 喜君詩眼已雙淸
천오와 자봉이 꺼꾸러져 있겠지만[431] 天吳紫鳳應顚倒
붓끝에서 거침없이 온 골짝 압도하네 筆下滔滔萬壑傾

431 천오와……있겠지만: 해진 옷을 기워 입을 정도로 처지가 곤궁한 것을 말한다. 천오(天吳)는 『산해경(山海經)』에 나오는 수신(水神)의 이름이고, 자봉(紫鳳)은 『산해경』에 나오는 봉황의 이름이다. 두보(杜甫)의 시 「북정(北征)」에 “천오와 자봉의 무늬가 해진 저고리 위에 거꾸로 붙어 있다.[天吳及紫鳳, 顚倒在裋褐.]”라고 하였다.

직경의 시[432]를 덧붙이다 附直卿韻

1

세모에 계곡이며 산에 눈이 쌓였고 溪山積雪歲崢嶸
그 위에 뜬 밝은 달은 더없이 맑네 更著蟾輪十分清
나귀 타고 지금껏 좋은 시구 없으니 驢背祇今無好句
눈썹을 찡그리던 맹 양양[433]이 참 그립네 襄陽絶憶皺眉生

2

밤중 창에 듣는 눈발 소리 듣다가 想得夜牕聽落雪
아침나절 맑은 시를 쓰고 있겠지 朝來自寫小詩清
갓 익은 술동이 술 거를 거 뭐 있나 釀成新甕何須漉
그대 오면 가만히 마주해 기울이리라 客至無言便對傾

매계가 보내온 작품에 차운하다 次梅溪寵示之作

꿈에서 깬 하늘 끝에 객창은 서늘한데 夢回天末客牕涼

432 직경의 시: 홍언충의 『우암고』 권1에 「순부에게 절구 두 수를 주다[贈淳夫二絶]」라는 제목으로 실려 있다.
433 나귀……맹 양양: 눈 속에서 시상을 골몰하는 자신의 모습을 표현한 말이다. 맹 양양(孟襄陽)은 당나라 호북성 양양 출신의 시인 맹호연을 가리킨다. 앞의 주석 36) 참조.

누가 맑은 시 보내 쓰러진 날 일으키나　　誰遣淸詩起我僵
강산을 한참 대하면서도 침묵했는데　　長對湖山猶閉口
예전 눈 올 때의 그리운 마음 생기네　　雪中還發舊時狂

【공은 시를 읊지 않은 지 오래였는데, 지금 매계가 보낸 시가 있기 때문에 말구에 언급한 것이다.[公廢吟久矣, 今有詩, 故末句及之.]】

【해제】

평성 '양(陽)'을 운으로 한 작품으로, 시 전체에 방점이 찍혀 있다. 오랜 유배 생활로 시인은 무기력한 모습이다. 수려한 자연을 만나도 흥취가 일지 않아 그저 침묵뿐이다. 이때 조위가 시를 보내왔다. 잔잔한 호수에 돌멩이가 날아들어 파문이 인다. 시인은 갑자기 스승인 조위가 보고 싶은 생각이 든다. 유배지에서의 외로움이 짙게 베여있다.

장난삼아 쓰다　　戲書

1

평생 시를 짓는 데 힘을 쏟느라　　平生精力着詩功
듬성듬성 백발의 병든 늙은이 됐네　　短髮蕭蕭一病翁
영욕이 우리의 일과 무슨 상관이랴　　榮辱豈關吾輩事
헛된 이름 후인의 공론에 부치노라　　虛名付與後人公

2

단산의 골짝에선 신묘한 책략 헛되나	丹山壑裏虛神算
문자는 세속에서 야광주[434]를 토했네	文字塵間吐夜光
간관[435]들은 사람마다 허백과 사고[436]를 죽였고	白筆人人誅許史
책에서는 구구절절 왕발과 양형[437]을 살렸네	靑編句句活王楊

【해제】

자기 시에 대한 자부심이 드러나 있는 두 수의 연작시로, 1수는 평성 '동(東)'을 운으로 하고, 2수는 평성 '양(陽)'을 운으로 한 작품이다.

사마천은 『사기』를 완성한 뒤에 "정본(正本)은 명산에 보관하고 부본(副本)은 경사에 남겨두어 후세의 성인군자를 기다린다."고 하였고, 전한(前漢)의 문장가 양웅(揚雄)은 『태현경(太玄經)』을 저술한 뒤에 사람들이 비웃자 "후세에 양자운이 다시 나오면 이 글을 좋아할 것이다."라고 하였다. 시인은 자신의 시 역시 후인의 공론을 거쳐 인정을 받을 것이라고 하였다. 세상에 전해진 시문에 의해 왕발(王勃), 양형(楊炯)이 살아났듯이 말이다. 사마천, 양웅과 같은 자부심이 느껴진다.

한편 시인은 "간관들은 사람마다 허백과 사고를 죽였다."고 읊었다.

---

434 야광주: 진귀한 보석으로, 흔히 뛰어난 시문을 일컫는다.

435 간관: 원시의 '백필(白筆)'은 간관(諫官)이 사용하던 붓으로 항상 사모(紗帽)에 잠(簪)처럼 꽂고 있었다. 위 명제(魏明帝) 때 일찍이 조정의 대회(大會)가 열렸을 적에 전중어사(殿中御史)가 붓을 관(冠)에 꽂고 계단 한쪽에 앉아 있으므로 임금이 좌우에게 그가 누구냐고 묻자, 시중(侍中) 신비(辛毗)가 대답하기를, "이게 바로 어사라는 관직으로, 옛날에는 붓을 관에 꽂고 있다가 불법(不法)한 일들을 상주(上奏)했었는데, 지금은 단지 자리만 갖추고 있을 뿐입니다."라고 했던 데서 온 말이다. (『太平御覽』 卷688)

436 허백과 사고: 한 선제(漢宣帝) 때 외척으로 권력을 독점한 허백(許伯)과 사고(史高)인데, 외척의 대명사로 쓰인다.

437 왕발과 양형: 당나라 초기의 왕발(王勃)과 양형(楊炯)으로, 시문이 매우 뛰어나 노조린(盧照隣), 낙빈왕(駱賓王)와 함께 '초당사걸(初唐四傑)'로 일컬어졌다.

무오사화를 일으킨 이극돈, 유자광과 같은 훈구파에 대한 호통이다. 지금은 온갖 권력과 부를 누리지만 반드시 사관(史官)의 기록에 의해 역사의 단죄를 받을 것이라고 일갈하였다.

지팡이를 장만하고 得杖

문을 닫고 누웠자니 가파른 길 겁나니 閉門高臥惕崢嶸
언제쯤 다시 맑아진 세상을 볼는지[438] 何處風塵眼更明
지팡이 얻고 보니 건장한 종 얻은 듯 得此情如添健僕
산 오르고 물에 갈 때 함께 가야지 登山臨水要同行

매계가 보내온 작품에 차운하다 次梅溪寵示之作

1

한때의 원대한 계획 만 리에 나부껴 一日雄圖萬里揚
바람 안고 힘껏 나니 더욱 아득하네 排風決起更蒼蒼
소년의 씩씩한 기운 다 사라졌는데 少年壯氣俱磨折

438 맑아진……볼는지: 두보의 「근심을 풀다[釋悶]」 시에 "강변의 노인이 일을 잘못 요량한 것인지, 눈이 어두워서 풍진이 맑아짐을 보지 못하겠네.[江邊老翁錯料事, 眼暗不見風塵淸.]"라고 한 구절에서 차용하였다. (『杜少陵詩集』 卷12)

흙다리 위에서 예전 황씨 만났네[439] 圯上今逢舊姓黃

2

문단의 뛰어난 솜씨 홀로 버들잎 뚫고[440] 詞林妙手獨穿楊

글자마다 바다의 푸른빛을 머금었네 字字仍涵海色蒼

칼 어루만지며[441] 침상에서 시문[442]을 보니 按劍床頭雙白璧

미간에 이미 한 줄기 누런빛 생겼네[443] 眉間一抹已生黃

【해제】

1수와 2수 모두 평성 '양(陽)'을 운으로 한다. 1수에서는 시인이 유배 오면서부터 자신의 청춘과 꿈을 펼칠 수 없으리라고 생각했음을 3구를 통해 드러내었다. 그러나 장량이 황석공을 만났던 것처럼 스승인 조위를 만나게 된 것을 기뻐하는 내용을 담고 있다. 2수에서는 조위의 글재주를

---

439 흙다리……만났네: 진(秦)나라 말 장량(張良)이 미천했을 때 하비(下邳)의 흙다리 위[圯上]에서 황석공(黃石公) 노인을 만났는데, 그가 짐짓 다리 밑으로 떨어뜨린 신을 주워다 그의 명에 따라 공손히 꿇어앉아서 신겨주고, 그로부터 태공(太公)의 병서(兵書)를 받아 익혔다. 뒤에 장량이 한 고조의 책사가 되어 진나라를 멸하고 한나라의 대업(漢業)을 세웠던 데서 온 말이다. (『史記』 卷55 「留侯世家」)

440 버들잎 뚫고: 원시의 '천양(穿楊)'은 먼 곳에서 활을 쏴서 버들잎을 뚫는다는 뜻으로, 명사수를 가리킨다. 춘추 시대 초 공왕(楚共王)의 장군인 양유기(養由基)가 백 보 떨어진 곳에서 활로 버들잎을 쏘아 백발백중시켰다는 고사에서 유래하였는데, 뒤에는 기예가 뛰어난 것을 지칭하는 말로 확대되어 쓰였다. (『史記』 卷4 「周本紀」)

441 칼 어루만지며: 한나라 추양의 고사에서 유래하였다. 후에 이를 '명주암투(明珠暗投)'라 하여 느닷없이 시를 지어주고 화답해 주기를 요구하는 것을 뜻하게 되었는데, 여기서는 단순히 상대의 뛰어난 시를 비기어 표현한 것이다.

442 시문: 원시의 '백벽(白璧)'은 티 하나 없는 옥으로, 상대가 보내준 시를 높여 부르는 말이다.

443 미간에……생겼네: 옛날에 점을 치는 자들은 사람의 미간에 누런 기운이 돌면 반드시 기쁜 일이 있을 것이라고 하여, 황색(黃色)을 기쁨의 징조로 여겼다. 한유의 「언성만음봉증부사마시랑급풍이이원외(郾城晩飮奉贈副使馬侍郎及馮李二員外)」 시에 "성 위의 붉은 구름은 승리의 기운을 드러내고, 미간의 누런 빛은 돌아갈 기일을 보여주네.[城上赤雲呈勝氣, 眉間黃色見歸期.]"라고 하였고, 송나라 소식의 시 「송이공서부궐(送李公恕赴闕)」 시에 "갑자기 눈썹 위에 누런 기운이 있으니, 그대가 점점 빼어난 명성을 거두려고 하는구나.[忽然眉上有黃氣, 吾君漸欲收英髦.]"라고 하였다.

찬미하였다. 이후 마지막 4구에서 매개의 시를 통해 느낀 기쁨을 노란빛으로 시각화하였다.

3

오강에 맺힌 성난 파도[444]에 부끄럽고　恥向吳江結怒濤
홀로 깨어 있으니[445] 어찌 차마 이소 읊으랴　獨醒何忍詠離騷
조물주가 원숭이와 학처럼 나를 희롱하니[446]　天公戲我如猿鶴
기이하다, 산림이 도리어 감옥 되었네　可怪山林解作牢

매계의 시를 덧붙이다　附梅溪韻

훌륭한 문장[447]이라 과분한 칭찬 받으니　蒙君巨筆過揄楊
연석[448]을 어찌 수창옥[449]과 비교하리오　燕石何容較水蒼

---

444 오강에……파도: 오자서(伍子胥)가 억울하게 오강(吳江)에 몸을 던진 것을 가리킨다. 윤선도(尹善道)의 「어부사시사(漁父四時詞)」에 "오강(吳江)에 가자 하니 천 년의 성난 파도 슬프도다"라고 하였다.

445 홀로……있으니: 세상사에 영합하지 못한다는 말이다. 굴원의 「어부사」에 "온 세상이 다 흐리나 나 홀로 맑고, 뭇사람들이 다 취해 있지만 나 홀로 깨어 있네.[擧世皆濁我獨淸, 衆人皆醉我獨醒.]"라고 하였다.

446 조물주가……희롱하니: 공치규(孔稚圭)의 「북산이문(北山移文)」에 "향초로 엮은 장막은 텅 비어 밤의 학이 원망하고, 산 사람이 떠나가 새벽 원숭이가 놀란다.[蕙帳空兮夜鶴怨, 山人去兮曉猿驚.]"라는 구절이 있는데, 가짜 은둔 선비인 주옹(周顒)이 변심하여 임금의 조서를 받고 관리가 된 것을 풍자하는 가운데 나온 말이다.

447 훌륭한 문장: 이본과 『매계집』을 참고하여 원시의 '신필(臣筆)'을 '거필(巨筆)'로 수정하여 번역하였다.

448 연석: 비슷하지만 가짜인 것을 비유한 말로, 여기서는 시인 자신의 시를 가리킨다. 연석(燕石)은 연산(燕山)에서 나는 돌로, 얼핏 옥으로 보인다고 한다. 송나라의 어떤 어리석은 사람이 이 돌을 얻고는 귀한 옥인 줄 알고 고운 비단으로 열 번을 싸서 애지중지하여 사람들의 비웃음을 샀다고 한다. (『古今事文類聚』 卷14 「寶燕石」)

449 수창옥: 물의 빛깔처럼 푸른빛이 도는 귀한 옥으로, 여기서는 매계의 시를 가리킨다. 대부(大

혀 찰만한 아름다운 글 정말로 놀라우니 咄咄滎陽眞可畏
요즘 시율이 진사도와 황정견에 가깝다네 邇來詩律逼陳黃

직경의 시에 차운하다 次直卿韻

천년토록 이름난 강서 시인 몇 명뿐인데 千載江西只數君
어지러이 남은 사람들 구름처럼 흩어졌네 紛紛餘子散如雲
하늘 가르침의 정통 우리에게 달렸으니 天敎正脈關吾輩
구양수와 매요신만 고문 창도한 게 아니라네 不獨歐梅唱古文

【해제】

평성 '문(文)'을 운으로 한 작품이다. 일세를 풍미했던 소식, 황정견, 진사도 등과 같은 강서시파(江西詩派) 문인들은 모두 사라지고 없을 뿐만 아니라 강서시풍 역시 중원 땅에서 희미하다. 그러나 하늘은 강서시풍의 부활을 정희량, 박은, 이행 등과 같은 조선의 문인들에게 맡겼다. 정희량은 고문 창도는 중국에서만 이루어지는 것이 아니라 조선에서도 이루어질 수 있음을 강조하며, 그 중심에서는 자신과 같은 '해동강서시파'가 있음을 자부하였다. 강서시풍에 대한 칭송과 이를 추구하는 자부심 등이 「유회(有懷)」 13수 중 박은에 대해 읊은 시, 「기직경중열(寄直卿仲說)」, 「차직경운(次直卿韻)」, 「차계문운(次季文韻)」 등의 작품에 잘 드러나 있다. 이러한

夫)가 몸에 차는 옥이다. (『禮記』「玉藻」)

자부심은 같은 시풍을 추구하던 친구들에 대한 믿음과 자신감에서 나온 것이다.[450]

직경의 본래 시를 덧붙이다 附直卿韻

평소에 날 알아준 이 누가 그대만 하랴 平生知我孰如君
심사는 온통 산의 동굴에서 나오는 구름 같네 心事渾如出岫雲
비바람 부는 우암, 눈 내리는 허암에서 寓庵風雨虛庵雪
십 년 술자리 하며 시문 자세히 논했지 十載尊前細討文

성지[451]의 시[452]에 차운하다 次成之韻

나귀 탄 시인[453] 호방한 기운 넘치니 驢背詩人逸氣多

450 김남기, 위의 논문, 179쪽.
451 성지: 김극성(金克成, 1474~1540)의 자이다. 호는 우정(憂亭)·율암(栗庵)·나헌(蘿軒), 본관은 광산(光山), 시호는 충정(忠貞)이다. 김맹권(金孟權)의 아들이다. 1498년(연산군4) 문과에 장원으로 급제하여 병조 정랑·경상도 관찰사·이조 판서 등을 지냈다. 1531년 김안로(金安老) 일파의 모함으로 흥덕(興德)에 유배되었다. 저서로는『우정집』이 있다.『허암유고』「사우록」에 이름이 실려 있다.
452 시: 해당 시는 김극성의『우정집』에「순부에게 부치다[寄淳夫]」라는 제목으로 실려 있다. 전문은 다음과 같다. "부끄럽게도 내 재주 그대보다 부족하니, 시집 두 권 들고 황하에 이르렀네. 만리 관산이 자주 꿈에 보이는데, 장사에서 어떻게 지내시는지.[我嫌才少子嫌多, 兩卷文章倒九河. 萬里關山頻入夢, 長沙消息問如何.]"
453 나귀……시인: 1500년 당시 김극성이 성절사(聖節使) 서장관(書狀官)으로 사행을 가던 길이었으므로 이렇게 표현한 것이다.

홀로 풍월을 읊으며 능하[454]를 지나리 獨吟風月過菱河
그대에게 고달픈 장사 소식[455] 전하오 憑君爲報長沙苦
그저 복조부나 지으며 늙고 있소 鵩鳥聲中老奈何

【보내온 시에 "장사(長沙)에서 어떻게 지내시는지[長沙消息問何如]"라는 구절이 있었기에 말미에 이렇게 말한 것이다.[來詩有長沙消息問何如之句, 故末意及之.]】

수수[456]의 시에 차운하다 次睡叟韻

나비 꿈[457]에서 신선놀음 즐겼으니 夢蝶眞成汗漫遊
봄꽃 즐겨 찾음은 자연스러운 일 好尋花柳自能由
모진 고난[458] 겪은 그대 가엾지만 憐渠肝膽經三火
손가락에 무른 칼 감지는 마오[459] 莫學鉛刀繞指柔

---

454 능하: 요령성(遼寧省)에서 발원하여 요동만(遼東灣)으로 흘러 들어가는 물줄기이다.

455 고달픈……소식: 귀양지에서 괴롭게 보내고 있다는 말이다. 장사는 유배지를 뜻하는 말로, 한나라 가의가 권신들의 모함으로 장사왕 태부(長沙王太傅)로 좌천되었던 고사에서 유래하였다. (『史記』 卷84 「賈誼列傳」)

456 수수(睡叟): 미상이다. 『허암유고』 「사우록」 마지막에 언급이 되고 있으나 상세한 정보는 나오지 않는다.

457 나비 꿈: 인간의 굴레를 벗어나 자유롭게 노니는 것을 비유한 말이다. 『장자』 「제물론」에, 장주가 꿈속에서 나비가 되어 자유롭게 날아다니며 인간인지도 잊었다는 고사에서 유래한다.

458 모진 고난: 원시의 '삼화(三火)'를 옮긴 것이다. 『회남자(淮南子)』 「숙진훈(俶眞訓)」에, "종산의 옥은 숯 화로에 사흘 밤낮을 가열하여도 색채나 광택이 변하지 않는다.[灼以爐炭, 三日三夜, 色澤不變, 得天地之精也.]"라고 한 데서 온 말로, 뛰어난 사람에게 많은 시련이 주어지는 것을 비유한다.

459 손가락에……마오: 좌절 속에서도 굳은 의지를 지켜나가기를 당부하는 말이다. 진(晉)나라 유곤(劉琨)의 시 「거듭 노심에게 주다[重贈盧諶]」에 "어찌 생각했으랴 백 번 달군 강철이, 손가락에 감을 만큼 유약해지리라고.[何意百鍊剛, 化爲繞指柔.]"라고 한 데서 온 말이다. (『晉書』 卷62 「劉琨列傳」)

정사 송 좌주[460]께 드리다　奉呈宋使相座主

적문의 도리[461] 모두 향기로우니　狄門桃李共芬芳
운 좋게 포함되어 기량을 뽐내었지　幸托餘根獨擅場
시절 늦어 강산의 봄 적막한데　歲晩江湖春寂寞
수척해도 예전 향기 변함없어라　枯槁不改舊時香

느낌이 있어　有感

의주 가는 만 리 길 멀고도 먼 길　萬里龍灣道
천년 세월 귀양 온 이들 많기도 했지　千秋逐客多
길동무할 짝도 없이 혼자 오다니　我來無伴侶
저녁놀에 울컥 눈물이 흐르네　老淚落殘霞

---

460 정사 송 좌주: 좌주(座主)는 급제자가 시험관을 일컫는 말로, 송 좌주(宋座主)는 정희량이 급제할 당시 시험관이었던 송일(宋軼)을 가리킨다. 그가 1501년 7월에 천추절사(千秋節使) 정사(正使)로 북경으로 떠났는데, 시의 내용으로 보아 사행을 마치고 돌아오는 이듬해 봄에 지은 것으로 추측된다. (『燕山君日記』 7年 閏7月 8日)

461 적문의 도리: 송일이 시관이 되어 뽑은 많은 유능한 신하들을 가리킨다. 적문(狄門)은 당나라 때 재상을 지낸 적인걸(狄仁傑)의 추천으로 뽑힌 신하들을 말하고, 도리(桃李)는 복숭아와 자두로, 뛰어난 인재를 비유한다. 적인걸이 추천한 많은 이들이 유능한 신하가 되자 어떤 이가 적인걸에게 "천하의 도리 모두 공의 문하에 있습니다.[天下桃李, 悉在公門矣.]"라고 하였다. (『新唐書』 卷115 「狄仁傑列傳」)

『매직강집[462]』을 중열에게 돌려주며　還梅直講集于仲說

매 선생은 북송의 경력 연간[463]에	先生慶歷間
갈옷 입고 임금의 은혜 입었지	被褐蒙珠玉
소동파는 명성을 사양하였고	蘇子讓其名
구양수는 대등하다 인정했지	老歐相與敵
당시에 그의 시구 하나 얻으면	時人獲一句
영예롭기 높은 벼슬 얻은 듯했지	所榮如冕紱
하물며 세월 오랜 지금에서야	況今去世久
단 한 글자인들 어찌 얻을까	隻字那可得
중열이 그 문집을 내게 주어서	仲說持我贈
손을 씻고 시편들을 열람하였네	盥手閱篇什
읽을 때면 새어 나오는 감탄사	讀之輒三歎
옛 곡조를 다시 누가 알아보리	古樂誰復識
기쁘게도 알아줄 사람 있어	但喜知者在
봉해서 중열에게 부쳐 보내네	緘封寄仲說

462 『매직강집』: 송나라 경력(慶曆) 연간에 국자감 직강 벼슬을 지낸 매요신의 문집을 가리킨다.
463 경력 연간: 송나라 인종(仁宗)의 연간(1041~1048)을 말한다. 이 시기에 나라가 안정되었을 뿐만 아니라 범중엄·구양수·사마광·주돈이·정호·정이·매요신·소식·왕안석 등 많은 인재가 출현하여 이때를 '경력지치(慶曆之治)라고 부른다.

사화와 중열에게 부치다 寄士華仲說

변새 밖으로 이별한 지 삼 년 塞外三年別
어느 날 술잔을 함께 기울였지 尊前一日同
어이하나 만나고 헤어지던 곳에 如何聚散地
또 다시 한 해가 저무는 것을 又值歲時窮
산과 바다에 금(琴)의 소리 진동하고 海嶽琴心動
높은 하늘에 칼 기운 찌를 듯하네 雲霄劍氣衝
그대들 생각에 시구 애써 고심하노니 思君勞覓句
두 구레나룻에 가을바람 지나누나 雙鬢已秋風

용만에서 영남으로 옮겨가면서 택지에게 부치다 自龍灣移向嶺外, 寄擇之【住麻田, 擇之時在燕京未返.】

[마전(麻田)에 살 때 택지는 연경(燕京)에서 돌아오지 않았었다.]

그대는 중국 서쪽에, 나는 남쪽으로 君在天西我向南
객의 시름 이별의 정한 다 참기 힘드네 羈思別恨兩難堪
제비와 기러기[464] 멀리 타지서 중양절을 만나고 燕鴻避處逢重九

464 제비와 기러기: 제비는 여름 철새이고 기러기는 겨울 철새여서 서로 만날 수가 없으므로, 서로 멀리 떨어져 지내는 것을 말한다.

원숭이에게 밤 나눠줄 땐 셋 넷을 원망하지[465] 狙栗分時怨四三
복잡다단한 세상사 모두 이와 같으니 世事多端皆若此
인정은 늙어서야 절로 알게 되누나 人情到老自能諳
용만은 바로 예전에 방황하던 곳인데 龍灣舊是恓惶地
선생께서 욕되게도 역암 소식 묻네 虛辱先生問櫟菴

【해제】

용만은 의주의 별칭이다. 마전은 경기도 연천 일대의 옛 고을 이름이다. 정희량은 1500년 5월 7일 의주에서 김해로 유배지를 옮겼고, 이행은 1500년 4월 질정관으로 성절사(聖節使)를 따라 중국에 갔다가 그해 가을 홍문관 수찬에 임명되었다.

한두 친구와 작별하며 주다 贈別一二知己【住興仁門外.】

[흥인문 밖에서 머물다.]

각자 천지를 떠도는 바람에 흩어진 신세 乾坤飄泊各風煙
뉘 알았으랴 죽기 전에 다시 만날 줄 誰料重逢未死前
유배객 꿈 연이은 밤비에 놀라고 謫夢猶恂連夜雨

465 원숭이에게……원망하지: 어리석은 행동이나 간사한 마음을 비유한 말이다. 『장자』「제물론」에, 옛날에 원숭이를 기르던 저공(狙公)이 원숭이에게 도토리를 아침에 세 개, 저녁에 네 개를 주겠다고 하자 원숭이가 싫어하기에, 아침에 네 개, 저녁에 세 개를 주겠다고 하자 원숭이들이 기뻐했다는 우화가 있다.

나그네 넋 용선에서 내리는 게 두렵네　羇魂先怕下龍船
변방에 삼 년 떨어진 것도 애처로운데　自憐塞外三年隔
또다시 만 리 먼 강남으로 귀양 가다니[466]　又作江南萬里遷
우리 이별 팔팔한 젊을 때부터였으니　此別俱爲少壯日
인간 세상의 만남과 이별 하늘에 맡긴다　人間離合付蒼天

한강의 누각에 올라 친구의 시에 차운하다　登漢江樓, 次友人韻

1

물이 멈추고 흐르는 것[467]도 길이 있건만　坎止流行雖有道
북에서 남으로 떠나니 늙은이가 됐구려　北來南去自成翁
누각에 올라 가슴속 기운 한번 토하니　登臨一吐胸中氣
흩어져 세상의 온갖 구멍에서 나온 소리[468] 되네　散作人間衆竅風

466 또다시……가다니: 정희량은 1498년 7월에 무오사화에 연루되어 의주로 귀양을 갔다가, 1500년 5월에 김해로 귀양지를 옮겼다.

467 물이……것: '유행감지(流行坎止)'와 같은 말로, 물은 흐를 만한 형세를 만나면 흐르고 팬 곳을 만나면 멈춘다는 것이다. 이는 출사할 수 있으면 나아가고 난세를 만나면 은거하는 군자의 출처진퇴(出處進退)를 비유한다. 『한서』 권48 「가의전(賈誼傳)」의 "흐름을 타게 되면 함께 흘러 내려 가고, 웅덩이를 만나면 잠깐 정지할 뿐이다.[乘流則逝, 得坎則止.]"라는 말에서 유래하였다.

468 세상의……소리: 『장자』 「제물론」에서 남곽자기(南郭子綦)가 말한 지뢰(地籟)를 말한다. 지뢰는 대지의 온갖 구멍에서 나온 소리로, 바람이 대지를 스칠 때 울리는 온갖 소리를 의미한다. 『장자』 「제물론」에 안성자유(顔成子游)가 남곽자기에게 "지뢰는 곧 여러 구멍에서 나온 소리이고, 인뢰는 비죽(比竹) 같은 악기에서 나온 소리인 줄은 알겠지만, 천뢰는 무엇입니까?[地籟則衆竅是已. 人籟則比竹是已. 敢問天籟?]"라고 묻는 말이 나온다.

2

분분한 우주 속 무수한 사람들 중에	紛紛宇宙人無數
기개 높은 이런 귀양 객 누가 보았나	誰見崢嶸此謫翁
늙어서도 호방한 마음 줄지를 않아	老去豪情猶未減
술 취해 안개비 속 돛 바람에 기대네	醉憑煙雨一帆風

한강을 갓 건너서 한두 친구에게 부치다 初渡漢江, 寄一二知己

도성 나설 때[469] 사흘의 미련 있었는데[470]	出晝猶存三宿戀
노나라 떠날 적에도 더뎠으니[471] 무슨 상관이랴	何妨去魯亦遲遲
이번 길은 맛있는 농어 때문이 아니니[472]	此行不是鱸魚美
무한한 가을바람 이별 뒤에 생각나겠지	無限秋風別後思

469 도성 나설 때: 맹자가 제(齊)나라 임금을 하직하고 3일 만에 주(晝)라는 고을까지 도착하였다. 맹자가 도를 행하려다 대우하지 않으므로 제나라를 떠나는데, 3일을 자 가면서 가까운 주읍(晝邑)으로 나아갔다는 뜻으로, 도성 근처에서 머뭇거린다는 말이다.

470 도성……있었는데: 쉽게 도성을 떠나지 못하고 머뭇거렸다는 말이다. 맹자가 제(齊)나라를 떠나면서 3일 동안이나 제나라 동남쪽에 있는 주(晝)라는 고을에서 머물며 제나라 왕이 다시 불러주기를 기다렸다는 일화가 있다. (『孟子』「公孫丑下」)

471 노나라……더뎠으니: 『맹자』「만장 하(萬章下)」에 "공자께서 제나라를 떠나실 적에는 밥을 지으려고 일고 있던 쌀을 건져서 떠나셨지만, 노나라를 떠나실 적에는 '천천히 가자꾸나, 내 걸음이여!' 하셨으니, 이는 부모국을 떠나는 도리이다.[孔子之去齊, 接淅而行, 去魯, 曰, '遲遲吾行也.' 去父母國之道也.]"라고 한 내용이 나온다.

472 맛있는……아니니: 장한(張翰)이 낙양(洛陽)에 들어가 동조연(東曹掾)으로 있다가 어느 날 가을바람이 일어나는 것을 보고는 자기 고향의 순챗국[蓴羹]과 농어회[鱸魚膾]를 생각하면서, "인생은 자기 뜻에 맞게 사는 것이 중요한데, 어찌 천 리 밖에서 벼슬하여 명성과 작위를 구할 필요가 있겠는가."라고 하고, 마침내 수레를 타고 고향으로 돌아갔다고 한다. (『晉書』 卷92「文苑列傳 · 張翰」)

수원 객관에서 묵으며 投宿水原客館

새벽에 한강엔 비 내리더니 曉濕漢江雨
수원[473]에는 저녁 햇빛 밝구나 隨城夕照明
산수는 적막하기만 하건만 溪山自寂寞
천지는 몇 번이나 맑고 흐린가 天地幾陰晴
고향을 떠난 지 삼 년이라 故國三年別
가을바람에 흰 머리 생겼네 秋風白髮生
나그네 신세 오래인지라 長爲道路客
남에게 토로하는 게 부끄럽네 恥作向人鳴

【해제】

평성 '경(庚)' 운을 사용하였다. 정희량이 의주에서 김해로 가는 도중 수원에서 쓴 시로 추측된다. 5구에서 "고향을 떠난 지 삼 년"이라고 한 것은 의주에서의 유배 기간을 가리킨다.

수원에 머물며 밤에 짓다 留水原夜賦

쓸쓸한 수원 고을에서 寥落隨城縣

473 수원: 수성(隋城)으로도 쓰는바, 지금의 수원(水原)을 가리킨다.

도성 떠나와 처연하구나　　凄然去國情
애초 짓밟혀 북으로 갔다가　　初爲魚北徙
이젠 기러기 좇아 남으로　　又逐雁南征
세월은 덧없이 흘러가는데　　歲月時將晩
세상사 놀랍기 그지없어　　風塵事可驚
간직해오던 사나이 포부　　平生男子志
오늘 저녁 더욱 솟구치네　　此夕轉崢嶸

【해제】

하평성 8번째 경(庚)자를 운목으로 하여, 짝수 구 마지막 글자(情, 征, 驚, 嶸)를 압운한 오언율시이다.

왕성한 혈기로 큰 뜻을 펼쳐야 할 한창의 나이에 기약 없이 감금된다면 그 심정이 어떠할까. 오매불망 석방 소식을 기다렸을 시인에게 유배지를 옮긴다는 청천벽력 같은 어명이 내려졌다. 뜻대로 되지 않는 것이 세상사라지만 이 가혹한 시련 앞에 속수무책이다. 검었던 머리카락도, 반짝이던 눈빛도 속절없이 흘러가는 세월 속에 어느새 흐려졌지만, 아직 가슴속에는 펴보지 못한 큰 뜻이 자리 잡고 있다. 언젠가 오게 될 그때를 위해 다시 한번 마음을 다잡는 시인의 모습에서 결연한 의지가 느껴진다.

원시의 '爲魚' 두 자는 『후한서』「중장통전(仲長統傳)」에 "백성들을 어육으로 만들어 그 욕심을 채웠다.[魚肉百姓, 以盈其欲.]"라고 한 데서 차용한 말인데, 사람들을 무자비하게 해치는 것을 비유할 때 쓰인다. 시인이 느꼈을 고통과 울분이 고스란히 드러나는 글자이다.

길 가는 중에 途中

푸른 산 나를 전송하고 青山送我去
흰 구름 나를 맞아주네 白雲迎我來
관단마[474] 타고 지나가니 款段著此間
돌아가는 흥취 기가 막히고 歸興亦奇哉
손뼉 치며 하늘에 감사하니 拍手謝天翁
대장부의 흉금 비장해지네 壯士胸崔嵬
만 리 먼 길에 한 번 웃고 一笑萬里途
지는 석양을 우러러보노라 仰看西日頹

【해제】

상평성 10번째 '회(灰)' 자를 운으로 하여 짝수 구 마지막 글자를 압운한 오언의 고체시이다.

푸른 산이 전송하고 흰 구름이 맞이해준다는 이 정경은 마치 한 편의 동화를 보는 듯하다. 시만 본다면 어디 산천유람을 다니고 있다는 착각을 불러일으킬 정도이다. 그러나 시인은 지금, 굳이 비유하자면 호송차를 타고 다른 교도소로 옮겨가는 중이다. 이것도 유람이라면 유람인지, 눈앞에 펼쳐진 풍광에 매료되어 처지도 잊은 채 흥이 솟구친다. 가혹한 현실 앞에 원망스럽기만 하던 하늘도 지금 이 순간만큼은 감사할 따름이다. 그리고 다시 한번 결연한 의지를 다잡아 본다. 먼 길을 오면서 느꼈던 숱

474 관단마: 키가 작고 걸음이 느린 말을 가리킨다.

한 울분과 고독들도 지는 해 속에 실어 보내며 한 번 웃어본다.

운금루[475]에서 연꽃을 구경하며　雲錦樓賞蓮

열 길 남짓 연꽃 송이들	柄柄十丈荷
홀로 서서 외로이 빛나네	獨立耿無隣
묵은 잎은 졌다 다시 쳐들고	舊葉低復擧
새 꽃은 고운 손님 온 듯	新花如佳賓
늙어도 운치를 느끼고 보면	風味老猶在
서랑의 풍류[476] 진짜였구나	更覺徐娘眞
이 아름다운 꽃 보았으니	邂逅此粲者
속세의 형색 씻어내겠구나	可洗聲色塵
부질없이 열매 따려던	區區欲摘實
한자[477]는 참 어리석지	韓子眞癡人
천고의 염계옹[478]이야말로	千載濂溪翁

475 운금루: 당시 수원의 객사 동쪽에 있었던 정자이다. 목은 이색이 지은 기문이 있다.

476 서랑의 풍류: 노쇠해서도 젊은 시절 못지않게 풍치와 멋을 지닌 사람을 비유하는 말로 쓰인다. 서랑(徐娘)은 남조(南朝) 양나라 원제(元帝)의 비 서소패(徐昭佩)인데, 『남사(南史)』 「후비전하(后妃傳下)·양원제서비(梁元帝徐妃)」에 "서랑은 늙었지만 여전히 감정이 풍부하다.[徐娘雖老, 猶尙多情.]"라고 하였다.

477 한자(韓子): 당나라 한유(韓愈)를 가리킨다. 그의 「고의(古意)」 시에 연꽃을 두고 "어떻게 하면 긴 사다리로 올라가 열매 따서, 내려와 일곱 연못에 심어 뿌리와 줄기가 이어지게 할 수 있을까.[安得長梯上摘實, 下種七澤根株連.]"라고 하였다. (『古文眞寶前集』 卷4)

478 염계옹: 염계는 북송(北宋) 때 사람 주돈이(周敦頤)의 호이다. 그는 연꽃을 좋아해서 「애련설(愛蓮說)」을 지어 연꽃을 찬미하였다. (古文眞寶後集』 卷10)

나의 회포에 제격이구나　　與我懷抱親

【해제】

운금루는 고려 후기 권렴(權廉)이 개성(開城) 남쪽 용화지(龍化池) 옆에 세운 누대이다. 권렴이 여름에 연꽃이 필 때마다 손님을 불러 잔치를 열고 즐겼다고 하는 이곳은 후에 많은 시인 묵객들의 풍류 장소로 애용되었다.

유배지를 옮기는 중에 목도한 고운 자태의 연꽃은 시인에게 잠시나마 위안을 준다. 진흙 속에서 피어나 청초함을 뽐내고 또 멀리까지 은은한 향을 풍기는 연꽃을 군자에 비유했던 주돈이(周敦頤)의 운치가 고스란히 느껴진다. 도무지 납득이 가지 않는 이 상황 속에서 다시 한번 자기 뜻이 틀리지 않았음을, 저 진흙 속에서도 곱게 피어난 연꽃을 보며 다잡아 본다.

운금루[479]에 올라 지정과 읍취의 시에 또 차운하다
登雲錦樓 復次止亭挹翠韻

1

세상 물정 어두운 한산백[480]이며　　人間濩落韓山伯

---

479 운금루: 1337년에 권렴(權廉)이 개성(開城) 남쪽 용화지(龍化池)의 동쪽에 세운 누각이다. 이제현(李齊賢)과 이색이 쓴 「운금루기(雲錦樓記)」가 유명하다.

480 한산백: 목은 이색이 조선 개국 후 태조로부터 받은 봉호이다. 이색은 고려에 절의를 지킨 대표

천하에 쓸모없는 도은옹[481]이지 天下龍鍾陶隱翁
부끄럽네 지금 나는 거듭 쓸쓸히 愧我今來重感慨
두 분 풍모 그리며 홀로 누웠네 樓邊獨臥舊時風
【운금루 벽에 목은(牧隱)과 도은(陶隱)의 시문이 있다.[壁上, 有牧隱陶隱詩文.]】

2

동서남북 널리 두루 돌아다니다 東西南北經行遍
늙은이 천지에 저 홀로 섰네 天地中間獨立翁
건달산[482] 앞에서 저문 비 만나 乾達山前逢晩雨
용암사[483] 절에서 강바람 보네 龍巖寺裏望江風

3

젊은 시절 함께 공부한 금곡자[484]와 同學少年琴谷子
나를 알아주는 고고한 이 지정옹 賞音高士止亭翁
달밤에 문득 그립네 떨어져 지내니 月明忽憶相分處
산에 비 쓸쓸한데 옛 바람 급하네 山雨蕭蕭急舊風

4

구름인 양 비단인 양 빼어난 산수 溪山勝處如雲錦

적인 인물로, 정몽주(鄭夢周)·이숭인(李崇仁)과 함께 고려 말의 삼은(三隱)으로 불린다.

481 도은옹: 도은(陶隱)은 고려 말 문신 이숭인(李崇仁, 1347~1392)의 호이다. 이색의 제자로, 성리학을 전수받아 유풍을 새롭게 하였다. 시를 짓는 데 탁월하였다. 조선 개국 후 유배되었다가 피살되었다.

482 건달산: 경기도 화성시 봉담읍에 있는 산이다.

483 용암사: 경기도 수원시 구봉산에 있던 절이다.

484 금곡자: 금곡자(琴谷子)는 박은의 다른 호이다.

그 속에 드러누운 늙은이 하나　　頹臥天涯一病翁
옥 같은 이 노닐던 이 누각에는　　此是玉人遊歷地
연잎의 비와 바람 발 하나 가득　　滿簾荷雨與荷風

5

휑뎅그렁 천지에 해 저무는데　　乾坤寥落歲時晩
밤새 그대 생각에 늙은이 됐네　　一夜思君成老翁
지정의 좋은 시구 사랑스러워　　最愛止亭詩句好
"우수수 갈포 두건 스치는 바람"　　蕭蕭吹過葛巾風

【보내온 시에 "눈앞에 분분한 영욕의 일은, 우수수 갈포 두건 스치는 바람"이라는 구절이 있었다.[來詩有榮辱紛紛眼前事, 蕭蕭吹過葛巾風之句.]】

용인의 객관에서 매계가 손수 지어 써 붙여둔 시를 보고 느낌이 있어 짓다
龍仁客館, 見梅溪手題, 有感而作

속세를 여읜 시편 객관에 두고　　古館仍留絶俗篇
매계가 떠나신 지 벌써 두 달째　　梅仙去後月重圓
객관 올라 저도 몰래 크게 읽으니　　登臨不覺高聲讀
추풍 가득 실린 원한 절로 알겠네　　恨滿秋風意已傳

청회역[485]에서 내 이름 글자를 보고 느낌이 있어

淸淮驛上, 見我姓名, 有感而作

남녘 유배 기러기와 함께 가는 길 南遷身與雁俱行
강물 멀리 하늘 낮고 가을이 한창 水遠天低秋滿城
뉘 알았으랴 여관 창 한가로운 초목이 誰料旅牕閑草木
나의 옛 이름을 미리 알고 있을 줄 預先知我舊時名

길 가는 중에

途中

맑은 시내 가는 돌은 왕유의 그림[486] 淸川細石王維畫
고목이 감은 바위는 이태백의 시편[487] 古木回巖太白詩
나귀 등짝 올라탄 내 몸 그림자 更著輪囷驢背影
이런 모양 세상에 절로 기이해 人間如此自一奇

---

485 청회역: 청회역(淸淮驛)은 경기도 진위현(振威縣)에 있던 역원이다. 진위는 현재 평택시 진위면이다. (『新增東國輿地勝覽』 卷10 「京畿」)

486 왕유의 그림: 풍광이 아름다운 것을 비유한 말이다. 왕유는 당나라 때 시인이자 화가로, 특히 산수화에 뛰어났다. 그의 시 「장씨의 다섯 째 아우 인에게 장난삼아 지어주다[戱贈張五弟諲]」에 "맑은 냇물에 흥취 유유히 일고, 텅 빈 숲 마주해 우쭐거리네. 바위 위에 푸른 이끼 정갈하고, 소나무 아래 여린 풀 부드럽네.[淸川興悠悠, 空林對偃蹇. 靑苔石上淨, 細草鬆下軟.]"라고 하였다. (『王右丞集』 卷2)

487 고목이……시편: 위 구절과 마찬가지로 풍광이 아름다운 것을 비유한 말이다. 이태백은 당나라를 대표하는 시인이다. 두목의 「염석유(念昔遊)」 시에, "이백이 일찍이 시를 지은 수서사에는, 고목과 감은 바위에 누각 바람이로다.[李白題詩水西寺, 古木回巖樓閣風.]"라고 하였다. (『樊川文集』 卷2)

【해제】

윤균(輪囷)이란 쓰임새가 넓은 말이다. 당초 나무의 몸통이나 뿌리가 기괴하게 굽어 있는 모양을 말하지만, 여기서는 하릴없이 큰 몸집을 가진 시인 자신이다. 맑은 시냇물, 시내의 고운 돌, 온갖 가지 형상의 고목, 그 사이사이로 기괴한 바위. 왕유의 그림이나 이태백의 시편에다 견줄 빼어난 풍광이다. 시인은 지금 커다란 몸집을 나귀 등짝에 붙인 채, 그런 길을 지나 유배를 간다. 풍광이야 말할 것도 없이 기이하지만, 천부당만부당한 이유로 유배 가는 현실도 기이하기 짝이 없다. 스물여덟 글자의 마지막에 놓인 '기(奇)'는 이 시를 대표하고 결산하는 글자이면서 동시에 시인의 자기 인식을 잘 보여준다.

용안역[488]에서 중재[489]의 정원을 빌려 쉬면서 고목에다 쓰다

龍眼驛借憩仲哉園林, 題老樹上

동네에는 울창한 푸른 소나무	洞中鬱鬱蒼髯叟
산림에는 희디흰 백발 늙은이	林下皤皤白髮翁
나와 그대들 제각기 운수 있으니	吾與爾曹俱有數
못난 나를 눈 비비고 다시 보리라	他年拭眼此龍鍾

488 용안역: 용안역(龍眼驛)은 용안역(用安驛)의 다른 표기인 듯하다. 충주에 있던 역참으로, 용원역(用原驛)으로도 불린다. (『新增東國輿地勝覽』 卷14 「忠淸道·忠州牧」)

489 중재: 중재(仲哉)는 『허암속집』 권3 「사우록」에 허암의 벗이지만 누군지 이름을 알지 못하는 사람이라고 하였다.

【해제】

『허암유집』「사우록」에서 미상이라고 한 중경(仲敬)이라는 인물은 이목(李穆)일 듯하다. 매계와 허암이 동시에 중경과 작별하는 시를 남겼는데, 같은 운자를 써서 지었다. 『매계집』의 같은 곳에 실린 시에 중경의 이름이 밝혀져 있다.

단월역[490]에 쓰다 題短月驛

버들개지 깊은 곳 풀빛 넘실대니	柳絲深處綠溶溶
높은 누대에 홀로 앉아 저녁 바람 쐬네	獨臥高樓納晩風
밝은 해인들 어찌 그리워하는 마음 없겠나만	明日豈無桑下戀
넋이라도 강과 구름 속에 오래 머물고 싶다네	夢魂長在水雲中

490 단월역: 충주에 있던 역원으로, 일반적으로 '丹月驛'으로 표기한다.

허암유고 권3

조령을 오르며 登鳥嶺

1

강 북쪽 고을 바다와 구름 다 보고 나니 看盡海雲江北郡
하늘이 고개 밖 산 또 넘으라 하네 天教又過嶺外山
새들의 길 더위잡고 삼천 길 오르니 攀緣鳥道三千仞
바로 이곳 남쪽으로 가는 첫째 관문 此是南遷第一關

2

외길 난 가을 산에 삼척 나귀 타고 一路秋山三尺驢
삼 년 입은 누더기에 종은 겨우 하나 三霜古褐一奚奴
훌쩍 날아 홀로 솔바람 지나는 것 보니 翩翩獨望松風過
바로 이것 시인이 골짝 지나는 방법 此是詩人出峽圖

문경 징청당에 써서 헌지[491]에게 보이다 題聞慶澄淸堂, 示獻之

1

샘물[492]이 끊임없이 흘러들어와 不盡源頭衮衮來

물 맑은 작은 못에 거울 빛 펼쳤네 小塘淸徹鏡光開

주인은 물을 보는 방법 아노니[493] 主人有術觀於水

솔개와 물고기[494] 끝없이 위아래 노니네 無限鳶魚上下回

2

천하에 잘난 나는 달사가 아니지만 天下虛庵非達士

세상에서 숙도[495]는 고결한 사람이니 人間叔度是淸流

---

491 헌지: 황필(黃㻶, 1464~1526)의 자이다. 호는 상정(橡亭), 본관은 덕산(德山)이다. 부친은 황구수(黃龜壽)이며, 김종직의 문하에서 학문을 배웠다. 1492년 문과에 급제하여 정언과 교리 등을 지내다가 연산군의 폭정으로 나라가 혼란해지자 벼슬을 버리고 낙향하였다. 이후 여러 차례 관직에 임명되었으나 나가지 않았다. 1524년 경주 부윤에 부임하여 임지에서 죽었다. 저서로는 『상정일고』가 있으며 허암과 주고받은 시가 다수 실려 있다.

492 샘물: 원시의 '원두(源頭)'는 사물의 근원을 가리킨다. 정호(程顥)가 정성(定性)에 대한 질문에 대답하기를, "이른바 정(定)이란 동(動)하여도 정하고 정(靜)하여도 정하여, 보내고 맞이함이 없고 내외가 없다.[所謂定者, 動亦定, 靜亦定, 無將迎, 無內外.]"라고 한 데서 나온 말로, 일이 지나갈 적에 보냄도 없고 일이 올 적에 미리 맞이함도 없는 것을 말한다. 즉 지나간 일을 마음에 두지도, 사물의 근원을 앉아서 상상하지도 않는 것이 올바른 마음공부라는 말이다. (『近思錄』 卷2 「爲學」)

493 주인은……아노니: 『맹자』 「진심 상(盡心上)」에 "물을 보는 데에 방법이 있으니, 반드시 그 물결을 보아야 한다.[觀水有術, 必觀其瀾.]"라고 한 데서 온 말로, 물결이 세찬 물은 그 원천이 깊듯이 성인의 학문도 그 근원이 깊음을 말한 것이다.

494 솔개와 물고기: 모든 생명체가 자연 그대로 즐겁게 살아간다는 말로, 『시경』 「한록(旱麓)」에 "솔개는 하늘에서 날고 물고기는 못에서 뛰네.[鳶飛戾天, 魚躍於淵.]"라고 한 데서 온 말이다.

495 숙도 : 앞쪽, 『허암유고』 제1권의 「감회가 있어서(有懷)」라는 시에 있었는데 '열셋의 벗(十三友)'이라는 부제가 있었다. 그 열세 벗을 하나하나 시로 읊은 연작의 마지막 제13수는 시작이 "내가 사랑하는 황숙도(我愛黃叔度)"였다. 그러니까 여기 숙도는 아마도 황숙도일 것으로 짐작된다.
한데 황숙도라는 인물은 분명하게 파악하기 어렵다. 『허암유고』에 서문을 쓴 이우(李堣)의 『송재속집(松齋續集)』에는 「강원도 감사로 가는 황숙도 맹헌을 전송하며(送黃叔度孟獻, 按察嶺東)」라는 시가 있다. 황숙도의 이름은 황맹헌이고 숙도는 자라고 생각이 된다. 김안국, 『모재

창문 밖 마주한 저녁 산 푸르고　　一牕相對暮山碧
만 리 지친 귀양길에 단풍 숲 가을이네　　萬里倦遊紅樹秋

【해제】

1수와 2수가 각각 다른 운자를 사용하였는데 1수에서는 평성 '회(灰)'를 운으로 하였고 2수에서는 평성'우(尤)'를 운자로 하였다. 1수에서는 징청당의 풍경을 묘사하고, 2수에서는 시를 보여주는 헌지에 대한 평을 남겼다. 헌지는 황현에 비견되는 인물로 나라가 혼란해지자 세상과 섞이지 않고 은둔한 인물이다.

집(慕齋集)』에는 「안동부사 황숙공에 대한 만사(安東府使黃叔貢挽)」가 있는데 끝에다 "이름은 효헌(孝獻)이다."고 하였다. 황효헌(黃孝獻, 1490~1532)은 자가 숙공(叔貢) 또는 달가(達可), 호는 축옹(畜翁)이라고 하는 여러 기록이 전한다. 홍언충(洪彦忠)의 『우암고(寓菴稿)』에는 「청량산(清涼山) 안중사(安中寺)에서 이우(李堣) · 황맹헌(黃孟獻)과 함께 독서하다」라는 시가 보인다. 이행(李荇)의 『용재집』에는 「영동(嶺東)에 안찰사(按察使)로 가는 황숙공(黃叔貢)을 보내며」라는 제목의 4수(四首) 연작시가 있는데 그 제2수의 제1구가 "평생의 벗 황숙도(平生黃叔度)"이다. 비슷한 사례가 드물지 않지만, 황숙도라는 인물은 자와 이름이 여럿이었을 것으로 생각된다.

우연히 못가에 앉아서 황묵 이옥에게 써서 보이다

偶坐池邊, 贈墨理玉書示之【卽獻之子也.】

[헌지(獻之)[496]의 아들이다.]

강하의 황동[497] 그리 많지 않은데	江夏黃童也不多
뛰어난 재능 흙먼지에서 드러나네	嶄嶄頭角出塵沙
그댄 연못을 검게 바꿀 수 있으니[498]	君能變黑此池水
갠 창가에서 황혼의 까마귀 쓰게[499]	落筆晴牕行暮鴉

【해제】

평성 '마(麻)' 자를 운으로 한 작품이다. 정희량은 1500년 5월 경남 김해로 귀양지를 옮겼다. 이 시는 이때 황필(黃㻶)의 아들 '황이옥(黃李沃)'에게 써준 것이다. 여기서는 '황이옥(黃理玉)'으로 되어 있는데 착오가 있는 듯하다. 시인은 황이옥의 붓글씨 솜씨를 높이 평가하였다. 서성(書聖) 왕희지(王羲之) 고사를 인용하면서 부지런히 연습할 것을 권면하였다.

---

496 헌지(獻之): 황필(黃㻶, 1464~1526)의 자다. 호는 상정(橡亭), 본관은 덕산(德山)이다. 부친은 황귀수(黃龜壽)로 김종직의 문하에서 학문을 배웠다. 1492년 문과에 급제하여 정언·교리 등을 지내다가 연산군의 폭정으로 나라가 혼란해지자 벼슬을 버리고 낙향하였다. 이후 여러 차례 관직에 임명되었으나 나가지 않았다. 1524년 경주 부윤에 부임하여 임지에서 죽었다. 저서로는 『상정일고』가 있으며 허암과 주고받은 시가 다수 실려 있다. 황필의 아들은 황계옥(黃季沃)이었는데, 뒤에 황이옥(黃李沃)으로 개명하였다. 여기서는 황이옥(黃理玉)으로 되어 있는데 착오가 있는 듯하다.

497 강하의 황동: 후한 시대 강하(江夏)의 안륙(安陸) 사람 황향(黃香)을 가리킨다. 황향은 자가 문강(文彊)으로, 어릴 적부터 효성으로 이름나고 경전에 박학하여 "천하에서 둘도 없는 강하의 황동이 있었네.[天下無雙, 江夏黃童.]"라고 칭송되었다. (『後漢書』 卷80 「文苑列傳」)

498 연못을……있으니: 왕희지가 살던 산음 땅 난정에 연지(硯池)가 있었는데, 왕희지가 붓을 씻어 연못의 물이 모두 까맣게 변했을 정도였다고 한다.

499 황혼의……쓰게: 흔히 글씨를 까마귀의 형상과 많이 비교하는데, 여기서는 부지런히 글씨를 연습하라는 의미인 듯하다.

느낌이 있어 有感

나그넷길에 가을 경치 만난 건	客路逢秋色
해마나 고향 떠나는 사람	年年去國人
곤궁 속에 시편을 읊조리고	篇章窮餓裏
장기 서린 강가에서 세상사 논하네	世事瘴江濱
이미 고향 갈 계획 저버렸으니	已負歸田計
악어와 이웃함[500]을 어이 견딜꼬	那堪與鰐隣
제문 던져 상수에서 조문하니[501]	投文弔湘水
가의는 도가 참되지 않다 하네	賈誼道非眞

【해제】

평성 '진(眞)' 자를 운으로 한 작품이다. 시인은 늘 고향으로 돌아가는 꿈을 꾸었다. 그래서 가을 경치에 만난 건 단풍이 물든 아름다운 산수가 아니다. 고향으로 돌아가는 사람들이다. 유배지에서의 곤궁함 속에도 씩씩하게 시를 읊고 세상사를 논했다. 그러나 귀향의 꿈은 점점 멀어져갔다. 이 시를 읊을 즈음 시인은 귀향을 꿈을 접었다. 고향으로 돌아갈 희망이 있었기 때문에 외롭고 힘든 유배 생활을 견딜 수 있었건만, 이제 시인은 유배 생활을 어떻게 견디냐고 괴로워하였다.

---

500 이웃함: 저본에는 '린(鱗)'으로 되어 있으나, 이본에 근거하여 '린(隣)'으로 바로잡아 번역하였다.

501 상수에서 조문하니: 춘추 시대 초나라의 삼려대부 굴원이 간신의 참소를 당해 간쟁했으나 받아들여지지 않자 멱라수(汨羅水)에 빠져 죽은 것을 조문한 것이다.

징청당에 써서 헌지에게 보이다 題澄淸堂, 示獻之

주흘산[502] 앞은 고요한 가을 경치라	主屹山前秋色靜
매미 소리 우거진 숲에 잦아지네	蟬聲未足樹陰陰
만 리 먼 변방이라 계절이 더디고	天涯萬里歲時晩
고향 떠난 지 3년에 편지[503]마저 끊겼네	故國三年魚雁沈
고관의 벗 예전처럼 반갑게 만났건만	袞袞衣冠靑眼舊
넓고 넓은 우주에서 백두음을 읊네[504]	茫茫宇宙白頭吟
이날의 친구 단양을 다스리는 사람	知音此日丹陽尹
함께 맑은 술잔 들고 마음껏 회포 푸네	共把淸尊細論心

502 주흘산: 경북 문경시 문경읍 북쪽에 있는 산으로, 조령산·포암산·월악산 등과 더불어 소백산맥의 중심을 이루며 산세가 아름답고 문경새재 등의 역사적 전설이 담겨 있다.

503 편지: 원시의 '어(魚)'는 '잉어[鯉魚]', '안(雁)'은 '기러기'로 소식을 전해주는 편지를 의미한다. 잉어 고사는 한나라 때의 악부(樂府)인 「장성의 굴로 가다가 말에게 물을 먹이다[飮馬長城窟行]」에 "나그네가 멀리서 찾아와 내게 잉어 한 쌍을 주고 가기에, 아이 불러 잉어를 삶게 했더니 배 속에 한 자의 비단 편지가 있네.[客從遠方來, 遺我雙鯉魚, 呼童烹鯉魚, 中有尺素書.]"라고 한 데서 나왔다. (『文選註』 卷27) 기러기 고사는 한나라의 소무가 흉노에서 비단에 쓴 편지를 기러기의 발에 매어 한 무제에게 보냈다는 데서 나왔다. (『漢書』 卷54 「蘇武傳」)

504 백두음을 읊네: 두터운 교분을 이어가지 못하고 헤어지게 된 섭섭한 감정을 표현하였다. 백두음(白頭吟)은 악부 상화가사(相和歌辭)의 곡 이름으로, 『서경잡기(西京雜記)』에 이르기를 "사마상여(司馬相如)가 무릉(茂陵) 사람의 딸을 첩으로 삼으려고 하였는데, 탁문군(卓文君)이 「백두음」을 지어 절교를 하자, 그만두었다."라고 하였다.

절도사 안침[505]의 막부에 올리다 上安節度幕府琛

산하를 장악한 기세 거침없으니	控引關河勢不窮
영남의 방비 영웅에게 맡겨야지	須將鎖鑰付英雄
장군 홍련막[506]에 앉아 휘파람 불다가	將軍坐嘯紅蓮幕
호령하면 백우선[507]에 바람 매서울 터	號令嚴生白羽風
붓 아래 삼천 자 물 뒤집듯 써 내리고[508]	筆下三千翻似水
흉중에 십만 군사[509] 용처럼 서려있지	胸中十萬臥如龍
형주부에서 가벼운 갖옷 느슨한 띠[510]	輕裘緩帶荊州府
공처럼 문무를 두루 갖춘 이 적다오	文武全才少有公

505 안침: 안침(安琛, 1445~1515)은 자가 자진(子珍), 호가 죽창(竹窓)·죽제(竹齊), 본관이 순흥(順興)이다. 고려 명신 안향(安珦)의 후손이다. 1466년(세조12)에 문과에 급제하였고 1471년(성종2)에 신설된 예문관에 당대의 명사로 뽑혀 등용되었고, 1500년 5월에 경상우도 병마절도사에 제수되었다. 이후 평안도 관찰사·공조 판서 등을 지냈다. 시호는 공평(恭平)이다.

506 홍련막: 막부(幕府)의 별칭이다. 남조(南朝) 제(齊)의 위군 장군(衛軍將軍) 왕검(王儉)이 재사(才士)를 많이 영입하여 막부를 열자, 당시 사람들이 연화지(蓮花池) 또는 홍련막 등으로 예찬했던 데서 온 말이다. (『南史』卷49「庾杲之列傳」)

507 백우선: 흰 새의 깃털로 만든 부채로, 고대에 주장(主將)이 군중에서 작전을 지휘하는 데 사용하였다. 삼국 시대 촉한(蜀漢)의 승상 제갈량(諸葛亮)이 진중에 있을 때 항상 소거(素車)를 타고 갈건(葛巾)을 쓴 채 백우선을 쥐고 삼군(三軍)을 지휘했다고 한다. (『三國志』卷35「蜀書·諸葛亮傳」)

508 붓……내리고: 문장을 짓는 데 탁월하였다는 말이다. 한유의 시「최 이십육 입지에게 부치다[寄崔二十六立之]」에 "문장은 물을 뒤집듯 쉽게 이루어, 애당초 마음을 써서 하지도 않았도다.[文如翻水成, 初不用意爲]"라고 하였다. 안침은 문장에 능하여 대제학 등을 맡아 문형(文衡)을 주관하고,『세조실록』과『예종실록』등의 편찬에 참여하였으며, 송설체(松雪體)로 해서에 뛰어났다.

509 흉중에……군사: 가슴 속에 치밀한 전략을 품고 있다는 말이다.『위서(魏書)』「최호전(崔浩傳)」에, 북위(北魏)의 세조(世祖)가 최호를 두고 "가슴 속에 품은 지략은 갑병보다 월등하다"[其胸中所懷, 乃踰於甲兵.]라고 한 데서 온 말이다. (『北史』卷21「崔浩列傳」)

510 형주부에서……띠: 군영에서 너그럽고 여유 있는 풍도를 지닌 것을 표현한 말이다. 진(晉)나라 양호(羊祜)가 도독 형주 제군사(都督荊州諸軍事)로 재임하면서 오(吳)나라 장수 육항(陸抗)과 대치하고 있던 중에, 갑옷을 입지 않고 가벼운 갖옷에다 허리띠를 느슨히 매고 노닐면서 주변을 안심시켜 강한(江漢)과 오나라 사람의 마음을 수습하였다고 한다. (『晉書』卷34「羊祜列傳」)

【해제】

상평성 첫 번 째 '동(東)'과 두 번 째 '동(冬)' 자를 운으로 하여, 첫 구와 짝수 구 마지막 글자(窮, 雄, 風, 龍, 公)를 압운한 칠언율시이다.

당시 경상우도 절도사에 재임 중인 안침(安琛)에게 보낸 것으로, 직무를 충실히 해낼 것을 당부하는 내용이다. 두 사람은 『성종실록』 편수 작업에 동지관사(同知館事)와 기사관(記事官)으로 각각 참여하였고, 1498년 무오사화 때 시인은 유배되고 안침은 좌천되는 처벌을 받았다. 이는 실록에 기록된 이들의 공적인 정황이다. 유배 이후 타지에서 재회한 이들은 무척이나 반가웠을 터이다. 『허암유고』에 안침에게 자신의 답답하고 울적한 소회를 담은 시가 수록되어 있고, 또 『허암유고』「사우록」에도 안침의 이름이 수록된 것으로 보아 꽤나 친밀하게 교유했던 것으로 보인다.

중열이 보낸 시를 받고 得仲說惠詩

이 몸 영남에 부쳐 사노니	嶺外身如寄
강호에 가을 물빛 선명하다네	江湖秋水明
삼 년을 머나먼 길 위에서	迢迢三載路
외론 부평초로 떠다녔구나	泛泛一浮萍
늙어버려 재주 쓸 곳 없고	老矣才無用
돌아가리 꿈에서도 놀라네	歸歟夢自驚
평생의 지기인 당신은	平生挹翠士
나의 지금 마음 아실는지	知我此時情

【해제】

하평성 8번째 경(庚)과 9번째 '청(靑)' 자를 운으로 하여 짝수 구 마지막 글자를 압운한 오언율시이다.

김해로 옮겨온 시인이 중열의 시를 받고 지은 작품이다. 중열은 박은의 자(字)이다. 시인은 김해에서 가을을 맞는다. 가을은 정처 없이 떠도는 나그네에게 시름을 안겨주기에 십상이다. 유배 생활도 어언 3년. 적응될 법도 하건만 좀처럼 익숙해지지 않은데 무정한 세월 속에 흰머리만 늘었다. 다 늙은 몸은 이제 더는 어디 쓰일 데도 없고, 고향에라도 돌아가고 싶지만 이마저도 꿈이다. 꿈에서 셀 수 없이 고향 집을 찾아가지만 결국 가지 못하고 화들짝 놀라 깨기를 수백 번. 마지막 두 구절에서 당시 촉망받던 신진(新進) 중열에게 자신의 울울하고 고독한 심정을 고백하며 부디 당신은 이런 괴로운 마음을 모르고 무탈하게 살아가길 바라고 있다. 그러나 중열은 1504년 26세에 갑자사화에 연루되어 죽고 만다. 시인의 당부가 무색하게도 말이다.

박은이 시인을 애도하며 지은 시 「순부를 애도하며[悼淳夫]」에 "거문고 줄 적적하니 뉘 위해 끊겼나, 꾀꼬리 우짖으며 이리저리 읊누나"라고 하여, 시인을 잃은 슬픔을 백아를 잃은 종자기의 마음에 비유하였다. 백아절현(伯牙絶絃)이라는 고사로 유명한 이 이야기는 절친한 벗을 상실한 괴로움을 표현할 때 인용되는데, 그 허전함과 쓸쓸함이 지금까지도 고스란히 전해진다.

희양산 봉암사[511]에 들러 욱 상인의 시집을 보고 느낌이 있어 짓다
遊曦陽山鳳巖寺, 見旭上人詩卷, 有感而作

1

나를 어찌 아시냐 물었더니	問渠那解我
내 지난날 그와 서로 친했다네	我昔與渠親
오늘 거듭 서로 또 만나고 보니	今日重相見
마치 옛사람을 상봉한 듯하네	如逢舊識人

【지난날 도성에 있을 때 숙달(叔達)의 집에서 이 시집을 보았지만 어디에서 온 것인지 알지 못하였다. 경신년(1500) 가을에 우연히 봉암사에 들렀더니 욱(旭)이라는 이름의 승려가 시축을 내게 보여주었는데, 넘겨보니 바로 예전에 읽어본 것이었다. 느낌이 있어서 그 끝에다 이 시를 쓴다.[昔在京師, 於叔達第, 始見此卷, 不知何從來也. 歲庚申秋, 偶遊曦陽山, 有僧名其旭者 袖詩軸來示我, 披閱之, 乃舊所經眼者也. 有感而題其末云.]】

2

물도 산도 끝이 나서 끊어진 곳에	水窮山盡處
절집은 널찍하게 자리잡았네	寥落梵王家
고운이 떠난 뒤 남은 비석은	片碣孤雲後
남기신 글[512] 오래되어 마모되었네	遺文古篆訛
노을이야 예전부터 남겨진 물건	煙霞餘舊物
건물들은 신라에서 전해온 것	棟宇自新羅

---

511 봉암사: 문경 희양산(曦陽山)에 있는 절로 양산사(陽山寺)라고도 한다. 신라 때 지어진 고찰이다. (『新增東國輿地勝覽』 卷29 「慶尙道·聞慶縣」)

512 고운이……글: 고운(孤雲)은 신라 때 문인 최치원(崔致遠)의 호이다. 봉암사에 지증대사탑(智證大師塔)이 있는데 그 비명(碑銘)을 최치원이 지었다. 『고운집』 권3에 「지증화상비명(智證和尙碑銘)」이란 제목으로 실려 있다.

저문 날 짐승들 우는 산골짝 日暮猿啼嶺
추풍에 나그네는 생각 많아라 秋風客思多

3

한 번 봉암사에 누운 뒤로 一臥鳳巖寺
빈 산에서 삼십 년을 보내셨네 空山三十年
솔을 심자 백학이 둥지를 틀고 種松巢白鶴
바리때 열어 푸른 연꽃 거두었네[513] 開鉢納靑蓮
눈구덩이 속에서 마음 고요하고 雪竇心方寂
매화 창에서 홀로 생각 깊어라 梅牕思獨玄
시내 건너자니 누 끼쳐 부끄러운데 渡溪慙我累
내 시구는 스님 덕에 전해지리라 詩句賴相傳

희양산 백운대[514]에 쓰다 題曦陽山白臺

봉암사 북쪽 동굴 鳳巖寺北洞
봉래산 같은 산세 山勢似蓬丘

513 바리때……거두었네: 욱 상인의 학문과 수양이 깊다는 말이다. 진(晉)나라 때 인도의 승려 불도징(佛圖澄)이 낙양에 왔는데, 석늑(石勒)이 그의 도술(道術)을 시험하려고 하였다. 이에 불도징이 바리때에 물을 채운 다음 향을 피우고 주문을 외었는데 갑자기 바리때 속에 파란 연꽃이 나타났다고 한다. (『晉書』 卷95 「佛圖澄傳」)

514 희양산 백운대: 경상북도 문경시 가은읍 원북리의 희양산에 있는 계곡으로, 지금은 봉암사 경내에 있어 봉암사 백운대라 부르기도 하며 물빛과 돌 빛이 옥(玉)과 같다 하여 옥석대라고도 한다.

푸른 대숲 운무에 지름길 잠기고	翠竹雲藏逕
붉은 절벽 바위에 가을 묵어가네	丹崖石老秋
신선들 함께 달 아래서 노닐고	仙疑遊月下
학은 버릇처럼 소나무 머리에 모이네	鶴慣集松頭
다행히 절간[515]을 지난다면	幸過招提境
중 만나 또 잠깐 머무르리	逢僧又小留

봉암사에 노닐며 이몽유의 비석[516]을 보다.

遊鳳巖寺, 觀李夢遊碑【宋乾德間所立也.】

[송나라 건덕[517] 연간에 세워졌다.]

천고에 당당한 이학사	千古堂堂李學士
높은 문장이 봉암산을 맑게 비추네	高文晴暎鳳巖山
비석은 한 조각 석양 속에 남아 있으니	殘碑一片斜陽裏
나그네 오늘 아침 말에서 내려 보노라	有客今朝下馬看

515 절간: 원시의 '초제(招提)'는 범어(梵語) caturdesa의 음역으로, 사원의 별칭이다.

516 이몽유의 비석: 고려 문신인 이몽유(李夢遊)가 쓴 봉암사 정진대사 원오탑비(鳳巖寺靜眞大師圓悟塔碑)이다. 고려 광종 16년(965)에 건립되었다.

517 건덕: 건덕(乾德)은 북송(北宋) 태조(太祖) 조광윤(趙匡胤)의 치세에 쓰였던 두 번째 연호로, 963년 11월에서 968년 11월까지 쓰였다.

최치원 비문에 쓰다 題崔致遠碑【在曦陽山鳳巖寺.】

[희양산 봉암사에 있다.]

영남의 무수한 산 중에	嶺外山無數
우뚝하기가 이 산이 제일	崢嶸此嶽雄
이내는 골짝을 흘러내리고	煙嵐澒洞處
푸른 연꽃처럼 유독 빼어나네	獨秀青芙蓉
일 백 리를 뻗은 푸르름은	蒼然一百里
부처의 궁궐을 뒤덮었네	壓以梵王宮
단청은 절로 눈부시게 빛나	金碧自照耀
골짝에서 영롱함을 발하네	澗谷生玲瓏
고승이 이곳을 지나가고	高人此經過
초목이 맑은 풍모 머금었네	草木含淸風
거북 받침돌에 우뚝 선 비석	亭亭龜背石
이끼 낀 규룡이 서리었네	苔蘚蟠虬龍
옛 문자를 어루만지니	摩挲古文字
기물에 새긴 공훈[518] 드러나네	衆器見鼎鍾
귀신이 수호하지 못해	鬼神失守護
비와 눈에 마모되었구나	雨雪相磨礱
예리한 칼 비문[519]을 끊고	快劍斷科斗

518 공훈: 원시의 '정종(鼎鍾)'은 동(銅)으로 주조한 솥과 종의 합칭으로, 옛날에는 공훈을 나타내는 문자를 종과 솥의 겉면에 새겼다.

519 비문: 원시의 '과두(科斗)'는 황제(黃帝) 때의 사관(史官) 창힐(倉頡)이 만들었다는 과두문자(蝌蚪文字)로, 여기서는 비문을 가리킨다.

전쟁의 참화마저 입었구나	又被兵火攻
가는 구름 은하수 건너고	如雲度河漢
담 위에 뜬 달 숨는구나	壁月遭蔽蒙
별들은 여전히 반짝반짝	列星尙耿耿
진귀한 빛은 하늘을 스치네	寶彩橫長空
내가 여기 와서 더욱 탄식하니	我來增歎息
늙은이 눈물 가슴에 떨어지네	老淚雙垂胸
고운은 아득해 미칠 수 없으나	孤雲邈難及
여기 아름다운 자취 남아 있네	茲地餘奇蹤
세상사 얼마나 덧없는가?	世事幾俯仰
해는 지고 산은 어둑하네	日暮山冥濛

【해제】

희양산(曦陽山) 봉암사(鳳巖寺)에 있는 최치원 비문에 대해 읊은 시이다. 평성 '동(東)'을 운으로 한 작품으로 '용(蓉), 룡(龍), 종(鍾), 흉(胸), 종(蹤)'은 예외적으로 평성 '동(冬)' 운이다. 통운이나 협운으로 통용된 것으로 보인다.

최치원 비문은 사산비명(四山碑銘) 중 하나인「희양산 봉암사 지증대사 적조탑비(曦陽山鳳巖寺智證大師寂照塔碑)」이다. 지증대사(智證大師)를 헌창하기 위해 893년(진성여왕7) 무렵에 찬술한 것이다. 현재 경상북도 문경시 가은읍 봉암사 경내에 있다. 희양산은 충북 괴산군의 연풍면과 경북 문경시 가은읍 사이에 위치한 해발 999m의 산이다. 이곳에 신라 고찰 봉암사(鳳巖寺)가 있다. 봉암사는 신라 선문구산(禪門九山)의 하나인 희양산파의 종찰(宗刹)로서 신라 헌강왕(憲康王) 때의 승려 지증대사 지선(智詵, 824~882)이 창건한 이래 현재까지 선도량(禪道場)으로 일관해 온 선찰(禪刹)이다. 이 비는 1963년 1월 21일 보물로 지정되었다가 2010년 1월 4일 국보로 승격되었다.

우뚝하고 짙푸른 희양산 품에 영롱함을 뽐내는 부처의 궁궐 봉암사, 이곳은 신라의 고승 지증대사가 머물렀고, 그의 공덕을 찬양한 최치원의 비문이 새겨진 비석이 우뚝하게 서 있다. 그러나 비석은 비와 눈에 마모되고 전쟁의 참화를 입어 예리한 칼날에 상처를 입었다. 그래도 구름은 흐르고 달은 뜨고 지며 별들은 여전히 반짝반짝하다. 시인은 천년의 세월을 아프게 견딘 비석을 마주하고 세월의 무상함을 드러내고 있다. 회고시(懷古詩)의 정취가 느껴진다.

가을비에 느낌이 있어 헌지에게 보이다 秋雨有感 示獻之

고개 너머 쓸쓸히 비 내리니 嶺外蕭蕭雨
강나루에 나그네 마음 동하네 江關動客心
저녁의 서늘함 짧은 베옷에 스미고 晩涼侵短褐
성근 메아리 높은 숲속에 울리네 疏響着高林
자욱한 안개에 기러기 등 젖고 鴈背空濛濕
적막 속에 매미 소리 울리네 蟬聲寂寞吟
해마다 이별하는 처지인지라 年年相別地
귀향의 한은 중선의 회포[520]라네 歸恨仲宣襟

520 중선: 호북성 당양현에 있는 중선루(仲宣樓)를 말한다. 한나라 왕찬(王粲)의 자가 중선인데 이

헌지의 시를 덧붙이다 附獻之

창문 밖에 산 비 부슬부슬 내리자	牕前山雨細
만 리 밖 나그네 돌아가고픈 마음	萬里客歸心
빈 객관에 더위가 누그러지고	暑氣薄空館
가을 소리 먼 숲에서 들려오네	秋聲來遠林
때로는 고향 노래[521] 자주 연주하고	有時頻楚奏
어디서든 장석의 읊조림[522] 배웠네	隨處學莊吟
이별에 눈물 흐르려고 하는데	臨別欲垂淚
그대 옷깃 적실까 부끄럽구나	羞沾君子襟

누대에 올라가 「등루부(登樓賦)」를 지었기 때문에 이후로 중선루가 된 것이다. 후세에 시인이 누대에 올라 회포를 푸는 일의 전거로 삼았다. (『三國志』 卷21 「王粲傳」)

521 고향 노래: 원시의 '초주(楚奏)'는 초나라 지방의 음악을 연주한다는 뜻으로, 타향에서 곤경에 처해 있으면서 고향을 그리는 것을 뜻한다. 춘추 시대 진(晉)나라의 임금이 군부(軍府)를 시찰하다가 포로로 갇혀 있는 종의(鍾儀)를 보고서 "남관(南冠)을 쓰고 갇혀 있는 자가 누구냐?" 하니, 군리(軍吏)가 "초나라에서 포로로 잡혀 온 자입니다." 하였다. 진나라 임금이 그에게 초나라의 곡을 연주하게 하자 종의는 고향을 그리면서 자기 나라 토속의 곡조를 연주하였다. 진나라 임금이 그 음악을 다 듣고는 슬퍼하면서 종의를 석방하게 하였다. (『春秋左氏傳』 「成公 9年」)

522 장석의 읊조림: 고향이나 옛날 살던 곳을 추억하며 그리워하는 것을 말한다. 전국 시대 월나라 사람 장석(張舃)이 초나라에 와서 벼슬하며 집규(執珪)라는 직책의 고관이 되었다가 병에 걸렸는데, 초왕(楚王)이 "누구를 막론하고 병이 들었을 때는 고향을 생각하게 마련이다. 한번 시험해 보라."라는 혹자의 말을 듣고는, 사람을 보내 살펴보게 하였더니 과연 장석이 무의식적으로 월나라 노랫가락을 읊조리고 있더라는 고사에서 유래한 것이다. (『史記』 卷70 「張儀列傳」)

다시 지어 헌지에게 답하다 重賦答獻之

만 리 도중에 가을비 만나니 萬里逢秋雨
삼 년을 병든 마음 미어지네 三年折病心
외론 구름은 골짝을 그리워하고 孤雲猶戀壑
한 마리 새는 숲에 깃들려 하네 獨鳥欲歸林
세상사 도리어 서글퍼서 世事還堪悵
하늘 끝에서 괴로이 읊기 天涯只苦吟
평생지기인 그대와 함께 素交黃叔度
웃으며 제법 마음 터놓네[523] 相笑頗開襟

【해제】

하평성 12번째 '침(侵)'을 운으로 하여 짝수 구 마지막 글자를 압운한 오언율시이다.

며칠째 이어지는 여정에 몸과 마음이 지칠 대로 지친 시인은 가을비까지 만나 서글픔이 배가되었다. 저 둥실 떠가는 조각구름도, 외로이 날던 한 마리 새도 하루를 마무리하고 각자 제집으로 돌아가는데 길 위가 집이고 고향이 되어버린 시인은 저들이 부럽기까지 하다. 그나마 시라도 읊으며 마음을 달래 왔지만 시란 것이 아무래도 마음 맞는 친구 하나만 못하다. 친구에게 그간 묵혀두었던 회한과 외로움을 툭 터놓고 다시 길

523 세상사……터놓네: 이 네 구절은 하홍도(河弘度, 1593~1666)의 『겸재집(謙齋集)』에 「벗에게 주다[贈友人]」란 제목으로 실려 있다.

을 나설 힘을 얻는 시인이다.

문 양양[524] 만시 挽文襄陽

방목에 향기로운 이름을 올린 유선[525]	桂籍儒仙姓字馨
청운객의 명성 연성벽[526]보다 귀했지	靑雲高價重連城
공명이 늦게서야 삼도몽[527]에 들더니	功名晩入三刀夢
만 리 길 오를 날개 별안간 꺾였구나	羽翼俄摧萬里程
부로들 만나면 선정을 이야기하고	父老逢人談惠政
사림은 조문하며 모습 추억하네	士林相弔憶儀形
훗날 승당의 약속[528] 지키려 했건만	他年欲赴升堂約

---

524 문 양양: 양양 도호부사(襄陽都護府使)를 지낸 문걸(文傑, 14??~1500)을 가리킨다. 초명은 문빈(文彬), 자는 언장(彦章), 본관은 감천(甘泉)이다. 문숭질(文崇質)의 아들로, 경북 예천(禮泉)에서 출생하였다. 1480년 문과에 급제하여 영동 현감(永同縣監)·회덕 현감(懷德縣監)·사옹원 첨정(司饔院僉正) 등을 지냈다. 1500년 양양 부사에 재임 중에 병으로 세상을 떠났다.

525 유선: 선비이면서 신선의 풍모를 지닌 사람을 말한다. 여기서는 문걸을 비유하고 있다.

526 연성벽: 몇 개의 고을과 바꿀 만한 값어치를 지닌 귀한 옥이라는 말로, 흔히 화씨벽(和氏璧)이라고 한다. 전국 시대에 조(趙)나라 혜문왕(惠文王)이 이것을 소유하고 있었는데, 진(秦)나라 소왕(昭王)이 15개의 성읍과 맞바꾸자고 청한 데에서 유래하였다. 화씨벽은 춘추 시대 변화(卞和)가 형산(荊山)에서 발견한 박옥(璞玉)을 다듬어 얻은 벽옥으로 천하제일의 보배였다. (『史記』 卷81 「廉頗藺相如列傳」)

527 삼도몽: 흔히 고을 수령에 부임한 것을 비유한다. 진(晉)나라 때 왕준(王濬)이 꿈에서 벽에 칼 세 개를 걸고 곧이어 또 하나의 칼을 걸었다. 꿈을 깨고 매우 불쾌하게 여겼는데 다른 사람이 해몽하기를, "칼 셋을 벽에 건 것은 고을 주(州) 자인데 거기 또 더하였으니 더할 익(益) 자를 붙여서 익주(益州)의 태수가 될 꿈이다."라고 한 고사에서 유래한다. (『晉書』 卷42 「王濬列傳」)

528 승당의 약속: 벗을 찾아가 만나기로 한 약속을 가리킨다. 한나라 범식(范式)과 장소(張劭)는 태학(太學)에서 함께 공부하면서 우정이 매우 두터웠다. 두 사람이 이별할 때 범식이 장소에게 "2년 뒤 돌아올 때 그대의 집에 들르겠다."라고 하였다. 2년째가 되는 날, 범식이 찾아와 당(堂)에 올라가 장소의 부모에게 인사를 올리고 즐겁게 회포를 푼 뒤 이별했다고 한다. (『後漢書』 卷81 「獨行列傳·范式」) 소식의 시 「반추관 모친 만사[潘推官母氏挽詞]」에 "훗날 승당하리라던 약속 아직 남았건만, 어이 알았으랴 무덤에 묻히고 말 줄을[尙有升堂他日約, 豈知負土一

도리어 눈물 흘릴 줄 뉘 알았으랴　　　　　誰料翻爲涕泗零

【해제】

하평성 8번째 '경(庚)'과 9번째 '청(靑)'을 운으로 하여 첫 구와 짝수 구 마지막 글자를 압운한 칠언율시이다.

문 양양(文襄陽)에 대한 애도시이다. 문 양양은 조선 전기 문신 문걸(文傑, ?~1500)로, 1500년 당시 양양 부사(襄陽府使)를 지내던 중에 병으로 임지에서 세상을 떠났다. 홍귀달(洪貴達, 1438~1504)은 문걸의 이종형제로 문걸의 묘지명을 남겼는데, 그에 대해 "온화한 성격에 효성과 우애가 남달랐고 관직을 지낼 때 청렴하고 신중하였으며, 집에 있을 때는 담박하게 지냈다."라고 묘사하였다. 이를 통해 볼 때 전형적인 선비의 모습에서 크게 벗어나지 않는 인물로 보인다. 이 둘의 관계를 알 만한 자료로는 이 작품 외에 특별히 발견되는 것이 없다. 다만 마지막 구절을 통해 교류가 있었던 것으로 보인다.

일반적인 만시(挽詩)가 그러하듯이, 이 작품에서도 대상에 대한 생전의 자취를 회고하고 이별의 슬픔과 고인에 대한 애도를 표하고 있다. 찾아뵙겠다는 약속은 이제 더 이상 지키려 해도 지킬 수 없는 허언이 되었다. 자신의 무력함과 인생의 허무함을 직면하며 이 시를 지었을 시인의 모습이 선연하다.

阡新.]"이라고 하였다.

헌지의 시에 차운하다 次獻之韻

하룻밤에 추풍이 우물가 오동에 불어 드니	一夜西風入井桐
쇠락한 나그네 시름 흉중에 다시 쌓이네	客愁磊落更堆胸
상강엔 푸른 저녁에도 자고새가 울부짖고[529]	湘江暮碧鷓鴣哭
진령에는 대낮에도 짙은 안개가 자욱타[530]	秦嶺晝靑煙霧籠
역참 나무 맞아주니 어둠이 깊어가고	驛樹相迎暝色重
고향 그리워 맺힌 눈물에 가을빛 짙어지네	鄕情欲滴秋光濃
만 리를 지나와 다시 천 리 길	經行萬里又千里
말 타며 보낸 청춘 또 동쪽으로	馬首靑春吾亦東

객지에서 아버지 생신을 만나 느낌이 있어 짓다 客中遇嚴侍生辰, 有感而作

북녘 변방의 얼음 서리 땅	塞北氷霜地
남쪽 끄트머리 장독 서린 곳	天南瘴癘場

529 상강엔……울부짖고 : 남쪽으로 귀양가는 처지를 비유한다. 상강은 초나라의 굴원이 쫓겨나 상강 가에서 배회하다가 멱라수(汨羅水)에 투신하였기 때문에 후대에는 귀양지를 의미하게 되었다. 자고새는 따듯한 남쪽 지방에서만 산다고 한다.

530 진령은……자욱타: 귀양 가는 길의 정경을 말한다. 한유의 「좌천되어 가는 도중에 남관에 이르러 종손 한상에게 보여주다[左遷至南關示姪孫湘]」라는 시에 “구름이 진령에 가로놓여 있으니 집은 어디 있는가? 눈이 남관을 둘러싸서 말이 나아가질 못하네.[雲橫秦嶺家何在, 雪擁藍關馬不前.]”라고 한 구절에서 온 말이다. (『韓昌黎集』 卷10)

해마다 아버지 생신날이면	年年逢此日
가는 곳마다 타향 땅이네	處處是他鄉
복조부 노래하며 늘 초췌하고	賦鵩長憔悴
구름 바라보니 더 아득하기만	看雲更杳茫
늙은 아들 추풍에 흘리는 눈물	秋風老子淚
국화주 술잔에 뚝뚝 떨어지네	灑落菊花觴

함창에서 현판의 시에 차운하다 次咸昌板上韻

젊어서도 산수 흥취 좋아하여	少愛溪山趣
높이 올라 먼 데를 바라보았지	憑高更遠探
저문 저녁 은은하게 노을이 붉고	晩霞紅隱隱
갠 날이라 너울너울 안개 푸르네	晴霧碧毿毿
가을 강물에 갈매기 평온히 잠자고	秋水鷗眠穩
담 그늘에 개미 행렬 끝 간 데 없네	墻陰蟻戰酣
함창 고을 원님은 참 호방한 관리	主人眞傲吏
솔과 대를 심은 세 갈래 길이라[531]	松竹逕開三

531 솔과……길이라: 세속을 벗어난 은자처럼 지낸다는 말이다. 진나라 도연명이 팽택령(彭澤令)을 지내다가 관직을 버리고 대나무, 소나무 오솔길이 있는 고향으로 돌아와 유유자적하게 지냈다. (『陶淵明集』 卷5 「歸去來辭」)

매계를 방문하고 느낌이 있어　過梅溪有感

못난 이 몸 영광스레 함께 유배되었더니　萬里同遷蠅附驥
기러기와 제비마냥 헤어진 지 일 년이라　一年相別燕違鴻
아득한 세상사란 모두 이런 것　茫茫世事皆如此
홀로 매계에게 가서 방옹[532]을 찾누나　獨向梅溪問放翁

김 거사를 애도하는 만시　挽金居士

죽음과 삶, 팔 펴고 굽히기 같지　生死何殊臂屈伸
새벽녘에 갑자기 고인이 되다니　籧然曉夢化精神
술잔에 술은 비고 달빛 환한데　尊空美酒有明月
손님 떠나간 집에는 주인 없어라　客散高堂無主人
백옥 같은 자질에 갈옷 입더니　白璧舊時蒙短褐
청산은 훤칠한 분 묻힐 장소네　青山是處葬長身
지하는 세상 풍진 없는 곳이니　遙知地下風塵隔
유령[533]과 이웃 되어 지내시리라　應與劉伶共卜隣

532 방옹: 남송 때 시인 육유(陸游)의 호이다, 그는 나라의 상황을 개탄하거나 전원의 한적한 생활을 주제로 한 시를 많이 남겼다. 저서로는 『검남시고(劍南詩藁)』가 있다.

533 유령: 위진 시대 죽림칠현 가운데 한 사람으로, 세속을 벗어나 자유분방한 삶을 추구하였다. 평소 술을 몹시 좋아하여 항상 술병을 휴대하고 다녔으며, 술의 덕을 칭송하는 글을 남기기까지 하였다. (『晉書』 卷49 「劉伶列傳」)

우옹[534]의 방문에 감사하여 謝遇翁來訪

촌마을에 놀랍게도 어르신이 오시니 村巷驚呼長者來
문 앞의 마차 소리 봄 벼락 울리듯 謫門車馬響春雷
흰 구름은 옥 같은 노래 멈추게 하고 白雲解駐玲瓏唱
미인은 호박 술잔 돌리라 재촉하네 紅袖催傳琥珀杯
태수는 멋스러워 거듭 즐겨 마시고 太守風流仍好飮
사신은 소탈하고 재주도 많네 使華蕭灑更多才
이 모임 분명 그림으로 남길 만하니 分明此會堪圖畫
늙은 시인 취해 쓰러질까 두렵구나 恐欠詩翁醉欲頹

기러기 소리를 듣고 느낌이 있어 聞雁有感

넓고 고요한 옛 성 밖 廓落古城外
쓸쓸히 저녁 한기가 감도네 蕭蕭生晩涼
외로운 신하는 변방에서 늙어가고 孤臣萬里老
떠나가는 기러기 소리 길게 우네 旅雁一聲長
축축한 바닷가 교룡이 둥지 튼 곳 瘴海蛟龍窟
풍상에도 마음 철석같은데 風霜鐵石腸

---

534 우옹: 정희량의 「사우록」에 이름이 올라 있지만, 인물을 특정하지 못한다고 하였다.

굳은 뜻 가졌다 말하지 말라 莫言堅志義
너로 인해 문득 서글퍼지니 爲爾輒悲傷

분성의 일을 쓰다 盆城書事

일찍이 변방 귀양 객 됐다가 曾作關中客
다시 영남으로 옮긴 신세 重爲嶺外身
푸른 산엔 옛 가야의 흔적 있건만 靑山餘舊國
하얀 머리 외로운 신하로 남아 있네 白首滯孤臣
바다 비엔 용의 침 뒤섞였고 海雨龍涎雜
바위 바람엔 범의 포효 잦구나 巖風虎嘯頻
작은 창에 앉아 이나 잡는데 小窓捫蝨坐
찬 해는 시름겨운 사람 비추네 寒日照愁人

세밑 歲暮

속세에서 오랜 귀양 객 되어 塵埃長作客
세밑에 홀로 배회하는구나 歲暮獨盤桓
북쪽 끝은 바람서리 매서웠고 北望風霜苦
남쪽에는 천지가 포근하네 南來宇宙寬

시혼을 술김에 마음껏 펼치니	詩魂仍酒放
병든 몸 가을에서야 편안했네	病體得秋安
파란만장한 고된 인생살이에	袞袞生涯事
스스로 붉은 현[535]을 연주하네	朱絃自一彈

계문의 시에 차운하다 次季文韻

1

그대 그래도 하동군에 머물고 있으니[536]	故人猶住河東郡
떨어져서나마 불러보는 도성 떠난 몸	地隔相招去國魂
이미 산수에 오래 묻혀 살기로 하여	已許溪山長入戶
다시 고관들 찾아올 일 전혀 없겠지	了無車蓋更容門
평소의 아름다운 명성 되려 누가 되고	生前美譽還爲累
술김에 호기롭던 말들 주워 담고 싶네	醉後狂言欲反呑
선비란 곤궁해지면 의지가 견고해지니	士固遇窮堅志義
어쩌다 한 벼슬[537] 따위 연연할 거 없네	倘來軒冕不須論

535 붉은 현: 종묘의 제향에 쓰이는 금슬(琴瑟) 등의 악기를 일컫는 말로, 뛰어난 시문을 뜻하는 말로도 쓰인다. 『예기(禮記)』「악기(樂記)」에 "청묘의 비파는 붉은 줄에 너른 구멍을 밑바닥에 뚫었으며, 한 사람이 연주를 하면 세 사람이 따라서 감탄하는데, 이는 선왕의 남긴 소리가 있는 것이다.[淸廟之瑟, 朱絃而疏越, 壹倡而三歎, 有遺音者矣.]"라고 하였다.

536 그대……있으니: 성중엄은 1500년에 의주에서 하동(河東)으로 유배지를 옮겼다. (『朝鮮王朝實錄』燕山 6年 5月 7日 기사)

537 어쩌다……벼슬: 뜻하지 않게 벼슬살이를 했다는 말로, 벼슬이 덧없는 것임을 의미한다. 당나라 장구령(張九齡)의 시 「남으로 상수에 돌아와 회포를 말하다[南還湘水言懷]」에 "전원으로 돌아가 늙고자 하니, 우연히 온 헌면을 가벼이 벗고.[歸去田園老, 倘來軒冕輕.]"라고 하였다.

2

찰나에도 덧없이 흘러가는 세상사	世事悠悠俯仰間
세상은 병부를 더욱 완고하게 하네	塵埃秖益病夫頑
오랫동안 북쪽 변방의 달 지키나 했더니	長疑舊戍關中月
어느덧 영남으로 막 이배되어 와있네	轉覺新遷嶺外山
하늘은 또 나의 부족함을 용납해주고	天且容吾堪着拙
사람들은 내 나태함을 여유롭다 하네	人猶見懶誤稱閑
미치광이의 옛 버릇[538] 아직 여전하니	狂奴陋態還如故
바람과 도끼[539] 잡고 다시 깎아 주어야 하리	合把風斤更用刪

신어산[540]에 올라 바다를 바라보며　登神魚山望海

천년 세월 유구한 가락국	千年駕洛國

538 미치광이의……버릇: 친구 간에 거리낌이 없고 얽매이지 않는 태도를 말한다. 후한의 엄광(嚴光)은 절개 있는 은사(隱士)로 어렸을 적에 광무제와 동문수학하였다. 광무제가 즉위 후 엄광을 등용하기 위해 수소문하였는데, 사도(司徒) 후패(侯霸)가 평소 엄광과 친분이 있어 서찰을 보내 초청하자, 엄광은 "인을 품고 의를 보필하면 천하가 기뻐하지만, 아부하여 뜻만 맞추면 허리와 목이 끊어질 것이오[懷仁輔義天下悅, 阿諛順旨要領絕.]"라고 하였다. 이 말을 전해 들은 광무제가 웃으며, "미치광이의 옛 버릇이로다[狂奴故態]"라고 하였다. (『後漢書』 卷113「逸民列傳·嚴光」)

539 바람과 도끼: 성중엄의 문장을 짓는 솜씨가 매우 뛰어남을 비유한 말이다. 『장자』「서무귀(徐无鬼)」에 "영(郢) 땅의 사람이 코끝에 백토(白土)를 파리 날개처럼 묻혀 놓고 장석(匠石)을 시켜 그것을 깎아 내게 하였다. 장석이 바람을 일으키며 도끼를 휘둘러 마음대로 깎아 내어 백토를 다 깎아 내었는데도 코를 다치지 않고 그 영 땅의 사람도 조금도 동요되지 않고 그대로 서 있었다."라고 한 데서 온 말이다.

540 신어산: 경상남도 김해시의 삼안동·상동면 묵방리·대동면 예안리 일대에 걸쳐 있는 산이다. '신어(神魚)'는 인도 아유타국의 상징으로서 수로왕릉의 정문에 새겨진 두 마리의 물고기이다. 조선 시대 기우단이 있었다고 한다. (『한국지명유래집』)

아스라이 선계에 내려앉았네 縹緲墮蓬瀛
바다가 세 갈래로 맑게 흐르고 海坼三叉白
일곱 산봉우리 점점이 떠 푸르네 山浮七點青
바닷물과 하늘은 별세계를 짓고 與波天作界
해안의 나무들은 부평초 같네 依岸樹如萍
평소 기른 다리 힘을 조금 사용해 小試平生脚
산에 올라 넓은 마음 펼쳐보노라 登臨發浩情

지정에게 부치다 寄止亭

내 이웃은 바로 지정 그 사람 吾隣止亭人
뜻밖에 어느 하루 함께 지냈지 偶爾一夜同
찾아올 땐 속세 떠난 학과 같더니 來如避世鶴
떠나갈 땐 놀라 날아가는 기러기라 去若驚飛鴻
아득하고 또 아득한 이 산하에서 江海杳茫茫
그 사람 간 데는 찾을 수 없네 不可尋其蹤
저물녘 구름을 바라볼 때면 每望日暮雲
나를 늙은이로 만드네 그려 令我成老翁

세모에 회포를 쓰다 歲暮書懷

1

나그네 묵는 곳 맑은 물 같아	旅館淸如水
남은 목숨 참선하는 승려로다	殘生兀似僧
외로운 육신에는 그림자만 있고	形孤猶有影
한 해가 저무는데 벗 하나 없네	歲晩更無朋
씩씩한 기운은 해마다 줄고	壯氣年年減
벗을 떠난 회포는 나날이 느네	離懷日日增
문을 닫고 자리에 들어앉아	閉門聊隱几
세상 사람 미움을 벗어나기만	免被俗人憎

2

남녘의 날씨는 몹시 따스해	南國天多暖
한겨울에도 독한 안개 피어나네	冬深瘴霧蒸
산촌에도 눈 내리지 않고	山村猶欠雪
바닷물은 얼지를 않네	海水不成氷
담장 아래 풀은 시들지 않고	稍活墻邊草
벽틈에 파리는 여전히 생생	全生壁隙蠅
이 고장 아무리 아름다워도	他鄕雖信美
북쪽의 나그네는 못 견디겠네	北客自難勝

우연히 쓰다 偶書

소싯적엔 늘 공동산[541]에 기대고 싶더니	壯心常欲倚崆峒
늘그막엔 이리저리 떠도는 쑥 같은 신세라	老去飄飄類轉蓬
기와 현은 많건 적건 서로 도움 되지 않고[542]	多少夔蚿不相補
시비를 따지는 일 어찌 끝이 있으랴[543]	是非指馬終何窮
대낮에 병에 걸리니 사람들 비웃고	抱痾白日從人笑
맑은 창에 볕을 쬐니 게으름만 길러진다	炙背晴牕養我慵
내 삶은 이미 긴 적막에 맡겼으니	已付生涯長寂寞
강호에서 기꺼이 못난 사람 되어야지	江湖甘分作龍鍾

매계의 시집 뒤에 쓰다 題梅溪詩卷後

하늘 끝에서 이별하매 고개 돌리길 수 차례	天涯一別首重回

---

541 공동산: 황제(黃帝) 때의 신선인 광성자(廣成子)가 살던 곳으로, 신선이 사는 세상의 대명사로 쓰인다. (『莊子』「在宥」)

542 기와……않고: 기(夔)는 한 개의 발을 가진 괴상한 짐승이고, 현(蚿)은 지네와 같이 발이 많이 달린 벌레인데, 서로가 아무리 부러워해도 기가 현이 될 수 없고, 현은 기가 될 수 없다는 말이다. 『장자』「추수(秋水)」에 "기는 현을 부러워하고, 현은 뱀을 부러워한다.[夔憐蚿, 蚿憐蛇.]"라고 하였다.

543 시비를……있으랴: 세상이 시비(是非)가 혼동된 것을 말한다. 원시의 '시비지마(是非指馬)'는 『장자』「제물론」에 "손가락으로 손가락의 손가락 아님을 깨우치는 것이 손가락이 아닌 것으로 손가락의 손가락 아님을 깨우치는 것만 못하고, 말로 말이 말이 아님을 깨우치는 것이 말이 아닌 것으로 말이 말이 아님을 깨우치는 것만 못하다. 천지는 하나의 손가락이고, 만물은 하나의 말이다.[以指喩指之非指, 不若以非指喩指之非指也; 以馬喩馬之非馬, 不苦以非馬喩馬之非馬也. 天地一指也, 萬物一馬也.]"라고 한 데서 차용하였다.

시집이 새로이 역참의 사자 따라 왔네[544]	翰墨新隨驛使來
관문 밖 산수는 거듭 일찍이 기운을 도왔고	塞外溪山曾助氣
호수 남쪽의 초목은 이미 재목으로 쓰이네	湖南草木已輸材
시는 처사를 따라 매화 곁에서 얻고[545]	詩從處士梅邊得
구절은 고승과 논하여 달 아래서 가다듬네	句論高僧月下裁
수염 갈기는 아마도 여윈 학과 같아서	想見掀髯如瘦鶴
표표한 맑은 울음은 봉래산을 울리겠네	飄飄淸唳徹蓬萊

동짓달 7일 천둥이 크게 치고 비가 내려 느낌이 있어 짓다

仲冬初七日大雷雨, 有感而作

동짓달 남쪽 고을에는	至月江南郡
한기 줄고 온기 싹트네	寒遲暖氣生
우렛소리 나무를 쪼갤 듯	雷聲疑擘樹
빗줄기 고을을 집어삼킬 듯	雨勢欲沈城
막막하여 예측하기 어렵고	漠漠應難測
불안하여 스스로 놀라는구나	忉忉只自驚

544 역참의……왔네: 역참의 사자는 편지를 전달하는 사람인데 매화의 별칭으로도 쓰인다. 남조(南朝) 송(宋)의 육개(陸凱)가 강남에 있을 때 매화 한 가지를 친구인 범엽(范曄)에게 부치면서 "매화를 꺾다가 역마 탄 사자 만나니, 농두(隴頭)에 있는 그대에게 부친다오. 강남에선 아무것도 가진 것이 없어서, 그저 가지 하나에 달린 봄을 보낸다오.[折梅逢驛使, 寄與隴頭人. 江南無所有, 聊贈一枝春.]"라고 읊은 시를 응용한 것이다. (『太平御覽』 卷970)

545 시는……얻고: 처사(處士)는 송나라 은자 임포(林逋)를 가리킨다. 임포는 서호(西湖)의 고산(孤山)에 20년 동안 은거하며 매화와 학을 벗 삼아 지냈다. (『宋史』 卷457 「林逋列傳」)

외로운 이 몸 눈물 흘리는데 孤臣淚涕處
밝은 해는 다시 어둑해지네 白日更冥冥

【해제】

평성 '경(庚)'을 운으로 하고 마지막 구만 평성 '청(靑)'을 운으로 한 작품이다. 의주에서 김해로 오면서 김해의 따뜻한 날씨를 부각한 시가 다수 확인된다. 우렛소리가 언제 다시 들릴지도, 빗줄기에 피해를 당하진 않을지 걱정하는 와중에 기댈 곳 없는 시인의 신세가 쓸쓸하다.

추운 밤을 보내며 쓰다 夜寒書事

눈 내리는 어촌에 밤이 되자 海雪孤村夜
조각배로 오가는 나그네 끊기네 扁舟斷客行
자고새 추위에 고통스러워하고 鷓鴣寒欲病
은하수는 얼어 소리조차 없네[546] 河漢凍無聲
낙엽은 마침 속삭이고 있는데 落木端能語
희미한 등불 추위에 밝지 않네 殘燈冷不明
이럴 때 시름 속에 홀로 앉으니 此時愁獨坐
시상이 곧장 솟구쳐오르네 詩思政崢嶸

546 은하수는……없네: 두보의 「여러 공과 함께 자은사 탑에 올라가다(同諸公登慈恩寺塔)」 시에, "북두칠성은 북쪽 문호에 있고, 은하는 소리 내어 서쪽으로 흐르네.[七星在北戶, 河漢聲西流]"라고 한 데서 온 말로, 가을이 점차 깊어가는 것을 말한다. 이 시에서는 가을이 지나 겨울이 온 것을 말한다.

【해제】

평성 '경(庚)'을 운으로 하였다. 가을에 떼를 지어 생활하는 자고새도 겨울이 되자 추위에 떨고, 가을에 하늘을 수놓던 은하수도 꽁꽁 얼어버렸다. 김해에서 겨울을 보내게 된 시인의 외로움을 시로 승화한 글이다.

겨울밤 달빛 아래 사람을 찾다 冬夜步月尋人

지팡이 짚고 대문을 나서니	杖策出門去
산수에 밝은 달빛이 비치네	溪山有月明
어여뻐라, 밝고 깨끗한 달빛	憐渠光皎潔
내 꿈에 들어와 휘영청 밝네	着我夢崢嶸
낙엽은 부슬부슬 보슬비고	落木疏疏雨
성근 별 담박한 반딧불이네	殘星淡淡螢
보이는 건 속세의 경치 아니니	眼看非俗物
그림 속을 걷는 것 같구나	疑向畫間行

【매계의 시에 '별들은 엷게 퍼진 반딧불이네'라는 구절이 있다.[梅詩, "星辰淡布螢."]】

【해제】

평성 '경(庚)'을 운으로 한 작품인데, '형(螢)'은 예외적으로 평성 '청(青)' 운이다. 통운이나 협운으로 통용된 것으로 보인다. 5, 6구에 방점이 찍혀 있다.

겨울밤 시인은 지팡이 짚고 대문을 나섰다. 달빛은 밝고 깨끗하다.

낙엽은 보슬비처럼 부슬부슬 떨어지고, 성근 별은 담박한 반딧불처럼 반짝인다. 겨울밤 풍경을 스케치한 솜씨가 좋다. 이 역시 '시중유화(詩中有畫)'의 정취가 물씬 풍긴다.

자연은 천하의 공용물이지만 아름다움을 느끼는 것은 감상자의 몫이다. 시인은 깨끗하고 밝으며 담박한 고매한 성품을 지닌 인물인가 보다 시인의 성품이 고스란히 겨울밤 풍경에 녹아있다. 여타의 시에서 나타나는 유배지에서의 외로움과 우울한 감정이 느껴지지 않아서 새롭다.

계문의 「회포를 기록해 보이다」 시에 답하다　答季文示紀懷之作

바닷가에서 염량세태로 그대 그리웠는데　憶君海上炎涼變
의지와 기상이 시문을 통해 전해지네　意氣兼隨翰墨回
험한 인생 자주 겪어 마음에 도가 생겼는데　飽涉險艱心有道
시율 안배하니 시구에 티끌조차 없네　安排詩律句無埃
온갖 감정 모두 시름 속에 생기면　多情摠是愁邊得
늘 손 씻고 책상에서 그대 시 보았지　盥手常於榻上開
시 지을 때 깊은 생각에 괴로웠는지　題處自能深思苦
내가 한번 읽어보니 더욱 슬퍼지네　令人一讀轉生哀

이른 아침 일어나 한가로이 바라보며 早起閑望

병든 시인 새벽에 일어나 몸 가뿐하여 詩人曉起病軀輕
처마 서성이며 시구 찾으니 의기 맑다네 索句巡簷意氣淸
구름 드문 먼 봉우리에 먼동이 터오고 遠岫雲稀初日上
낙엽 지는 외딴 마을에 큰 강 비껴있네 孤村木落大江橫
놀란 기러기 무리 잃어 제 형상 부르고 驚鴻叫影那成陣
외론 새는 소리 없이 숲속을 헤치네 獨鳥穿林未有聲
바라보니 서글픈 마음 절로 끝이 없는데 臨眺自應惆悵極
귀양살이로 나그네 회포 이는 것 아니네 非緣憔悴旅情生

회포를 풀다 自遣

머리에 소탈하게 절각건 쓰고 있으니 頭上蕭然折角巾
광문[547]은 고난에도 가난치만은 않네[548] 廣文契闊不全貧
이 몸 도성과 떨어져 삼 년을 보냈으니 一身與國三年隔
먼 곳에서 시 읊으며 두 귀밑털 새었네 萬里吟詩兩鬢新
세속은 힘 쏟기 어려운 곳임을 일찍 깨달았고 早悟塵機難着力

---

547 광문: 두보가 자기의 벗인 정건을 높여서 부른 광문 선생(廣文先生)의 준말이다.
548 머리에……아니지: 두보의 시 「남쪽 이웃[南鄰]」에, "금리 선생은 검은 각건을 쓰고, 정원서 토란 밤 거두니 가난치만은 않구려[錦里先生烏角巾, 園收芋栗不全貧.]"라는 구절을 차용하였다.

취중에는 본성 지킬 수 있음을 안다네　　靜諳酒地可藏眞
남은 생 다시 남방의 유배객 신세인데　　殘年更作江南客
오직 매화만 주인이라 부를 수 있다네　　唯許梅花喚主人

【해제】

상평성 11번째 '진(眞)' 자를 운으로 하여 짝수 구 마지막 글자(貧, 新, 眞, 人)를 압운한 칠언율시이다.

자신의 궁핍한 생활을 당나라 시인 광문(廣文) 정건(鄭虔)에 비기었다. 광문은 글과 그림에서 모두 탁월한 능력을 갖추 관직이 낮고 항상 궁핍한 생활을 하였다. 그래서 재주를 갖추고도 가난한 삶을 살아가는 처지를 비유할 때 흔히 광문의 고사를 사용한다.

이후에 지어진 작품에서는 세상사를 초월하려는 의지가 두드러지게 보인다. 이 작품 역시 그러한 의식을 읽을 수 있다.

회포를 적다　　書懷

가야국에서 세월 보내니　　歲月伽倻國
이소 읊는 귀양 온 신하라　　離騷楚澤臣
추위와 더위 몇 번이나 바뀌어　　數回寒暑變
공연히 머리털만 새어가누나　　空使鬢毛新
고개 넘어오는 고향 편지 늦는데　　度嶺鄉書晚
집에 돌아가는 꿈은 잦아지기만　　還家夜夢頻

언제쯤 어머니 앞에 가서　何時萱草底
효도하며 자식 노릇 할까　得作綵衣人

홀로 앉아서　獨坐

빈 처마에 적막이 깃든 밤　虛簷夜寂歷
친한 벗 없이 홀로 앉았네　獨坐少人知
이리저리 떠도는 게 이상해도　自怪流離日
늘 호방할 때처럼 지내야지　常如放曠時
일신을 위해 서수처럼 술을 마시고[549]　謀身犀首飮
처세로는 호두처럼 어리석어야지[550]　處世虎頭癡
사당의 상수리나무는 참으로 맡길 만하니　櫟社眞堪托
장주는 진정 나의 스승이로다[551]　蒙莊是我師

---

549 일신을……마시고: 서수(犀首)는 전국 시대 위나라 관직 이름으로, 공손연(公孫衍)이 이 벼슬을 지내 그를 가리키는 말로 쓰인다. 그는 평소 술을 자주 마셨는데 어떤 이가 그 이유를 묻자, 서수가 말하기를 "할 일이 없기 때문이다.[無事也]"라고 대답하였다. (『史記』 卷70 「張儀列傳」)

550 처세로는……어리석어야지: 호두(虎頭)는 진(晉)나라 때 호두 장군(虎頭將軍)을 지낸 고개지(顧愷之)를 말한다. 그는 평소 총명함과 어리석음을 반반씩 지녔다는 평을 받았다. (『晉書』 卷92 「文苑列傳·顧愷之」)

551 사당의……스승이로다: 능력을 갖추고도 쓰이지 못하는 자신의 처지를 위로하는 말이다. 원시의 '역사(櫟社)'는 사당 앞에 선 오래된 상수리나무로, 아무 쓸모가 없는 것을 가리킨다. 『장자』 「인간세(人間世)」에, 목수가 크고 튼튼한 상수리나무를 보고 지나치자 그의 제자가 그 이유를 물었는데, 목수가 그 나무는 아무 쓸모가 없는 나무이기에 오래 살 수 있는 것이라고 대답하였다. 장주(莊周)는 장자의 이름이다.

유자를 먹으며 食柚子

강바람과 바다 비에 아침마다 습하더니 江風海雨朝朝濕
푸른 잎을 처음 보매 병든 눈이 번뜩이네 綠葉初看病眼新
서리 맞은 껍질 쪼개니 향기가 손에 내리고 擘破霜皮香落手
금쪽같은 과실 깨무니 찬기가 입술을 적시네 嚼殘金瓣冷霑唇
소매 속에 넣고 날마다 어머니를 생각하고 袖中每日懷慈母
숲속에서 먼저 맛본 쫓겨난 신하 부끄럽네[552] 林下先嘗愧逐臣
종놈에게 천 그루 귤나무 옮겨 심으라 하겠으니 移取千頭堪命僕
고향 산에 돌아가도 가난하진 않으리[553] 故山歸臥未全貧

분성[554] 귀양지 처소에서 쓰다 盆城謫居書事

매화 곁에 서까래 세 개로 얽은 작은 집 梅邊丈室結三椽
늙은이 시를 읊으며 일 년을 머물렀네 老子吟詩留一年
침상에 비친 대 그림자 살아있는 그림이오 竹影侵床生活畫

552 숲속에서……부끄럽네: 소식이 지은 시 「귤을 먹고[食柑]」에 "황색 보자기에 싼 한 쌍의 귤 분급하기 전에 숲속에서 먼저 맛보았으니 축출된 신하인 내가 부끄럽네.[一雙羅帕未分珍, 林下先嘗愧逐臣.]"라고 하였다.
553 종놈에게……않으리: 삼국시대에 이형(李衡)이 무릉 용양주(武陵龍陽洲)에 감귤 천 그루를 심어 두고 죽을 때에 아들에게 말하기를, "용양에 천 그루의 귤나무가 있으니, 너에게 의식을 제공할 것이다.[吾洲內有千頭木奴, 不責汝衣食.]"라고 하였다. (『太平御覽』 卷966 「果部3·甘」)
554 분성: 경남 김해의 이칭이다.

벽 울리는 강물 소리에 배 오르기 겁나네 江聲撼壁惻乘船
그저 누울 자리 뿐 다른 공간은 없고 略容臥外餘無地
마음으로 고요히 깨달으니 별천지로세 靜悟胸中別有天
열린 창에 보이는 곳마다 안개와 노을 面面煙霞開戶牖
향 살라 고요히 수양하니 만사 놓여나네 焚香養默事都捐

강재[555]와 작별하며 주다 贈別強哉

바닷가에 부는 산들바람에 세월 깊어지는데 海上飄飄歲月深
만년의 우환 속에 진정한 벗을 얻었네 晩從憂患得知音
자주 책을 펼쳐 기이한 글자 논하고 數臨黃卷論奇字
청산을 자주 대하며 고요한 마음 길렀네 好對青山養靜心
취한 뒤 이별의 심정 어찌 차마 말하랴 醉後別懷那忍說
술잔 앞 좋은 모임 다시 할 수 있을까 尊前佳會更相尋
문득 시름 속에 홀로 말없이 앉았는데 却愁獨坐無言處
매화 핀 창에 밤눈 내리자 금을 타네 夜雪梅牕自撫琴

555 강재: 이려(李膂, 1484~1512)의 자다. 본관은 고성(固城)이고 아버지는 이평(李泙), 어머니는 양천 허씨(陽川許氏)로 허추(許樞)의 딸이다. 갑자사화 때 죽임을 당한 이주(李胄, 1468~1504)의 아우이다. 1504년 갑자사화에 연좌되어 진도(珍島)로 귀양을 갔다. 1510년(중종5) 문과에 급제하였다. 관직은 수찬에 그쳤다. 향년 29세를 일기로 세상을 떠났다. 정희량의 「사우록」에 인적 사항이 간단하게 기재되어 있다.

눈 내린 뒤 경류에게 부치다 雪後寄景劉

1

아득한 가락국 땅에 蒼茫駕洛國
세밑에 눈이 흩날리는구나 歲暮雪紛紛
냉기는 장기 서린 촌마을 누르고 冷壓茅村瘴
추위는 구름 속 대숲 길 파고드네 寒深竹逕雲
매화는 저절로 그림자를 잃고 梅花坐失影
새 발자국 움직이자 글이 되네 鳥跡動生文
가없는 산수의 흥취에 不盡溪山興
단정히 앉아 그대 생각하네 端居更憶君

2

남쪽 고을에서 한 해를 보낼 제 歲晚天南國
추위 속에 강북의 누각 오르네 寒登水北樓
담장 밖 대나무는 잘 알지만 動知墻外竹
해변의 갈매기 쉽게 잃는구나 易失海邊鷗
나귀 등에서 시재를 파헤치고[556] 驢背爬詩癢
산음에선 손님 실을 배 마련했지 山陰具客舟
옛사람 흥에 겨워하던 곳에서 古人乘興處
그대와 함께 노닐고 싶구나 欲與共君遊

---

556 나귀……파헤치고: 눈 내리는 날 고심하며 시흥에 빠진 것을 형용하였다.

눈 속에 생각을 쓰다 雪中書事

찬 구름 지는 해에 여기저기 얼어붙고	寒雲落日凍槎牙
체로 거른 듯 촘촘한 눈발 끝이 있으랴	密雪如篵詎有涯
일찍이 양원에서 간찰을 주었건만[557]	早向梁園能授簡
진령[558]에서 다시 고향 집 떠올리네	却從秦嶺更思家
장군은 말을 달려 달에 화살 쏘고	將軍躍馬弦開月
귀공자는 담비에 기대 노을에 술 띄웠지	公子憑貂酒泛霞
시름 속에 빼어난 곳 따지지 않고	不論愁邊奇絶處
매화와 대나무 찾아 스스로 뽐내네	問梅尋竹自豪誇

【해제】

평성 '마(麻)'를 운으로 한 칠언율시이다. 시인은 3구에서 언급한 바와 같이 유배 전에 많은 사람들로부터 시로 인정받은 인물이다. 그러나 지금은 의주에서 김해로 오게되어 사람들의 발길이 끊긴 곳에서 혼자 머무를 뿐이다. 또한 자신이 근무하던 도성과 고향은 너무도 멀고 찾아갈 수 없

---

557 일찍이……주었건만: 원시의 '양원(梁園)'은 서한(西漢) 때 양 효왕(梁孝王) 유무(劉武)가 세운 동원(東園)을 말한다. 간찰은 시문을 적는 종이로, 상대로부터 시를 지으라는 요구를 받았다는 말이다. 유무가 양원이란 호사스러운 자신의 원림(園林)에서 세모에 사마상여·매승(枚乘)·추양(鄒陽) 등을 초대하였는데, 이때 사마상여가 늦게 와서 상객의 자리에 앉았다. 이에 유무가 이들과 함께 주연을 베풀고 놀다가, 눈이 오자 흥에 겨워 먼저 『시경』의 시를 읊고는 간찰을 주면서 사마상여에게 시를 짓게 하였다는 고사를 전거로 한 것이다. 여기서는 허암이 유배 전에 많은 사람에게 시로 인정받았음을 비유하였다. (『文選』 卷30 「雪賦」)

558 진령: 당나라의 수도 장안 가까이 있는 종남산(終南山)으로, 여기서는 서울의 남산을 가리킨다. 한유가 조주(潮州)로 귀양 갈 때 지은 시 「좌천되어 남관에 이르러서 질손 상에게 보여준 시(左遷至藍關示姪孫湘詩)」 가운데 "구름이 진령을 가로놓여 있는데 집은 어디 있는가? 눈이 남관을 둘러싸서 말이 나아가지를 못하네.[雲橫秦嶺家何在, 雪擁藍關馬不前.]"라고 한 구절에서 나온 말이다. (『韓昌黎集』 卷10)

다. 이러한 상황에 시름겨워하던 시인은 장군과 공자처럼 매화와 대나무를 찾으며 자신의 처지를 잊고자 하였다.

회포를 쓰다 書懷

산림과 성곽은 갈수록 쓸쓸하고	山林城郭轉悠悠
가지와 부평초 끊임없이 떠도네	梗泛萍漂兩未休
새들만 오가는[559] 이천 리 강 북쪽의 군	鳥道二千江北郡
인정 있는 서너 못 남녘의 고을	人情三四澤南州
헛된 명성 얻는 건 송곳 끝과 같고	浮名所得只錐末
짧은 인생에 늘 놀라는 건 범의 머리[560]	短世常驚應虎頭
험난한 길 열 걸음에 아홉 번 넘어지니	十步崎嶇九跌倒
구당협과 염여퇴[561]가 다 잔잔히 흐르는 듯하네	瞿塘灔澦俱安流

559 새들만 오가는: 원시의 '조도(鳥道)'는 새만이 날아서 통과할 수 있는 좁고 험준한 산길을 이른다. 이백의 「촉도난(蜀道難)」 시에 "서쪽으론 태백산에 조도가 있으니, 아미산 꼭대기를 횡단할 수 있네.[西當太白有鳥道, 可以橫絶峨眉巓.]"라고 하였다. (『古文眞寶前集』 卷7 「蜀道難」)

560 범의 머리: 원시의 '호두(虎頭)'는 자신을 삼킬 것 같은 위협을 말한다.

561 구당협과 염여퇴: 구당협(瞿塘峽)은 장강 삼협(三峽)의 하나로 사천성(四川省) 봉절현(奉節縣) 동남쪽 장강 상류에 있는 협곡이다. 구당협어귀에는 험한 여울인 염여퇴(灔澦堆)가 있어 이곳을 지나는 배들이 많이 전복되었다고 한다.

거처를 옮기고 移寓

가야국에 유배객이 되어 作客伽倻國
집 없이 떠도는 선승이라 無家雲水禪
이 삶 여태 만 리 객지 신세 吾生猶萬里
이곳은 세 번째 유배지라 此地又三遷
버림받아 곤궁함과 짝이 되고 濩落窮相伴
조롱받아 귀신도 가엾어 하네 揶揄鬼所憐
걸핏하면 대지팡이[562] 짚고 動須桃竹杖
표연히 다닐 밖에 일 없네 除却只飄然

대나무를 마주하고 對竹

우뚝 곧은 절개 오랠수록 기품 있어 崢嶸直節老愈尊
정신을 맑게 하는 그대를 아낀다네 愛此令人不受昏
풍상에도 굳건함은 나를 빼닮았건만 強項風霜專類我
눈 내리는 달밤에 마음 터놓기는 그대가 낫구려 論心雪月只輸君
쏴아 쏴아 찬 울음은 봉황을 불러내고 寒吟戛戛堪招鳳

---

562 대지팡이: 원시의 '도죽(桃竹)'은 대나무의 일종으로 재질이 견실하여 화살이나 지팡이를 만들기에 좋다고 한다.

서늘한 듯 상쾌한 기운 구름을 헤치네	爽氣冷冷欲拂雲
속세의 마음으로 마주하자니 부끄러워	自恐塵襟羞與對
아침에 거듭 목욕하고 향 사르노라	朝來三沐又三薰

【산곡(山谷)의 「묵죽부(墨竹賦)」에 "가지가 늙을수록 잎은 단단하여 바람과 서리에도 굳건하다네."[563]라고 하고, 『법언(法言)』에 "날 닮아라, 날 닮아라."[564]라고 하고, 산곡의 시에 "나 또한 그대만 못하네"[565]라고 하였으므로 이렇게 말한 것이다.[山谷墨竹賦云, "枝老葉硬, 強項風雪." 法言曰, "類我類我." 山谷詩曰, "我亦不如君"]】

【해제】

상평성 13번째 '원(元)'과 12번째 '문(文)' 자를 운으로 하여 첫 구와 짝수 구 마지막 글자를 압운한 칠언율시이다.

현실에 깊이 고뇌하고 괴로워하던 차에 문득 앞에 대나무를 바라보니 정신이 번쩍 든다. 시간이 지날수록 기품이 느껴지고, 비바람이 몰아쳐도 서리가 내려도 변함없이 곧게 자라고 푸르름을 간직하는 대나무는 절개의 상징이다. 이리저리 세태에 따라 변하는 세상인심에 환멸을 느낀 시인은 자신의 신념이 절대 틀리지 않았음을, 앞으로도 지켜내야 함을 대나무에 다짐한다.

---

563 가지가……굳건하다네: 황정견의 『산곡외집(山谷外集)』 권1 「유명중의 묵죽부[劉明仲墨竹賦]」에 나오는 구절이다.

564 날……닮아라: 『양자법언(揚子法言)』 권1에 "뽕나무벌레의 유충이 갓 태어났을 때 (나나니벌이) 뽕나무벌레의 유충을 만나면 (가져다 나무 구멍 속에 넣어두고) '날 닮아라. 날 닮아라.'라고 기원하는데, 오래되면 뽕나무벌레가 나나니벌을 닮는다.[螟蛉之子, 殪而逢蜾蠃, 祝之曰, 類我類我, 久則肖之矣. 速哉, 七十子之肖仲尼也.]"라고 한 데서 온 말이다.

565 나는……못하네: 『산곡집(山谷集)』 권2 「장문잠이 조무구에게 준 시의 끝에 많이 쓴 '既見君子云胡不喜'로 운자를 삼아 삼가 화답하다[奉和文潛贈無咎篇末多見及以既見君子云胡不喜爲韻]」라는 시에 나오는 구절이다.

동지 至日

1

우주는 양의 기운 회복하는데	宇內陽初復
호숫가 나그네는 홀로 시름겹네	湖邊客獨愁
매화 꽃잎 나만큼 비쩍 야위었고	梅花如我瘦
해그림자 사람 향해 머무르네	日影向人留
궁궐에 새벽빛 어우러지고	鳳闕晨光合
백관들 기쁜 기운 감돌겠지	鵷班喜氣浮
외로운 신하는 짧은 머리 긁적이며	孤臣搔短髮
적막한 먼 곳에서 바라만 보네	寂寞更回頭

2

도성 떠나온 지 벌써 삼 년째	去國忽三載
오늘 아침 양의 기운 생겨나누나	今朝生一陽
음기가 장성하다 걱정 말지니	莫憂陰用壯
곧은 도리 굳건히 지녀야 하지	須使道全剛
대자연이 아무리 잘 길러주어도	大化雖亭毒
미미한 새싹은 갈수록 아득하기만	微萌轉渺茫
쉼 없이 따사로이 감싸준다면	融融不自已
만물이 점점 크게 자라나겠지	萬物漸開張

회포를 써서 사화, 중열, 직경에게 부치다 書懷, 寄士華仲說直卿

적막한 바닷가 유배된 이 몸 吾生寂寞濱
하는 일 하나 없는 한가한 신세 俯仰似閑身
술 한 동이 마주하고 홀로 앉아서 獨對一尊酒
천 리 밖 그리운 이 생각에 젖네 相思千里人
지난 가을 한강에서 이별을 하고 新秋漢水別
영남 고을에 정 부친 지 오래라 久客嶺猿親
그러고 보니 한 해가 끝나가네 坐覺時將晚
여기도 거기도 매화 피는 봄 梅花南北春

회포를 써서 택지에게 부치다 書懷, 寄擇之

호연지기 천지를 가득 채워 浩氣塞天地
맑디맑게 한 집에 넉넉하네 蕭然一室寬
매화는 수척해져 나를 속이고 梅花欺我瘦
대 그림자 사람과 함께 서늘하네 竹影與人寒
바닷가에 봄이 아직 남았고 水國春猶淺
변방에 해가 저물려 하는데 蠻鄉歲欲殘

읊은 시들이 호해집[566]을 이루니 吟成湖海集
아낌없이 그대에게 빌려주고 싶네 不惜借君看

절도사 안침에게 올리다 上安節度使琛

풍파의 땅을 잠재우려면 欲靜風波地
사직의 신하에게 기대야지 須憑社稷臣
형주에 도독부를 설치하자 荊州開督府
제갈량 윤건[567]을 젖혀 썼네 諸葛岸綸巾
변방의 안위를 맡겨두자 閫外安危寄
군중의 호령이 새롭더라 軍中號令新
시에 힘쓰며 극곡[568] 본받고 敦詩依郤縠
띠 느슨히 맨 채 구진 통솔하네[569] 緩帶統鉤陳

---

566 호해집: 송나라 때 재상 이강(李綱, 1085~1140)의 문집이다. 이강은 자가 백기(伯紀)이며, 성품이 강직하고 정론을 고수하여 자주 좌천을 당했으나 명성이 사방으로 퍼졌다. 「운양집서(雲養集序)」에 "이백기가 풍파를 겪고 배척당해 쫓겨난 끝에 직접 『호해집』을 산정하였다.[李伯紀風波斥逐之餘, 自定湖海集.]"라는 기록이 보인다.

567 윤건(綸巾): 푸른 깁으로 만든 두건으로, 삼국 시대 촉한의 승상 제갈공명이 진중(陣中)에서 항상 소여(素輿)를 타고 윤건을 쓰고 백우선(白羽扇)을 손에 들고 삼군(三軍)을 지휘했던 데서 온 말이다.

568 극곡(郤縠): 춘추 시대 진 문공(晉文公)의 장수로 예악을 즐기고 시서(詩書)에 뛰어났다. 진 문공이 삼군의 원수를 임명하려 할 적에 조최(趙衰)가 말하기를 "극곡은 예악을 말하고 시서를 힘쓰는 사람이니, 그가 반드시 군대를 거느리는 방도를 알 것입니다."라고 하므로, 문공이 그의 말에 따라 극곡을 중군장(中軍將)으로 삼았다. (『史記』 卷三十九)

569 띠를……통솔하네: 구진(鉤陳)은 별 이름으로 자미궁(紫微宮)을 호위하는 별이다. 이 구절은 절도사 안침이 변방의 군진에서 한가하고 여유로운 모습을 보여 원근을 안정시킨 점을 비유하였다. 진(晉)나라 장군 양호(羊祜)가 진중(陣中)에서 갑옷을 입는 대신, 가볍고 따뜻한 옷[輕裘]에 허리띠를 헐렁하게 매고[緩帶] 한가하게 소요했다는 고사에서 나온 것이다. (『晉書』 卷34 「羊祜列傳」)

엄한 규율 삼대를 전하고　節制傳三世

은혜와 위엄 사방 이웃에 미쳤네　恩威及四隣

깃발은 바다 진중에 펄럭이고　旌旗雄海陣

북과 뿔피리 변방 순시에 웅장하네　鼓角壯邊巡

창을 비껴 잡고 문자를 논하며　橫槊論文字

은밀한 지략 귀신을 감동시키네　潛謀動鬼神

뛰어난 책략 덕분에 전쟁 그쳤고　止戈資妙術

관대한 인정으로 병사 조련했네　訓卒仗寬仁

홀로 걷다 막다른 길에서 통곡해[570]　踽踽窮途哭

구구하게 길 잃은 사람이 됐네　區區失路人

둘러봐도 누가 알아주겠는가　回頭誰識己

종종걸음[571]에도 몸 둘 곳 없네　重足莫容身

복조부 지어[572] 경자년 일[573] 상심하고　賦鵩傷庚子

---

570 막다른……통곡해: 흔히 곤경에 떨어져 희망이 없는 상태를 비유하는 말로 쓰인다. 삼국 시대 위(魏)나라 완적(阮籍)이 시대를 한탄하며 답답한 마음을 풀기 위해 혼자 수레를 몰고 다니다가 막다른 길에 다다르면 문득 통곡을 하고 돌아왔다는 궁도곡(窮途哭)의 고사가 전한다. (『晉書』 卷49 「阮籍列傳」)

571 종종걸음: 두려워서 활보하지 못하고 발을 포개 모아 서 있거나 발을 좁게 떼어 걷는 것으로, 매우 신중하게 행동하는 것을 의미한다.

572 복조부 지어: 원시의 '부복(賦鵩)'은 「복조부(鵩鳥賦)」를 짓는다는 말로, 유배 생활이나 죽음의 예견을 의미하는데, 후대에는 문인이 불행한 일을 당한다는 의미로 쓰였다. 한나라 때 가의가 장사왕 태부(長沙王太傅)가 된 지 3년 만에 올빼미가 날아와서 곁에 앉았는데, 올빼미는 불길한 조짐의 새였다. 이에 가의는 자신이 오래 살지 못할 것이라고 여겨 슬퍼하면서 「복조부」를 지었다. (『史記』 卷84 「屈原賈生列傳」)

573 경자년의 일: 용재 이행이 지은 「공조 판서 안공 신도비명(工曹判書安公神道碑銘)」에 따르면, 경자년(1480, 성종11)에 응교(應敎)로 승진했는데, 이때 임사홍(任士洪)이 승정원 도승지로 있으면서 권세가 상당히 높았다. 안침과 동료들은 그의 간특함을 들추어 논했다가 성종의 진노를 사서 모두 파직되었다. 그러자 주계정(朱溪正)과 이심원(李深源)이 임사홍의 간사한 실상을 낱낱이 아뢰었다. 이에 성종이 즉시 임사홍을 내치고 안침과 동료들의 직위를 회복시켰다. (『容齋集』 卷10 「工曹判書安公神道碑銘」) 경자년의 일은 바로 이 일을 두고 하는 말이다.

짝 잃은 새 갑진년 일[574] 탄식하네	孤雌嘆甲辰
장경은 일찍이 병을 앓았고[575]	長卿曾抱病
원헌[576]은 홀로 가난했었지	原憲獨居貧
다행히 과거 급제[577] 덕분에 만나	幸托瓊林接
지팡이 짚고 왕래하며 친해졌네	因蒙杖履親
서로 어울릴 땐 검을 잡지 않았고[578]	追隨非按劍
나가고 처할 땐 수레 붙잡았지	出處得攀輪
세월이 노년으로 접어들건만	歲月時將晩
천지는 벌써 흙먼지로 덮혔네	乾坤跡已塵
희노애락을 담소에 다 털어놓고	悲歡談笑盡
정성이 곡진하니 성정의 진실함이네	款曲性情眞
따스한 봄기운이 한곡에 불고[579]	暖律吹寒谷

574 갑진년의 일: 「공조 판서 안공 신도비명」에 따르면, 갑진년(1484, 성종15)에는 통정대부(通政大夫)로 품계가 오르고 부제학이 되었으며, 승정원 동부승지에 임명되고 승진하여 우승지에 이르렀으나 모종의 일로 파직되었다고 한다.

575 장경은……앓았고: 장경(長卿)은 한나라 때의 문장가인 사마상여의 자이다. 사마상여가 일찍이 부인 탁문군(卓文君)과 함께 고향인 성도(成都)로 돌아갔을 적에 워낙 가난했던 탓에 자기가 입고 있던 숙상구(鷫鸘裘)를 전당 잡히고 술을 사서 탁문군과 함께 마신 고사가 있으며, 성도에서 살 때 워낙 가난하여 살길이 막연하였으므로, 목로 집을 차리고서 탁문군에게는 손님에게 술을 팔게 하고, 자신은 쇠코잠방이를 입고 잡역(雜役)을 하며 지낸 고사가 있다. (『西京雜記』 卷3)

576 원헌: 공자 제자로 매우 가난하였다. 하루는 자공(子貢)이 큰 말을 타고 찾아와 묻기를 "선생은 어찌 병(病) 되게 사십니까?" 하니, 답하기를 "재물이 없으면 가난이라 하고 배움을 행하지 못하면 병이라 하는데, 이 원헌은 가난할 뿐 병은 아닙니다." 하자, 자공이 부끄러워했다는 말이 있다. (『莊子』「讓王」)

577 과거 급제: 원시의 '경림(瓊林)'은 경림원(瓊林苑)의 준말로, 송나라 때 새로 급제한 자들에게 축하 연회를 베풀어주었던 장소로 보통 한림원을 가리키는데, 전하여 과거에 급제한 것을 말한다.

578 검을……않았고: 원시의 '안검(按劍)'은 '명주암투(明珠暗投)'의 고사에서 나온 말로, 사람들이 까닭 없이 오해하여 미워함을 뜻한다. 그러나 여기에서는 검을 잡지 않았으니 사람들과 어울릴 때는 서로 마음이 맞아 오해가 없었다는 뜻인 듯하다.

579 따스한……불고: 원시의 '난율(暖律)'은 추율(鄒律)이라고도 한다. 한곡(寒谷)은 연(燕)나라에 있는 골짜기 이름으로, 땅은 아름다우나 추워서 오곡이 나지 않는다. 전국 시대 제(齊)나라 사람 추연(鄒衍)이 음률에 정통하여 연나라 소왕(昭王)의 초빙으로 연나라에 가 있었다. 북방이 아름답기는 하지만 추워서 오곡이 나지 않는 땅이 있었는데, 추연이 율관(律管)을 불어 따뜻하

큰 바다는 마른 물고기[580] 살리네 滄海活涸鱗
당에 오르면 악객[581]으로 부끄러워하고 升堂慙惡客
장막에 들면 뛰어난 막료로 대우했지[582] 入幕作佳賓
화려한 의장이 대문에 멈추면 桂戟臨門駐
향기론 술로 밤새 자주 마셨네 香醪飮夜頻
그리운 마음 뼈에 새기고 含懷宜刻骨
고마운 은덕 다시 띠에 썼지[583] 感德更書紳
남방 안개비 속에 비분강개하고 慷慨蠻煙裏
장기 서린 바닷가 거닐며 시 읊네 行吟瘴海濱
공을 위해 이 곡을 노래하니 爲公歌此曲
경박한 풍속 순박하게 변하리라 薄俗可回淳

게 하니 화서(禾黍)가 자라났다는 고사에서 온 말이다. (『列子』「湯問」)

580 마른 물고기: 원시의 '학린(涸鱗)'은 학철부어(涸轍鮒魚)에서 나온 말이다. 수레바퀴 자국에 고여 있는 물에 갇힌 물고기라는 의미로 더 어찌할 수 없는 곤궁함을 의미한다. (『莊子』「外物」)

581 악객(惡客): 당나라 원결(元結)의 「장선하처거(將船何處去)」 시에 "때로 악객을 만나고 나면, 집에 돌아와도 술기운이 적구나.[有時逢惡客, 還家亦少酣.]"라고 하였다. 그 자주(自註)에 "주도가 아닌 사람이 바로 악객이다.[非酒徒卽爲惡客]"라고 하였다. 악객은 술을 마시지 않는 사람을 지칭하였으나, 후세에는 그와 반대로 통음(痛飮)하는 사람을 가리키는 뜻으로 쓰였다. (『次山集』 卷3)

582 장막에……대우했지: 흔히 입막빈(入幕賓)은 기밀(機密)에 참여하는 막료를 일컫는 말이다. 진(晉)나라 환온(桓溫)이 사안(謝安) 등과 국사를 논하면서 치초(郗超)로 하여금 장막에 들어가 엿듣게 하였는데, 바람에 장막이 날려 탄로가 나자, 사안이 웃으며 "치생(郗生)이야말로 입막빈(入幕賓)이라고 해야 하겠다."라고 한 고사가 있다. (『晉書』「郗超傳」)

583 띠에 썼지: 중요한 말을 잊지 않도록 허리에 맨 띠에 적어 두는 것으로, 공자가 충신(忠信)과 독경(篤敬)에 관해 말하자 자장(子張)이 이를 띠에 적었던 데서 유래한다. (『論語』「衛靈公」)

납월에 일을 쓰다 臘月書事

가을바람에 영남 고개 넘어와 秋風度嶺外
선달그믐[584]에 강가를 서성이네 臘日轉江邊
고향은 그저 천 리 밖인데 故國空千里
매화 막 피니 또 일 년 지났네 新梅又一年
남쪽 바다에 홀로 멀리 온 신세 南溟身獨遠
꿈에서도 북극[585]을 그리워하네 北極夢長懸
평소의 뜻 굳세고 장대했으나 磊落平生志
쓸쓸히도 먼저 늙고 병들었네 蕭條老病先

깨닫다 獨覺

온갖 세상 소리[586] 적막한데 萬籟響方寂

---

584 섣달그믐: 원시의 '납일(臘日)'은 가평(嘉平), 납향일(臘享日)이라고도 한다. 납(臘)은 음력 12월인 섣달을 가리키고, 평(平)은 그동안 잘 다스려진 것에 대해 감사의 제사를 지낸다는 뜻이다. 납일은 동지(冬至) 뒤 세 번째 미일(未日)이다.

585 북극: 북극성을 말하는데, 여기서는 임금을 비유하는 말이다.

586 세상 소리: 원시의 '만뢰(萬籟)'는 온갖 자연의 구멍에서 나는 소리를 의미한다. 『장자』「제물론」에서 가져온 것이다. 남곽자기(南郭子綦)가 멍하니 앉아 있는 것을 보고 안성자유(顔成子游)가 물으니, 남곽자기가 "그대는 사람의 피리 소리는 듣고 땅의 피리 소리는 듣지 못했을 것이다. 그대가 땅의 피리 소리를 들었다 하더라도 하늘의 피리 소리는 듣지 못했을 것이다.…… 대지가 기운을 내뿜는 것을 바람이라 말한다. 이것이 일어나지 않으면 그만이지만, 일어나기만 하면 모든 구멍이 성난 듯 울부짖는다. 그대는 씽씽 부는 소리를 듣지 못하겠는가."라고 하였다.

창문 아래 잠들다 홀로 깨었네 一牕眠獨醒
날이 추워 신하의 절개 괴로운데 歲寒臣節苦
등잔불에 이 마음 밝아지네 燈火此心明
도가 있어야 출처[587]가 합당하고 有道行裝穩
벼슬 없어야 빨리 한가롭네 無官偃仰輕
난 비록 선행을 힘쓰는 사람 아니나 雖非善者類
앉아서 새벽닭 울음 기다리네[588] 坐待曉鷄鳴

【해제】

두 번째 구에는 평성 '청(靑)'을, 나머지 짝수 구에는 평성 '경(庚)'을 운자로 한 오언율시이다. 시인은 5·6구에서 도가 있어서 나라가 잘 다스려지고 있기 때문에 자신이 조정에 나아가지 않고 이곳에 있어도 괜찮다고 위로하고 있다. 또한 자신이 선행에 힘쓰는 부류의 사람은 아니지만 새벽닭을 기다린다고 한 7·8구의 말은 유배에서 풀려나기 전까지 자신을 수양하여 다시 도를 펼칠 수 있기를 기다리는 시인의 마음을 나타낸다.

---

587 출처: 원시의 '행장(行藏)'은 용행사장(用行舍藏)의 준말로, 자신의 도를 펼 수 있느냐 없느냐에 따라 거취를 결정하여 조정에 나아가기도 하고 물러나기도 하는 것을 말한다.『논어』「술이(述而)」에 "나를 등용하면 도를 행하고, 나를 버리면 숨는다[用之則行, 舍之則藏.]"라고 하였다.

588 앉아서……기다리네: 닭이 울면 일어나서 부지런히 선을 행하였던 순임금과 같은 사람이 되고자 한다는 뜻이다.『맹자』「진심 상(盡心上)」에 "새벽에 닭이 울자마자 일어나서 부지런히 선행을 힘쓰는 자는 순임금의 무리요, 새벽에 닭이 울자마자 일어나서 부지런히 이익을 구하는 자는 도척(盜跖)의 무리이다. 순임금과 도척의 구분을 알고자 한다면, 다름이 아니라 이익을 탐하고 선행을 좋아하는 그 사이에 있을 뿐이다.[雞鳴而起, 孶孶爲善者, 舜之徒也, 雞鳴而起, 孶孶爲利者, 跖之徒也. 欲知舜與跖之分, 無他, 利與善之間也.]"라고 하였다.

아침에 일어나서　朝起

늘 해가 중천에야 일어나니　日高常晏起
한적하여 바쁜 일 전혀 없기 때문　幽事不全忙
배불리 먹어 아주 건강하고　太飽身多健
약간 취해 의기가 양양하네　微醺貌欲揚
매화 곁에서 좋은 시구 읊고　梅邊哦秀句
상자 속에서 새 처방을 찾네　篋裏按新方
거칠고 게으른 성정 잘 이뤄져　得遂疏慵性
한가한 삶의 정취 절로 커지네　閒居味自長

분성에서의 일을 써서 경류와 장경[589]에게 보이다　盆城書事, 示景劉長卿

힘겹게 천 리를 지나와　役役經千里
애써 한 해를 보내었네　勞勞只一年
바닷가는 흐린 날이 적고　海天陰少見
강에 뜬 달 둥글기도 하지　江月夜多圓
푸른 대를 늘 땔감으로 쓰고　綠竹常供爨

589 경류와 장경: 정희량의 「사우록」에 '김경류(金景劉)'와 장경(長卿)으로만 기록되어 있고, 성명과 사적은 알 수 없다고 하였다.

황금 귤은 제값 받지 못하네	黃柑不直錢
곤궁해도 살 방도가 많은데	窮途饒計活
벗들은 다시 염려하겠지	更被故人憐

【해제】

하평성 첫 번째 '선(先)' 자를 운으로 하여 짝수 구 마지막 글자를 압운한 오언율시이다.

분성은 분성산(盆城山)이 있는 김해를 가리킨다. 지난가을 이곳에 와 한 계절을 지낸 시인은 벗에게 안부를 전한다. "이곳은 흐린 날보다 맑은 날이 많고, 달은 또 어찌나 둥글고 환한지! 또 주변에 흔한 게 대나무라 땔감은 늘 대나무를 사용하고, 진상에나 올리는 귤이 여기선 제 값도 받지 못할 만큼 널려 있다네. 그러니 부디 내 걱정이랑 하지 마시게."하고 자신을 걱정하고 있을 벗들을 안심시키려는 시인의 의도가 다분히 느껴진다.

『남천후록』에 쓰다 題南遷後錄

하늘 끝 유배되어 세월 오랜데	遠客天涯歲月深
고개 넘어 가을바람 두 빰에 스산	秋風度嶺鬢蕭森
괴상쿠나 시율은 이다지 맑아	怪來詩律淸如許
달 밝은 창에서 밤마다 마음 쓰네	雪色梅牕夜夜心

선달 그믐에 일을 쓰다　臘月書事

구름도 물결도 모두 모습 달라지니　雲容水態共迴新
따사로운 강 남쪽에 봄이 오려 하네　日暖江南欲換辰
바닷새는 호수 너머 비를 불러오고　海鳥喚來湖外雨
매화는 설날이 오기도 전에 피었네　梅花漏洩臘前春
추위는 외기러기 따라 어디로 가는지　寒隨斷雁歸何處
높은 바람에 기댄 대나무는 나 같아라　竹倚高風似此人
홀로 객창에서 좋은 경치에 빚진 채[590]　獨抱旅窓淸淨債
차 끓이며 이는 물결 흐뭇이 보노라　點茶聊喜看生鱗

아버지께서 손수 쓰신 편지를 받고　得家君手書

고향서 오는 소식 없더니　故國無消息
오늘 아침에야 좋은 기별이 왔네　今朝得好音
옷에는 자애로운 어머니 손길 더했고　衣添玆母線
글자에는 연로하신 아버지 마음 담겼네　字寄老君心

---

590 좋은……채: 좋은 경관을 보았으면 그에 보답하는 시를 지어야 한다는 말이다. 소식의 「호 사부와 법화산에서 노닐고[與胡祠部游法華山]」 시에 "새로 시 지어 이 유람 기념하지 않는다면, 산중에 청정한 부채 지게 될까 두려워라.[不將新句紀玆游, 恐負山中淸淨債.]"라고 하였다. (『蘇東坡詩集』 卷19)

먼 이별이 웃배객 더욱 시름겹고 遠別羈愁益
그리울수록 세월만 깊어가네 相望歲月深
아쉬운 마음에 괜히 쯧쯧 탄식하는데 含情空咄咄
지는 해는 높은 숲 아래로 내려오누나 薄日下高林

【해제】

자상한 어머니는 아들이 행여나 추울까 옷을 두툼하게 지어 보냈고, 늙은 아버지는 아들 걱정에 글자마다 그리움을 꾹꾹 담았다. 부모가 보낸 편지와 옷을 마주하고 보니 만리 떨어진 이별만큼이나 더욱 시름겹고, 부모님을 보고 싶은 간절한 그리움만큼이나 세월은 깊어간다. 시는 격렬한 시어를 사용하여 감정을 폭발시키기보다는 부모에 대한 그리움을 평이한 시어로 담담하게 드러내었다. 이것이 오히려 읽는 이로 하여금 시인의 그리움을 한껏 느끼게 만든다.

수로왕릉[591] 首露王陵

시대 다른데 공은 어디에 있는지 代異功何在
산은 텅 비고 강은 절로 흐르네 山空水自流
흰 구름 속 용 수레 타고 멀리 떠나니 白雲龍馭遠
푸른 산의 두견새는 시름겨웠네 靑嶂杜鵑愁

591 수로왕릉: 김해 수로왕릉은 현재 경남 김해시 서상동에 있다.

바다와 산악에 신령스런 기운 남아 있고 海嶽餘靈氣
귀인의 의관들 옛 무덤을 숨겼네 衣冠閟古丘
백성들 옛 덕을 생각하여 邦人懷舊德
봄가을로 조촐한 정성을 올린다네 蘋藻薦春秋

초현대[592]에 올라서 登招賢臺

가야국의 오래된 초현대를 招賢石老伽倻國
저물녘에 오르니 가슴이 탁 트이네 落日登臨許盪胸
쪽빛 같은 산빛 안개를 짙게 물들이고 嶽色似藍深染霧
눈 같은 갈대꽃 기러기 교묘히 숨기네 蘆花如雪巧藏鴻
제비 꼬리처럼 갈라진 호수 까마득하고 湖分燕尾蒼茫外
자라 머리 같은 땅 아스라이 떠다니네 地逈鼇頭縹緲中
난 봉래섬[593]으로 거슬러 오르고 싶은데 我欲泝回蓬島去
강의 신 기꺼이 반돛 바람[594] 빌려줄까 江神肯借半帆風

---

592 초현대: '초선대(招仙臺)'라고도 한다. 경남 김해군 김해읍 어방리(漁防里)에 있는 작은 산이다. 여기에서는 대(臺)의 이름으로 쓰였다. 가락국의 거등왕(居登王)이 칠점산(七點山)의 참시선인(㝒始仙人)을 부르자 금(琴)을 안고 배를 타고 와서 함께 즐겁게 놀았기 때문에 붙여진 이름이라 한다. (『新增東國輿地勝覽』 卷32 慶尙道 「金海都護府 · 古跡 · 招賢臺」)

593 봉래섬: 동해(東海) 가운데 있다는 삼신산(三神山)의 하나인 봉래산(蓬萊山)이다.

594 반돛 바람: 원시의 '반범풍(半帆風)'은 돛에 반쯤 찰 수 있는 바람이다. 소식의 「자호협조풍(慈湖夾阻風)」 시에 "누워서 보니 떨어진 달빛이 천 길 물에 걸렸기에, 일어나 맑은 바람을 불러 반돛을 얻었어라.[臥看落月橫千丈, 起喚淸風得半帆.]"라고 하였고, 양만리(楊萬里)의 「주행득풍만지영주(舟行得風晩至靈州)」 시에 "해신이 나를 잘 전별하여, 반돛의 바람을 빌려주도다.[海神能餞我, 借與半帆風.]"라고 하였다.

12월 23일 눈이 와서 臘月廿三日雪

바닷가 날씨 낮에도 어둡더니 海天晝多晦
엷은 눈 갈수록 펑펑 내리네 薄雪轉霏霏
초가 객점에는 개가 짖어대고 犬吠黃茅店
흰 대로 만든 사립문[595]에는 사람이 시 읊네 人吟白竹扉
매화의 청신함 뼈까지 스미는데 梅淸仍到骨
새는 내려앉아 날지 않는구나 鳥墮不成飛
이런 풍경 대하니 흥취가 사라져 對此興都盡
외로운 배 타고 돌아가고 싶네 孤舟我欲歸

장경의 「이른 매화를 부치다」 시에 차운하다 次長卿寄早梅韻

1

계옹이 눈 속에 핀 매화 가려 뽑아 溪翁點檢雪邊開
이곳 적막한 허암으로 보내주었네 寄與虛庵寂寞來
이상타, 봉래산 옥나무[596] 일찍 폈을까 絶怪蓬山琪樹早

---

595 흰……사립문: 시골의 소박한 사립문을 뜻한다. 당나라 육귀몽(陸龜蒙)의 「습미제유거십수차운(襲美題幽居十首次韻)」 시에 “들은 푸른 풀 우거진 거리로 들어가고, 비탈은 흰 대나무로 된 문에 침노한다.[野入靑蕪巷, 陂侵白竹門.]”라고 하였고, 이상은(李商隱)의 「몽영호학사(夢令狐學士)」 시에 “산골의 역참 황량한데 흰 대로 만든 사립[山驛荒凉白竹扉]”이라 하였다.

596 옥나무: 원시의 ‘기수(琪樹)’는 옥을 드리우고 있다는 신선 세계의 나무로, 일반적으로 하얗게

향기 맡으니 사랑스런 진짜 매화구나! 嗅香憐汝是眞梅

2

바람 부는 난간에 흰 소매 펄럭이니 飄飄練袂倚風櫺
사랑스런 신선 자태 객의 마음 괴롭히네 可愛仙姿惱客情
몇 번이나 그리웠나, 아 한 해가 저무는데 幾度相思驚歲晩
해지는 남전에서 운영을 만나누나[597] 藍田日暮見雲英

【해제】

일찍 핀 매화를 읊은 두 수의 연작시로, 1수는 평성 '회(灰)'를 운으로 하였고, 2수는 평성 '경(庚)'을 운으로 작품이다.

한 해가 저물어 갈 때 장경이 정희량에게 일찍 핀 매화와 함께 시를 부쳤다. 정희량은 정말 매화가 맞는지 의심스러워 향기를 맡아본다. 그런데 정말 매화였다. 세밑의 추운 날씨에 매화가 피다니, 정희량은 매우 놀랐다. 매화는 바람 부는 난간에서 흰 소매를 펄럭이는 것이 신선의 자태이다. 너무나도 사랑스럽다. 정희량은 그 감동을 "해지는 남전에서 운영을 만나는구나!"라고 비유하였다. '남전(藍田)'은 중국의 섬서성(陝西省) 남

눈이 쌓인 나무를 가리키는데, 여기에서는 매화를 지칭한다.

597 해지는……만나누나: 장경이 보낸 이른 매화를 받은 감동을 비유한 듯하다. '남전(藍田)'은 섬서성(陝西省) 남전현(藍田縣)이고, '운영(雲英)'은 선녀인 운교부인(雲翹夫人)이다. 당(唐)나라 때 배항(裵航)이 선녀인 운교부인을 만났을 때, 운교부인이 배항에게 시를 주어 "맛있는 술 한 번 마시면 온갖 감정이 생기고, 신선 약을 다 찧고 나면 운영을 만나리라. 남교가 바로 신선이 사는 곳인데, 어찌 고생하며 옥경을 오르려 하나.[一飮瓊漿百感生, 玄霜搗盡見雲英. 藍橋便是神仙窟, 何必崎嶇上玉京.]"라고 하였다. 그 뒤에 배항이 남교를 지나다가 목이 말라 한 노파의 집에 들어가 물을 달라고 하자, 노파가 처녀 운영을 시켜 물을 갖다 주었다. 배항이 그 물을 마시고는, 앞서 운교부인의 예언을 생각하여 운영에게 장가들기를 청하자, 노파가 말하기를 "옥저구(玉杵臼)를 얻어 오면 들어주겠다." 하였는데, 배항이 옥저구를 얻어서 마침내 운영에게 장가들어 신선이 되어 갔다고 한다.

전현(藍田縣)이고, '운영(雲英)'은 선녀이다. 당나라 사람 배항(裵航)은 남교(藍橋)에서 선녀인 운영에게 장가들어 신선이 되었다. 정희량 역시 배항처럼 매화와의 만남을 통해 신선을 꿈꾼 것인가!

우연히 쓰다 偶書

태평성대에 뛰어난 인재 많은데 盛代多才俊
어리석은 난 버림받는 게 맞지 疏慵合棄捐
북극성은 자루가 세 번 바뀌고[598] 北辰三轉柄
남해는 하늘 한쪽 끝에 있누나 南海一涯天
죄는 천둥 치는 것처럼 컸으나 罪大雷霆後
은혜는 우로[599]처럼 깊었구나 恩深雨露邊
사면령[600] 보는 게 더욱 늦으니 金鷄看更晚
돌아갈 때가 정해지지 않는구나 未定卜歸年

---

598 북극성은……바뀌고: 정희량이 유배된 지 3년이 지났다는 말인 듯하다. 허암 정희량은 1498년 7월에 무오사화에 연루되어 의주로 유배되었다가 1500년 5월 김해로 귀양지를 옮겼다.

599 우로: 우로(雨露)는 비와 이슬로, 임금의 은혜를 말한다.

600 사면령: 원시의 '금계(金鷄)'는 죄수를 사면할 때에 걸었던 물건으로, 7장쯤 되는 대나무에 4척의 닭을 만들어 매달았다. 머리를 황금으로 꾸미기 때문에 금계라 한다. (『新唐書』「百官志」)

두 벗에게 二友

타향서 정원의 주인 자리 차지해	旅居偸作園林主
적막한 물가에서 그대들과 벗하네	肝膽容渠寂寞濱
대나무는 방외의 삶이 좋다고 하고	竹友定論方外好
매화는 나를 시우(詩友)라 부르지	梅兄喚我社中人
한가한 정취의 맛을 함께 즐기며	閑情一味聊相許
만년에 맑은 두 벗을 가까이하네	晩節雙淸政可親
날마다 변하는 세태 참 우스우니	堪笑炎涼隨日變
고난에도 변치 않는 도 더욱 값지네	雪霜終始道彌眞

【해제】

상평성 '진(眞)' 자를 운으로 하여 짝수 구 마지막 글자를 압운한 칠언율시이다.

여기서 두 벗이란 정원에 심어진 대나무와 매화를 가리킨다. 이 둘은 흔히 난초·국화와 함께 사군자로 불리며 선비의 절개를 상징한다. 이 시 속에서도 이러한 상징성을 고스란히 드러내고 있다.

이 시만 따로 떼어 놓고 본다면 시인이 현재 유배객의 처지라는 것이 전혀 느껴지지 않는다. 이익에 따라 이합집산하는 세태를 벗어나 자연 속에 은거한 구도자로서의 자세가 보인다.

시인은 대나무와 매화를 그저 자연물이 아닌 벗[友], 형(兄)의 호칭을 붙여 자신과 똑같은 인격체로 대하고 있다. 세상의 추이에 따라 이리저리 마음을 바꾸는 사람들과 달리 이들은 어떠한 시련 속에서도 곧게 자라나고 맑은 향을 뿜어내며 변함없는 모습을 보인다. 그렇기에 세상의 온갖 풍파를 겪고 내 버려진 시인에게 이들은 무엇보다 위로와 의지가 되는 것이다.

납월의 눈비　臘月雨雪

한 해가 저무는 바다 고을　澤國歲將盡
낮에도 먹구름이 자욱하네　陰雲晝不開
비는 바다에 뿌리며 가고　雨吹滄海去
눈은 청산에 흩날리며 오네　雪灑靑山來
찬 곳에 칩거한 용 괴롭다 읊조리고　冷蟄龍吟苦
굶주려 걱정인 범 구슬피 우네[601]　飢愁虎嘯哀
젊은 시절의 흥취는 전혀 없고　都無少壯興
문을 닫고 홀로 서성이노라　閑戶獨徘徊

601 찬……우네: 한유의 시 「눈을 읊어 장적에게 주다[詠雪贈張籍]」에 “용과 물고기가 추워 괴로워하며 웅크리고, 호랑이와 표범이 배고파 애달프게 울부짖네.[龍魚冷蟄苦, 虎豹餓號哀.]”라는 구절을 차용하였다. (『韓昌黎集』 卷9)

밤에 앉아서 회포를 쓰다 夜坐書懷

천둥이 친 후 먹구름만 자욱한데 密雲不雨雷霆後
조물주는 해와 달 곁에서 사심 없지 眞宰無私日月傍
이 몸의 죄 큰 줄 안다고 혼잣말하고 獨語自知臣罪大
임금의 총애 보답지 못해 몹시 부끄럽네 多慙未報國恩長
청산이 천 리 먼 길에 객을 보내니 靑山相送客千里
하늘 저 끝에서 백발이 되려 하누나 白髮欲生天一方
높은 기상이 강가에서 쉬이 늙으니 江上昂藏吾易老
일어나 바라보니 북두성 처량하구나 起看星斗色凄涼

나그네의 회포 旅懷

아득히 펼쳐진 이곳 내 고향이 아니니 擧目茫茫非我鄕
누대에 올라 시 읊으며 석양을 원망하네 登樓有賦怨斜陽
북쪽에서 돌아온 소경은 공명이 늦고[602] 蘇卿北返功名晚
남쪽에서 사마천은 오랜 세월 머물렀지[603] 馬史南留歲月長

---

602 북쪽에서……늦고: 소경(蘇卿)은 한 무제(漢武帝) 때 사람으로 자가 자경(子卿)인 소무(蘇武)를 가리킨다. 그는 흉노에 사신을 갔다가 억류되어 19년 만에 한나라로 돌아왔다. (『漢書』 卷54「蘇武傳」)

603 남쪽에서……머물렀지: 역사서『사기』를 남긴 사마천(司馬遷)은 중국 전역을 여행하였는데, 이는『사기』저술에 커다란 역할을 하였다. (『史記』「太史公自序」)

바닷가 뜬구름은 나와 같이 가다 서고　海上浮雲同去住
하늘가 떠도는 기러기도 함께 처신하네　天涯旅雁共行藏
담박한 손님 창에 다른 물건은 없으니　客牕淡泊無餘物
산수 바라보며 시 주머니나 채우네　收拾溪山一錦囊

기이한 이야기　奇言

푸른 하늘의 돌기둥은 여와가 기운 것[604]　石柱靑天女媧補
해 몰던 지팡이는 과보가 달릴 때 쓰던 것[605]　杖驅白日夸父奔
달팽이 뿔 끝의 만과 촉은 침략하기를 일삼고[606]　角端蠻觸酣侵伐
모기 눈썹 위의 초명들은 자손들이 번성했다지[607]　蚊上蟭螟長子孫
좁은 개밋둑 위에서는 부귀한 일들 있을 수 있고[608]　蟻垤能容富貴事
꿈속에서야 제후왕의 높은 반열에 들 수도 있겠지[609]　槐柯或列侯王尊

---

604 푸른……것: 중국의 천지 창조 신화에 나오는 여신인 여와(女媧)가 오색 돌을 갈아서 하늘을 깁고 큰 자라의 발을 잘라서 사극(四極)을 세우니 땅이 평정되고 하늘이 완전하게 되었다 한다. (『淮南子』「覽冥訓」)

605 해……것: 과보(夸父)가 태양과 경주를 하려고 해의 그림자를 쫓아다니다가 지친 나머지 쓰러져 죽었는데, 그가 내버린 지팡이가 나무로 변하여 사방 천 리에 숲이 형성되어 등림이 되었다고 한다. (『山海經』 卷8 「海外北經」)

606 달팽이……일삼고: 달팽이의 두 뿔에 만(蠻)과 촉(觸)이라는 나라가 각기 자리 잡고서 하루가 멀다 하고 피를 흘리며 서로 싸운다는 이야기가 『장자』「칙양(則陽)」에 나온다.

607 모기……번성했다지: 원시의 '초명(蟭螟)'은 지극히 작은 전설상의 곤충 이름이다. 무리를 지어 모기 눈썹 사이에 집을 짓고 사는데, 들락날락해도 너무나 작아서 모기가 눈치를 채지 못한다고 한다. (『列子』「湯問」)

608 좁은……있고: 개밋둑[蟻垤]은 아주 작은 것을 가리키는 고사로, 『한비자(韓非子)』「간겁시신(姦劫弑臣)」에 "저 세상의 어리석은 학문을 하는 사람들[유학자]은 법술을 아는 인사들에 비견하면 마치 개밋둑을 큰 언덕에 비유하는 것과 같다.[夫世愚學之人, 比有術之士也, 猶螘垤之比大陵也.]"라고 하였다.

609 꿈속에서야……있겠지: 남가일몽(南柯一夢)의 고사이다. 당나라 때 순우분(淳于棼)이란 사람

쩡쩡 깨트려 혼돈에게 구멍을 내니[610] 丁丁鑿破渾沌竅
끝없이 화생하여 근원으로 돌아간다네[611] 職職化生玄牝門

우연히 쓰다 偶書

병 많은 근년에 타향에서 지내니 多病年來寄異鄉
문 닫고 높이 누워 술잔을 겁내네 閉門高臥慴杯觴
매화는 추위에 떨어져 읊는 곁에 희고 梅花冷落吟邊白
나그네 낯빛 처량하여 거울 속에 푸르네 客貌凄涼鏡裏蒼
홀로 호수와 산을 마주하니 의기가 솟고 獨對湖山增意氣
한가롭게 세월 보내니 문장 노련해지네 閑消日月老文章
공과 명성은 시인의 것이 못되니 功名不許詩人管
고상한 데 흥을 남겨 야사에 빛나리 留興清孤野史光

이 술에 취하여 회화나무 아래에서 잠을 잤는데, 꿈에 대괴안국(大槐安國)의 남가군(南柯郡)을 다스리면서 20년 동안 부귀영화를 누리다가 잠에서 깨어나 보니, 남가군은 바로 회화나무 남쪽 가지 아래에 있는 개미굴이었다고 한다. (『太平廣記』 卷475 「淳于棼」)

610 쩡쩡……내니: 남해(南海)의 왕인 숙(倏)과 북해(北海)의 왕인 홀(忽)이 중앙(中央)의 왕인 혼돈(渾沌)을 만나 귀한 대접을 받자, 그에게 보답하고자 혼돈에게 없는 눈·코·귀·입 등의 7개의 구멍을 뚫어 주려고 날마다 구멍을 하나씩 뚫었는데 7일이 지나자 혼돈이 죽고 말았다는 우화가 전한다. (『莊子』 「應帝王」)

611 끝없이……돌아간다네: 원시의 '직직(職職)'은 끝없이 뻗어나가는 모습이고, '현화문(玄牝門)'은 천지의 근원을 뜻한다. 『장자』 「지락(至樂)」에 "아득하고 아련하여 그 근원을 알 수 없고, 아련하고 아득하여 그 형상을 알 수 없다. 만물이 번성하나, 모두 무위로부터 자라는 것이다.[芒乎芴乎而無從出乎, 芴乎芒乎而無有象乎. 萬物職職, 皆從無爲殖.]"라고 하였고, 『도덕경』 제6장에 "곡신은 영원히 죽지 않나니 현빈이라 하고, 현빈의 문은 천지의 근원이라 한다.[谷神不死, 是謂玄牝. 玄牝之門, 是謂天地根.]"라고 하였다.

불암[612]에 올라 登佛巖

1

고국의 흥망이 모두 눈 앞에 펼쳐지고 古國興亡指顧中
홀로 매달린 높은 바위 교룡을 놀래키네 獨攀危石愕蛟龍
일곱 점으로 나뉜 산[613] 봉우리마다 솟았고 山排七點峯峯出
세 갈래로 나뉜 물결[614] 물끼리 통하네 派別三叉水水通
구름 걷힌 바다 입구 하늘이 원대하고 雲豁海門天遠大
해가 진 어시장에는 빗기운 가득하네 日沈魚市雨冥濛
만 리 밖의 떠도는 삶 슬플 필요 없는 듯 不須萬里悲流落
우리의 기운 더욱 웅결하게 해주는구나 應許吾曹氣益雄

2

오래된 땅에 산하는 여전하고 地古山河在
숲은 깊어서 비취새가 우네 林深翡翠啼
강은 굽이돌고 하늘은 구불구불 江回天屈曲
너른 들판에 나무는 높고 낮네 野曠樹高低

---

612 불암: 경남 김해시에 불암진(佛巖津)이 있다. 『신증동국여지승람』「김해도호부(金海都護府)」에 “부 동쪽 10리 지점에 있다. 동래(東萊)로 바로 가려는 자는 여기에서 배를 타고 양산 용당포(龍堂浦)에 닿는다.[在府東十里. 徑往東萊者乘船於此, 泊于梁山之龍堂.]”라는 기록이 있다.

613 일곱……산: 경상도 양산에서 남쪽으로 44리 떨어진 바닷가에 칠점삼(七點山)이 있는데, 일곱 봉우리의 산이 점처럼 있어서 그렇게 이름을 지은 것이라고 한다. (『新增東國輿地勝覽』 卷22「慶尚道 · 梁山郡」) 현재는 김해공항 내에 봉우리 하나만 남아 있다.

614 세……물결: 낙동강 하구 물의 흐름이 세 갈래로 갈라진 곳으로, 칠점산이 두 갈래로 나뉜 사이에 있다. 삼분수(三分水)라고도 한다. (『新增東國輿地勝覽』 卷32「慶尚道 · 金海都護府」)

돌이끼는 물가에 말라 있고 石髮磯邊瘦
매화는 대밭 너머 희미하네 梅花竹外迷
만약 신령한 학[615]이 지나가는 데를 만나면 倘逢笙鶴過
그곳에 은거해 살고 싶으리라 玆境欲幽棲

【해제】

1수와 2수는 각각 다른 운자로 이루어져 있다. 1수는 두 번째 구는 평성 '동(冬)'을 운자로 하고 나머지 짝수 구는 평성 '동(東)'을 운자로 한 칠언율시이다. 통운이나 협운으로 통용된 것으로 보인다. 2수는 평성 '제(齊)'를 운자로 한 오언율시이다. 1수 5구[雲豁海門天遠大]와 6구[日沈魚市雨冥]까지 방점이 찍혀 있다.

1수와 2수 모두 6구까지는 풍경을 묘사하고 7·8구에서 자신의 감상을 드러내는 선경후정(先景後情)의 방식을 사용하였다. 1수 마지막 구와 2수 마지막 부분에서 기운을 웅걸하게 해준다는 내용이나 신선과 같은 삶을 사는 게 가능하다면 은거하고 싶다는 내용을 통해 시인이 불암에 오르고 나서 유배의 괴로움을 조금이나마 벗어난 모습을 보인다.

615 신령한 학: 신선이 타는 학으로, 생황(笙簧)을 잘 불던 선인(仙人) 왕자교(王子喬)가 백학(白鶴)을 타고 승천하였다는 전설에서 온 말이다. 왕자교는 주 영왕(周靈王)의 태자 진(晉)으로, 생황 불기를 좋아하여 곧잘 봉황의 울음소리를 내곤 하였는데, 선인 부구공(浮丘公)을 따라 숭산(嵩山)에 올라가 선도(仙道)를 닦았다. 30년이 지난 어느 날 백학을 타고 구지산(緱氏山) 꼭대기에 머물다가 손을 흔들어 사람들과 작별하고는 신선이 되어 승천하였다는 전설이 전하는데, 여기에서 유래한 말이다. (『列仙傳』「王子喬」)

헌지의 시에 차운하다 次獻之韻

시는 강북 고을까지 전해지는데	詩傳江北郡
사람은 호수 남쪽 마을에서 늙네	人老澤南州
도가 있기로는 악어를 길들일 만하고	有道能馴鰐
무심하기로는 갈매기와 친할 만하네	無心可狎鷗
천지가 쓸모없는 사람 받아주면	乾坤容濩落
수레 타고 다시 돌아다녀야지[616]	轍跡更周流
장사의 복조부 비분강개하고	慷慨長沙鵩
골짝에 오는 말 울음이 더디네[617]	遲鳴入谷騶

헌지의 시를 덧붙이다 附獻之詩

재주가 뛰어난 지금의 시백	才大今詩伯
가락 고을을 떠도는구나	飄零駕洛州

616 천지가……돌아다녀야지: 정희량이 사면되면 다시 조정에 나아가 자신의 정치적 이상을 펼치겠다는 다짐을 표현한 듯하다. 공자와 맹자는 인과 덕을 바탕으로 백성들을 이롭게 하는 왕도정치를 실현하기 위해 제후들을 찾아다녔다.

617 골짝에……더디네: 공치규(孔稚圭)의 「북산이문(北山移文)」에 "주자(周子)를 부르러 오는 사자의 말이 길 비키라고 울부짖으며 골짜기로 들어오고 그를 부르는 임금의 조서가 언덕을 넘어오자, 그는 몸이 그리로 달려가고 혼비백산하며, 지조는 변하고 정신은 요동쳤다.[及其鳴騶入谷, 鶴書赴隴, 形馳魄散, 志變神動]"라는 구절을 차용하였다. 여기에서는 허암 정희량을 사면한다는 사면령이 늦어짐을 표현한 듯하다.

남쪽 고을엔 유익한 벗 적고　蠻鄕少益友
강과 바다에는 조는 갈매기 많네　江海多眠鷗
오늘 하늘의 뜻을 보니　今日看天意
심한 액운 그대들에게 먼저 닥쳤네[618]　奇窮先爾流
봄바람 말머리에 불어오리니　春風吹馬首
조만간 떠날 차비를 하오　早晩戒行騶

선달 그믐날 밤　除夜

1

유배객이 누구와 어울릴거나　遠客誰相伴
매화와 그림자가 수척하구나　梅花與影癯
올해도 이 밤이 마지막인데　一年今夜盡
나는 만 리 먼 데서 외롭기만　萬里此身孤
부모님은 산천 너머 계시고　母子關河隔
임금도 오랜 세월 못 뵈었네　君臣歲月流
시름 속에 폭죽 소리 요란한데　愁邊喧爆竹
도깨비가 비웃으며 야유하네　魑魅笑揶揄

618　심한……닥쳤네: 1498년(연산군4) 무오사화 때 유자광(柳子光) 중심의 훈구파가 『성종실록』에 김종직의 「조의제문」이 실린 것을 트집 잡아 정희량을 포함한 많은 사림파를 죽이고 귀양 보낸 것을 말한다.

2

유배객에게 누가 안부 전하랴	遠客誰相問
빈방에서 홀로 고요히 앉았네	空齋獨闃然
창밖에는 밤이 끝나가려 하고	一牕將盡夜
만사는 한 해가 지나 겁나네	萬事㤼增年
우리의 도는 식은 등불이고	吾道寒燈裏
세상인심은 냉담하기만 하네	時情白眼邊
내일이면 다시 새봄이 오는데	明朝春又至
누구보다 먼저 늙고 병들었구나	老病在人先

3

사철이 번갈아 주객이 되지만	四時互主客
기운은 멈추는 일이 없구나	一氣無留停
세월은 요순이 선양하듯 흐르고[619]	歲月唐虞禪
음양은 탕무의 정벌처럼 다투네[620]	陰陽湯武征
긴 비늘이 꼬리까지 감췄고[621]	脩鱗已沒尾
틈 속 사마는 잡아둘 수 없네[622]	隙駟不能縲

---

619 세월은……흐르고: 중국 상고 시대 당(唐)나라의 요(堯)와 우(虞)나라의 순(舜)이 왕위를 어진 신하에게 전해 주었는데, 계절이 서로 자연스럽게 바뀌어 가는 것에 이에 비유한 것이다.

620 음양은……다투네: 중국 은(殷)나라의 탕왕(湯王)과 주(周)나라의 무왕(武王)이 정벌을 통해 왕위를 계승하였는데, 동짓달에 음양의 기운이 바뀌어 가는 것을 이에 비유한 말이다. 『예기』「월령(月令)」에 "동짓달에는……해가 가장 짧고 음양이 서로 다툼으로 인하여 모든 생물이 움직이어 싹트기 시작한다.[仲冬之月,……日短至, 陰陽爭, 諸生蕩.]"라고 하였다.

621 긴……감췄고: 한 해가 다 지나간 것을 비유한 말이다. 소식의 「수세(守歲)」 시에 "다해 가는 한 해를 알려거든, 골짜기 들어가는 뱀을 보라. 긴 비늘 반이 이미 들어가 없으니, 가는 뜻을 그 누가 막을까.[欲知垂盡歲, 有似赴壑蛇. 脩鱗半已沒, 去意誰能遮.]"라고 한 데서 온 말이다.

622 틈……없네: 쏜살같이 흘러가는 세월을 말한다. 『묵자(墨子)』「겸애(兼愛)」에 "사람이 땅 위에서 사는 기간이 얼마 되지 않으니, 비유하자면 마치 달리는 네 마리 말을 문 틈새로 잠깐 보는 것과 같다.[人之生乎地上之無幾何也, 譬之猶駟馳而過隙也.]"라고 한 데서 온 말이다.

칼 뽑아 하늘 향해 부르짖노니　　拔劍仰天叫
오늘 밤 이 심정을 누가 알리오　　誰知今夕情

【해제】

한 해의 마지막을 타지에서 홀로 보내는 울울한 심사를 3수로 연작하였다.

제1수의 '도깨비'는 도성과 멀리 떨어진 변방을 상징하는 말이다. 한 해의 마지막 밤은 모두가 고향에서 가족들과 시끌벅적하게 보내기 마련인데, 가족은 물론이고 아무도 없는 곳에 홀로 외롭게 지내는 자신의 처지를 도깨비가 비웃는다는 말로 자조한 것이다.

한 해가 새롭게 시작되듯 세상도 변하면 좋으련만 여전히 혼탁하고 냉담하기만 하다. 게다가 자신은 변방에서 늙고 병들어가기만 하니 새봄이 와도 전혀 반갑지가 않다. 속도 모르고 시간은 무정히 가버리니 야속할밖에. 그저 이 마음 알아줄 누군가가 곁에 있길 바랄 뿐이다.

선달 그믐날 밤 경신년 달력에 쓰다　　除夕題庚申曆

압록강 가에서 늦봄의 비 만났더니　　鴨水初逢麥浪雨
김해에서 또 늦가을 바람을 만나네　　盆城又値鯉魚風
삼백육십일 한 해 세월 내내　　都將三百六旬日
동서남북 떠도느라 보낸 늙은이　　付與東西南北翁

신유년 설날 辛酉元日

우주가 처음으로 갓 열린 듯	宇宙如初闢
어렴풋이 새벽 해 곱게 오르네	曈曨曉日鮮
봄바람 살짝 끝에 불어 들고	春風吹鬢末
시흥은 매화 옆에서 일어나네	詩興自梅邊
대궐에선 신년 축하 시 지을 테고	鳳闕椒花頌
어머니는 백주[623]를 돌리시리라	萱堂柏酒傳
상한 마음은 늙게만 하니	傷心令我老
적막하게 한 해 또 한 해	寂寞度年年

귀양 중 신유년[624] 설날을 만나 달력에 쓰다 謫中逢辛酉元日, 題曆

술동이 마주하고 바뀐 해를 꼽아보니	尊前屈指新年換
늙을수록 묵은해 가버리는 게 불편하네	老去關心舊歲除
봄바람이 나무의 덕을 도와주고 있으니	已覺春風扶木德
좋은 기운에 금계가 내려올까 하노라	猶欣喜氣占金鷄

【신유는 간(干)인 신(辛)은 천간오행(天干五行) 가운데 쇠[金]요, 지(支)인 유(酉)는 닭[鷄]에 속하

623 백주: 설날에 나쁜 기운을 쫓기 위해 가족들이 돌려 가며 마시던 술로, 백엽주(柏葉酒)라고도 한다.
624 신유년: 작자 나이 33세 때인 연산군 7년(1501)이다.

며, 방위가 또한 나무[木]이기에 장난삼아 쓴다.[辛酉, 干金支屬鷄, 納音亦木, 故戲及之.]】

혼돈주가　渾沌酒歌

귀양살이하고부터 술을 빚어 홀로 마시는데 거르지도 짜지도 않아서 '혼돈주'라 불렀으니, 이는 옛날 혼돈의 상태를 좋아하기 때문이다. 취하면 번번이 흥얼거리며 노래를 하니, 그 노래는 다음과 같다.

내 나의 탁주를 마시어　我飮我濁
내 천성 온전히 지키네　我全我天
나는 술을 스승 삼노니　我迺師酒
성인도 현인도 아니라네[625]　非聖非賢

무릇 즐거움을 즐긴다는 것은 진심으로 즐거워서 늙어가는 줄도 모르는 것이니, 어느 누가 나의 이 즐거움을 알겠는가. 술은 나에게 있어, 고요(皐陶)와 직(稷)·설(契)이 요임금과 순임금을 보좌하던 것[626]이고 안연

625 성인도……아니라네: 자신의 술이 청주(淸酒)도 탁주(濁酒)도 아니라는 말이다. 옛사람들은 청주를 성인에, 탁주를 현인에 비유하였다. 위(魏)나라 장군 선우보(鮮于輔)가 "취객이 맑은 술을 성인이라 하고 탁한 술을 현인(賢人)이라 합니다."라고 하였다. (『古今事文類聚續集』 卷15 「淸聖濁賢」)

626 고요(皐陶)와……것: 고요와 직(稷)·설(契)은 모두 중국 고대 요순 때의 어질고 유능한 신하들로, 요와 순을 보좌하여 선정을 이루도록 도왔다.

(顔淵)과 증자(曾子)가 공자를 모신 것[627]이며, 포정(庖丁)의 소[628]이자 혜강(嵇康)의 풀무질[629]이며, 재인(梓人)이 포상을 염두에 두지 않고 쇠북걸이를 만들었던 것[630]이고 곱사등이 노인이 다른 어떤 만물과도 매미를 바꾸지 않은 것[631]이니, 나의 즐거움은 이러한 경우와 같다. 이에 시를 지어서 보인다.

긴 끈으로 가는 해를 붙잡아 두고[632]	長繩欲縶白日飛
큰 바위로 하늘을 받치려 했건만[633]	大石擬補靑天空

---

627 안연(顔淵)과……것: 안연과 증자는 중국 춘추 시대 때 공자의 애제자로, 특히 안연은 학문과 덕행으로 총애를 받았고, 증자는 공자의 가르침을 전하여『대학(大學)』을 지었다고 전해진다.

628 포정(庖丁)의 소: 기술이 신묘한 경지에 이른 것을 말한다.『장자』「양생주(養生主)」에, 포정이 처음 소를 잡을 때는 온통 소만 보이다가 3년이 지난 뒤에는 부위별로 소가 보였고, 지금에 와서는 눈으로 보지 않고 신(神)으로 소를 대하면서 두께가 없는 칼날로 빈틈이 많은 공간을 찔러 들어가기 때문에 19년이 지나도록 칼날이 금방 숫돌에서 나온 것처럼 항상 예리하다고 말한 이야기가 나온다.

629 혜강(嵇康)의 풀무질: 세상일을 잊고 자신이 좋아하는 일을 즐긴다는 뜻이다. 혜강은 진(晉)나라 때 죽림칠현(竹林七賢)의 한 사람으로, 노장(老莊)의 학술을 특히 좋아하여 양생(養生)에 힘쓰면서 금(琴)을 타고 시를 읊조리며 스스로 만족해하였다. 그의 친구 산도(山濤)가 벼슬을 권했으나 사양하였고, 대장장이 풀무질을 좋아하여 대장간에서 풀무질을 하며 생계를 유지하였다. (『晉書』卷49)

630 재인(梓人)이……것: 재인은 주(周)나라 때의 관직명으로 목수이다. 그가 악기를 거는 거치대 거(鐻)를 완성하자 이를 본 사람들이 귀신과 같은 솜씨라고 놀랐다. 노(魯)나라 임금이 그 비법을 묻자, 그는 만들기 전에 반드시 7일 동안 재계하여 마음속에 물질적인 포상이나 사람들의 평가와 같이 어떠한 외부적인 욕망이 생기지 않고, 더 나아가 자신에게 육신이 있다는 것조차 잊는 무아의 경지가 되어서야 기물에 맞는 자연스러운 재목을 골라 거(鐻)를 만든다고 하였다. (『莊子』「達生」第10章)

631 곱사등이……것: 공자가 초(楚)나라에 가다가 숲 사이에 한 곱사등이 노인이 매미를 아주 잘 잡는 모습을 보았다. 공자가 그 방법을 물었더니, 그가 "대여섯 달 연습하는 동안에 대나무 장대 끝에 구슬 두 개를 포개어도 떨어지지 않게 되면 매미 잡은 일에 실수하는 경우가 극히 드물고, 세 개를 포개어도 떨어지지 않게 되면 실수하는 경우가 열 번에 한 번 정도가 되며, 다섯 개를 포개어도 떨어지지 않게 되면 마치 손으로 물건을 줍는 것처럼 쉬워집니다."라고 하였다. (『莊子』「達生」第3章)

632 긴……두고: 흘러가는 시간을 잡을 수 없다는 뜻이다. 백거이의「호가행(浩歌行)」시에 "가는 해 묶어둘 긴 끈이 없고, 붉은 얼굴 유지할 명약도 없네.[旣無長繩系白日, 又無大藥駐朱顔.]"라고 한 것을 인용한 것이다.

633 큰……했건만: 국난을 극복하려고 하였다는 말이다. 옛날에 공공씨(共工氏)가 전욱(顓頊)과 싸우다가 화가 나서 부주산(不周山)을 머리로 치받자 하늘 기둥이 부러지면서 하늘은 서북쪽으로 기울고 땅은 동남쪽으로 꺼졌는데, 이에 여와씨(女媧氏)가 "오색의 돌을 구워서 터진 하늘을 메우고, 자라의 다리를 잘라서 땅의 사방 기둥을 받쳐 세웠다.[鍊五色石以補蒼天, 斷鼇

잘못된 계책으로 신세 초라해져　狂圖謬算坐濩落
반평생 만에 돌연 노인 되었으니　半世倏忽成老翁
그저 손수 빚은 혼돈주를 마시며　豈如飮我混沌酒
앉아서 요순시대[634] 얘기나 하리　坐對唐虞談笑中
혼돈[635]의 도를 사람들은 모르니　混沌有道人未試
멀리 부구공[636]에게서 시작되었네　此法遠自浮丘公
백이와 유하혜[637]가 아니어도 천성을 보존하고　不夷不惠全其天
성인도 현인도 아니지만 결국 매한가지라[638]　非聖非賢將無同
누룩을 불러다 동이 속에 가두니　招呼麯君囚瓮底
밤낮으로 뽀글뽀글 숨소리를 내고　日夜噫氣聲蓬蓬
돌연 봄 물결에 비 내린 듯 흐려져　俄頃春流帶雨渾
고색이 어우러져 맑고도 짙어지면　醞釀古色淸而濃
큰 잔에 부어 부구공에 인사하고　酌以巨瓢揖浮邱
가슴속 만고의 시름을 씻어내네　澆下萬古崔嵬胸

足以立四極.]"라는 고사에서 온 말이다. (『淮南子』「覽冥訓」)

634 요순시대: 원시의 '당우(唐虞)'를 풀이한 말이다. 당은 요 임금, 우는 순 임금의 국호로, 흔히 태평성세를 비유하는 말로 사용된다.

635 혼돈: 천지가 개벽하기 전의 원기 그 자체를 가리는 말로, 우주 만물을 구성하는 본원(本原)을 말한다. 『장자』「응제왕(應帝王)」에, 남해의 임금 숙(儵)과 북해의 임금 홀(忽)이 중앙의 임금 혼돈(混沌)의 은혜에 보답하려고 보고 듣고 먹고 숨 쉬는 구멍을 하루에 하나씩 파 주었는데 7일이 되던 날에 혼돈이 그만 죽고 말았다는 우화가 전한다.

636 부구공(浮丘公): 고대의 전설 속의 신선이다.

637 백이와 유하혜: 백이(伯夷)는 주(周)나라 때 은사(隱士)이고, 유하혜(柳下惠)는 춘추 시대 노나라의 대부이다. 백이는 전 왕조에 절의를 지켜 주나라 조정에 벼슬하지 않고 굶어 죽었으므로 청성(淸聖)이라 일컬어지고, 유하혜는 세 번이나 파직을 당했어도 떠나지 않았으므로 화성(和聖)이라 일컬어진다. 『맹자』「진심 하(盡心下)」에 "성인은 백세의 스승이니 백이와 유하혜가 바로 그러한 분이다.[聖人百世之師也, 伯夷柳下惠是也.]"라고 한 내용에서 취한 것이다.

638 결국 매한가지라: 원시의 '장무동(將無同)'을 풀이한 말로, 서로 다른 것처럼 보이는 것이 결국은 똑같다는 말이다. 진나라의 사도(司徒) 왕융(王戎)이 일찍이 완첨(阮瞻)에게 "성인은 명교(名敎)를 귀히 여겼고 노자와 장자는 자연을 밝혀 놓았는데 그 지취(志趣)가 같은 것인가?"라고 묻자, 완첨이 대답하기를 "결국은 서로 같지 않겠는가?[將無同]"라고 한 데서 비롯하였다. (『資治通鑑』卷82)

한 잔 술에 신령과 통하니	一飮通神靈
우주가 열릴 듯이 아득해지고	宇宙欲闢猶蒙朧
두 잔 술에 자연과 하나 되니	再飮合自然
혼돈을 빚어 홍몽을 초월하여[639]	陶鑄渾沌超鴻濛
손으론 혼돈 세상을 어루만지고	手撫渾沌世
귀로는 혼돈 세상의 소리를 듣네	耳聽渾沌風
이 광대한 취향은 내가 주인이니	醉鄕廣大我迺主
사람이 아닌 하늘이 준 작위라네	此爵天爵非人封
구차하게 두건[640]을 어디에 쓰리오	何用區區頭上巾
도연명도 참 시시한 사람이구나	淵明亦是支離人

【해제】

글자 수가 일정하지 않은 잡체시(雜體詩)의 일종으로, 『속동문선』에도 수록되어 있다.

시인의 대표작으로 꼽히는 이 작품은, 원대한 포부가 유배로 인해 좌절되면서 세상에 대한 실망과 울분을 술로 달래고, 더 나아가 현실을 초월하려는 의지를 담고 있다.

세상에 용납받을 수도, 용납할 수도 없어 괴로워하던 시인은 점차 태초에 아무것도 존재하지 않은 혼돈(混沌), 즉 카오스 상태를 갈망한다. 그

639 홍몽을 초월하여: 마음이 만물 밖에서 초연한 것을 말한다. 홍몽(鴻濛)은 천지가 나뉘기 전인 태초의 상태를 말한다. 당나라 유종원의 「우계시서(愚溪詩序)」에, "홍몽을 벗어나고 희이(希夷)와 뒤섞여, 고요하게 살아 아무도 나를 아는 이가 없다.[超鴻蒙, 混希夷, 寂寥而莫我知也.]"라고 하였다. (『柳河東集』 卷24)

640 두건: 진(晉)나라 때의 시인 도연명이 술이 익으면 쓰고 있던 두건을 벗어서 거기에 술을 걸러서 마셨다고 한다.

리고 잠시나마 모든 근심에서 해방시켜 주는 술을 '혼돈주'라 이름하였다. 술에 흠뻑 취한 상태에서 '혼돈'을 경험하기 때문이다.

세상에서 자신의 존재 가치를 잃어버린 그는, 혼돈주를 마시면 신령과 통하여 초자연적 경지에 들어가고 자신이 주인이 되어 마음껏 자유를 누린다고 하였다. 또 전원으로 돌아가 술을 마시며 자유롭게 살았다는 도연명도 자신보다 한 수 아래라며 한껏 호기를 부리기까지 한다. 현실 초월을 통해 현실을 극복하려는 처절한 몸부림이다.

허균(許筠)은 『성소부부고(惺所覆瓿藁)』에서 이 작품이 매우 뛰어난 작품이라고 하며 소동파(蘇東坡)와 흡사하다고 평가하였다.

허백정[641]에게 주다 投虛白亭

풍류 있는 늙은이 매승[642]보다 낫고	風流耆舊餘枚叟
필묵의 공을 보자면 자장[643]에 버금가네	翰墨論功次子長
만고에 홀로 우뚝하니 태산과 같고	萬古獨尊山有岱
강물은 선비들 건널 배 다투는 것 포용하네	一川能受士爭航
북두성 자루를 돌리니 천문이 바로잡히고	挽回斗柄乾文整

641 허백정: 홍귀달(洪貴達, 1438~1504)의 호이다.

642 매승: 매승(枚乘, ?~B.C.140)은 한 경제(漢景帝) 때 사람이다. 사부(辭賦)에 뛰어나서 양효왕(梁孝王)의 상객이 되어 추양(鄒陽), 사마상여 등과 어울리며 문장 짓는 것으로 소일하였다. 『칠발(七發)』 등을 저술하였다.

643 자장: 한나라 때 문인인 사마천의 자이다. 그는 젊어서부터 중국 전역을 두루 다니며 역사의 현장을 직접 확인하고 『사기』라는 걸작을 남겼다.

벼슬아치들 길러내니 인재들 훌륭하네[644] 陶鑄衣冠國器良
나같이 우둔한 이조차 그대에게 기대려니 擾擾如吾方待賴
연로해도 일찍 창랑으로 숨지 마시길 莫將雙鬢早滄浪

【후산이 이소[소식(蘇軾)과 소철(蘇轍)]에게 올린 시에 "선비들 볏모처럼 공이 이앙해주길 기다리고, 강물에서 건너지 못하면 공이 배가 되어주네."[645]라고 하였다.[后山上二蘇云, "士如稻苗待公秧, 臨流不渡公爲航."]】

사화, 직경, 중열에게 부치다 寄士華直卿仲說

한가로워 비단 주머니 속 시를 살피니 閑餘點檢錦囊詩
태반이 그대 생각 구절구절 슬프네 太半思君句句悲
생각나네, 지난해 서로 이별하던 곳 記得去年相別處
엷은 구름 석양빛에 주룩주룩 비 내렸지 薄雲殘照雨絲絲

---

644 벼슬아치들……훌륭하네: 원시의 '도주(陶鑄)'는 옹기장이와 대장장이가 물건을 만드는 일로, 『장자』「소요유」에 "신인은 먼지, 때, 쭉정이, 겨와 같은 것으로도 요임금이나 순임금 따위를 빚어낼 수 있다.[是其塵垢粃糠, 將猶陶鑄堯舜者也.]"라고 한 데서 나온 말이다. 원시의 '의관(衣冠)'은 벼슬아치들을 가리킨다.

645 선비들……되어주네: 진사도가 소식과 소철(蘇轍) 형제에게 준「두 소공에게 주다[贈二蘇公]」시에 나오는 구절이다.

봄을 상심하며 계문의 시에 차운하다 傷春次季文韻

바닷가에서 명절을 맞이하니	海上逢佳節
마음 상해 귀밑머리 희끗희끗	傷心鬢自華
시는 오늘의 흥취 더하고	詩添今日興
차나무 작년 싹 틔우누나	茗坼去年芽
세상사 정말 헤아리기 어려우니	世事眞難料
내 삶도 원래 알 수 없겠지	吾生本無涯
봄바람은 공평한 도를 지녀	春風公道在
쫓겨 난 신하에게도 불어오네	吹入逐臣家

【해제】

평성 '마(麻)'를 운으로 한 작품이다. 시인은 또다시 유배지 김해에서 봄을 맞이하여 마음이 상했다. '내년 봄에는 고향에서 봄을 맞이할 수 있지 않을까?' 하는 기대가 있었을 것이다. 그러나 어김없이 유배지에서 봄을 맞았다. 시인은 '세상사 헤아리기 어렵다며'라고 하며 귀향의 기대를 접는다. 적어도 봄바람은 귀양 객에게도 불 만큼 공평하다. 그러나 조정의 사면은 왜 공평하지 않을까? 시인은 내심 불만이다.

계문의 시를 덧붙이다 附季文

귀양 객 신세 언제 끝나려나 爲客何時了
봄을 맞아 자연을 감상하네 逢春感物華
추위 견딘 매화 꽃을 피웠고 衝寒梅放蘂
흙을 인 고사리 싹을 틔웠네 戴土蕨抽芽
비바람이 몰아치는 영남길 風雨嶺南路
강호는 하늘 한쪽 끝이구나 江湖天一涯
평상에서 조는 걸 마다할쏘냐 不辭憑榻睡
다만 귀향하는 꿈을 좋아하지 祇喜夢還家

봄추위 春寒

물나라에는 온통 봄이 옅어 水國春全薄
매서운 추위 풀리지 않네 寒威未解嚴
미친 바람 여전히 쌀쌀하고 狂風猶料峭
가랑비 절로 가늘게 내리는구나 小雨自纖纖
외진 곳이라 지나는 사람 적고 地僻經過少
외로운 신세에 늙고 병들기까지 身孤老病兼
미미한 온기라도 정말 사랑스러워 微暄眞可愛
초가지붕 밑에서 등을 쬐누나 炙背坐茅簷

【해제】

평성 '염(鹽)'을 운으로 한 작품으로, 『속동문선』에 실려 있다. 유배지에 봄이 왔건만 봄을 시샘하는 추위가 더욱 기승을 부린다. 마치 고향으로 돌아갈 때가 되었건만 돌아가지 못하는 시인의 괴로운 처지를 대변하는 듯하다.

봄날 사화를 생각하며 春日有懷士華

볼품없이 늙어만 가니 潦倒人將老
세월은 쉼 없이 흘러가네 崢嶸歲自遷
눈 남은 강가에 봄이 오고 江春殘雪外
저녁 구름 가듯 부질없는 세상사 世事暮雲前
바닷가라 갠 날이 적고 澤國少晴日
변방이라 비가 많이 오네 蠻鄉多雨天
그리워도 속절없이 못 만나니 憶君空不見
해변에서 시름에 몸서리치누나 愁絶落海邊

이른 봄에 한가로이 바라보고 早春閑望

외진 데 혼자 있자니 이별의 한 깊은데 幽居廓落增離恨

홀로 높은 누대에 올라 먼 하늘 바라보네 獨上高樓望遠天
늘어진 버드나무 조금씩 색을 바꾸고 楊柳垂垂稍變色
드넓은 강호에 가만히 물안개 피어나네 江湖漠漠暗生煙
나는 기러기 돌아가라고 날 재촉하고 征鴻喚我催歸國
눈이 흐릿한 봄날 어린 시절 추억하네 病眼逢春憶少年
예부터 시인은 자주 감개하니 自古詩人多感慨
온 성에 비바람 불어 처연해지누나 滿城風雨一凄然

한봄에 즉흥으로 읊다 春後卽事

강남의 이월 삐죽삐죽 풀이 돋으니 江南二月草如針
따스한 햇볕 짙은 향에 나그네 매료되네 暖日濃薰醉客心
가랑비 내렸다 다시 개길 반복하고 小雨弄晴晴變雨
물 위의 옅은 그늘 점점 짙어가네 輕陰沈水水生陰
가지마다 움튼 버들 둑은 고요하고 條條嫩柳坡塘靜
나무마다 새 지저귀는 정원 깊숙하네 樹樹啼禽院落深
기수 가에 남은 풍류 나를 부추기니 沂上遺風能起我
벗들 데리고 거닐며 시를 읊조렸으면[646] 思携冠者一行吟

646 기수……읊조렸으면: 친구들과 봄날의 흥취를 즐기고 싶다는 말이다. 『논어』 「선진(先進)」에, 공자가 제자들에게 각자 가진 포부를 묻자 증점(曾點)이, 늦봄에 관을 쓴 벗들과 동자 몇을 데리고 기수(沂水)에서 목욕하고 시를 읊으며 돌아오겠다고 대답한 구절이 있다.

흐린 봄날 春陰

비둘기 숲 너머서 울며 안개는 하늘에 닿고	鳩鳴樹外霧連天
버들은 미친것처럼 취했다가 다시 잠드네	柳醉如癡復似眠
새벽 성 천천히 나서자 북소리 사라지고	遲出曉城沈鼓響
노래하는 집에 어둠 깔리자 금(琴)의 현 느슨하네	暗侵歌館慢琴絃
강촌에는 부슬부슬 비가 계속 내리고	江村不斷疏疏雨
풀 덮인 모래섬에 옅은 안개 옅게 끼어 있네	草渚微生淡淡煙
이끼처럼 푸른 강물, 눈처럼 흰 매화에	野水苔青梅雪白
사람은 흥취가 솟구쳐 시를 짓는구나	使人狂興被詩牽

봄눈 春雪

바닷가의 구름 그림자 고요하더니	澤國雲陰思寂寥
아침부터 폭설이 몰아쳐 내리네	朝來密雪忽驚飄
보드라운 버들 덮치니 하늘하늘 꺾이고	侵凌弱柳輕輕折
성긴 매화에 붙으니 꽃잎마다 어여쁘네	着得疏梅片片嬌
제비집에 불어 닥쳐 눈 녹은 곳 젖고	狂逐燕泥融處濕
물가에 잘못 떨어져 따뜻한 곳에서 녹네	誤投鷗渚暖邊銷

누가 원안의 흥취[647]를 시험해보리오 何人得試袁安興
온종일 문 닫고 앉아 홀로 노래하네 盡日關門坐獨謠

봄날에 즉흥으로 읊다 春日卽事

빌려 사는 집에 분강 꺾여 흐르는데 借宅湓江曲
눈 들어 흘낏 보니 강가의 버들 새롭네 偸看渚柳新
처마 위 눈 녹아 맑은 날 빗소리 나고 雪簷晴作雨
매화 언덕 따뜻하니 봄이 온 줄 알겠네 梅塢暖知春
향기로운 풀이 절로 무성하게 자라는데 芳草自多地
해 저물어도 찾아오는 친구 없구나 夕陽無故人
해마다 나그네로 있는 곳에서 年年爲客處
늙고 병들어 좋은 시절 모두 저버렸네 老病負良辰

647 원안의 흥취: 원안(袁安)은 후한 때 여남(汝南) 사람으로 자는 소공(邵公)이다. 낙양(洛陽)에 폭설이 내려 사람들이 눈을 치우고 밖으로 나와서 걸식을 하였는데, 원안의 집만 눈이 그대로 쌓여있었다. 낙양 영(洛陽令)이 가서 눈을 치우지 않은 이유를 묻자, 원안이 가만히 있다가 "큰 눈이 내려 사람들이 모두 굶고 있어, 사람들에게 먹을 것을 구할 수 없었습니다.[大雪人皆餓, 不宜干人.]"라고 답하였다. 이에 낙양 영이 훌륭하게 여겨 그를 조정에 천거하였다. (『後漢書』 卷45 「袁安列傳」)

병 속의 매화 　瓶梅

운취를 가까이하는 게 적은 걸 보니 　觀渠韻格少相親
정녕 쓸쓸했던 도관[648]이 환생한 몸일세 　冷落都官定後身
달빛 속의 맑은 정신[649] 처사와 같고 　月下精神如處士
시름 견디는 의기 시인을 감동시키네 　愁邊意氣動詩人
정겨운 밤마다 물 달라 재촉하더니 　情關夜夜催添水
흥겨운 가지마다 꽃 피는 봄에 지누나 　興着枝枝別放春
맑고 파리한 모습에 쉬이 늙은 객 　客貌淸臞容易老
비바람 치는 뜰에서 홀로 배회하네 　滿庭風雨獨逡巡

봄 낮 　春晝

쓸쓸한 사립문에 홀로 앉아 읊조리니 　寂寂柴門坐獨吟
저문 산의 축축한 이내 봄 그늘 돕네 　晩山嵐濕助春陰
푸르스름한 바람 마른 초목에 불고 　風將嫩綠吹枯草
연붉은 비는 먼 숲에서 요란하구나 　雨挾輕紅動遠林

648 도관: 도관은 송대의 시인으로 일찍이 하남 주부(河南主簿), 도관 원외랑(都官員外郞) 등을 지낸 매요신(梅堯臣)을 가리키는데, 그는 미관말직을 전전하며 일생을 몹시 빈궁하게 살았다.
649 달빛……정신: 수월정신(水月精神)이라고도 하는데, 물이나 달처럼 밝고 맑은 정신세계를 말한다.

귀향이 더딘 유배객 세상 살맛 적고 客子遲歸世味少
매화 지는 봄날 고향 생각 깊어지네 梅花欲落鄉愁深
지난날 미친 듯이 놀던 곳 회상하며 翻思昔日狂遊處
마을마다 버들 찾느라 흥을 주체 못 했지 問柳村村興不禁

봄날의 감회 春懷

물나라에서 봄을 맞았는데 澤國逢春日
흐렸다 갰다 날씨 일정치 않네 陰晴不定天
풀은 황소 너머까지 뻗었고 草連黃犢外
강은 갈매기 곁에서 따뜻하네 江暖白鷗邊
숙취로 인해 병이 더해지는데 宿酲仍添病
게을러 홀로 실컷 졸기만 하누나 疏慵獨飽眠
유배객 심정 온통 늙으려 하니 旅情渾欲老
지는 꽃 앞에서 돌아갈 생각에 잠기네 歸思落花前

봄날 멀리 바라보며 春望

봄날 이곳 가야국은 春日伽倻國
강가에 짙은 그늘 쌓였다네 江天積厚陰

능수버들은 만취한 듯 잠자고	柳眠如困酒
구름은 숲에 기대려 늘어졌네	雲倦欲依林
흰 새가 바닷가로 날아가고	白鳥冥邊去
푸른 산은 비에 젖어 짙구나	青山雨處沈
눈앞에 온통 고향이 아른거려	故鄉渾在眼
객의 시름 마디마디 깊어가네	寸寸客愁深

【해제】

하평성 '침(侵)' 자를 운으로 하여 짝수 구의 마지막에 압운한 오언율시이다.

긴긴 추위에 움츠렸던 만물이 활짝 기지개를 켜는 계절이다. 남쪽 봄은 유달리 따스하고 고즈넉하다. 버들은 무방비 상태로 늘어져 있고 구름마저 가던 길을 멈추고 쉬고 있다. 저 넓은 바닷가를 유유히 날아가는 새, 저 너머 푸릇푸릇한 산은 비가 내려 더할 나위 없이 싱그럽다.

예전이라면 벗들과 꽃놀이를 즐기고 시도 지으며 봄의 끝자락까지도 놓치지 않았을 테지만 지금은 전혀 반갑지가 않다. 세상 만물을 다 녹여 생동하게 하는 봄의 전령도 시인의 꽁꽁 얼어붙은 마음을 녹여주기엔 역부족이다.

현실에 적극적으로 참여하여 더 나은 세상을 만들어보리라 출사표를 던진 당찬 젊은이는 제 의지와 상관없이 현실에서 내쳐졌다. 온 자연이 생명력으로 감도는 봄날에 오히려 생명력을 잃어가고 있는 시인의 처지는 극명히 대비되어 더 비극적으로 다가온다.

어느 봄날에 즉흥으로 읊다 春日卽事

열은 안개 자욱한 하늘에 석양이 지니 薄霧空濛日欲斜
풀 내음 짙은 변방에서 시름이 깊어라 天涯芳草客愁多
한껏 푸른 봄 강에 물고기 튀어 오르고 春江釀碧魚吹浪
비 내린 금빛 버들에는 새가 싹을 쪼네 雨柳胎黃鳥啅芽

봄날에 시름겨워 春愁

봄바람 나날이 시름으로 불어 드니 春風日日喚愁生
뭉게구름 속에 싸인 듯 편치 않구나 勢若屯雲氣未平
침상에선 술병이 났는지 흐릿하고 枕上依稀如病酒
미간은 이어진 성처럼 주름졌네 眉頭繚繞似連城
거울 보면 센 귀밑머리 성성하고 侵凌鏡裏蕭蕭鬢
시 읊으며 여러 감정들 쏟아내지 漏洩詩中種種情
객지살이 곤궁하여 빚이 쌓였으니 自是旅窓窮有債
어찌 취향에서 기습 부대를 내보낼 수 있으리오 醉鄕安得出奇兵

【당나라 시에 "술은 기습 부대를 내어 시름 진영에 돌진하네[唐詩云, 酒衝愁陣出奇兵.][650]라고 하였다.】

650 술은……돌진하네: 당나라 한악(韓偓)의 시 「봄의 끝자락에 객사에서[殘春旅舍]」에 "선은 시마를 굴복시켜 정토로 돌아가고, 술은 시름의 진영에 돌진하여 기습 부대를 내는구나.[禪伏詩魔歸淨域, 酒衝愁陣出奇兵.]"라고 하였다. (『全唐詩』 卷681)

【해제】

하평성 '경(庚)' 자를 운으로 하여 짝수 구의 마지막 글자에 압운한 칠언율시이다.

앞 시들의 심상과 마찬가지로 봄은 시인에게 시련을 가중시키는 존재로 묘사되고 있다. 내 마음이 이곳에 없기에 있는 그대로 볼 수도 느낄 수도 없다. 마음의 균형을 잃은 시인은 하루하루가 고통의 연속이다. 그나마 기댈 수 있는 것은 시와 술뿐이다.

평소 시와 술을 자부하는 그이지만, 더 이상 즐거움을 주는 유희로서의 기능은 간데없고 지독한 현실 속에 고통을 줄여주는 진통제 같은 역할만 할 뿐이다. 어찌할 수 없는 현실에 끊임없이 저항하는 시인의 몸부림이 안타깝기만 하다.

봄날의 꿈 春夢

낮잠 깨니 눈 가득 몽롱한 기운	晝睡矇曨滿眼生
어렴풋이 봄 꿈을 꾼 듯도 하네	依稀春夢不分明
나비 따라 매화 골목 지나가 보고	狂隨蝴蝶穿梅巷
버들개지 쫓아서 바닷가 성 돌았지	懶逐楊花繞海城
천 리 밖 친구도 잠시 만났는데	千里故人猶暫面
창에 내리는 석양은 참 포근했네	一窓斜日轉多情
득실에 골몰한 일 전부 쓸데없어	紛紛得喪渾閑事
명리 좇은 지난날 후회가 되네	悔却從前覓利名

【소자미의 시에 "꿈에서는 버들개지가 천 리를 날아다닌 듯하네."[651]라고 하였다.[蘇子美詩曰, "夢似楊花千里飛."]】

두견새 울음소리[652]를 듣고 聞杜鵑

텅 빈 산 달밤에 끝없는 소리 夜月空山不惜聲
제 이름 부르는 하소연 소리 聲聲似訴自呼名
가는 봄 원망스러워 피맺힌 눈물 怨春啼得多情血
듣는 사람 백발을 재촉하누나 催却人間白髮生

【『고금주(古今註)』에, 두견새는 사표(謝豹)라고도 부르고, 또 스스로 제 이름을 부른다. 이백의 시에 "원숭이 울음소리가 백발을 재촉하누나"[653]라고 하였다.[古今註子規呼謝豹, 亦自呼名. 李白詩云, "猿聲催白髮."]】

공검지에서 시를 읊조려 퇴암에 쓰다 吟公檢池, 題退庵

1

남쪽 나라의 산수가 최고이니 南國溪山最

651 소자미의……듯하네: 소자미(蘇子美)는 송나라 시인 소순흠(蘇舜欽, 1008~1049)으로, 자미는 그의 자이다. 위의 구절은 그의 시 「봄 잠[春睡]」에 나온다. (『蘇學士集』 卷7)

652 두견새 울음소리: 두견새는 옛날 촉나라 왕 두우(杜宇)가 죽어서 그 원혼이 변화했다는 새인데, 특히 봄철이면 밤낮으로 피눈물이 흐를 때까지 슬피 운다는 전설이 있다. 자규(子規) 또는 두우라고도 불린다. (『埤雅』 卷9 「釋鳥·杜鵑」)

653 이백의……재촉하누나: 이백의 「추포가(秋浦歌)」 시에 나오는 구절이다.

누가 이 웅장한 못과 다투리	誰爭此澤雄
비구름 맑은 날에도 끊이지 않고	雨雲晴不斷
은하수 축축이 젖어 서로 통하네	河漢潤相通
하늘 아득히 멀리 드리워져 있는데	漠漠天垂遠
새는 넓디넓은 허공을 지나가네	茫茫鳥度空
거울 호수 주인을 맞이해 기쁘니	鏡湖欣得主
조물주는 시인에게 부탁하네	造物屬詩翁

【두보의 시에 "초나라 하늘엔 사계절 내내 비가 내리고[654]"라고 하였고, 소자미의 시에 "습기는 새벽달 뜨자 맑은 이슬이 되고[655]"라고 하였다.[杜詩, "楚天不斷四時雨", 蘇子美詩, "潤通曉月爲淸露."]】

2

호수 빛은 아침저녁이 다르고	水色朝昏異
넘실대는 물 예나 지금 그대로네	溶溶自古今
부평초 걷히자 산 그림자 솟구치고	萍開山影湧
달빛 비치자 계수 그늘 짙구나	月映桂陰森
빗기운은 무지갯빛을 펼치	雨氣虹光放
연꽃은 해오라기만 대하누나	荷花鷺獨臨
가없는 경치 들판의 정취 많은데	無邊多野趣
저녁 풍경 다시 어슴프레하네	晩景更沈沈

【「악양루기(岳陽樓記)」에 "아침 햇살과 저녁 어스름에 기상이 만 가지"라고 했으니, 첫 구는 바로 이런 뜻이다. 장순민(張舜民) 시에 "부평초 걷힌 곳에 산 그림자 드러나네.[656]"라고 하였고, 구문충(歐

---

654 남초……내리고: 두보의 시 「늦봄[暮春]」의 제 3구이다.
655 습기는……되고: 소순흠(蘇舜欽)의 시 「태호를 바라보며[望太湖]」의 제 3구이다.
656 부평초……드러나네.: 중국 북송의 시인 장선(張先, 990~1078, 자 子野)의 시 「제서계무상원(題西溪無相院)」의 제3구이다. 그러나 『허암유고』에는 장순민(張舜民)의 시로 나와 있다. 장

文忠) 시에 "빗기운이 저녁 무지개 만드네.[657]"라고 하였다. 두목(杜牧)의 「만청부(晩晴賦)」에 "다시 깊은 물굽이로 배를 끌고 가니, 문득 여덟아홉 포기 붉은 마름꽃 (중략) 백로가 살금살금 다가오니 아득히 풍채 넘치는 공자인 듯, 이 미인들을 엿보고는, 그 아리따운 용모를 좋아한 듯하네."라고 했는데, 제6구는 이 뜻을 넌지시 사용하였다.[岳陽樓記, "朝輝夕陰, 氣象萬千", 首句卽此意也. 張舜民詩, "浮萍破處見山影." 歐文忠詩, "雨氣晩成虹." 杜牧賦, "復引舟于深灣, 忽八九之紅芰. 白鷺潛來兮, 邈風標之公子, 窺此美人兮, 如悅慕其容媚", 第六句暗用其意.]】

3

오래된 땅을 처음 개척하여	地古初開闢
쓸쓸하게 퇴암을 지었다네	蕭然着退菴
갈매기와 계곡의 달 다투고	與鷗爭澗月
산을 이웃해 맑은 이내 간직하네	隣嶽護晴嵐
야복[658] 차림으로 마름과 연꽃에서 늙는데	野服芰荷老
산노[659]는 귤과 유자 보태누나	山奴橘柚添
강호가 어찌 좋지 아니한가	江湖豈不好
근심과 즐거움 함께 어우러지네	憂樂爾相參

【정상(鄭常)의 시에 "신선은 연잎을 입고 늙는다"라고 하였고, 동파(東坡)의 시에 "산중의 노비는 귤나무 천 그루라.[660]"라고 했으며, 범문정(范文正)의 「악양루기」에 "강호에 있을 때는 그 임금을 근심한다[661]"라고 했는데, 그 뜻을 넌지시 사용하였다.[鄭常詩, 仙衣荷葉老, 東坡詩, 山中奴婢橘千頭,

---

순민은 중국 북송의 시인으로 자는 운수(芸叟), 호는 부휴거사(浮休居士) 또는 정재(矴齋)이다. 벼슬은 감찰어사(監察御史), 이부 시랑(吏部侍郞)을 역임하고, 저서에 『화만록(畫墁錄)』, 『화만집(畫墁集)』이 있다.

657 빗기운이……만드네: 중국 북송의 문학가 구양수(歐陽修)의 시 「석양[夕照]」의 제 4구이다.

658 야복: 꾸밈새 없는 조촐한 옷으로, 일반 백성들이 평소에 초야에서 지낼 적에 입는 옷차림을 말한다.

659 산노: 당나라 이형(李衡)이 무릉(武陵) 땅에다 귤나무 천(千) 그루를 심어 놓고 그것을 천 명의 목노(木奴)라 말하였는데, 그 나무에서 생산하는 것이 종에게서 받는 것과 같다는 의미이다.

660 산중의……천 그루라: 소식(蘇軾)의 시 「수재 왕자직에게 주다[贈王子直秀才]」의 제 6구이다.

661 강호의……근심한다: 범중엄의 악양루기에 "조정의 높은 자리에 있게 되면 백성을 걱정하고, 강호에 처해서는 그 임금을 근심한다.[居廟堂之高, 則憂其民, 處江湖之遠, 則憂其君.]"라고 하였다.

范文正記, 處江胡湖之上[662], 則憂其君, 暗用其意.]】

왕소군[663] 王昭君

잘못 그린 미인 초상화를 어찌하리오	錯畫蛾眉可奈何
높은 성문 나가면 바로 하늘 끝[664]	層城門外卽天涯
황금이 없어 한 왕실의 은혜 적었으니	恩輕漢殿黃金乏
오랑캐 산에 스민 원망 푸른 무덤에 깊구나	怨入胡山靑草多
종묘사직을 어찌 미인으로 지켜내리	社稷豈關顔色重
비파소리만 되려 이국으로 가버렸네	琵琶猶向語音訛
이 방법 세상에 절대 통하지 않으니	世間此道終難恃
더는 미인을 탄식하게 하지 마오	莫爲佳人更起嗟

【이백의 시에, “살아서는 황금이 부족하여 초상화 잘못 그리고, 죽어서는 청총(靑塚)을 남겨 사람들을 탄식하게 하네.”[665]라고 하였다. 융욱(戎昱)의 시에, “사직은 밝은 군주에게 의지하고, 안위는 부

662 處江胡之上: 범중엄의 「악양루기」에는 ‘處江湖之遠’으로 되어 있다.

663 왕소군(王昭君): 한 원제(漢元帝)의 궁녀로, 절세미인에 비파(琵琶) 연주가 뛰어났다고 한다. 원제는 후궁이 매우 많았기 때문에 화공(畫工)을 시켜 궁녀들의 초상을 그리게 하여 그림을 보고 마음에 든 궁인을 골라서 침소에 들였다. 이에 궁인들이 모두 화공에게 뇌물을 바쳐 자기 초상을 잘 그려 주도록 하였으나, 왕소군은 끝내 뇌물을 바치지 않아 화공이 초상을 밉게 그려 끝내 원제의 사랑을 받지 못했다. 그 뒤 흉노의 호한야선우(呼韓邪單于)가 한나라 조정에 와서 화친의 조건으로 궁녀를 요구하자 왕소군의 얼굴을 모르는 원제는 그녀를 보내라고 명하였다. 흉노에게 시집가게 된 왕소군은 융복(戎服) 차림으로 말에 올라 시를 지어 비파를 타면서 원한을 하소연하며 길을 떠났다. 그곳에서 선우의 아내로 살다가 죽어 묻히게 되었는데, 주변과 달리 유독 왕소군의 무덤에만 청초(靑草)가 자랐으므로 그녀의 무덤을 청총(靑塚)이라 불렀다고 한다. (『漢書』 卷94 「匈奴傳下」)

664 구중궁궐……끝이었지: 왕소군이 한나라 궁실을 나와 흉노의 땅에 가게 된 것을 말한다. 당나라 유우석(劉禹錫)의 「화영호상공별모란(和令狐相公別牡丹)」 시에 “두 서울이 먼 이별 아니라고 말하지 마오, 춘명문만 나가면 바로 하늘의 끝이리니.[莫道兩京非遠別, 春明門外卽天涯.]”라는 구절을 차용하였다.

665 살아서는……하네: 이 시는 이백의 「왕소군(王昭君)」 2수 가운데 두 번째 시에 나오는 구절이

인에게 맡기네"[666]라고 하였는데, 제5구에서 넌지시 그 뜻을 사용하였다.[李白詩, 生乏黃金枉圖畫. 死留青塚使人嗟, 戎昱詩, 社稷依明主, 安危託婦人, 第五句暗用其意.]】

【해제】

하평성 5번째 가(歌)자와 6번째 '마(麻)' 자를 운으로 하여 짝수 구 마지막 글자를 압운한 칠언율시이다.

왕소군은 서시, 초선, 양귀비와 함께 중국의 4대 미녀로 손꼽힐 정도로 대단한 미인이었다고 전해진다. 또 비파 연주 솜씨가 출중했던 것으로도 알려져 있다. 한(漢) 나라 원제(元帝)의 궁녀였던 한 왕실의 평화를 위해 자신을 희생한 숭고한 이미지로 많은 문학 작품에 그려졌다. 「소군원(昭君怨)」, 「왕소군(王昭君)」, 「소군탄(昭君歎)」 등이 왕소군을 주제로 한 대표적인 작품들이다.

시인은 미인 한 명으로 한 국가의 안위를 대신하려 했던 왕실의 무책임하고 무모한 방식을 꼬집고 있다. 한 국가를 경영하기 위해서는 일시적인 고식지계(姑息之計)를 쓸 것이 아니라 이치에 맞는 근본적인 해결책을 마련해야 한다. 그러나 현실은 그렇지 못해 왕소군처럼 무고한 희생을 강요하는 일들이 벌어진다. "뭣이 중헌디!"라는 영화의 대사처럼, 무엇이 중요하고 필요한 것인지를 분명히 알아야 제대로 된 방안을 마련할 수 있다. 이는 개인도, 사회도, 국가도 잊지 말아야 할 것이다.

다.

666 사직은……맡기네: 이 시는 융욱(戎昱)의 시 「영사(詠史)」에 나오는 구절이다.

이릉[667] 李陵

대장부 명성 스스로 저버렸으니	自負平生大丈夫
영웅의 탄식이 없을 수 없으리	英雄嘆息未應無
털끝만 한 공도 꺼리는 곽거병[668]에 부끄럽고	功嫌一髮多慙霍
천추에 수치 남겼으니 소무의 사절[669] 마땅하네	愧在千秋合謝蘇
한나라 법이 비장군[670] 후손에게 인색하여	漢法不饒飛將種
오랑캐 땅에 태산 같은 몸을 내던졌네	胡塵虛擲泰山軀
흉노 땅에서 늙은 것은 이 무슨 일인가	氈墻白首誠何事
고인은 부귀를 저버린다 말하지 마오	莫說高人富貴孤

【사마천(司馬遷) 『사기(史記)』에, "죽음은 더러 태산보다 무겁기도 하고 기러기 깃털보다 가볍기도 하다."라고 하였는데, 제6구에서 이 뜻을 반대로 썼다. '자부[自負]'는 헛되이 저버렸다[虛負]는 말이다.[遷史云, 死或重於泰山, 或輕於鴻毛, 第六句反用也, 自負猶虛負.]】

---

667 이릉: 전한 시기 농서(隴西) 성기(成紀) 사람이고, 한나라 때의 명장 이광(李廣)의 손자이다. 천한(天漢) 2년(기원전99) 이사 장군(貳師將軍) 이광리(李廣利)가 3만 명의 기병을 이끌고 주천(酒泉)을 나와 흉노를 공격할 때 이릉은 보병 5천으로 여러 차례 적을 무찌르는 공을 세웠다. 그러나 흉노에게 포위되어 8일 동안 싸우다가 무기와 화살도 떨어지고 구원병도 오지 않자 남은 병사들의 목숨을 살리기 위해 항복을 했는데, 선우(單于)가 우교왕(右校王)으로 삼고 딸을 시집보냈다. 소제(昭帝)가 즉위하자 곽광(霍光)이 사신을 보내 불렀지만 돌아오지 않았고, 20여 년을 흉노 땅에 살다가 죽었다.

668 곽거병: 한 무제 때 명장으로, 흉노를 정벌하여 큰 공을 세웠다. 무제가 곽거병을 위해 집을 지어주자, 곽거병이 대답하기를 "흉노가 멸망하지 않았으니, 집이 필요 없습니다.[匈奴不滅, 無以家爲也.]"라고 하였다. (『漢書』 卷55 「霍去病傳」)

669 소무(蘇武)의 사절: 소무는 한 무제 때 신하로, 흉노에 사신으로 갔다가 억류되어 19년 만에 한나라로 돌아왔다. (『漢書』 卷54 「蘇武傳」)

670 비장군(飛將軍): 이릉의 조부 이광(李廣)을 가리킨다. 한 무제 때 우북평 태수(右北平太守)가 되자 흉노가 감히 변방을 침범하지 못하고 그를 비장(飛將)이라 불렀다. 흉노와 전후 70여 차례 싸웠으나 후작(侯爵)을 받지 못하였다. (『漢書』 卷54 「李廣傳」)

【해제】

상평성 7번째 '우(虞)' 자를 운으로 하여 첫 구와 짝수 구 마지막 글자를 압운한 칠언율시이다.

한나라 때 흉노 정벌 도중에 투항한 이릉에 대한 소회를 읊었다. 앞에서는 흉노 토벌에 큰 공을 세워 곽거병(霍去病)과 흉노에 사신 갔다가 체포되어 온갖 회유에도 굴복하지 않았던 소무(蘇武)를 언급하며 이릉에 대한 평가를 하였다. 후반에는 이릉에 관한 시인 자신의 생각을 읊었다. 비록 투항은 어쩔 수 없었다 하더라도 돌아오라는 고국의 권유를 외면하고 흉노에서 여생을 마친 것은 변명의 여지가 없다고 일침을 가하였다.

과연 이릉의 처신을 두고 비난만 할 수 있을까. 사마천이 이릉을 죄주려는 무제(武帝)에게 "그가 죽지 않은 것은 공을 세워 죄를 메워서 한나라에 보답하려 했을 것입니다."라고 하며 그를 변호한 것이나, 이릉이 한나라도 돌아가는 소무와 작별할 때 준 시에 "부디 힘써서 밝은 덕을 숭상하여, 백발까지 변치 않기로 기약하세나.[努力崇明德, 皓首以爲期.]"라고 한 말을 놓고 볼 때, 그 마음에는 한나라에 대한 변치 않은 충심이 있었던 것으로 보인다. 한 인물을 제대로 파악하기 위해서는 다각도로 이해하려는 노력이 필요하다.

죽손[671] 竹孫

차곤[672]의 고결한 절개 본래 우뚝하니 此君淸節自嵯峨
뒤늦게 본 자손 더욱 이상하지 않네 晩見兒孫更不邪
지금 이마를 보니 고치나 밤톨 같고 頭角祗今看繭栗
며칠 구름 끼고 우레 치자 용과 뱀 됐네 雲雷幾日化龍蛇
태어나 땅에서 솟아오르니 꼿꼿하여 生來拔地能爲直
약한 힘으로 바람맞아도 기울지 않네 力弱當風不受斜
너를 사랑해 고사의 족보에 올리려는데 愛爾欲添高士譜
수양산[673] 이후로 세상에 많지 않구나 首陽之後世無多

공검지를 거닐며 읊다 足公檢池詠

물이 흘러드는 바닥없는 골짝 漏洩無底壑
깨끗한 곳 거울처럼 잔물결이네 澄處鏡漣漪
온갖 냇물을 마다하지 않아 不讓百川水

---

671 죽손: 대나무 마디에 새로 자라는 가지를 말한다.

672 차군: 대나무의 별칭이다. 왕휘지가 빈집에 우거(寓居)하면서 대나무를 심게 하므로, 혹자가 그 까닭을 묻자, 왕휘지가 대나무를 가리키며 말하기를 "어찌 하루라도 차군이 없어서야 되겠는가.[何可一日無此君耶]"라고 했다는 데서 유래한다. (『晉書』 卷80 「王徽之列傳」)

673 수양산: 은나라가 주나라에 의해 멸망되자, 백이와 숙제는 의리상 주나라의 곡식을 먹을 수 없다고 하여 이 산에 은거하여 고사리만 캐 먹다가 끝내 굶어 죽었다.

천 이랑의 넓은 연못 이뤘구나 能爲千頃陂
비 내리자 초목에 비린내 나니 雨過腥草木
누운 용 비늘과 지느러미 가꿔서지 龍臥養鱗鬐
해마다 많은 농작물 돌보건만 歲歲自多稼
그 공을 누가 알아주겠는가 厥功誰得知

회포를 쓰다 書懷

지난해 도성 문 앞길에서 去歲都門道
이별 길 오르자 나뭇잎 날렸지 離程葉政飛
강남에는 봄풀이 푸르른데 江南春草綠
떠나간 길손은 돌아올지 못 돌아올지[674] 舊客歸不歸

김사형[675]의 과거 급제를 축하하며 賀士衡登第

그대 옥 품고 도성에서 울던 때를 생각하니 憶君懷玉泣京塵

674 강남에는……돌아올지: 왕유의 「송별(送別)」 시에 "봄풀은 내년에 또다시 푸르겠지만, 길 떠난 그대 돌아올지 못 돌아올지.[春草明年綠, 王孫歸不歸.]"라고 하였다.

675 김사형: 사형(士衡)은 김언평(金彦平, ?~1514)의 자이다. 본관은 상주(尙州)이며, 1496년(연산군2)에 문과에 급제하여 감찰, 장령, 강릉 부사 등을 역임하였다. 강릉 부사 재직 시 송재(松齋) 이우(李堣)와 함께 정희량의 문집인『허암유고』를 간행하였다.

고생 끝에[676] 문단에서 신묘한 경지 들었네　折臂詞林已入神
붕새는 삼천 리를 박차야 북으로 힘껏 날고　鵬擊三千雄轉北
참죽나무는 팔백 년을 살아야 봄을 아네[677]　椿回八百始知春
반평생 책 속의 벌레가 되더니　半生黃卷書中蠹
늙기 전에 청운의 길에 오른 사람 되었네　未老青雲路上人
이제 공명을 지푸라기 줍듯 할 테니　從此功名如芥拾
세상 어딘들 높은 지위[678]가 아니랴　世間何地不通津

【해제】

평성 '진(眞)'을 운으로 한 칠언율시이다. 김언평은 1496년 문과에 급제하였는데, 이 시는 그즈음 작품으로 추측된다.

---

676 고생 끝에: 원시의 '절비(折臂)'는 많은 난관을 겪었다는 말이다. 『초사』 「구장(九章)·석송(惜誦)」에 "나는 충성하고서도 미움을 산다는 말을 듣고서 지나친 말이라고 했었는데, 아홉 번 팔을 부러뜨리고서 좋은 의사가 되거늘 나는 이제야 그 말이 참으로 맞는다는 것을 알게 되었다.[吾聞作忠以造怨兮, 忽謂之過言, 九折臂而成醫兮, 吾至今乃知其信然.]"라고 하였다.

677 팔백……아는구나: 『장자』 「소요유」에 ""초나라 남쪽에 명령이라는 거북이 있는데 500년을 봄으로 삼고 500년을 가을로 삼으며, 태곳적에 대춘이라는 나무가 있는데 8000년을 봄으로 삼고 8000년을 가을로 삼았다.[楚之南有冥靈者, 以五百歲爲春, 五百歲爲秋, 上古有大椿者, 以八千歲爲春, 以八千歲爲秋.]"라는 말이 나온다.

678 높은 지위: 원시의 '통진(通津)'은 본래 사통팔달하는 나루터를 말하는데, 지위가 높고 중요한 직위를 비유한다.

의주에서 연경으로 사행 가는 조숙도[679]를 전송하며 龍灣送曺叔度赴燕京

적암이 머나먼 여정[680]을 떠나니	適菴行李宿舂糧
하늘가에서 나귀 타고 보낸 지 한참	驢背天涯歲月長
예전에 부상에 가서 일출을 보았고[681]	曾向扶桑觀出日
다시 중국에 고향 돌아가듯 가시네	重歸上國似還鄕
큰 바다의 짙푸른 물결을 책 속에 싣고	卷中鯨海蟠深碧
연경 산의 울창한 숲이 시 주머니에 담기리	囊裏燕山束老蒼
머지않아 가을바람 불고 둑에 국화 피었을 때	直待秋風生菊塢
가랑비 내리는 주렴 아래 나란히 얘기 나누길	一簾疏雨話連床

【숙도(叔度)는 조신(曺伸)의 자이고, 적암(適菴)은 조신의 별호이다. 조신과 허암은 평소 가깝게 지냈다. 허암이 의주에 귀양 와 있을 때 조신이 연경으로 사행을 갔는데 허암이 이 시를 지어주었다. 이에 조공이 이 시를 『소문쇄록(謏聞鎖錄)』에 기록하였는데 본집에 실지 못한 것은 필시 유실되어 올리지 못한 것이다. 그리하여 책 끝에 써서 후인이 볼 수 있도록 한다.[叔度曺伸字也, 適菴曺之別號也. 曺與虛菴相善, 虛菴謫義州時, 曺赴京, 虛菴作此詩以贈之, 故曺公記此詩於謏聞鎖錄, 而本集闕載, 必遺失不升, 故書於卷末, 以備後人之覽.]】

---

679 조숙도: 숙도(叔度)는 조신(曺伸, 1454~1529)의 자이다. 호는 적암(適菴), 본관은 창녕(昌寧)이다. 조계문(曺繼文)의 얼자(孼子)로, 매계 조위의 서제(庶弟)이다. 관직은 내시 교관(內侍敎官), 사역원 정(司譯院正)을 지냈다. 시를 잘 짓고 외국어에도 능통하여 일본과 중국 사행에 수차례 참여하였다. 무오사화가 일어나자 고향 김천으로 낙향하였다. 저서로는 『적암시고(適菴詩稿)』와 『소문쇄록(謏聞瑣錄)』 등이 있다.

680 머나먼 여정: 원시의 '숙용량(宿舂糧)'은 전날 밤에 곡식을 찧는다는 말로, 먼 길을 떠나는 것을 의미한다. 『장자』「소요유」에 "백 리 길을 가기 위해서는 하룻밤 묵고 갈 양식을 찧어서 가지고 가야 한다.[適百里者, 宿舂糧.]"라고 하였다.

681 예전에……보았고: 조신이 1479년 일본에 통신사 군관으로 사행을 갔던 것을 말한다. 부상(扶桑)은 전설에서 동쪽에 해가 뜨는 곳에 있다는 나무인데, 여기서는 우리나라 동쪽인 일본을 가리킨다. (『成宗實錄』 10年 2月 4日, 『梁書』 卷54 「諸夷列傳」)

가천원의 벽에 쓰다 題加川院壁

[『소문쇄록(謏聞鎖錄)』에 이 시를 싣고 이르기를 "가천원 주인이 말하기를 '장삼 입은 중이 여기를 지나다가 썼는데, 어떤 이는 순부가 쓴 것인가 한다'라고 하였다.]
【謏聞鎖錄載此詩云, "加川院主曰 '有衲衣僧過此書之, 或疑爲淳夫云.'"】

새는 무너진 담 구멍 엿보고 鳥窺頹院穴
사람은 석양의 샘물 긷누나 人汲夕陽泉
산수를 집으로 삼는 나그네 山水爲家客
하늘 땅 어딘들 끝이 있으랴 乾坤何處邊

밀짚모자[682] 木麥笠

누가 메밀을 머리 가에 심었나 誰將木麥種頭邊
잎이 두 눈을 덮어 하늘을 못 보누나 葉盖雙眸不見天
십 년을 갈아온 칼 이제야 뽑아 드니 磨劒十年今始斷
하루아침에 봉황지의 연꽃 되었도다[683] [684] 一朝翻作鳳池蓮

【위는 「밀짚모자[木麥笠]」라는 시이다. 정생(亭生)이 급제하자 승정원에서 부른 운자로 지었

---

682 밀짚모자: 저본에 제목이 적혀 있지 않으나, 원주(原註)를 참고하여 제목을 달았다.
683 봉황지의……되었도다: 과거 시험에 급제한 것을 말한다. 봉황지(鳳凰池)는 대궐 안에 있는 연못으로, 대궐을 가리킨다.
684 누가……되었도다: 이 시는 『허암유고』 맨 마지막에 수록된 시로, 이본에는 없다. 이종상(李鍾祥), 『정헌집(定軒集)』 「호정 김공 묘갈명(昊亭金公墓碣銘)」에 이 시가 실려 있는데, 묘갈명에 따르면 호정(昊亭) 김세량(金世良, 1502~1571)이 지은 것이라고 한다. 정희량의 시는 아니고, 이 책의 소장자가 개인적으로 필사해 둔 것으로 보인다.

다.[685][右木麥笠詩. 亭生登科, 政院□[686], □呼韻作.]】

685 위는……지었다: 『정헌집』「호정 김공 묘갈명」에 의하면, 1535년 치른 별시에서 김세량이 장원을 하였는데, 마침 같은 마을에 사는 이을규(李乙奎)가 2등을 하자, 김세량이 자신은 '향공지족(鄕貢之族)' 곧 고을에서 선발되어 천거된 부류라고 하며 이을규에게 장원을 양보하였다. 이 일을 임금이 가상하게 여기고 조정에 불러 술을 하사함과 동시에 운자를 불러 시를 짓게 하였다. 이때 지은 시가 바로 이 작품이다.

686 亭: 마모가 심하여 추정하였다. 아래도 마찬가지다.

虛庵遺稿序

余觀古有傳名於後者，其立有三，德爲上，功爲次，言爲下．雖有高下次第之殊，所以流芳而不朽，則未嘗不同也．其有功德之人，則聞望事業，巍巍赫赫，焜耀乎耳目，轟鍧乎簡策，駭當時震後代者，不待人而然．蓋但寄言於文章，而身不達，名不大顯於世者，雖有貞曜·后山之詩文，非昌黎·魏衍顯微闡幽之力，同爲草木而腐，復誰知哉！吾同年友鄭君，亦立言於文而未顯者也．始遊澤宮有名，稍稍籟聞於縉紳間，及釋褐登朝，選補史館，將顯矣．俄遭戊午史局之變，久竄于外，放還未幾，先見事釁，沈江而死．不數年，同君而謫者，誅夷殆盡，獨能炳乎機先，引以自決，專其門戶，可謂智矣．有大抱負，立于朝，不大施，靡有功德施于時及於人，況望其傳後哉！傳之所可冀者，惟一段文章而已．然其平日所著，不蓄於家，幸出於朋知間者，亦經甲乙之禍，散逸無餘．雖有一二所得，雜以科擧之文，屑屑不足爲傳也．予每以君名湮沒爲懼，常往來于懷，未嘗斯須寬．庚午春，聞叔達家有龍灣盆城二謫之作，卽與李君擇之，尋而徵之．擇之叔達，幷君之友也，相與勖予曰："子有老親于南，早晩必補外寄，可圖不朽．"受而讀之，其痛快英暢之妙，視前所得，不啻相越，豈非遷謫羈愁之久，困窮拂鬱，有以激之耶．古人云窮則詩工，政謂此也．君凡三黜于外，窮可知也，而龍灣則極矣，況與梅溪詩老，同州而謫，朝夕與處，薰陶礱淬，酬酢往復，有所得而增益者，亦豈少哉．始以自得之學，益以淵源之助，發於窮愁之地，其出而爲言者，不期工而自無不工也．予於是充然而喜曰："是亦足以傳後，不必多也．"盡棄前所得，獨取此而藏之者，欲其選也．其年冬，果受按察關東之命．東原守金君士衡，亦於君友也 余以是藁之傳，一啓口而唯唯，卽鋟于梓．雖無昌黎魏衍之力, 予七八年介介于懷者, 少可慰, 而貞曜后山之目, 庶可瞑於冥冥矣. 自古文章之傳, 或出於子弟之私, 或出於朋友之公, 傳於私則速, 而公則久也. 予與士衡, 皆爲君朋友之公也, 則其傳之必久也無疑矣. 或有難之曰: "君之沈江, 人所疑而臆之耳, 無有得其詳也, 則安知厭世知禍, 高蹈隱形, 長往而不返者耶. 古無有生人之集, 是稿之傳, 無乃太早乎?" 吾應之曰: "世有學道之士, 玩世遐擧, 隨否泰隱顯, 如秋空片雲, 起滅而無迹, 今子之意在是乎? 然君之學道與否, 旣未可知, 而隱顯之智, 亦果能如是耶." 若以或言爲然 則君必御冷風餐赤霞, 振衣於千仞之岡, 覊窮淸苦, 有甚於龍盆萬萬, 則其文之進, 有不可量也,. 予將橫筇叩雲, 觴君於沖虛之館, 盡携所述而還, 以聯續集於藁左, 未爲晩也. 姑爲是書, 以待或言之驗否. 君字淳夫, 希良名, 號虛庵也.

皇明正德六年十一月日, 奮義靖國功臣嘉善大夫江原道觀察使兼兵馬水軍節度使靑海君李堣序.

謏聞瑣錄云

鄭希良字淳夫. 氣性剛健, 能食生菓子數斗, 而不胸痺, 又能飮. 嘗曰: "吾飮濁酒則三大器, 淸酒則二大器, 燒酒則一大器, 量爲差減. 必先洗胸次, 不喜杯勺禮飮, 但喜大椀健倒耳." 業文能詩, 善陰陽學, 嘗自算其命, 以其時位不定, 歎曰: "若在某干當大貴, 在某干則凶惡不可言." 每有逃世之志. 登第爲翰林, 戊午之禍, 謫義州, 量移金海, 甲子蒙放. 丁內艱, 守墳高陽. 一日獨出散步坡壟間, 童僕尋至, 則紿之曰: "爾爲我採筆管菜來. 吾思食之!" 童旣還則不見. 於是家人四散, 踪跡無有, 云'必赴水死.' 海平君鄭耆叟, 乃君之族, 啓燕山, 令物色之, 燕山曰: "狂奴逃死, 何用尋爲!" 竟絶影響, 時人或疑其不死云.

虛庵遺稿 卷1

平沙落雁

秋容濃淡雨還晴，海波不動含淨綠．沙平若翦雪嵯峨，雁背寒光斜欲滴．西風吹影落漁磯，字字新出臨池墨．何處稻粱驚網弋，急向蘆花深裏[01]宿．

遠浦歸帆

渡頭楓林霜半破，海風吹滴猩猩血．秋光上下鏡面平，一片鑄出玻瓈碧．隔岸眠鷗忽驚起，客帆飛來隨鳥沒．落日滄茫何處宿，短笛數聲山水綠．

漁村落照

青山影空釣磯寒，海門秋色濃可掬．漁翁臥蓑睡不驚，鷗鳥欲散還相逐．織柳穿魚及暮歸，

01 裏: 이본에는 '處'로 되어 있다.

南隣喚酒東隣答. 疏疏晩雨急收[02]綱, 一抹斜陽掛枯木.

山市晴嵐

江上青山玉一朶, 曉日染成嵐縷碧. 經雲緯霧錦[03]陸離, 織破[04]瀟湘秋水色. 隨風宛轉學佳人, 畫出文君眉半蹙. 俄頃霏微散作雨, 青山忽起如新沐.

洞庭秋月

湖水澄澄秋影寒, 露洗風吹生桂魄. 君山玉樹森可數, 老虬抱珠眠不熟. 夜深哀響落雲間, 定有湘靈弄瑤瑟. 骨淸魂冷我欲仙, 擬向篷萊訪銀闕.

瀟湘夜[05]雨

九疑嵯峨雲似墨, 鷓鴣啼雨湘江夕. 寒聲淅瀝助凄切, 竹間餘淚哀欲滴. 楚些爲招帝子魂,

月恨風[06]愁天亦泣. 孤舟一夜滯未歸, 遠客蕭條生白髮.

02 收: 이본에는 '取'로 되어 있다.
03 錦: 이본에는 '綿'으로 되어 있다.
04 破: 이본에는 '罷'로 되어 있다.
05 夜: 이본에는 '暮'로 되어 있다.
06 風: 이본에는 '雲'으로 되어 있다.

煙寺暮鍾

古木回巖山轉深, 鳥飛不盡來暝色. 穿雲越壑何處鍾, 定有高僧住空谷. 縹緲樓臺隱晩霞, 雖欲往從歸路隔. 落日驚聞獅子吼, 驢背詩人首屢側.

江村暮雪

江村落日天杳茫, 荻葦蕭疏響晩雪. 蟄龍愁吟凍生鱗, 睡鷗不動寒徹骨. 孤舟獨向者誰子, 兀坐蓬窓滯行色. 溪上高人定淸曠, 安得往尋同茗蓆.

有感

父母生我苦, 毫髮皆所賜. 惜哉不肖身, 具體寧非美. 提携煩背膝, 庶幾完骨髓. 胡爲浪觸禍, 腰脚遭鞭箠. 寸軀自難保, 況敢答親志. 遠謫天一涯, 故國隔萬里. 定省久已闕, 念之良可恥. 弟妹各飄零, 一夕魂九徙. 登高獨長望, 落日悲風起.

有懷【十三友】

1

我愛南士華, 異體同骨肉. 所學在正道, 王覇甚分別[07]. 虛庵香[08]火社, 止亭風雨夕. 連床吐懷抱, 一笑相唯諾. 余時獨高議, 子面浮喜色. 論交古

---

07 別: 이본에는 '析'으로 되어 있다.
08 香: 이본에는 '煙'으로 되어 있다.

人間, 管鮑可無怍.

2

我愛朴仲說, 肝膽如霽月. 相忘到濠梁, 至樂相與敵. 梅窓響春雨, 草屋鳴夜雪. 把酒作青眼, 論詩跋紅燭. 謂言此趣眞, 常恐兒輩覺. 世事乃如此, 造物吁可愕.

3

我愛金仁老, 美質如璞玉. 才全德不形, 視外知內實. 猗蘭種九畹, 許我同一室. 謂言保臭味, 俱升君子席. 誰使篷蒿姿[09], 飄零失依[10]托. 茫茫萬里途, 弱力無由息. 本性倘不變, 蘭悴何足說.

4

我愛洪崖子, 骨秀神仙伯. 才名二十年, 出語驚世俗. 斯人接古派, 大江合西北. 學道在崇深, 文氣去浮薄. 手持造化爐, 陶謝可鑄出.

5

我愛容齋士, 嶷嶷山嶽[11]精. 倜儻負奇才, 寶劍新發硎. 文章特餘閏[12], 所學皆朱程. 賈生少多見, 論議何崢嶸. 遇事輒痛哭, 動爲人所驚.

6

我愛金景劉, 邈在祝融國. 負土冢壘壘[13], 森森手種柏. 西風樹不靜, 此憂何時畢. 斯人道甚高, 薄世可淳朴.

---

09 姿: 이본에는 '資'로 되어 있다.
10 依: 이본에는 '所'로 되어 있다.
11 嶽: 이본에는 '岳'으로 되어 있다.
12 閏: 이본에는 '事'로 되어 있다.
13 壘壘: 이본에는 '累累'로 되어 있다.

7

我愛權氏子, 相從自結髮. 伯也負異氣, 仲也挾[14]奇骨. 吾嘗倚其間, 屹立分鼎足. 憶昔同爭霸, 詩酒作勁敵. 決鬪恐難全, 斂刃各堅壁. 如今吳蜀魏, 長江限南北. 影響已寂寥[15], 夢魂亦緬邈. 思之不可見, 獨坐歌伐木.

8

我愛安氏子, 詩書有家法. 瑞世出三鳳, 皆是靑田質. 善之最高妙, 噦噦蓬萊闕. 一鳴徹九重, 四聰皆曠達.

9

我愛李學士, 貌古心不俗. 皮裏備袞鉞, 世人那得識. 誰傾山水耳, 聽我峨洋曲. 翰林天出仙, 廣文塵中蝨. 榮辱固不同, 氣味誰能別.

10

我愛金諧仲, 翩翩鸞鶴精. 咳唾九天上, 淸風吹玉霙. 散作人間寶, 珠玉皆夜明. 睡叟亦非凡, 視子猶弟兄. 卓落吾益友, 可以俱忘形.

11

我愛琴軒翁, 處世樂幽寂. 梅梢新月上, 淸光散虛室. 衆念死灰靜, 閉戶自怡悅. 手撫三尺桐, 細彈松風曲. 彈罷月徘徊, 起立梅露滴. 斯人信淸曠, 每許同茗席. 萬里各相望, 鄙吝生胸臆. 遙知唱楚些, 招此天涯魄.

12

我愛申思仲, 峨洋頗同調. 讀書尋山寺, 放情窮巖嶅. 古壁燈炯炯, 寒窓雨蕭蕭. 煮茗澆舌本, 曠朗吟離騷. 君時臨晉帖, 玉樹生秋毫. 縱談雜奇怪, 拍手相矜豪. 人事安足恃, 散落如牛毛. 嶺南隔雲水, 塞北多篷蒿. 欲見那

14 挾: 이본에는 '俠'으로 되어 있다.
15 寥: 이본에는 '寞'으로 되어 있다.

可得, 懷哉增鬱陶.

13

我愛黃叔度, 侃侃古遺直. 文章例正始, 且於學有得. 折臂成老醫, 謀身[16]策[17]最密. 非君誼誰師, 香火已三沐.

夜雨有感

夜雨止復作, 潺湲簷溜滴. 愁人獨不寐, 壁燭吹欲滅. 明朝莫看鏡, 兩鬢應半雪.

天磨山

半空劍立天磨山, 下有行人魂欲死. 遙知伏豹嘯雲端, 落日寒風吹不止.

塞上

雉堞連雲地勢雄, 笛聲嘐亮戍樓空. 將軍射徹三重甲, 壯士彎回八札弓. 萬里牛羊長放野, 百年關海絶傳烽. 我來更覺無餘事, 日日城頭數斷鴻.

---

16 身: 이본에는 '臣'으로 되어 있다.
17 策: 대본에는 '榮'으로 되어 있으나, 이본에 근거하여 수정하였다.

憶寓庵挹翠

早知窮達摠關天, 還把才名作謫仙. 長憶共尋青鶴洞, 獨憐虛賦白雲篇. 詩魂寂寞海山外, 釼氣崢嶸牛斗邊. 別後傷心消息斷, 客中愁病過年年.

偶書

誰敎造物忌英雄, 勳業蕭條覽鏡慵. 瘴氣橫空雲似墨, 胡山如畫雪爲峯. 地連龍穴天多雨, 門近鯨濤晝又風. 幾被故人吟桂樹, 客窓[18]寥落數歸鴻.

寄擇之

明時何敢嘆[19]沈淪, 自許疏慵附逸民. 長道萍蓬身作客, 故園蝴蝶夢尋春. 不禁歲月侵衰鬢, 可喜乾坤着放臣. 多少新詩惆悵得, 題封遠寄謫仙人.

題壁

1

鴨江如帶去悠悠, 歲月無情共逐流. 萬里胡天雲出塞, 一聲羌笛客登樓. 長風吹送燕山雨, 斷雁含來鶴野秋. 覽物懷鄉偏有感, 孤城落日獨搔頭.

---

18 窓: 이본에는 '愁'로 되어 있다.
19 嘆: 이본에는 '歎'으로 되어 있다.

2

流落他鄕獨自悲, 從來才命喜相違. 百年通計愁多日, 一世中分少幾時. 無術可能堪遣悶[20], 有閑隨處强[21]題詩. 客窓岑寂聊爲樂, 坐對青山讀楚辭.

次梅溪先生韻

怪却今朝滿鏡霜, 鬢毛爭奈客愁長. 天涯寂寞登臨處, 唯[22]有青山似故鄕.

憶擇之

詩成欲寄謫仙人, 許我平生意最親. 一別天涯消息斷, 獨憐孤負禁城春.

和奉[23]禹牧使九日韻

廓落天涯歲月催, 强將詩酒獨登臺. 故園松菊俱無恙, 應向秋風待主來.

20 悶: 이본에는 '懣'으로 되어 있다.
21 强: 이본에는 '彊'으로 되어 있다.
22 唯: 이본에는 '惟'로 되어 있다.
23 和奉: 이본에는 '奉和'로 되어 있다.

錄奉梅溪先生

廣文憔悴鬢蕭疏, 歲晩追隨長者車. 政爾不知三月味, 祗應勝讀十年書. 殘燈古壁傷前事, 細雨窮山憶舊居. 但使此心常淡泊, 不妨身世付樵漁.

偶吟

坎止流行道迺尊, 此心閑處不紛紜. 謫來飽食無餘事, 臥看青山起白雲.

雪後錄奉梅溪先生

客窓偏惜歲將殘, 蘆荻蕭騷[24]雪滿山. 塞外風高鷹翅健, 陣前雲起箭聲寒. 不妨夜月相乘興, 何事詩人獨閉關. 擁褐煎茶淸味永, 況論杯酒作春顔.
【來簡云, 雪深數[25]尺, 門戶不開[26], 袁安獨臥, 淸興可掬, 故第六及之. 末意暗[27]用項太尉, 陶學士事.】

病中書懷

1

回首天涯歲月遒, 獨憐多病倦登樓. 殘生兀兀龜藏足, 瘦影稜稜鶴側

---

24 騷: 이본에는 '疏'로 되어 있다.
25 數: 이본에는 '若'으로 되어 있다.
26 開: 이본에는 '閉'로 되어 있다.
27 暗: 이본에는 '昧'로 되어 있다.

頭. 千里羈魂危不定, 五更歸夢散難收. 詩人濩落慚[28]無用, 自是文章與命仇.

2

落日關山瘴霧橫, 角聲凄冷動邊城. 將軍翠幕開淸宴, 羈客西風對短[29]檠. 詩句却因愁裏得, 旅情多是病中生. 明時魑魅憎[30]相伴, 悶默空齋獨自驚.

3

長向窮途事可憐, 又從楡塞過殘年. 十生九死身千里, 白日丹心指碧天. 不學世情翻似局, 自知吾道直如絃. 平生觸處皆重險, 要試肝腸鐵石堅.

立春奉呈梅溪先生

天涯落魄重逡巡, 惆悵今朝歲月新. 佳節忽逢挑菜日, 傷心俱是望鄕人. 蟄蟲迎氣將開戶,

殘雪收威不禁春. 知有梅魂冤未洩, 爲誰憔悴故溪濱.

寄京洛知己

歲暮天涯獨閉門, 鄕情離恨易銷魂. 論詩對酒應思我, 臨水登山更憶君. 眼入煙霞空漠漠, 夢隨蝴蝶去紛紛. 虛庵何日重携手, 臥聽蕭蕭夜雨喧.

---

28 慚: 이본에는 '漸'으로 되어 있다.
29 短: 이본에는 '殘'으로 되어 있다.
30 憎: 이본에는 '增'으로 되어 있다.

奉呈梅溪先生

愧將書劍學從軍, 獨住邊城欲斷魂. 海氣散凝關外雪, 角聲吹落隴頭雲. 自憐末路知音少, 猶喜先生下榻勤. 更有風流堪愛處, 醉中相對細論文.

述懷

1

疏慵恐被俗人嘲, 甘向溪山作老饕. 謂把青雲收價重, 閑吟白雪覺調高. 土床攤飯欺莊蝶, 夜雨挑燈讀楚騷. 自笑吾生誰得似, 飄零眞是九牛毛.

2

搔首乾坤老更顚, 西風寥[31]落雁書傳. 夢中故國猶千里, 塞上新愁又一年. 榮辱古今渾得醉, 親朋南北各隨緣. 長沙自昔留才子, 幾日金鷄下日邊.

讀宋史

建隆初築太平基, 半夜相傳揖讓規. 家法忽從金櫝[32]變, 天心先許杜鵑知. 啁啾群議江南割, 零落諸賢嶺外移. 誰勸康王回馬首, 可憐殘業[33]續如絲.

31 寥: 이본에는 '飄'로 되어 있다.
32 櫝: 이본에는 '櫃'로 되어 있다.
33 業: 이본에는 '葉'으로 되어 있다.

喜見仲說書贈

斷鴻驚月叫胡山, 蘆荻蕭騷[34]響雪寒. 千里他鄕逢面目, 一燈相對說悲歡.

附仲說詩

故國迢遙隔萬山, 荒村寂寞客氈寒. 風霜湖[35]海長年別, 夜雨尊[36]前一日歡.

贈別仲說還京

1

客窓風雪點孤燈, 身世依稀有髮僧. 京洛故人應憶我, 莫言憔悴骨嶒崚.

2

君向燕山道路長, 一尊相別思蒼茫. 如今又作天涯客, 却羡君歸指故鄕.

【說向燕時, 余住[37]京相別. 說[38]既返燕, 而[39]余謫在龍灣. 相遇於逆[40]旅中, 又逆[41]還京師, 人事之可笑也如此.]】

34 騷: 이본에는 '疏'로 되어 있다.
35 湖: 이본에는 '胡'로 되어 있다.
36 尊: 이본에는 '樽'으로 되어 있다.
37 住: 이본에는 '在'로 되어 있다.
38 說: 이본에는 빠져 있다.
39 而: 이본에는 빠져 있다.
40 於逆: 이본에는 '於'가 없고, '逆'이 '迸'으로 되어 있다. 다음에 오는 '旅' 자로 보아 '迸'은 잘못이다.
41 逆: 이본에는 '送'으로 되어 있다.

偶書

他鄕[42]作客討蕭疏, 唯[43]有江山獨起予[44]. 拍手狂歌成一笑, 書生習氣未全除.

奉呈梅溪

1

謫來懷抱向誰論, 長與先生坐席分. 世路十年三折臂, 家山一夕九馳魂. 但傾北海尊[45]中酒, 休學東坡嶺外文. 身似孤僧唯[46]有髮, 亂山窮處晝關門.

2

崎嶇塞外少[47]相親, 唯[48]有溪山着放臣. 俛首頗遭官長責, 天涯俱是可憐人.

---

42 鄕: 이본에는 '時'로 되어 있다.
43 唯: 이본에는 '惟'로 되어 있다.
44 予: 이본에는 '余'로 되어 있다.
45 尊: 이본에는 '樽'으로 되어 있다.
46 唯: 이본에는 '惟'로 되어 있다.
47 少: 이본에는 '小'로 되어 있다.
48 唯: 이본에는 '惟'로 되어 있다.

錄奉梅溪

1

寥落天涯歲欲遒, 龍鍾多病重搔頭. 半生去國常爲客, 盡日看山不下樓. 海氣晝暝渾作雨, 荻花晴衮又驚秋. 共來慘淡風霜地, 坐對斜陽只自愁.

2

他鄕山水競嘲欺, 爲是騷人得句稀. 歲暮凍雲多雪意, 塞垣寒日少晴暉. 風塵衮衮誰知己, 世事悠悠獨掩扉. 幸有梅溪容我拙, 時因杯酒共忘機.

3

丈夫行止摠關天, 末路相知豈偶然. 八斗才名人莫敵, 十年京洛客無氈. 執鞭端合居公後, 論德宜尊齒我先. 把酒高吟還撫掌, 玆遊恐被世間傳.[49]

次梅溪謁文丞相廟韻

1

茫茫往跡杳難尋, 欲說當時日自陰. 正氣蕭條南渡盡, 胡風慘慽北來深. 崖山一敗非人罪, 燕獄千秋未死心. 血寫平生衣有贊, 輝光皎潔照如今.

2

平生手疏爲誅姦, 末路傷心獨詠難. 日迫虞淵誰取洗, 天傾杞國欲躋

49 연작 3수 중 마지막 세 번째 시는 이본에 빠져 있다.

攀. 嚙[50]氈北獄[51]成雙節, 恥食西山自一班. 落落高名忠義傳, 餘風能起賤夫頑.

3

一夜西風碧海翻, 兩都冠蓋鳥驚奔. 北來歲月丹[52]心老, 南望塵埃白日昏. 卽墨將危齊可恃, 孔明未死漢猶存. 堂堂正氣公俱逝, 千古人間節更尊.

4

景炎承相仗雄才, 王氣如絲挽不回. 鼎水方驚龍馭[53]遠, 祈山未見捷書來. 謀張越國心逾壯, 集杜陵詩[54]事益哀. 燕市豈消[55]忠憤氣, 晴天應作一轟雷.

5

伏臘椒漿薦苾芬, 文山高節昔曾聞. 蟲[56]蛇古壁留丹篆, 風雨苔碑長碧紋. 寥落遺魂歸杭[57]越, 凄涼古廟只煙雲. 豎儒不識先生志, 何用區區草祭文.

偶吟

1

紙牕[58]明處輒參禪, 端坐焚香兀瘦肩. 四壁圖書堪作主, 一生詩酒更成

---

50 嚙: 이본에는 '齧'로 되어 있다.
51 獄: 이본에는 '海'로 되어 있다.
52 丹: 이본에는 '忠'으로 되어 있다.
53 馭: 이본에는 '御'로 되어 있다.
54 集杜陵詩: 이본에는 '詩集杜陵'으로 되어 있다.
55 消: 이본에는 '銷'로 되어 있다.
56 蟲: 이본에는 '忠'으로 되어 있다.
57 杭: 이본에는 '浙'로 되어 있다.
58 牕: 이본에는 '窓'으로 되어 있다.

顚. 靑山入眼人嫌白, 綠水高歌思獨玄. 出處參差吾豈敢, 從來造物本多權.

2

支離南北鬢毛殘, 噓嗒空齋獨閉關. 黃葉落時辭故[59]國, 白雲飛處憶慈顔. 詩因偶得還嫌謗, 世與相遺[60]自卜閑. 短枝[61]區區終底用, 不如捫蝨對靑山.

除夜

客愁撩亂欲華顚, 殘夜如燈寸寸燃. 要向尊前須大醉, 曉鷄聲斷是明年.

詠春眠寄季文

茆簷獨坐看游絲, 山鳥亂啼春晝遲. 暖日著[62]人濃似酒, 新愁滿眼懶如癡. 忘形忽作莊生蝶, 視物眞成老子夷. 憂樂是非渾不記, 此中閒味恐君知.

戲集歸去來辭, 效東坡

1

歸去問田園, 懽迎松菊存. 琴書聊獨樂, 富貴亦非欣. 東日觀農植, 南窓

59 故: 이본에는 '古'로 되어 있다.
60 遺: 이본에는 '違'로 되어 있다.
61 枝: 이본에는 '拔'로 되어 있다.
62 著: 이본에는 '着'으로 되어 있다.

引酒尊[63]. 吾生今已矣, 世事復何言.

2

三徑春將老, 東風吹未休. 良辰不可得, 是樂復何求. 杖酒時孤往, 巾車或命遊. 登臨尋窈窕, 稚僕請相留.

3

感時良可悲, 惆悵老猶期. 詩酒心相悅, 舟車塗未非. 遊雲尋壑往, 倦鳥向人飛. 獨嘯門前路, 松風吹我衣.

4

撫膝猶成趣, 携琴自傲顏. 微風來菊徑, 稚子倚松關. 遠岫行常眄, 孤舟去獨還. 臨流胡不樂, 矯首任盤桓.

5

歸去田園蕪, 崎嶇事日非. 吾生今已矣, 世路向何之. 室有怡顏酒, 心無倦鳥疑. 及時聊自樂, 扶杖話清詩.

書懷

1

寂寞龍灣郡, 凄涼蘆荻秋. 江山青客眼, 世事白人頭. 役役頻驚夢, 悠悠獨倚樓. 他鄉[64]殊[65]可惡, 風雨自生愁.

---

63 尊: 이본에는 '樽'으로 되어 있다.
64 鄉: 이본에는 '時'로 되어 있다.
65 殊: 이본에는 '須'로 되어 있다.

2

去國三千里, 思親十二時. 生涯憂濩落, 老病怯支離. 憫默[66]潛成寂, 喑啞兀似癡. 文章餘結[67]習, 獨坐强題詩.

3

胡山圍近野, 遼海接孤城. 鼓角聲聲急, 邊烽夜夜驚. 乾坤雙鬢[68]白, 歲月寸心明. 許國身空老, 其如感慨情.

雨中卽事

晩雨蕭蕭獨閉門, 杏花疏影月黃昏. 少年狂興都銷[69]盡, 默坐空齋看海雲.

偶書

年來索寞鴨江濱, 回首塵沙欲問津. 客裏偶[70]逢寒食雨, 夢中猶憶故園[71]春. 一生愁病添衰鬢, 萬里溪山著[72]放臣. 直以疏慵成落魄, 非關時命滯詩人.

---

66 默: 이본에는 '嘿'으로 되어 있다.
67 結: 이본에는 '浩'으로 되어 있다.
68 鬢: 이본에는 '髮'로 되어 있다.
69 銷: 이본에는 '消'로 되어 있다.
70 偶: 이본에는 '又'로 되어 있다.
71 園: 이본에는 '鄕'으로 되어 있다.
72 著: 이본에는 '着'으로 되어 있다.

春日書懷

沙草尙含凍, 春風吹欲生. 輕陰連海暗, 薄日漏雲明. 游子思親淚, 孤臣去國情. 感時仍獨嘆[73], 愁緖政崢嶸.

贈別成應卿

他鄕寥落少知音, 沅芷萋萋入苦吟. 一夜天涯同是客, 十年書劍共論心. 春情似絮風中亂, 別恨如雲雨後深[74]. 從此溪山還杳邈, 政[75]敎魂夢費相尋.

題壁

强扶衰病獨登樓, 望盡長天是海頭. 三島雨晴鷗背濕, 一江風定鏡光流. 靑山不鎖思親夢, 白日潛生憶弟愁. 自古他鄕虛信美, 若爲憔悴重淹留.

有感

天涯滯跡嘆[76]伶俜, 誰向長沙問賈生. 世事紛紛頭欲白, 江山鬱鬱眼還

---

73 嘆: 이본에는 '歎'으로 되어 있다.
74 深: 이본에는 '陰'으로 되어 있다.
75 定: 이본에는 '政'으로 되어 있다.
76 嘆: 이본에는 '歎'으로 되어 있다.

青. 尊[77]前憫默傷春意, 客裏蕭疏聽雨聲. 惆悵故鄉歸不得, 澹煙凄日自傷情.

題壁

憔悴何勞泣海陬, 風煙猶自割昏眸. 四山抱野天疑盡, 四山抱野天疑盡. 課日晴眠黃犢草, 披[78]蓑雨卧白鷗洲. 也知聖代多才俊, 如我端宜老釣舟.

晩望

惆悵無因病眼開, 强扶顦[79]顇[80]獨登臺. 日晴沙岸鷗眠穩, 風暖春江鴈浴來. 楊柳陰多溪雨過, 蒹葭影沒海潮回. 澧蘭沅芷堪宜詠[81], 羈思如今未易裁.

憶昔

文章撼動斗牛躔, 準擬蓬萊第一仙. 銀燭通宵明似月, 玉堂回首迥如天. 杯分掌上玲瓏露, 衣襲[82]爐前繚繞煙. 惆悵年來成落魄, 離騷重詠屈原篇.

---

77 尊: 이본에는 '樽'으로 되어 있다.
78 披: 이본에는 '被'로 되어 있다.
79 顦: 이본에는 '憔'로 되어 있다.
80 顇: 이본에는 '悴'로 되어 있다.
81 詠: 이본에는 '味'로 되어 있다.
82 襲: 이본에는 '濕'으로 되어 있다.

寓懷

明時竄逐坐顚狂, 欲向空齋學病忘. 萬里萍蓬長作客, 一窓風雨自回腸. 卷中歲月皆陳迹[83], 夢裏溪山是故鄉. 算盡世間多少事, 祇今先得鬢蒼浪.

謠宋使相[84]巡行

要公嚴[85]重鎭邊疆, 按轡徐來[86]整紀綱. 風逐車輪能作澤, 花迎玉節自生光[87]. 一麾禮樂絃歌俗, 千里桑麻雨露鄉. 借得賢才誰不喜, 路人堪詠召南棠.

人有惠我櫻桃, 分寄于梅溪案右

摘來珠實寄相如, 端合晴牕[88]睡渴餘. 爲報慇懃[89]休按劍, 好將詩句替瓊琚.

---

83 迹: 이본에는 '跡'으로 되어 있다.
84 使相: 이본에는 뒤에 '軼'이 더 있다.
85 嚴: 이본에는 '巖'으로 되어 있다.
86 來: 이본에는 '行'으로 되어 있다.
87 光: 이본에는 '香'으로 되어 있다.
88 牕: 이본에는 '窓'으로 되어 있다.
89 慇懃: 이본에는 '殷勤'으로 되어 있다.

上梅溪

智異之山神所鍾，巍巍獨立天南方．星分其下六十州，氣接三島靑茫茫．蓄縮雲霧祇[90]不洩，歲若大旱能沛滂．豫章竹箭是特潤，奇珍怪羽焉足當．群仙白日何翩翩，飆輪電[91]轂虹霓裳．前驅偓佺後喬松，或騎麒麟翳鳳凰．中有一人骨最秀，捫牛歷斗來帝傍．坤靈慘慘山爲愁，草木借被昭回光．大名鉤[92]陳豹尾傍，文章李杜同周行．金閨通籍二十年，噓吸沆瀣餐桂香．健筆飄飄騰翠氣，咳唾落地鳴鏘鏘[93]．猥誦高篇衆口餘，收拾寸錦私古囊．晝吟時時夜夢見，目中恍惚如歐陽．帝前誤讀銀字書，小却處之魑魅場．天門杳杳隔九千，身欲奮飛低回翔．公今許我窺仞墻，玉匙啓鑰無留藏．授以刀圭親手試，換易肝膽猶强剛．安得置公玉皇前，坐令域內開壽昌．高車駟馬本憂患，從公萬里吾何傷．

夜坐煎茶

夜如何其天欲雪，靑燈古屋寒無眠．手取床頭苔蘚腹，瀉下碧海冷冷泉．撥開文武火力均，壁月浮動生晴[94]煙．松風颼颼響空谷，飛流激激鳴長川．雷驚電走怒未已，急輪轉越轘轅巓．須臾雲捲風復止，波濤不起淸而漣．

---

90 祇: 이본에는 '祕'로 되어 있다.
91 電: 이본에는 '雷'로 되어 있다.
92 鉤: 이본에는 '句'로 되어 있다.
93 鏘鏘: 이본에는 ' '으로 되어 있다.
94 晴: 이본에는 '靑'으로 되어 있다.

大瓢一傾氷雪光, 肝膽炯徹通神仙. 徐徐鑿破渾[95]沌竅, 獨馭[96]神馬游象先. 回看向來石+孛磙[97]地, 妖魔俗念俱茫然. 但覺心源浩自運, 揮斥物外逍遙天. 漸窮佳境到妙處, 拍手朗[98]詠[99]離騷篇. 吾聞上界眞人好淸淨, 嘘吸沆瀣糞穢痊. 餐霞服玉可延齡[100], 洗髓伐毛童顏鮮. 我自世間有[101]如此, 豈與枯槁爭長年. 君不見盧仝饑[102]弄[103]三百片, 文字汗漫空五千.

大熱

六月火雲蒸[104]海嶽, 金烏呀口昇天東. 祝融回祿助其威, 雨師縮頸飛廉慵. 赫赫[105]丁夫手可炙, 婦壬[106]潛喘低羞容. 深山虎豹恐渴死, 水底擾擾哀群龍. 大哉芒碭宇宙內, 如以熾炭燒頑銅. 崖焚土灰方爛熳, 況我有身囚樊籠. 南牕[107]午睡困煩[108]敲, 仰空大叫呼淸風. 淸風不來氣愈鬱, 蠅蚋[109]撲面欺矇矓. 人間何處得暫避, 氷井[110]露盤知難逢. 吾聞崑崙之上高積雪, 白日凜凜神仙宮. 安得飄飆最絶頂, 一洗千古塵埃胸.

---

95 渾: 이본에는 '混'으로 되어 있다.
96 馭: 이본에는 '御'로 되어 있다.
97 磙: 이본에는'豁'로 되어 있다.
98 朗: 이본에는 '浪'으로 되어 있다.
99 詠: 이본에는 '吟'으로 되어 있다.
100 齡: 이본에는 '年'으로 되어 있다.
101 有: 이본에는 '看'으로 되어 있다.
102 饑: 이본에는 '飢'로 되어 있다.
103 弄: 이본에는 빠져 있다.
104 蒸: 이본에는 '烝'으로 되어 있다.
105 赫赫: 이본에는 '爀爀'으로 되어 있다.
106 壬: 이본에는 '任'으로 되어 있다.
107 牕: 이본에는 '窓'으로 되어 있다.
108 煩: 이본에는 '頗'로 되어 있다.
109 蚋: 이본에는 '蜹'로 되어 있다.
110 井: 이본에는 '鼎'으로 되어 있다.

醉歌

君不見, 莘野耕雲叟, 渭川釣魚翁. 俱是山林一凡夫, 時來奮迅如蛟龍. 男兒窮達未可知, 我今衰鬢生秋蓬. 袖裏摩挲十年劍, 世間何者爲英雄.

寄直卿仲說

李杜死已久, 作者唯[111]蘇黃. 馳聘元豐間, 諸老誰敢當. 噓吸吐虹霓, 粲爛成文章. 天慳與地祕, 披露呈毫芒. 日月畏陵暴, 河海困簸揚. 比如岐山鳳, 噦噦呼高岡. 一鳴三千[112]秋, 後世聲[113]愈長. 邇來寂無聞, 百鳥徒爾狂. 二子和其聲, 淸響含宮商. 洪崖氣磊落, 壁立摩蒼蒼. 有時肆怒噫[114], 萬竅喧崩硠. 夔魖亦破膽, 衆怪皆摧藏. 醉墨雜風雨, 雷電何煒煌. 仲說引孤吭, 咀嚼筠桂香. 叩腹出奇音, 初疑帝樂張[115]. 徐徐間笙鏞, 節奏聲鏘鏘. 揮毫灑百紙, 錦繡裹珪璋. 憶昔在京師, 側翅同翺翔. 天翁厭喧聒, 囚我魑魅鄕. 卷舌使泯[116]默, 愁憤撑飢[117]腸. 不得相伴吟, 啾啾空自傷. 願子勿驚怪, 此言誠慨慷.

---

111 唯: 이본에는 '惟'로 되어 있다.
112 千: 이본에는 '十'으로 되어 있다.
113 聲: 이본에는 '名'으로 되어 있다.
114 噫: 이본에는 '嘻'로 되어 있다.
115 張: 이본에는 '長'으로 되어 있다.
116 泯: 이본에는 '憫'으로 되어 있다.
117 飢: 이본에는 '饑'로 되어 있다.

月蝕

孟夏夜之半, 有月升[118]天空. 初如白芙蕖[119], 披出淸冷宮. 忽似黑水精[120], 又被塵土蒙. 天形若灰死, 宇宙俄冥[121]濛. 衆星尙雄剛, 射彩爭玲瓏. 此事吁可愕, 厥咎惟頑蟲. 上帝實聰明, 高居司吉凶. 懸之日與月, 萬古爲重瞳. 神姦不敢瀆, 邪孽那能兇. 奈彼蝦蟆精, 婪酣欺睡龍. 忍呑[122]大圓鏡, 納以方寸中. 雷師虛設斧, 羽林徒張弓. 耳目自難保, 昏塞猶盲聾. 下土隔茫茫, 吾道何由通. 桓魋肆唐突, 仲尼無所容. 臧倉弄妖舌, 軻也祗[123]益窮. 善惡豈足憑, 後世常瞢瞢. 慷慨[124]玉川子, 挺劍呼天風. 九門邈而遠, 涕泗雙垂胸. 血寫牋西北, 咄咄飛廉慵. 我今重演玉川詞, 安得耿耿明其衷.

日蝕

淸晨呼我起, 父老門前泣. 云此仲夏月, 火德方爀爀[125]. 況彼衆陽宗, 萬古行有律. 如何失躔次, 迺被陰氣蝕. 煌煌十分光, 慘慘虧七八. 小民但驚怪, 君子獨歎息. 聞昔堯舜時, 敬天恒惕若. 寅賓自暘谷, 日月皆秩秩[126]. 擊鼓豈其救, 俗事還怕愕. 廟堂誠可念, 吾言非所職[127].

---

118 升: 이본에는 '昇'으로 되어 있다.
119 蕖: 이본에는 '渠'로 되어 있다.
120 精: 이본에는 '晶'으로 되어 있다.
121 冥: 이본에는 '溟'으로 되어 있다.
122 忍呑: 이본에는 '忽含'으로 되어 있다.
123 祗: 이본에는 '只'로 되어 있다.
124 慷慨: 이본에는 '慨慷'로 되어 있다.
125 爀爀: 이본에는 '赫赫'으로 되어 있다.
126 秩秩: 원문에는 '柣柣'로 되어 있으나 '秩秩'의 오기인 듯하다. 이본에도 '秩秩'로 되어 있다.
127 職: 이본에는 '識'으로 되어 있다.

有感

嗷嗷能鳴鴈, 引頸隨其行. 天寒落沙塞, 不復同翺翔[128]. 三年別古[129]國, 六翮已摧傷. 何時得天風, 與爾共稻梁[130].

古柏

老柏高崢嶸, 摧折少生[131]意. 豈止毒霧熏, 亦有霜雪萃. 正直神所扶, 蛇虺豈敢戲. 柯葉自憔悴, 過者出涕淚. 且復凌霄志, 偃蹇猶不死. 雖然一枝在, 大匠焉得棄.

謝贈寓庵

1

客從方丈來, 遺我白霓裳. 出自仙女機, 皎潔如雪霜. 縫以情頭緖, 緘之不可忘 上有洪崖子, 隱隱照日光.

2

洪崖天上仙, 貽我囊中藥. 一一金鼎熟, 團圓似明月. 服之塵穢醒, 病顏[132]生玉色. 望望雲間人, 因風報消息.

---

128 翔: 이본에는 '翔翺'으로 되어 있다.
129 古: 이본에는 '故'로 되어 있다.
130 梁: 이본에는 '粱'으로 되어 있다.
131 生: 이본에는 '臣'으로 되어 있다.
132 顏: 이본에는 '眼'으로 되어 있다.

雨後登統軍亭觀漲聯句

積雨收遠塞, 風日忽淸亮. 一水來浩渺, 萬壑極奔漲【梅】. 觸壁轟雷霆, 遇風喧甕盎. 怒勢駕高陵, 登[133]處潑[134]新釀【文】. 浮沈鷗鷺影, 出沒魚龍狀. 納汚不相捨, 涵虛無盡藏【夫】. 汪洋憒欲洩, 澎湃聲愈壯【梅】. 亂打鼓百面, 急越車萬兩【夫】. 投鞭詎能斷, 持杯未易量【文】. 陰機[135]畜妖孼, 爽氣洗炎瘴【夫】. 呑林渺無涯, 掩陸迷所向【梅】. 舟楫困掀舞, 乾坤浮蕩漾【文】. 島嶼縮如鼇, 派流鋪似纊. 恍[136]惚天吳騰, 腥獰河伯旺. 擧翮鵬送飆, 磨牙鯨吐浪【夫】. 黿鼉移窟穴, 蛟[137]鰐昧[138]俯仰. 商羊舞初已, 馮夷氣方亢【梅】. 滔滔赴千里, 忽忽[139]纔一餉【文】. 潛入土囊底, 潤通星漢上. 茫茫宇宙合, 隱隱虹霓[140]放. 白霧散成霏, 靑山巧作障[141]【夫】. 奏樂聲猶在, 乘槎意可尙【文】. 刮瞙增眼明, 決癰愜志暢【夫】. 纖雲掃寥廓, 落日銜[142]千嶂. 遠覽悠眄睞, 冥搜傺空曠【梅】. 樂哉吾輩游, 他年期再訪【夫】.

---

133 登: 『매계집』에는 '澄'으로 되어 있다.
134 潑: 『매계집』에는 '發'로 되어 있다.
135 機: 이본에는 '氣'로 되어 있다.
136 恍: 이본과 『매계집』에는 '悅'으로 되어 있다.
137 蛟: 이본에는 '鮫'로 되어 있다.
138 昧: 이본에는 '眛'로 되어 있다.
139 忽忽: 『매계집』에는 '悤悤'으로 되어 있다.
140 霓: 『매계집』에는 '蜺'로 되어 있다.
141 障: 이본에는 '嶂'으로 되어 있다.
142 銜: 이본에는 '含'으로 되어 있다.

獨臥旅館[143], 秋夜將半, 寂無人聲, 風雨颯然, 有去國悲慘之情, 聊發之於詩云.

虛室夜將曉, 隔窓蟲語長. 秋聲已寂歷, 雨氣還蒼[144]茫. 殘夢客千里, 故鄕天一方. 廣文官自冷, 猶勝此凄涼.

題金剛寺

寺古何年作, 問僧僧未知. 青山澹欲夕, 白雨急催詩. 偶宿高人境, 兼忘靜者機. 吾今如夢裏, 還怪我爲誰.

題秋月庵[145]

1

煙霞初出頂, 古寺薜蘿深. 醜石龍疑伏, 懸崖斗欲沈. 夕陽何郡樹, 疏雨此山陰. 勝境[146]行難住, 多慙靜者心.

2

巖棲在絶頂, 古徑蒼苔幽. 易得西江月, 先驚北嶽秋. 寺名應不偶, 吾輩亦堪遊. 落日溪雲黑, 蕭蕭猿鶴愁.

---

143 館: 규장각 본에는 '窓'으로 되어 있다.
144 滄: 규장각 본에는 '蒼'으로 되어 있다.
145 庵: 이본에는 '菴'으로 되어 있다.
146 境: 이본에는 '景'으로 되어 있다.

寄止亭

故人皆衮衮, 唯[147]我獨摧殘. 白首三湘謫, 青雲一字難. 世情因病熟, 古意取琴彈. 夜月偏知己, 清牕[148]照[149]子顏.

寄容齋挹翠兩詩伯

一別隔層霄, 荒城歲月遙. 壯心空落落, 疏鬢自蕭蕭. 夢裏蝦蟆聒, 愁邊魑魅驕. 羈魂危不定, 須用楚詞招.

寄京洛一二知己

故舊長爲別, 天涯歲月深. 隔年書一到, 半夜夢重[150]尋. 汨沒無人境, 淸孤未死心. 高歌愁[151]獨立, 楓樹日沈沈.

冬雷[152]

北風天氣閉, 西塞凍雲摧. 大野方成蟄, 滄江忽動雷. 陰陽傷[153]戰薄, 節

147 唯: 이본에는 '惟'로 되어 있다.
148 牕: 이본에는 '惟'로 되어 있다.
149 照: 이본에는 '識'으로 되어 있다.
150 重: 이본에는 '相'으로 되어 있다.
151 愁: 이본에는 '悲'로 되어 있다.
152 雪: 이본에는 '雷'로 되어 있다.
153 傷: 이본에는 '相'으로 되어 있다.

序恐驚回. 至理[154]憑誰問, 孤臣政獨哀.

喜得直卿書, 因迎簡示

昨夜燈花喜, 故人今有書. 風霜詩思健, 歲月鬢毛疏. 道路行行盡, 江山日日舒. 儻逢靑眼對, 吾意更何如.

贈別直卿還京師

1

寥落關山北, 逢君眼更[155]明. 風霜看舊面, 樽酒話深情. 一別天邊雁, 三年水上萍. 莫言相見寡, 我淚自霑[156]纓.

2

悠悠多歲月, 道路亦漫漫. 萬里行初返, 三杯興未闌. 寒暄肝肺[157]裏, 離合夢魂間. 欲借江淹筆, 愁題恨字難.

154 理: 이본에는 '治'로 되어 있다.
155 更: 이본에는 '共'으로 되어 있다.
156 霑: 이본에는 '沾'으로 되어 있다.
157 肺: 이본에는 '膽'으로 되어 있다.

塞[158]雪

寒天政寂寥, 冷落雪蕭蕭. 遠岫仍摧骨, 長江不起潮. 蛟龍依窟蟄, 豺虎挾風驕. 獨惜吟詩鬢, 愁邊已半凋.

微雨

溪雲易作雨, 水國山全晴. 漠漠隨風散, 疏疏漏日明. 鷗邊沙岸白, 鳥外暮山青. 造物眞多戱, 煩吾句自淸.

雪後

1

海風吹夜雪[159], 春色著[160]林濃. 詩興鹽梅外, 溪山今古中. 吟肩愁聳峻, 尊[161]酒怯成空. 閉戶形將影, 蕭條獨病翁.

2

蕩漾浮平地, 崢嶸沒遠林. 峽深藏餓豹[162], 枝滑落驚禽. 敗履悲前跡, 晴窓有古心. 扁舟湖海志, 此日復侵尋.

158 塞: 이본에는 '寒'으로 되어 있다.
159 雪: 이본에는 '雲'으로 되어 있다.
160 著: 이본에는 '着'으로 되어 있다.
161 尊: 이본에는 '樽'으로 되어 있다.
162 豹: 이본에는 '虎'로 되어 있다.

重用前韻, 答梅溪老人和贈

1

如何歲月晩, 轉作客愁濃. 脈脈梅詩裏, 蕭蕭謝賦中. 身窮猶閉戶, 坐獨更書空. 世事堪惆悵, 青山亦老翁.

2

凄涼吟鵩賦, 愁殺對楓林. 關塞無來雁, 風簷不下禽. 可能侵竹色, 更欲折梅心. 故國經年別, 天涯夢一尋.【梅竹, 皆先生故國之物, 故足以關念故云.】

附梅溪韻

1

天花纔着地, 一夜凍雲濃. 宇宙窮陰裏, 湖山積縞中. 占年爭道瑞, 遲日旋成空. 未擬梁園賦, 孤吟塞上翁.

2

穿簷兼透戶, 壓樹更堆林. 陌上無遊騎, 簷間[163]有凍禽. 齧氈懷苦[164]節, 詠絮想芳心. 併起山陰興, 扁舟月下尋.

---

163 間: 이본에는 '前'으로 되어 있다.
164 苦: 이본에는 '古'로 되어 있다.

憶弟

災[165]疾中年至, 飄零故國賒. 雁孤空弔影, 荊老欲無花. 人事悲歡足, 窮途歲月遐. 平生急難志, 半夜涕[166]滂沱.

苦寒

牢落溪山晩, 崢嶸歲月窮. 寒窓吟蟋蟀, 凍匣泣蛟龍. 慘慘飛霜氣, 蕭蕭送海風. 若無尊[167]裏酒, 愁殺易成翁.

歲暮

急景垂垂盡, 孤生衮衮浮. 江山非故國, 鼓角動新愁. 何處開靑眼, 傷心易白頭. 鄕書來有數, 不是爲公候[168].

述懷

宇宙雙蓬鬢[169], 詩書一旅人. 崢嶸埋嶽氣, 漂泊臥龍塵. 湘水沈騷客, 衡山滯直臣. 凄涼今古事, 況復更輪囷.

---

165 災: 이본에는 '灾'으로 되어 있다.
166 涕: 이본에는 '淚'로 되어 있다.
167 尊: 이본에는 '樽'으로 되어 있다.
168 候: 이본에는 '侯'로 되어 있다.
169 蓬鬢: 이본에는 '鬢蓬'으로 되어 있다.

寄仲敬

身與關山阻, 天敎歲月頻. 風霜侵古柏, 塵海蟄脩[170]鱗. 失脚翻投井, 回頭枉問津. 知音猶未晩, 念爾謫仙人.

謫中

城崩太古雪, 地起瘴人[171]雲. 一脚逢山鬼, 三聲怕嶺猿. 感時虛灑淚, 去國易驚魂. 坐待金鷄晩, 啾啾衆雀喧.

贈之胤

乾坤自納納, 歲月送悠悠. 詩酒逢君日, 江湖失意秋. 事隨雲共散, 身與世同浮. 故國歸無計, 相看欲白頭.

次諧仲詩

龍鍾經國策, 寂寞病相如. 白璧元無罪, 靑編悔有書. 世間吾喪馬, 濠上子知魚. 豈恨功名晩, 唯須返舊居.

---

170 脩: 이본에는 '修'로 되어 있다.
171 人: 이본에는 '江'으로 되어 있다.

附諧仲韻

悲君流落久, 氣味更何如. 遣悶詩添興, 傳聲雁寄書. 應逢宣室詔, 莫葬鴨江魚. 幸有歸邊客[172], 殷勤問謫居.

歲暮戲題窓上

人與窮相住, 天敎歲易遷. 長江潮復汐, 孤月缺還圓. 昨日非今日, 明年是去年. 可憐蘇季子, 頭白此窓邊.

有感

騷人坐濩落, 漂泊塞江邊. 地隔風雲氣, 魂銷[173]犬馬年. 功名嫌我早, 老病與人先. 笑殺他山月, 秋來幾缺圓.

寄季文

慙非吾道直, 賦鵩獨何偏? 共食龍灣粟, 同乘鴨水船. 行藏惟在命, 禍福詎違天. 此志應先定,[174] 君休歎索然.

---

172 客: 이본에는 '使'로 되어 있다.
173 銷: 이본에는 '消'로 되어 있다.
174 此志應先定: 이본에는 "志應先此定"으로 되어 있다.

次季文遊洪氏園林韻【名右文, 義州人也.】

雖非遯世者, 晦跡此深園. 手種林成幄, 躬耕黍供飧. 溪山曾抱[175]默, 城市獨厭喧. 窮巷人來寡, 隣僧或叩門.

附季文詩

邂逅虛庵老, 同遊主簿園. 浮瓜供晩酌, 舂[176]麥作朝飧. 坐席隨陰轉, 聞禽盡日喧. 自言來客少, 今夕始開門.

次止亭挹翠相唱韻

賦命天應薄, 偏嘗世味辛. 同床多不察, 絶域更誰親. 宇宙渾如舊, 風塵幾變新. 須[177]將挹翠酒, 遠慰獨醒人.

今古成嗟咄, 行藏飽苦辛. 心知皆遠謫, 面識少相親. 樂事年年減, 塵機日日新. 邇來秋釀熟, 邀醉止亭人.【右挹翠】

論交曾啖蔗, 處世久忘辛. 眼爲良知刮, 身從簿領親. 塵埃悲喜足, 歲月鬢毛新. 莫向閑中話, 慇懃道舊人.【右止亭】

---

175 抱: 이본에는 '飽'로 되어 있다.
176 舂: 이본에는 '春'인데, 잘못이다.
177 須: 이본에는 '聊'로 되어 있다.

次季文寄余之作

1

退之終吏部, 梅也老郎官. 才被時人棄, 身爲聖代閑. 尋君詩酒裏, 待我阮劉間. 至味應知少, 新篇仔細看.

2

生涯曾日[178]沒, 還愧舊都官. 世路頻三黜, 溪山得一閑. 身宜逃酒裏, 名亦托詩間. 所貴相知寡, 休妨俗眼看.

3

寥落古城曲, 龍鍾臥數年. 凌雲空負氣, 對月獨吟篇. 寶劍晴埋嶽, 珠光夜出淵, 何勞求[179]識己, 終日泛虛船.

4

如我知音寡, 從遊已十年. 共修宣廟錄, 相和[180]鴨江篇. 衰鳳翔千仞, 泥龍蟄九淵. 飽觀西北美, 坐待向南船.

5

海嶽三秋雨, 星霜二髮年. 憐君同遠謫, 和我寄淸篇. 片月澄金井, 層氷貯玉淵. 夜來虹貫斗, 知是載詩船.

---

178 日: 이본에는 '汩'로 되어 있다.
179 求: 이본에는 '永'으로 되어 있다.
180 相和: 이본에는 '同知'로 되어 있다.

登浮碧樓, 次牧隱詩

1

蒼茫塵事外, 江月夜明樓. 宇宙鼇頭闊, 溪山鶴背秋. 古人俱寂寞, 吾輩得遨遊. 遠勝登仙去, 慚非靜者流.

2

風流牧隱老, 詩筆動滄洲. 寂寞江山在, 吾今更倚樓.

次梅溪韻

1

八斗平生着一分, 建安諸子儘紛紛. 鴨江縱好何須句, 松嶽應靈未有雲. 天地獨容韓吏部, 兒童猶說鮑參軍. 自慚誤下陳蕃榻, 更欲楊楊[181]御李君.

2

衣鉢詞林遠有傳, 聲名付與後人賢. 百年袞袞猶強半, 萬事悠悠已欠全. 世味危如炊劍劇, 文章美似截肪鮮. 自憐舊疾增[182]蝦蟹, 怕遣詩筒日日連.

寄京洛一二知己

收取聲名寄翰林, 端知異日不埋沈. 共持歲月青松色, 難掩塵埃白玉心.

---

181 楊楊: 이본에는 '揚揚'으로 되어 있다.
182 增: 이본에는 '憎'으로 되어 있다.

夜雨長燈詩律峻, 春風曲水酒杯深. 茫茫一夢邯鄲上, 斗覺人間已古今.

題安齋 【季文先人, 安貧樂道, 終於畎畝, 故以德公擬之也.】

鹿門家世只寧馨, 晚把青氈送一生. 富貴早知多捷徑, 乾坤終是作長亭. 瓢中日月閑來往, 心上星辰自晦明. 愧我空空無底物, 獨憑茅屋以虛名.

夜詠

寥落殘燈夜獨明, 室虛容我影崢嶸. 夕烽過後眠初定, 山角吹來夢自驚. 地僻稀逢京國雁, 身孤堪比客牕螢. 古人窮境吾嘗遍, 多病還遭竄逐并.

客中

一謫天涯作病翁, 疏慵那免哭途窮. 枝間踏雪三更雀, 泥上留痕四散鴻. 薄薄海濤詩老褐, 凄凄秋菊楚人容. 從來造物眞難料, 可喜文章老益工.

夜深獨坐有感而作

旅館蕭條夜氣淸, 騷人危坐膽崢嶸. 殘燈一點丹心老, 畫角三聲白髮生.

萬里相隨唯[183]酒病, 十年虛做是詩名. 多慙所學非經濟, 只逐風塵度大[184]平.

寄止亭

出處區區寵辱幷, 文章與命喜相爭. 淸詩謫後得千首, 白髮秋來添幾莖. 天上古[185]人書斷絶, 客中歸計夢飄零. 可憐落日登樓眼, 猶被浮雲不肯明.【唐方干詩, "纔吟五字句, 又白幾莖鬚."】

寄慵[186]齋居士

客魂銷[187]盡瘦峥嶸, 咄咄長齋默自驚. 片月照心臨古國, 殘星隨夢落邊城. 故人字跡千金重, 老子聲名一髮輕. 莫話陳雷生死地, 從今粗亦識時情.

至日有感

漸覺他鄉歲月遲, 飄零去國鬢成絲. 地中一氣初來復, 塞外孤臣獨感悲. 可見天心元不錯, 更關人事互相推. 茫茫此理知誰會, 爲向庖羲[188]欲問之.

---

183 唯: 이본에는 '惟'로 되어 있다.
184 大: 이본에는 '太'로 되어 있다.
185 古: 이본에는 '故'로 되어 있다.
186 慵: 이본에는 '容'자로 되어 있다.
187 銷: 이본에는 '消'로 되어 있다.
188 羲: 이본에는 '犧'로 되어 있는데, 이 두 자는 '包犧'를 표기할 때 통용된다.

得希剛書

落魄天涯作楚狂, 逢人時復問希剛. 一年更値江山暮, 千里能傳翰墨香. 謫裏交書方斷絶, 世間吾子獨彷徨. 向來相識知多少[189], 唯許平生盛孝章.

---

189 少: 이본에는 '小'로 되어 있다.

虛庵遺稿 卷2

偶詠[190]

算窮[191]今古[192]共誰言, 噓嗒空齋獨掩門. 往事鴻泥微有跡, 浮名劍海了無痕. 身遭籠閉如孤鶴, 吟徹霜淸似旅猿. 宦路十年知己少, 何人能憶病[193]文園.

和安齋詠雪

溪山落日朗皚皚, 勢欲崩騰沒地來. 壯士愁深弓力硬, 孤樓冷急角聲哀. 自慙癰腫[194]如枯木, 誰借吹噓更暖[195]灰. 況復萍蓬長作客, 西風萬里易驚荄.

送公碩赴燕京

共許雲間陸士龍, 少年聲譽冠諸公. 優游風月三千界, 蟠屈溪山八九胸.

---

190 詠: 이본에는 '吟'으로 되어 있다.
191 窮: 이본에는 '盡'으로 되어 있다.
192 今古: 이본에는 '古今'으로 되어 있다.
193 病: 이본에는 '廣'으로 되어 있다.
194 腫: 이본에는 '瘇'으로 되어 있다.
195 暖: 이본에는 '煖'으로 되어 있다.

逸足自能空冀北, 高才誰敢詑遼東. 期君刮目歸來早, 如[196]我疏慵一病翁.

題金剛寺

兩年城裏厭塵喧, 一杖穿蘿到寺門. 自古溪山多勝境, 從今[197]泉石着詩魂. 松風習習鴉飜影, 暮雨疎疎[198]洞起雲. 半榻淸談留日永, 此間閑味與僧分.

題秋月庵

偶脫人間俗事牽, 遠尋松嶽最高巓. 千峯入霧疑無地, 一徑緣崖若上天. 平挹蒼茫遼海日[199], 迥臨明滅鴨江煙. 他年白首紅塵窟, 幾向西涯望鬱然.

送直卿赴燕京

欲別洪崖記往年, 夕陽愁色共秋天. 自憐遠謫西湖上, 誰料重逢十載前. 此日多情如會夢, 有時無語輒參禪. 明朝更向河梁[200]別, 回首燕京路四千.

---

196 如: 이본에는 '知'로 되어 있다.
197 從今: 이본에는 '縱吟'으로 되어 있다.
198 疎疎: 이본에는 '蕭蕭'로 되어 있다.
199 日: 이본에는 '月'로 되어 있다.
200 梁: 이본에는 '陽'으로 되어 있다.

記夢寄直卿

夢見洪崖自遠方, 蹇驢古帽謫仙狂. 一牕相對江山暮, 千里初歸歲月長. 愧我文章同白俗, 喜君詩句逼黃香. 回頭忽失人何處, 唯[201]有疏簾掛夕陽.

九日贈季文

海上蒼茫興轉濃, 喜君詩酒得相逢. 天涯再度黃花節, 客路催成白髮翁. 身世卽今同北雁, 江山如昨有西風. 登臨杜牧精靈在, 笑我龍鍾泣道窮.

次季文韻

虛庵好辨[202]安齋訥, 俱是平生學古胸. 世間馬[203]異元無異, 天下盧仝自不仝. 道合相知三黜際, 情親豈待二言中. 若將面目論深淺, 肝膽相應置北東.

附季文韻

相見未知爲我益, 相離便覺鄙生胸. 論多不合非求異, 道本無私恥苟同. 自信浮休生死外, 何須悲慓捨操中. 青春屈指已強半, 更約行吟鴨水東.

---

201 唯: 이본에는 '惟'로 되어 있다.
202 辨: 이본에는 '辯'으로 되어 있다.
203 馬: 이본에는 '馮'으로 되어 있는데, 잘못이다.

次季文韻

過眼如雲事事新, 狂歌獨泣[204]路岐塵. 百年三萬六千日, 四海東西南北人. 宋玉怨騷悲落木, 謫仙哀賦惜餘春. 醉鄕倘有閑田地, 乞與劉伶且卜隣.

次季文春雪

天上洪爐別作花, 更敎密密復斜斜. 侵凌開[205]戶還成蟄, 逼迫句萌未有芽. 憶子短翮如病鶴, 憐予[206]縮頸似寒鵝[207]. 邇來詩價應輕賤, 誰向虛庵泛紫霞.

【季文詩, 有高人知有賭[208]流霞之句, 用歐梅故事及之.】

雨中書懷, 錄奉梅溪

1

故園春色落風前, 遷客傷心怨杜鵑. 一雨江湖連十日, 隻身愁病過三年. 登樓王粲空傳賦, 去國靈均獨問天. 懷抱所須知己在, 從公何恨共周旋.

2

連旬陰雨轉霏微, 去國傷心苦憶歸. 回首江湖還漠漠, 側身魑魅更依

---

204 泣: 이본에는 '立'으로 되어 있다.
205 開: 이본에는 '閉'로 되어 있다.
206 予: 이본에는 '余'로 되어 있다.
207 鵝: 이본에는 '鴉'로 되어 있다.
208 賭: 저본은 睹로 되어 있으나, '賭'의 오기인 듯하다. 이본에도 '賭'로 되어 있다.

依. 今朝莫解明朝老, 十事多應九事非. 浮世百年眞有累, 山林城市兩相違.

送擇之赴燕京

峥嶸東觀論文地, 廓落西隅去國魂. 一代交游誰許我, 百年懷抱[209]獨憑君. 滿囊詩摠溪山好, 挹袂香深笑語薰. 今日又爲貧賤別, 暮風吹淚古江濆.

寄子弘謝惠翰墨

憶君愁病度年年, 一札兼承七字篇. 拔出抱霜千兔翰, 搗[210]殘飛月萬松煙. 遠從磊[211]落星辰上, 忽墮蒼茫瘴霧邊. 珍重故人相贈意, 寫情端拜玉堂賢.

答仲說惠詩

1

末路風塵少我知, 怪君猶抱舊時癡. 詩情渭樹[212]增三絶, 句法江梅轉一奇. 踽踽湘纍[213]長作客, 飄飄宋玉獨多辭. 何年更結虛庵社, 香火連床話所思.

---

209 抱: 이본에는 '挹'으로 되어 있다.
210 搗: 이본에는 '擣'로 되어 있다.
211 磊: 이본에는 '牢'로 되어 있다.
212 樹: 이본에는 '水'로 되어 있다.
213 纍: 이본에는 '潭'으로 되어 있다.

【來詩有江雲渭樹等語, 又句律太逼山谷, 故三四及之.】

2

明時魑魅與同群, 歲晩江湖獨憶君. 夜月琴軒人似玉, 暮天春樹句凌雲. 楚辭憔悴偏多怨, 庾賦登臨政斷魂. 每到蕭蕭風雨裏, 不堪懷古思紛紛.

贈易卜金嗣宗

山林湖海兩茫茫, 賢智多於卜裏藏. 季主風塵憎白眼, 君平歲月括靑囊. 道通漠漠鴻蒙[214]外, 身在空空太極傍. 莫苦將心煩水洗, 澄源如井自淸涼.

題拱翠樓

地平林斷發天慳, 雲外高簷可宿鸞. 回首東南皆碧樹, 捲簾西北卽靑山. 乾坤百代空陳跡, 風雨今朝獨倚欄. 醉裏不知歸路遠, 却疑身在畫圖間.

鴨江春望[215]

邊城事事動傷神, 海上狂歌異隱淪[216]. 春不見花猶見雪, 地無來雁況來人. 輕陰漠漠雨連曉, 細草萋萋風滿津. 惆悵芳時長作客, 可堪垂淚更沾[217]巾.

---

214 蒙: 이본에는 '濛'으로 되어 있다.
215 이본에는 제목 아래 '『기아』에 뽑혀 있다.[選在箕雅]'라는 주석이 있다.
216 淪: 이본에는 '倫'으로 되어 있다.
217 沾: 이본에는 '添'으로 되어 있다.

次宋使相恩府 軼 韻

得失何須仔細評, 薛門曾被試青萍. 秋高海嶽朱絃[218]動, 彩徹星躔紫氣橫. 達士自能隨衆父, 世情堪愧重方兄. 爲公一曲還三歎, 忍聽啾啾蟋蟀聲.

奉別梅溪

三年同上鴨江船, 誰料重爲萬里遷. 縱免風霜侵瘦骨, 那堪蛟鰐墮腥涎. 歸來寂寞遼東鶴, 別後滄[219]茫渭北天. 百世一逢能幾見, 病夫揮淚暮雲前.

奉呈宋使相恩府

平生鑑識妙如神, 翰墨場中第一人. 愧我猥蒙青眼顧, 非公誰許白頭親. 北溟羽翼推先化, 東閣衣冠拜後塵. 今日又爲知己別, 滿城花柳不能春.

題浮碧樓

畫閣崢嶸棟欲飛, 騷人駐[220]此去遲遲. 橋邊白水鷗眠熟, 寺裏青苔鳥跡

218 絃: 이본에는 '絲'로 되어 있다.
219 滄: 이본에는 '蒼'으로 되어 있다.
220 駐: 이본에는 '住'로 되어 있다.

奇. 風雨空山唯[221]有碣[222], 乾坤牧老更無詩. 月明獨倚欄干立, 古渡灘生釣艇移.

次仲敬示余之作

知君早悟大方家, 美質天成不用磋. 劍氣結虹蟠象緯, 珠光凝月射岷峨. 學呑[223]磊落休慙鄴, 詩到淸新始見何[224]. 顧我狂疎才力薄, 自憐憑軾惕驚蛙.

次梅溪雨中作

誰捲銀河倒瀉盆, 曉[225]看天際已同雲. 書生病惕[226]蠅頭字, 貧士休誇犢鼻裙. 桂玉堪憐爲客久, 鄕書猶滯隔年聞. 今朝咄咄無人共, 長憶瑤琴舜殿薰.

附梅溪韻[227]

黃梅時節雨翻盆, 隱隱轟雷擁峽雲. 遠客怕逢瓜蔓[228]水, 佳人愁駹鬱金

---

221 唯: 이본에는 '惟'로 되어 있다.
222 碣: 이본에는 '褐'로 되어 있다.
223 呑: 이본에는 '因'으로 되어 있다.
224 何: 이본에는 '河'로 되어 있다.
225 曉: 이본에는 '晩'으로 되어 있다.
226 惕: 이본에는 '怯'으로 되어 있다.
227 附梅溪韻: 이본에는 '附梅溪原韻'으로 되어 있다.
228 瓜蔓: 이본에는 '苽蔓'으로 되어 있는데, 오자로 보인다.

裙. 街泥浩浩長妨出, 簷溜淙淙已厭聞. 準擬明朝晴景好, 稻畦麥壟午風薰.

贈別仲敬

從來虛牝喜跫然, 何況逢君是謫仙. 細雨一篇揮麈話, 殘書半壁對燈眠. 好尋山閣圍棋久, 多上江樓得句先. 樂極易生離別恨, 可堪搔首暮雲前.

季文陪梅溪, 泛舟觀湖, 病不得赴, 詩以寄之

湖水澄澄鏡面平, 孤舟盡日獨歸輕. 青山隱隱中流影, 碧樹重重兩岸晴. 縹緲神仙天上會, 滄[229]茫杯酒畫間行. 自慙多病身如此, 空羨瀛洲李郭名.

苦熱

人間無路避氛埃, 毒霧熏[230]天鬱不開. 溟海鵾鵬應側翅, 崑崙玉石便成灰. 誰家院落風還雨, 何處池臺柳拂苔. 咫尺茆簷偏日永, 午牕[231]渾睡惻[232]蚊雷.

---

229 滄: 이본에는 '蒼'으로 되어 있다.
230 熏: 원문에는 '燻'으로 되어 있으나 '熏'의 오기인 듯하다. 이본에도 '熏'으로 되어 있다.
231 牕: 이본에는 '窓'으로 되어 있다.
232 惻: 이본에는 '怯'으로 되어 있다.

遊洪氏園林, 和季文韻, 奉贈主人

恥向王門強曳裾, 獨懷泉石事田廬. 淸風四面雲間宿, 碧樹千章畫裏居. 山色渡江來几案, 荷香連雨入村墟. 愧余亦有煙霞癖, 肯許灘頭伴釣漁[233].

【主人結巢林間, 以爲避暑之地, 僕與季文, 假宿一夜,[234] 故第三四及之.】

和季文寄余之作

1

明時憔悴謫麟山, 客裏熙熙借酒懽. 四壁蟲聲侵旅夢, 一江秋色老詩肝. 道窮天地身偏阨, 吟苦煙霞句帶寒. 早識風塵多誤脚, 不如高臥子陵灘.

2

矮屋疏籬接海山, 蒼蒼猶自助淸懽. 靜看水鏡沈鷗影, 吟覺詩鋒破鬼肝. 楚客騷情渾欲老, 潘郎愁鬢易驚寒. 邇來風雨無乾日, 何處江湖不起灘.

3

隱隱長江面面山, 謫來誰與共悲懽. 始知世事皆蝸角, 肯向天公怨鼠肝. 富貴獨歸金史熱, 文章偏許島郊寒. 紛紛得喪都如此, 須把深杯捲海灘.

4

平生意氣喜相同, 咫尺溪山不可從. 麟嶽暮雲多夜雨, 荻洲煙浪起秋風. 共持雪裏靑松操, 還怕人間白髮公. 愁向空齋對寂寞, 題詩長憶簡巢翁.

---

233 漁: 이본에는 '魚'로 되어 있다.
234 假宿一夜: 이본에는 '假' 앞에 '因'이 더 있다.

5

疏慵與世少相同, 形影年來亦厭從. 門對蒼崖兼白水, 室容明月更清風. 逢君往往論詩宿, 閱史時時服議公. 肚裏唐虞喑不吐, 傍人呼我囁嚅翁.

6

莫把行藏較異同, 平生夷險共相從. 四郊久密無新雨, 六翮初傷待晩風. 賦與自能隨造物, 乘除何用怒狙公. 濟時匡國非吾職, 終作溪山漫浪翁.

龍穴

巉巉古穴與天通, 風雨時時忽放虹. 知有此間龍臥久, 碧潭無底水如空.

獨坐煎茶, 奉呈梅溪

1

日長旅館閑生睡, 煮啜瓊漿病眼開. 拚洗百年塵土汚[235], 姑山親見玉人來.

2

一陣松風四壁寒, 夢回蝴蝶覺神閑. 晴窓盡日焚香坐, 心在鴻濛大[236]極間.

3

南江懶膾金鱗鯽, 北戶閑揮玉麈[237]風. 朗[238]讀離騷成一快, 天敎我輩不

235 汚: 이본에는 '穢'로 되어 있다.
236 大: 이본에는 '太'로 되어 있다.
237 麈: 이본에는 '塵'으로 되어 있다.
238 朗: 이본에는 '浪'으로 되어 있다.

曾窮.

【梅溪有南湖釣魚之約, 懶不能從, 故云.】

4

局上枯棋三十[239], 胸中文字五千. 想見先生獨樂, 水邊林下神仙.

附梅溪述南江叉[240]魚之樂

1

煙濃[241]野闊青蕪遠, 潮[242]落船移綠荇開. 南浦去年搴杜若, 等閑今日打魚來.

2

鏡面澄澄潑眼寒, 投叉艇子意猶閑. 鱗鬐狼[243]藉腥風起, 興在鳴榔鼓枻間.

3

輕橈去傍蘼蕪渚, 快馬來乘楊柳風. 已厭鴨江銀縷膾, 書生口業本非窮.

4

白鳥閑飛兩兩, 紅鱗潑剌千千. 未妨綠蓑青篛, 喚[244]作人間水仙.

---

239 十: 이본에는 '百'으로 되어 있다.
240 叉: 이본에는 '釣'로 되어 있다.
241 濃: 이본에는 '籠'으로 되어 있다.
242 潮: 이본에는 '湖'로 되어 있다.
243 狼: 이본에는 '浪'으로 되어 있다.
244 喚: 이본에는 '換'으로 되어 있다.

重用前韻, 奉呈梅溪

1

貽我淸新江上句, 拈香一辨[245]手親開. 南潮[246]昨夜蛟螭泣, 爲愛風煙捲取來.

2

居士胸襟雪月寒, 却嫌寥寂未全閑. 安心有法公知否, 覓我翛然丈室間.

3

物無彼此魚知我, 樂在逍遙蛇愛風. 要使吾心如止水, 人間指馬本何窮.

4

紛紛得失吹萬, 咄咄榮枯政千. 赤壁磯頭歲晏, 飄飄作賦[247]蘇仙.

走筆次洪相國韻, 奉呈梅溪

1

潘郞蕭颯[248]二毛年, 萬里歸來卷五千. 昨夜虹光橫斗北, 腰間閃閃動龍泉.

2

竄逐明時已見三, 蕭蕭短髮不盈簪. 從公幸得傳心訣, 惝怳迷途忽指南.

3

龍鍾去國長爲客, 滿篋江山摠帶愁. 人說咸陽應紙貴, 淸詞新就仲宣樓.

245 辨: 저본에는 '辨'으로 되어 있으나 '瓣'의 오기인 듯하다. 이본에도 '瓣'으로 되어 있다.
246 潮: 이본에는 '湖'로 되어 있다.
247 作賦: 이본에는 '然作'으로 되어 있다.
248 颯: 이본에는 '索'으로 되어 있다.

龍門

石門蒼霧晝冥濛，潤接星河雨露通．一派靈源澄不竭[249]，此間疑是有蛟龍．

龍門避暑次人韻

青山倒影蘸深杯，無數芙蓉酒面開．欲向丹崖灑醉墨，恐非磊落謫仙才．

春日次季文韻

1

一番風雨一番晴，病臥江城懶出行．春草何關詩句好，滿塘依舊自青青．

【來詩有句裏莫言無好語，滿塘春草已[250]青青，及[251]之.】

2

雨洗郊原爛熳晴，漁村[252]時有野人行．獨憐旅館渾閑事，臥看西山一抹青．

3

借看黃四宅邊花，客裏傷春白髮多．去國三年同作謫，彈成越曲入雲和．

---

249 竭: 이본에는 '渴'로 되어 있다.
250 已: 이본에는 '自'로 되어 있다.
251 及: 이본에는 앞에 '故'가 더 있다.
252 漁村: 이본에는 '村前'으로 되어 있다.

4

憶昔溪頭手種花, 先生日日醉眠多. 天涯落魄身如此, 歲月依然似永和.

次梅溪江村雜興

1

楊柳依依柘[253]逕深, 夕陽驢背似猿吟. 緩尋泉石忘歸去, 更向沙鷗共許心.

2

隱隱虹[254]霓海上綸, 好風吹動碧鱗鱗. 誰將摩詰詩中畫, 付與滄浪放逐臣.

附梅溪韻

1

游魚鼓鬣綠波深, 林鳥和[255]鳴助我吟. 物自得時機自動, 人應觀物見天心.

2

海岸潮回捲釣綸, 山尊[256]野飯煮霜鱗. 伶俜匹馬歸來晚, 誰識金華侍從臣.

---

253 柘: 이본에는 '拓'으로 되어 있다.
254 虹: 이본에는 '紅'으로 되어 있다.
255 和: 이본에는 '知'로 되어 있다.
256 尊: 이본에는 '樽'으로 되어 있다.

題直卿詩卷後

誰遣明珠墮我前, 淸新堪比謫仙篇. 世間妙[257]句元無主, 可怪天公與子偏.

偶吟

詩人底事臥邊城, 魑魅叢中歲月驚. 自笑豪情猶未[258]減, 銀山千疊看潮生.

嘲直卿

1

玉堂揮翰欲凌雲, 才力瑰[259]奇古廣文. 只恐長爲花酒汚, 蘭湯一沐要三薰.[260]

2

羅綺叢中已醉魂, 謫門如掃馬蹄痕. 無因一覺楊州夢, 始信詩人習氣存.

---

257 妙: 이본에는 '好'로 되어 있다.
258 未: 이본에는 '不'로 되어 있다.
259 瑰: 이본에는 '魁'로 되어 있다.
260 薰: 이본에는 '熏'으로 되어 있다.

次直卿贈余之作

1

江山應助氣崢嶸，驢背歸來句句清. 問子飄飄何處得，他鄉摠是爲愁生.

2

一別風霜爲客久，喜君詩眼已雙淸. 天吳紫鳳應顚倒，筆下滔滔萬壑傾.

附直卿韻

1

溪山積雪歲崢嶸，更著蟾輪十分清. 驢背祇[261]至今無好句，襄陽絶憶皺眉生.

2

想得夜牕[262]聽落雪，朝來自寫小詩淸. 醲成新甕何須漉，客至無言便對傾.

次梅溪寵示之作

夢回天末客牕凉，誰遣淸詩起我僵. 長對湖山猶閉口，雪中還發舊時

---

261 祇: 이본에는 '至'로 되어 있다.
262 牕: 이본에는 '窓'으로 되어 있다.

狂.【公廢吟久矣, 今有[263]詩, 故末句及之.】

戲書

1

平生精力着詩功, 短髮蕭蕭一病翁. 榮辱豈關吾輩事, 虛名付與後人公.

2

丹山壑裏虛神算, 文字塵間吐夜光. 白筆人人誅許史, 青編句句活王楊.

得杖

閉門高臥惕[264]崢嶸, 何處風塵眼更明. 得此情如添健僕, 登山臨水要同行.

次梅溪寵示之作

1

一日雄圖萬里揚, 排風決起更蒼蒼. 少年壯氣俱磨折, 圯上今逢舊姓黃.

2

詞林妙手獨穿楊, 字字仍涵海色蒼. 按劍床頭雙白壁[265], 眉間一抹已生黃.

---

263 有: 이본에는 앞에 '始'가 더 있다.
264 惕 : 이본에는 '脚'으로 되어 있다.
265 壁: 이본에는 '璧'으로 되어 있다.

3

恥向吳江結怒濤，獨醒何忍詠離騷．天公戲我如猿鶴，可怪山林解作牢．

附梅溪韻[266]

蒙君臣[267]筆過揄楊[268]，燕石何容較水蒼．咄咄榮陽眞可畏，邇來詩律逼陳黃．

次直卿韻

千載江西只數君，紛紛餘子散如雲．天敎正脈關吾輩，不獨歐梅唱古文．

附直卿原韻

平生知我孰如君，心事渾如出岫雲．寓庵風雨虛庵雪，十[269]載尊[270]前細討文．

---

266 附梅溪韻: 이본에는 '附梅溪原韻'으로 되어 있다.
267 臣: 이본에는 '巨'로 되어 있다.
268 楊: 이본에는 '揚'으로 되어 있다.
269 十: 이본에는 '千'으로 되어 있다.
270 尊: 이본에는 '樽'으로 되어 있다.

次成之韻

驢背詩人逸氣多, 獨吟風月過菱河. 憑君爲報長沙苦, 鵩鳥聲中老奈何.

【來詩有長沙消息問何如之句, 故末意[271]及之.】

次睡叟韻

夢蝶[272]眞成汗漫遊, 好尋花柳自能由. 憐渠肝膽經三火, 莫學鉛刀繞指柔.

奉呈宋使相座主

狄門桃李共芬芳, 幸托餘根獨擅場. 歲晩江湖[273]春寂寞, 枯槁[274]不改舊時香.

有感

萬里龍灣道, 千秋逐[275]客多. 我來無伴侶, 老淚落殘[276]霞.

---

271 意: 이본에는 '句'로 되어 있다.
272 蝶: 이본에는 '裏'로 되어 있다.
273 江湖: 이본에는 '湖山'으로 되어 있다.
274 枯槁: 이본에는 '槁枯'로 되어 있다.
275 逐: 이본에는 '謫'으로 되어 있다.
276 殘: 이본에는 '煙'으로 되어 있다.

還梅直講集于仲說

先生慶歷[277]間, 被褐蒙珠玉. 蘇子讓其名, 老歐相與敵. 時[278]人獲一句, 所榮如冕紱. 況今去世久, 隻字那可得. 仲說持我贈[279], 盥手閱篇什. 讀之輒三歎, 古樂誰復識. 但喜知者[280]在, 緘封寄仲說.

寄士華仲說

塞外三年別, 尊[281]前一日同. 如何聚散地, 又值歲時窮. 海嶽琴心動, 雲霄劍氣衝[282]. 思君勞覓句, 雙鬢已秋風.

自龍灣移向嶺外, 寄擇之【住麻田, 擇之時在燕京未返.】

君在天西我向南, 羈思別恨兩難堪. 燕鴻避處逢重九, 狙栗分時怨四三. 世事多端皆若此, 人情到老自能諳. 龍灣舊是恓惶[283]地, 虛辱先生問櫟菴.

---

277 歷: 이본에는 '曆'으로 되어 있다.
278 時: 이본에는 '詩'로 되어 있다.
279 我贈: 이본에는 '贈我'로 되어 있다.
280 者: 이본에는 '音'으로 되어 있다.
281 尊: 이본에는 '樽'으로 되어 있다.
282 衝: 이본에는 '沖'으로 되어 있다.
283 恓惶: 이본에는 '棲遑'으로 되어 있다.

贈別一二知己【住興仁門外.】

乾坤飄[284]泊各風煙, 誰料重逢未死前. 謫夢猶恟[285]連夜雨, 覊魂先怕下龍船. 自憐塞外三年隔, 又作江南萬里遷. 此別俱爲少壯日, 人間離合付蒼天.

登漢江樓, 次友人韻

1

坎止流行雖有道, 北來南去自成翁. 登臨一吐胸中氣, 散作人間衆竅風.

2

紛紛宇宙人無數, 誰見崢嶸此謫翁. 老去豪情猶未減, 醉憑煙雨一帆風.

初渡漢江, 寄一二知己

出晝猶存三宿戀, 何妨去魯[286]亦遲遲. 此行不是鱸魚美, 無限[287]秋風別後思.

---

284 飄: 이본에는 '漂'로 되어 있다.
285 恟: 이본에는 '惱'로 되어 있다.
286 魯: 이본에는 '路'로 되어 있다.
287 限: 이본에는 '恨'으로 되어 있다.

投宿水原客館

曉濕漢江雨, 隨[288]城夕照明. 溪山自寂寞, 天地幾陰晴. 故國三年別, 秋風白髮生. 長爲道路客, 恥作向人鳴[289].

留水原夜賦

寥落隨城縣, 凄然去國情. 初爲魚北徙, 又逐雁南征. 歲月時將晚, 風塵事可驚. 平生[290]男子[291]志, 此夕轉崢嶸.

途中

靑山送我去, 白雲迎我來. 款段著此間, 歸興亦奇哉. 拍手謝天翁, 壯士胸崔嵬, 一笑萬里途[292], 仰看西日頹.

雲錦樓賞蓮

柄柄十丈荷, 獨立耿無隣. 舊葉低復擧, 新花如佳賓. 風味老猶在, 更覺徐娘眞. 邂逅此粲者, 可洗聲色塵. 區區欲摘實, 韓子眞癡人. 千載濂溪

288 隨: 이본에는 '隋'로 되어 있다.
289 鳴: 이본에는 '驚'으로 되어 있다.
290 生: 이본에는 '昔'으로 되어 있다.
291 子: 이본에는 '兒'로 되어 있다.
292 途: 이본에는 '道'로 되어 있다.

翁, 與我懷抱親.

登雲錦樓, 復次止亭挹翠韻

1

人間濩落韓山伯, 天下龍鍾陶隱翁. 愧我今來重感慨, 樓邊獨臥舊時風.

【壁上, 有牧隱陶隱詩文.】[293]

2

東西南北經行遍, 天地中間獨立翁. 乾達山前逢晩雨, 龍巖寺裏望江風.

3

同學少年琴谷子, 賞音高士止亭翁. 月明忽憶相分處, 山雨蕭蕭急舊風.

4

溪山勝處如雲[294]錦, 頹臥天涯一病翁. 此是玉人遊歷地, 滿簾荷雨與荷風.

5

乾坤寥落歲時晩, 一夜思君成老翁. 最愛止亭詩句好, 蕭蕭吹過葛巾風.

【來詩有榮辱紛紛眼前事, 蕭蕭吹過葛巾風之句.】[295]

---

293 壁上, 有牧隱陶隱詩文: 이본에는 '壁上' 앞에 '此樓' 두 자가, 마지막 '文'자 뒤에 '故及之' 세 자가 더 있다.

294 如雲: 이본에는 '雲如'로 되어 있다.

295 來詩有榮辱紛紛眼前事, 蕭蕭吹過葛巾風之句: 이본에는 마지막 '句'자 뒤에 '故及之' 세 글자가 더 있다.

龍仁客館, 見梅溪手題, 有感而作

古館仍留絶俗篇, 梅仙[296]去後月重圓. 登臨不覺高聲讀, 恨滿秋風意已傳.

淸淮驛上, 見我姓名, 有感而作

南遷身與雁俱行, 水遠天低秋滿城. 誰料旅牕[297]閑草木, 預先知我舊時名.

途中

淸川細石王維畫, 古木回巖太白詩. 更著輪囷驢背影, 人間如此自一奇.

龍眼驛, 借憩仲哉園林, 題老樹上

洞中鬱鬱蒼髯叟, 林下皤皤白髮翁. 吾與爾曹俱有數, 他年拭眼此龍鍾.

題短月驛

柳絲深處綠溶溶, 獨臥高樓納晩風. 明日豈無桑下戀, 夢魂長在水雲中.

296 仙: 이본에는 '溪'로 되어 있다.
297 牕: 이본에는 '窓'으로 되어 있다.

虛庵遺稿 卷3

登鳥嶺

1

看盡海雲江北郡, 天教又過嶺外山. 攀緣鳥道三千仞, 此是南遷[298]第一關.

2

一路秋山三尺驢, 三霜古褐一奚奴. 翩翩獨望松風過, 此是詩人出峽圖.

題聞慶澄淸堂, 示獻之

1

不盡源頭衮衮[299]來, 小塘淸徹鏡[300]光開. 主人有術觀於水, 無限鳶魚上下回.

2

天下虛庵非達士, 人間叔度是淸流. 一牕[301]相對暮山碧, 萬里倦遊紅樹秋.

---

298 遷: 이본에는 '邊'으로 되어 있다.
299 衮衮: 이본에는 '滾滾'으로 되어 있다.
300 徹: 이본에는 '澈'로 되어 있다.
301 牕: 이본에는 '窓'으로 되어 있다.

偶坐池邊, 贈墨理玉[302]書示之【卽獻之子也.】

江夏黃童也不多, 巉巉頭角出塵沙. 君能變黑此池水, 落筆晴牕行暮鴉.

有感

客路逢秋色, 年年去國人. 篇章窮餓裏, 世事瘴江濱. 已負歸田計, 那堪與鰐鱗[303]. 投文弔湘水, 賈誼道非眞.

題澄淸堂, 示獻之

主屹山前秋色靜, 蟬聲未足樹陰陰. 天涯萬里歲時晚, 故國三年魚雁沈. 袞袞衣冠靑眼舊, 茫茫宇宙白頭吟. 知音此日丹陽尹, 共把淸尊[304]細論心.

上安節度幕府 琛

控引關河勢不窮, 須將鎖鑰付英雄. 將軍坐嘯紅蓮幕, 號令嚴生白羽風. 筆下三千翻似水, 胸中十萬臥如龍. 輕裘緩帶荊州府, 文武全才少有公.

302 玉: 이본에는 빠져 있다.
303 鱗: 이본에는 '隣'으로 되어 있으므로 이에 근거해서 번역하였다.
304 尊: 이본에는 '樽'으로 되어 있다.

得仲說惠詩

嶺外身如寄, 江湖秋水明. 迢迢三載路, 泛泛一浮萍. 老矣才無用, 歸歟夢自驚. 平生挹翠士, 知我此時情.

遊曦陽山鳳巖寺, 見旭上人詩卷, 有感而作

1

問渠那解[305]我, 我昔與渠親. 今日重相見, 如逢舊識[306]人.

【昔在京師, 於叔達第, 始見此卷, 不知何從來也. 歲庚申秋, 偶遊曦陽山, 有僧名其旭者 袖詩軸來示我, 披閱之, 乃舊所經眼者也. 有感而題其末云.】[307]

2

水窮山盡處, 寥落梵王家. 片碣[308]孤雲後, 遺文古篆訛. 煙霞餘舊物, 棟宇自新羅. 日暮猿啼嶺, 秋風客思多.

3

一臥鳳巖寺, 空山三十[309]年. 種松巢白鶴, 開鉢納青蓮. 雪竇心方寂, 梅牕[310]思獨玄. 渡溪慙我累, 詩句賴相傳.

---

305 解: 이본에는 '識'으로 되어 있다.

306 識: 이본에는 '時'로 되어 있다.

307 昔在京師……有感而題其末云: 이본의 원문은 다음과 같다. '昔在京師, 於叔達第, 始見此卷, 不知從何來也. 歲庚申秋, 偶遊此寺, 有僧具旭持軸示我, 披閱之, 乃舊所經眼者也. 有感而題其末云云.' 내용상에는 별 차이가 없다.

308 碣: 이본에는 '錫'로 되어 있다.

309 十: 이본에는 '千'으로 되어 있다.

310 牕: 이본에는 '窓'으로 되어 있다.

題曦陽山白臺

鳳巖寺北洞, 山勢似蓬丘. 翠竹雲藏逕, 丹崖石老秋. 仙疑遊月下, 鶴慣集松頭. 幸過招提境, 逢僧又小留.

遊鳳巖寺, 觀李夢遊碑【宋乾德間所立也.】

千古堂堂李學士, 高文晴暎[311]鳳巖山. 殘碑一片斜陽裏, 有客今朝下馬看.

題崔致遠碑【在曦陽山鳳巖寺.】

嶺外山無數, 崢嶸此嶽雄. 煙嵐湏洞處, 獨秀靑芙蓉. 蒼然一百里, 壓以梵王宮. 金碧自照耀, 澗谷生玲瓏. 高人此經過, 草木含淸風. 亭亭龜背石, 苔蘚蟠虬[312]龍. 摩挲古文字, 衆器見鼎鍾. 鬼神失守護, 雨雪相磨礱. 快劍斷科斗, 又被兵火攻. 如雲度[313]河漢, 壁月遭蔽蒙. 列星尙耿耿, 寶彩橫長空. 我來增[314]歎息, 老淚雙垂胸. 孤雲邈難及, 玆地餘奇蹤. 世事幾俯仰, 日暮山冥濛.

---

311 晴暎: 이본에는 '淸映'으로 되어 있다.
312 虬: 이본에는 '蛟'로 되어 있다.
313 度: 이본에는 '渡'으로 되어 있다.
314 增: 이본에는 '僧'으로 되어 있다.

秋雨有感, 示獻之

嶺外蕭蕭雨, 江關動客心. 晚涼侵短褐, 疏響着高林. 鴈[315]背空濛濕, 蟬聲寂寞吟. 年年相別地, 歸恨仲宣襟.

附獻之[316]

牕[317]前山雨細, 萬里客歸心. 暑氣薄空館, 秋聲來遠林. 有時頻楚奏, 隨處學莊吟. 臨別欲垂淚, 羞沾君子襟.

重賦答獻之

萬里逢秋雨, 三年折病心. 孤雲猶戀壑, 獨鳥欲歸林. 世事還堪悵, 天涯只苦吟. 素交黃叔度, 相笑頗開襟.

挽文襄陽

桂籍儒仙姓字馨, 青雲高價重連城. 功名晚入三刀夢, 羽翼俄摧萬里程. 父老逢人談惠政, 士林相弔憶儀形. 他年欲赴升堂約, 誰料翻爲涕泗零.

315 鴈: 이본에는 '雁'으로 되어 있다.
316 附獻之: 이본에는 뒤에 '次韻' 두 글자가 더 있다.
317 牕: 이본에는 '窓'으로 되어 있다.

次獻之韻

一夜西風入井桐, 客愁磊落更堆胸. 湘江暮碧鷓鴣哭, 秦嶺晝靑煙霧籠. 驛樹相迎暝色重, 鄕情欲滴秋光濃. 經行萬里又千里, 馬首靑春吾亦東.

客中遇嚴侍生辰, 有感而作

塞北氷霜地, 天南瘴癘場. 年年逢此日, 處處是他鄕. 賦鵩長憔悴, 看雲更杳茫. 秋風老子淚, 灑落菊花觴.

次咸昌板上韻

少愛溪山趣, 憑高更遠探. 晩霞紅隱隱, 晴霧碧毵毵. 秋水鷗眠穩, 墻陰蟻戰酣. 主人眞傲吏, 松竹逕開三.

過梅溪有感

萬里同遷蠅附驥, 一年相別燕違鴻. 茫茫世事皆如此, 獨向梅溪[318]問放翁.

---

318 梅溪: 이본에는 '溪山'으로 되어 있다.

挽金居士

生死何殊臂屈伸, 籧[319]然曉夢化精神. 尊[320]空美酒有明月, 客散高堂無主人. 白璧舊時蒙短褐, 青山是處葬長身. 遙知地下風塵隔, 應與劉伶共卜隣.

謝遇翁來訪

村巷驚呼長者來, 譎門車馬響春雷. 白雲解駐[321]玲瓏唱, 紅袖催傳琥珀杯. 太守風流仍好飮, 使華蕭灑更多才. 分明此會堪圖畫, 恐欠詩翁醉欲頹.

聞雁有感

廓落古城外, 蕭蕭生晩涼. 孤臣萬里老, 旅雁一聲長. 瘴海蛟龍窟, 風霜鐵石腸. 莫言堅志義, 爲爾輒悲傷.

盆城書事

曾作關中客, 重爲嶺外身. 青山餘舊國, 白首滯孤臣. 海雨龍涎雜, 巖風虎嘯頻. 小窓捫蝨坐, 寒日照愁人.

---

319 籧: 이본에는 '遽'로 되어 있다.
320 尊: 이본에는 '樽'으로 되어 있다.
321 駐: 이본에는 '住'로 되어 있다.

歲暮

塵埃長作客, 歲暮獨盤桓. 北望風霜苦, 南來宇宙寬. 詩魂仍酒放, 病體得秋安. ,衮衮生涯事, 朱絃自一彈.

次季文韻

1

故人猶住河東郡, 地隔相招去國魂. 已許溪山長入戶, 了無車蓋更容門. 生前美譽還爲累, 醉後狂言欲反呑. 士固遇窮堅志義, 倘[322]來軒冕不須論.

2

世事悠悠俯仰間, 塵埃祇益病夫頑. 長疑舊戍關中月, 轉覺新遷嶺外山. 天且容吾堪着拙,人猶見懶誤稱閑. 狂奴陋態還如故, 合把風斤更用刪.

登神魚山望海

千年駕洛國, 縹緲墮蓬瀛. 海[323]坼[324]三叉白, 山浮七點青. 與波天作界[325], 依岸樹[326]如萍. 小試平生脚, 登臨發浩情.

---

322 倘: 이본에는 '向'으로 되어 있다.
323 海: 이본에는 '江'으로 되어 있다.
324 坼: 이본에는 '折'로 되어 있다.
325 界: 이본에는 '累'로 되어 있다.
326 樹: 이본에는 '水'로 되어 있다.

寄止亭

吾隣[327]止亭人, 偶爾一夜同. 來如避世鶴, 去若驚飛鴻. 江海杳茫茫, 不可尋其蹤. 每望日暮雲, 令我成老翁.

歲暮書懷

1

旅館淸如水, 殘生兀似僧. 形孤猶有影, 歲晩更無朋. 壯氣年年減, 離懷日日增. 閉門聊隱几, 免被俗人憎.

2

南國天多暖, 冬深瘴霧蒸. 山村猶欠雪, 海水不成氷. 稍活墻邊草, 全生壁隙蠅. 他鄕雖信美, 北客自難勝.

偶書

壯心常欲倚崆峒, 老去飄飄類轉蓬. 多少夔蚿不相補, 是非指馬終何窮. 抱痾[328]白日從人笑, 炙背晴牕[329]養我慵. 已付生涯長寂寞, 江湖甘分作龍鍾.

---

327 隣: 이본에는 '憐'으로 되어 있다.
328 痾: 이본에는 '疴'로 되어 있다.
329 牕: 이본에는 '窓'으로 되어 있다.

題梅溪詩卷後

天涯一別首重回, 翰墨新隨驛使來. 塞外溪山曾助氣, 湖南草木已輸材. 詩從處士梅邊得, 句論高僧月下裁. 想見掀髯如瘦鶴, 飄飄淸嘯徹蓬來[330].

仲冬初七日大雷雨, 有感而作

至月江南郡, 寒遲暖氣生. 雷聲疑擘樹, 雨勢欲沈城. 漠漠應難測, 忉忉只自驚. 孤臣淚涕[331]處, 白日更冥冥.

夜寒書事

海雪孤村夜, 扁舟斷客行. 鶂鴂寒欲病, 河漢凍無聲. 落木端能語, 殘燈冷不明. 此時愁獨坐, 詩思政崢嶸.

冬夜步月尋人

杖策出門去, 溪山有月明. 憐渠光皎潔, 着我夢崢嶸. 落木疏疏[332]雨, 殘星淡淡螢. 眼看非俗物, 疑向畫間行.

【梅詩星辰淡布螢.】

---

330 來: 이본에는 '萊'로 되어 있다.
331 淚涕: 이본에서는 '涕淚'로 되어 있다.
332 疏疏: 이본에는 '蕭蕭'로 되어 있다.

答季文示紀懷之作

憶君海上炎涼變, 意氣兼隨翰墨回. 飽涉險艱心有道, 安排詩律句無埃. 多情摠是愁邊得, 盥手常於榻上開. 題處自能深思苦, 令人一讀轉生哀.

早起閑望

詩人曉起病軀輕, 索句巡簷意氣淸. 遠岫雲稀初日上, 孤村木落大江橫. 驚鴻叫影那成陣, 獨鳥穿林未有聲. 臨眺自應惆悵極, 非緣憔悴旅情生.

自遣

頭上蕭然折角巾, 廣文契闊不全貧. 一身與國三年隔, 萬里吟詩兩鬢新. 早悟塵機難着力, 靜諳酒地可藏眞. 殘年更作江南客, 唯許梅花喚主人.

書懷

歲月伽倻國, 離騷楚澤臣. 數回寒暑變, 空使鬢毛新. 度嶺鄕書晩, 還家夜夢頻. 何時萱草底, 得作綵[333]衣人.

---

333 綵: 이본에는 '彩'로 되어 있다.

獨坐

虛簷夜寂歷, 獨坐少人知. 自怪[334]流離日, 常如放曠時. 謀身犀首飮, 處世虎頭癡. 櫟社眞堪托, 蒙莊是我師.

食柚子

江風海雨朝朝濕, 綠葉初看病眼新. 擘破霜皮香落手, 嚼殘金瓣冷霑唇. 袖中每日懷慈母, 林下先嘗愧逐臣. 移取千頭堪命僕, 故山歸臥未全貧.

盆城謫居書事

梅邊丈室結三椽, 老子吟詩留一年. 竹影侵床生活畫, 江聲撼壁惻[335]乘船. 略容臥外餘無地, 靜悟胸中別有天. 面面煙霞開戶牖, 焚香養默事都捐.

贈別強哉

海上飄飄歲月深, 晩從憂患得知音. 數臨黃卷論奇字, 好對靑山養靜心. 醉後別懷那忍說, 尊[336]前佳會更相尋. 却愁獨坐無言處, 夜雪梅牕[337]自撫琴.

---

334 怪: 이본에는 '愧'로 되어 있다.
335 惻: 이본에는 '怯'으로 되어 있다.
336 尊: 이본에는 '樽'으로 되어 있다.
337 牕: 이본에는 '窓'으로 되어 있다.

雪後寄景劉

1

蒼茫駕洛國, 歲暮雪紛紛. 冷壓茅村瘴, 寒深竹逕雲. 梅花坐失影, 鳥跡動生文. 不盡溪山興, 端居更憶君.

2

歲晩天南國, 寒登[338]水北樓. 動知墻外竹, 易失海邊鷗. 驢背爬詩癢[339], 山陰具客舟. 古人乘興處, 欲與共君遊.

雪中書事

寒雲落日凍槎牙, 密雪如篵[340]詎有涯. 早向梁園能授簡, 却從秦嶺更思家. 將軍躍馬弦開月, 公子憑貂酒泛霞. 不論愁邊奇絶處, 問梅尋竹自豪誇.

書懷

山林城郭轉悠悠, 梗泛萍漂兩未休. 鳥道二千江北郡, 人情三四澤南州. 浮名所得只錐末, 短世常驚應虎頭. 十步崎嶇九跌倒, 瞿塘凝[341]澦俱[342]安流.

---

338 登: 이본에는 '燈'으로 되어 있다.
339 癢: 이본에는 '瘡'으로 되어 있다.
340 篵: 이본에는 '篩'로 되어 있다.
341 凝: 이본에는 '灩'으로 되어 있다.
342 俱: 이본에는 '怕'로 되어 있다.

移寓

作客伽倻國, 無家雲水禪. 吾生猶萬里, 此地又三遷. 濩落窮相伴, 椰榆[343]鬼所憐. 動須桃竹杖, 除却只飄然.

對竹

崢嶸直節老愈尊, 愛此令人不受昏. 強項風霜專類我, 論心雪月只輸君. 寒吟戛戛堪招鳳, 爽氣泠泠欲拂雲. 自恐塵襟羞與對, 朝來三沐又三熏.

【山谷墨竹賦云, "枝老葉硬, 強項風雪." 法言曰 "類我類我."[344] 山谷詩曰 "我亦不如君."[345]】

至日

1

宇內陽初復, 湖邊客獨愁. 梅花如我瘦, 日影向人留. 鳳闕晨光合, 鵷班喜氣浮. 孤臣搔短髮, 寂寞更回頭.

2

去國忽三載, 今朝生一陽. 莫憂陰用壯, 須使道全剛. 大化雖亭毒[346], 微

343 椰榆: 이본에는 '揶揄'로 되어 있다.
344 類我類我: 이본에는 '類我'로 되어 있다.
345 我亦不如君: 이본에는 뒤에 '云故乃云'가 더 있다.
346 毒: 이본에는 '毓'으로 되어 있다.

萌轉渺茫. 融融[347]不自已, 萬物漸開張.

書懷, 寄士華仲說直卿

吾生寂寞濱, 俯仰似閑身. 獨對一尊[348]酒, 相思千里人. 新秋漢水別, 久客嶺猿親. 坐覺時將晩, 梅花南北春.

書懷寄擇之

浩氣塞天地, 蕭然一室寬. 梅花欺我瘦, 竹影與人寒. 水國春猶淺, 蠻鄕歲欲殘. 吟成湖海集, 不惜借君看.

上安節度使 琛

欲靜風波地, 須憑社稷臣. 荊州開督府, 諸葛岸綸巾. 閫外安危寄, 軍中號令新. 敦詩依郤縠, 緩帶統鉤陳. 節制傳三世, 恩威及四隣. 旌旗雄海陣, 鼓角壯邊巡. 橫槊論文字, 潛謀動鬼神. 止戈資妙術, 訓卒仗[349]寬仁. 踽踽窮途哭, 區區失路人. 回頭誰識己, 重足莫容身. 賦鵩傷庚子, 孤雌嘆[350]甲辰. 長卿曾抱病, 原憲獨居貧. 幸托瓊林接, 因蒙杖履[351]親. 追隨非按劍, 出

---

347 融融: 이본에는 '瀜瀜'으로 되어 있다.
348 尊: 이본에는 '樽'으로 되어 있다.
349 仗: 이본에는 '杖'으로 되어 있다.
350 嘆: 이본에는 '歎'으로 되어 있다.
351 履: 이본에는 '屨'로 되어 있다.

處得攀輪. 歲月時將晩, 乾坤跡已塵. 悲歡談笑盡, 款曲性情眞. 暖律吹寒谷, 滄海活涸鱗. 升堂慙惡客, 入幕作佳賓. 桂戟臨門駐, 香醪飮夜頻. 含懷宜刻骨, 感德[352]更書紳. 慷慨蠻煙裏, 行吟瘴海濱. 爲公歌此曲, 薄俗可回淳.

臘月書事

秋風度嶺外, 臘日轉江邊. 故國空千里, 新梅又一年. 南溟身獨遠, 北極夢長懸. 磊落平生志, 蕭條老病先.

獨覺

萬籟響方寂, 一牕[353]眠獨醒. 歲寒臣節苦, 燈火此心明. 有道行裝[354]穩, 無官偃仰輕. 雖非善者類, 坐待曉鷄鳴.

朝起

日高常晏起, 幽事不全忙. 太飽身多健, 微醺貌欲揚. 梅邊哦秀口, 篋裏按新方. 得遂疏慵性, 閑居味自長.

---

352 德: 이본에는 '恩'으로 되어 있다.
353 牕: 이본에는 '窓'으로 되어 있다.
354 裝: 이본에는 '藏'으로 되어 있다.

盆城書事, 示景劉長卿

役役經千里, 勞勞只一年. 海天陰少見, 江月夜多圓. 綠竹常供爨, 黃柑不直錢. 窮途饒計活, 更被故人憐.

題南遷後錄

遠客天涯歲月深, 秋風度嶺鬢蕭森. 怪來詩律淸如許, 雪色梅牕夜夜心.

臘月書事

雲容水態共廻新, 日暖江南欲換辰. 海鳥喚來湖[355]外雨, 梅花漏洩臘前春. 寒隨斷雁歸何處, 竹倚高風似此人. 獨抱旅窓淸淨債, 點茶[356]聊喜看生鱗.

得家君手書

故國無消息, 今朝得好音. 衣添玆母線, 字寄老君心. 遠別羈愁益, 相望歲月深. 含情空咄咄, 薄日下高林.

---

355 湖: 이본에는 '潮'로 되어 있다.
356 茶: 이본에는 '棋'로 되어 있다.

首露王陵

代異功何在, 山空水自流. 白雲龍馭遠, 青嶂杜鵑愁. 海嶽餘靈氣, 衣冠閟古丘[357]. 邦人懷舊德, 蘋藻薦春秋.

登招賢臺

招賢石老[358]伽倻國, 落日登臨許盪胸. 嶽色似藍深染霧, 蘆花如雪巧藏鴻. 湖分燕尾蒼茫外, 地逈鼇頭縹緲中. 我欲泝[359]回蓬島去, 江神肯借半帆風.

臘月廿三日雪

海天晝多晦, 薄雪轉霏霏. 犬吠黃茅店, 人吟白竹扉. 梅清仍到骨, 鳥墮不成飛. 對此興都盡, 孤舟我欲歸.

次長卿寄早梅

1

溪翁點檢雪邊開, 寄與虛庵寂寞來. 絶怪蓬山琪樹早, 嗅[360]香憐汝是眞梅.

---

357 丘: 이본에는 '邱'로 되어 있다.
358 石老: 이본에는 '老石'으로 되어 있다.
359 泝: 이본에는 '沂'로 되어 있다.
360 嗅: 이본에는 '喚'으로 되어 있다.

2

飄飄練袂倚風櫺, 可愛仙姿惱客情. 幾度相思驚歲晩, 藍田日暮見雲英.

偶書

盛代多才俊, 疏慵合棄捐. 北辰三轉柄, 南海一涯天. 罪大雷霆後, 恩深雨露邊. 金鷄看更晩, 未定卜歸年.

二友

旅居偸作園林主, 肝膽容渠寂寞濱. 竹友定論方外好, 梅兄喚我社中人. 閑情[361]一味聊相許, 晩節雙淸政可親. 堪笑炎涼隨日變, 雪霜終始道彌眞.

臘月雨雪

澤國歲將盡[362], 陰雲晝不開. 雨吹滄海去, 雪灑靑山來. 冷[363]蟄龍吟苦, 飢愁虎嘯哀. 都無少壯興, 閑[364]戶獨徘徊.

361 情: 이본에는 中으로 되어 있다.
362 盡: 이본에는 晩으로 되어 있다.
363 冷: 이본에는 令으로 되어 있다.
364 閑: 이본에는 閉로 되어 있다.

夜坐書懷

密雲不雨雷霆後, 眞宰無私日月傍. 獨語自知臣罪大, 多慙未報國恩長. 青山相送客千里, 白髮欲生天一方. 江上昂藏吾易老, 起看星斗色凄涼.

旅懷

擧目茫茫非我鄕, 登樓有賦怨斜陽. 蘇卿北返功名晩, 馬史南留歲月長. 海上浮雲同去住, 天涯旅雁共行藏. 客牕淡泊無餘物, 收拾溪山一錦囊.

奇言

石柱青天女媧[365]補, 杖驅白日夸父奔. 角端蠻觸[366]酣侵伐, 蚊[367]上蟭[368]螟長子孫. 蟻垤能容富貴事, 槐柯或列侯王尊. 丁丁鑿破渾[369]沌竅, 職職[370]化生玄牝門.

---

365 媧: 이본에는 '蝸'로 되어 있다.
366 觸: 이본에는 '蜀'으로 되어 있다.
367 蚊: 이본에는 '빠져있다[缺]'라고 되어 있다.
368 蟭: 이본에는 '蛸'로 되어 있다.
369 渾: 이본에는 '混'으로 되어 있다.
370 職職: 이본에는 '戢戢'으로 되어 있다.

偶書

多病年來寄異鄉, 閉門高臥惻[371]杯觴. 梅花冷落吟邊白, 客貌[372]凄涼鏡裏蒼[373]. 獨對湖[374]山增意氣, 閑消日月老文章. 功名不許詩人管, 留興清孤[375]野史光.

登佛巖

1

古國興亡指顧中, 獨攀危石愕蛟龍. 山排七點峯峯出, 派別三叉水水通. 雲豁海門天遠大, 日沈魚市雨冥[376]濛. 不須萬里悲流落, 應許吾曹氣益雄.

2

地古山河在, 林深翡翠啼. 江回天屈曲, 野曠[377]樹高低. 石髮磯邊瘦, 梅花竹外迷. 倘逢笙鶴過, 玆境欲幽棲.

---

371 惻: 이본에는 '怯'으로 되어 있다.
372 貌: 이본에는 '魂'으로 되어 있다.
373 蒼: 이본에는 '倉'으로 되어 있다.
374 湖: 이본에는 '胡'로 되어 있다.
375 孤: 이본에는 '高'로 되어 있다.
376 冥: 이본에는 '溟'으로 되어 있다.
377 曠: 이본에는 '廣'으로 되어 있다.

次獻之韻

詩傳江北郡, 人老澤南州[378]. 有道能馴[379]鰐, 無心可狎鷗. 乾坤容濩落, 轍跡更周流. 慷慨長沙鵩, 遲鳴入谷騶.

附獻之詩[380]

才大今詩伯, 飄零駕洛州. 蠻鄉少益友, 江海多眠鷗. 今日看天意, 奇窮先爾流. 春風吹馬首, 早晩戒行騶.

除夜

1

遠客誰相伴, 梅花與影癯. 一年今夜盡, 萬里此身孤. 母子關河隔, 君臣歲月流[381]. 愁邊喧爆竹, 魑魅笑揶揄.

2

遠客誰相問, 空齋獨闃然. 一牕[382]將盡夜, 萬事㥘[383]增年. 吾道寒[384]燈裏, 時情白眼邊. 明朝春又至, 老病在人先.

---

378 州: 이본에는 '洲'로 되어 있다.
379 馴: 이본에는 '訓'으로 되어 있다.
380 詩: 이본에는 '原韻'으로 되어 있다.
381 流: 이본에는 '踰'로 되어 있다.
382 牕: 이본에는 '窓'으로 되어 있다.
383 㥘: 이본에는 '怯'으로 되어 있다.
384 寒: 이본에는 '閑'으로 되어 있다.

3

四時互主客, 一氣無留停. 歲月唐虞禪, 陰陽湯武征. 倐鱗已沒尾, 隙駟不能纓. 拔劍仰天叫, 誰知今夕情.

除夕題庚申曆

鴨水初逢麥浪雨, 盆城又値鯉魚風. 都將三百六旬日, 付與東西南北翁.

辛酉元日

宇宙如初闢, 曈曨曉日鮮. 春風吹鬢末, 詩興自梅邊. 鳳闕椒花頌, 萱堂柏酒傳. 傷心令我老, 寂寞度年年.

謫中逢辛酉元日題曆

尊[385]前屈指新年換, 老去關心舊歲除. 已覺春風扶木德, 猶欣喜氣占金鷄.

【辛酉, 干金支屬鷄, 納音亦木, 故戱及之.】

---

385 尊: 이본에는 '樽'으로 되어 있다.

渾[386]沌酒歌

謫居以來, 釀酒自飮, 不漉不壓, 名之曰混沌, 尙古也. 醉則輒嗚嗚以歌, 其歌曰 我飮我濁, 我全我天. 我迺[387]師酒, 非聖非賢. 夫樂其樂者, 樂於心, 不知老之將至也. 人孰知余之樂. 是酒也, 皐陶稷契之佐堯舜, 顔曾之得孔子, 庖丁之牛, 嵇康之鍛, 梓人不以慶賞成虡, 傴僂不以萬物易蜩, 其樂與我均也. 作詩以見之云.

長繩欲縶白日飛, 大石擬補靑天空. 狂圖謬算坐濩落, 半世倏忽成老翁. 豈如飮我混沌酒, 坐對唐虞談笑中. 混沌有道人未試[388], 此法遠自浮丘[389]公. 不夷不惠全其天, 非聖非賢將無同. 招呼麴[390]君囚瓮[391]底, 日夜噫氣聲蓬蓬. 俄頃[392]春流帶雨渾, 醞釀古色淸而濃. 酌以巨瓢揖浮邱, 澆下萬古崔嵬胸. 一飮通神靈, 宇宙欲闢猶[393]蒙朧. 再飮合自然, 陶鑄渾[394]沌超鴻濛. 手撫渾[395]沌世, 耳聽渾[396]沌風. 醉鄕廣大我迺[397]主, 此爵天爵非人封, 何用區區頭上巾, 淵明亦是支離人.

---

386 渾: 이본에는 '混'으로 되어 있다.
387 迺: 이본에는 '乃'로 되어 있다.
388 試: 이본에는 '識'으로 되어 있다.
389 丘: 이본에는 '邱'로 되어 있다.
390 麴: 이본에는 '麹'로 되어 있다.
391 瓮: 이본에는 '甕'로 되어 있다.
392 頃: 이본에는 '傾'으로 되어 있다.
393 猶: 이본에는 '如'로 되어 있다.
394 渾: 이본에는 '混'으로 되어 있다.
395 渾: 이본에는 '混'으로 되어 있다.
396 渾: 이본에는 '混'으로 되어 있다.
397 迺: 이본에는 '乃'로 되어 있다.

投虛白亭

風流耆舊餘枚叟, 翰墨論功次子長. 萬古獨尊山有岱[398], 一川能受士爭航. 挽回斗柄乾文整, 陶鑄衣冠國器良. 擾擾如吾方待賴, 莫將雙鬢早滄浪.

【后山上二蘇云, 士如稻苗待公秧, 臨流不渡公爲航[399].】

寄士華直卿仲說

閑餘點檢錦囊詩, 太半思君句句悲. 記得去年相別處, 薄雲殘照雨絲絲.

傷春次季文韻[400]

海上逢佳節, 傷心鬢自華. 詩添今日興, 茗坼[401]去年芽. 世事眞難料, 吾生本無涯. 春風公道在, 吹入逐臣家.

---

398 岱: 이본에는 '垈'로 되어 있다.
399 航: 이본에는 뒤에 '也'가 더 있다.
400 傷春次季文韻: 이본에는 '次季文傷春韻'으로 되어 있다.
401 坼: 이본에는 '折'로 되어 있다.

附季文[402]

爲客何時了, 逢春感物華. 衝寒梅放蘂[403], 戴土蕨抽芽. 風雨嶺南路, 江湖天一涯. 不辭憑榻睡, 祗喜夢還家.

春寒

水國春全薄, 寒威未解嚴. 狂風猶料峭, 小雨自簾[404]纖. 地僻經過少, 身孤老病兼. 微暄眞可愛, 炙背坐茅簷.

春日有懷士華

潦倒[405]人將老, 崢嶸歲自遷. 江春殘雪外, 世事暮雲前. 澤國少晴日, 蠻鄉多雨天. 憶君空不見, 愁[406]絶落海[407]邊.

早春閑望

幽居廓[408]落增離恨, 獨上高樓望遠天. 楊柳垂垂稍變色, 江湖漠漠暗生

---

402 附季文: 이본에는 '附季文原韻'으로 되어 있다.
403 蘂: 이본에는 '蕚'으로 되어 있다.
404 簾: 이본에는 '廉'으로 되어 있다.
405 倒: 이본에는 '到'로 되어 있다.
406 愁: 이본에는 '悲'로 되어 있다.
407 海: 이본에는 '梅'로 되어 있다.
408 廓: 이본에는 '濩'으로 되어 있다.

煙. 征鴻喚我催歸國, 病眼逢春憶少年. 自古詩人多感慨, 滿城風雨一淒然.

春後卽事

江南二月草如針, 暖日濃[409]薰醉客心. 小雨弄晴晴變雨, 輕陰沈水水生陰. 條條嫩柳坡[410]塘靜, 樹樹啼禽院落深. 沂上遺風能起我, 思携冠者一行吟.

春陰

鳩鳴樹外霧連天, 柳醉如癡復似眠. 遲出曉城沈鼓響, 暗侵歌館慢琴絃. 江村不斷疏疏[411]雨, 草渚微生淡淡煙. 野水苔靑梅雪白, 使人狂興被詩牽.

春雪

澤國雲[412]陰思寂寥, 朝來密雪忽驚飄. 侵凌弱柳輕輕折, 着得疏梅片片嬌. 狂逐燕泥融[413]處濕, 誤投鷗渚暖邊銷. 何人得試[414]袁安興, 盡日關門坐獨謠.

---

409 濃: 이본에는 '凄'로 되어 있다.
410 坡: 이본에는 '池'로 되어 있다.
411 疏疏: 이본에는 '蕭蕭'로 되어 있다.
412 雲: 이본에는 '春'으로 되어 있다.
413 融: 이본에는 '瀜'으로 되어 있다.
414 試: 이본에는 '識'으로 되어 있다.

春日卽事

借宅溢江曲, 偸看渚柳[415]新. 雪簷晴作雨, 梅塢暖知春. 芳草自多地, 夕陽無故人. 年年爲客處, 老病負良辰.

甁梅

觀渠韻格少相親, 冷落都官定後身. 月下精神如處士, 愁邊意氣動詩人. 情關夜夜催添水, 興着枝枝別放春. 客貌淸臞容易老, 滿庭風雨獨逡巡.

春晝

寂寂柴門坐獨吟, 晩山嵐濕助春陰. 風將嫩綠吹枯草, 雨挾輕紅動遠林. 客子遲歸世味少, 梅花欲落鄕愁深. 翻思昔日狂遊處, 問柳村村興不禁[416].

春懷

澤國逢春日, 陰晴不定天. 草連黃犢外, 江暖白鷗邊. 宿醒[417]仍添病, 疏

415 渚柳: 이본에는 '柳渚'로 되어 있다.
416 禁: 이본에는 '襟'으로 되어 있다.
417 醒: 이본에는 '醉'로 되어 있다.

慵獨飽[418]眠. 旅情渾欲老, 歸思落花前.

春望

春日伽倻國, 江天積厚陰. 柳眠如困酒, 雲倦[419]欲依林. 白鳥冥邊去, 青山雨處沈. 故鄕渾在眼, 寸寸客愁深.

春日卽事

薄霧空濛日欲斜, 天涯芳草客愁多. 春江釀碧魚吹浪, 雨柳胎黃鳥啅[420]芽[421].

春愁

春風日日喚愁生, 勢若屯雲氣未平. 枕上依稀[422]如病酒, 眉頭繚繞似連城. 侵凌鏡裏蕭蕭鬢, 漏洩[423]詩中種種情. 自是旅窓窮有債, 醉鄕安得出奇兵.

【唐詩云, 酒衝愁陣出奇兵.】

---

418 飽: 이본에는 '抱'로 되어 있다.
419 倦: 이본에는 '捲'으로 되어 있다.
420 啅: 이본에는 '啄'으로 되어 있다.
421 芽: 이본에는 '牙'로 되어 있다.
422 稀: 이본에는 '俙'로 되어 있다.
423 洩: 이본에는 '泄'로 되어 있다.

春夢

晝睡矇矓滿眼生, 依稀[424]春夢不分明. 狂[425]隨蝴蝶穿梅巷, 懶逐楊花繞海[426]城. 千里故人猶暫面, 一窓斜日轉多情. 紛紛得喪渾閑事, 悔却從前覔利名.

【蘇子美詩曰, 夢似楊花千里飛.】

聞杜鵑

夜月空山不惜聲, 聲聲似訴自呼名. 怨春啼得多情血, 催却人間白髮生.

【古今註子規呼謝豹, 亦自呼名. 李白詩云, 猿聲催白髮.】

吟公檢池題退庵

1

南國溪山最, 誰爭此澤雄. 雨雲晴不斷, 河漢潤相通. 漠漠天垂遠, 茫茫鳥度空. 鏡湖欣得主[427], 造物屬詩翁.

【杜詩, 楚天不斷四時雨, 蘇子美詩, 潤通曉月爲淸露.】

---

424 稀: 이본에는 '俙'로 되어 있다.
425 狂: 이본에는 '枉'으로 되어 있다.
426 海: 이본에는 '酒'로 되어 있다.
427 主: 이본에는 '立'으로 되어 있다.

2

水色朝昏異, 溶溶自古今. 萍開山影湧[428], 月映桂陰森. 雨氣虹光放, 荷花鷺獨臨. 無邊多野趣, 晚景更沈沈.

【「嶽陽樓記」, 朝輝夕陰, 氣象萬千, 首句卽此意也. 張舜民詩, 浮萍破處見山影. 歐文忠詩, 雨氣晚成虹. 杜牧賦, 復引舟于深灣, 忽八九之紅芰. 白鷺潛來兮, 邈風標之公子, 窺此美人兮, 如悅慕其容媚, 第六句暗用其意.】

3

地古初開闢, 蕭然着退菴. 與鷗爭澗月, 隣嶽護晴嵐. 野服芰荷[429]老, 山奴橘柚添. 江湖豈不好, 憂樂爾相參.

【鄭常詩, 仙衣荷葉老, 東坡詩, 山中奴婢橘千頭, 范文正記, 處江胡湖之上, 則憂其君, 暗用其意.】

王昭君

錯畫蛾[430]眉可奈何, 層城門外卽天涯. 恩輕漢殿黃金乏, 怨入胡山青草多. 社稷豈關顔色重, 琵琶猶向語音訛. 世間此道終難恃, 莫爲佳人更起嗟.

【李白詩, 生乏黃金枉圖畫, 死留青塚使人嗟. 戎昱詩, 社稷依明主, 安危託婦人, 第五句暗用其意.】

---

428 湧: 이본에는 '勇'으로 되어 있다.
429 荷: 이본에는 '花'로 되어 있다.
430 蛾: 이본에는 '蟻'로 되어 있다.

李陵

自負平生大丈夫, 英雄嘆[431]息未應無. 功嫌一髮多慙霍, 愧在千秋合謝蘇. 漢法不饒飛將種, 胡塵虛擲泰山軀. 氈墻[432]白首誠何事, 莫說高人富貴孤.

【遷史云, 死或重於泰山, 或輕於鴻毛, 第六句反用也. 自負猶虛負.】

竹孫

此君淸節自嵯峨, 晩見兒孫更不邪. 頭角祗[433]今看繭栗, 雲雷幾日化龍蛇. 生來拔地能爲直, 力弱當風不受斜. 愛爾欲添高士譜, 首陽之後世無多.

足公檢池詠

漏洩[434]無底壑, 澄處鏡漣漪[435]. 不讓百川水, 能爲千頃陂. 雨過腥[436]草木, 龍臥養鱗鬐. 歲歲自多稼, 厥功誰得知.

431 嘆: 이본에는 '歎'으로 되어 있다.
432 墻: 이본에는 '場'으로 되어 있다.
433 祗: 이본에는 '至'로 되어 있다.
434 洩: 이본에는 '澌'로 되어 있다.
435 漪: 이본에는 '猗'로 되어 있다.
436 腥: 이본에는 '惺'으로 되어 있다.

書懷

去歲都門道, 離程[437]葉政飛. 江南春草綠, 舊客歸不歸.

賀士衡登第

憶君懷玉泣京塵, 折臂詞林已入神. 鵬擊三千雄轉北, 椿回八百始知春. 半生黃卷書中蠹, 未老靑雲路上人. 從此功名如芥拾, 世間何地不通津.

龍灣送曺叔度赴燕京

適菴行李宿春糧, 驢背天涯歲月長. 曾向扶桑觀出日, 重歸上國似還鄕. 卷中鯨海蟠深碧, 囊裏燕山束老蒼. 直待秋風生菊塢, 一簾疏雨話連床.

【叔度曺伸字也, 適菴曺之別號也. 曺與虛菴相善, 虛菴謫義州時, 曺赴京, 虛菴作此詩以贈之, 故曺公記此詩於謏聞鎖錄, 而本集闕載, 必遺失不升, 故書於卷末, 以備後人之覽.】

題加川院壁

鳥窺頹院穴, 人汲夕陽泉. 山水爲家客, 乾坤何處邊

---

437 程: 이본에는 '亭'으로 되어 있다.

木麥笠[438]

誰將木麥種頭邊, 葉盖雙眸不見天. 磨劒十年今始斷, 一朝翻作鳳池蓮.

【右木麥笠詩. 亭生登科, 政院□[439], □呼雲作.】

438 木麥笠: 저본에는 없으나 아래 원주(原註)를 참고하여 표기하였다.
439 □: 마모가 심하여 추정하기 어렵다. 아래도 마찬가지다.

『허암유고』 해제

1. 『허암유고』의 간행과 동산도서관본 『허암유고』의 자료적 가치

『허암유고(虛庵遺藁)』는 허암(虛庵) 정희량(鄭希良, 1469~1502?)의 시문을 모은 문집이다. 『허암유고』는 모두 4번 간행되었다. 송재(松齋) 이우(李堣, 1469~1517)가 지은 「허암유고 서문」에 따르면, 갑자사화(甲子士禍)와 을사사화(乙巳士禍)를 겪으면서 정희량의 글은 흩어지고 없어져서 남은 것이 별로 없었다. 이우는 1510년(중종5) 봄에 퇴재(退齋) 권민수(權敏手, 1466~1517)의 집에 정희량이 의주(義州)와 김해(金海) 두 유배지에서 지은 작품이 있다는 것을 듣고 용재(容齋) 이행(李荇, 1478~1534)과 함께 확인하였다. 이때 권민수와 이행은 이우에게 정희량의 문집 간행을 간곡하게 부탁하였다. 같은 해 겨울에 이우는 강원도 관찰사로 부임하는데, 이듬해인 1511년(중종6)에 강릉 부사 김언평(金彦平, ?~1514)에게 부탁하여 목판본으로 『허암유고』를 간행하였다. 이것이 초간본(初刊本)이다. 계명대학교 동산도서관 소장본 역시 이 초간본이다. 초간본은 계명대 이외에 고려대학교 만송문고와 성암고서박물관의 두 곳에 더 소장되어 있다. 이우는 3권 1책의 『허암유고』 초간본을 편집하면서, 정희량의 유배 이전 작품인 몇몇 과문(科文)은 제외하고, 두 곳 유배지에서 지은 시들만 묶었다. 곤궁한 조건에서 나온 빼어난 작품이라는 평가가 있지만, 남아 있는 작품의 실상에 따른 것이었다.

초간본은 사대부들 사이에 널리 전해지고 인구에 회자되었으나 임진왜란을 겪으면서 별로 남지 않았다. 정희량의 방손 정조(鄭造, 1559~1623)가 경상도 관찰사로 부임한 뒤 1621년(광해군13)에 『허암유고』를 초간본의 편차에 따라 목활자로 다시 간행하였다.[440] 이때 진사 문계박(文繼朴)이 글자를 새기고 교정해서 인쇄하는 과정 전반을 감독했는데, 문계박은 정조의 오랜 친구로 활자의 원리에 대한 이해가 깊었던 인물이다. 이것이 중간본(重刊本)이다. 현재 목록류에서 문계박자(文繼朴字)로 표기되고 있다. 규장각과 국립중앙도서관 등에 소장되어 있다.

1897년 방손 정광숙(鄭光淑)이 초간본에 실리지 않은 정희량의 일부 시문과 그의 죽음을 애도한 사우들의 추도시, 역사서와 각종 시문에 기록되어 있는 정희량에 관한 글, 동문록, 사우록 등을 모아 3권 1책의 속집(續集)을 만들어 원집(原集)과 함께 목활자로 간행하였다.[441] 이때 정광숙이 주관하고 정홍석(鄭鴻錫), 정면석(鄭冕錫)이 교감하였다. 이것이 삼간본(三刊本)이다. 규장각, 국립중앙도서관, 장서각, 성균관대학교 존경각 등에 소장되어 있다.

1930년 저자의 후손들이 호서(湖西)에 사는 15세손 정영근(鄭英根) 집안과 양평(楊平)에 사는 11세손 정광염(鄭光炎) 집안에서 유집 2권을 구하

---

440 鄭造, 「虛庵遺藁跋」, 『『虛庵遺藁』(重刊本)』, "自是傳布於縉紳間, 膾炙人口者久矣. 壬辰兵燹, 蕩然無復有存者於先生, 雖無損益, 而其不幸如何? 余幸得一本於宗丈僉知鄭欽家, 愛玩不釋, 每欲重刊廣布 而不可得者 有年矣, 適按嶺南 先印世稿, 繼印是書."

441 鄭光淑, 「虛庵遺集續集跋」, 『『虛庵遺集』』, 한국문집총간 18, 76면, "不肖寡陋, 雖欲廣採逸文, 代之傳十葉, 歲之過三百, 奈之何哉. 僅輯魚幻蠹食之餘, 以成一卷冊子爲續集, 幷原集付于剞劂氏."

였다. 그리고 정주에 사는 14세손 정종하(鄭宗夏)와 정종은(鄭宗殷) 형제 등이 유림의 도움으로 1940년에 연활자로 증보·간행하였다. 이것이 사간본(四刊本)이다.

계명대학교 동산도서관 소장 『허암유고』는 세 가지 측면에서 매우 귀중한 자료이다. 우선, 임진왜란 이전에 출간된 초간본이라는 점에서 매우 귀중하다. 임진왜란 이전의 초간본은 임진왜란이 끝난 직후인 1600년대 초반에도 별로 남아 있지 않아 1621년에 중간했을 정도로 희귀하였다. 400년이 더 지난 지금은 말할 것도 없다.

둘째, 시제(詩題)나 시어 및 연작시 배열 순서가 저자의 처음 의도에 가까우므로 저자의 의도를 파악하는 데 매우 중요한 자료이다. 『허암유고』 초간본과 삼간본을 비교하면 작품 배열과 작품 수에서는 큰 차이가 없고 글자의 출입이 많은 편인데, 삼간본을 출간할 때 교감하면서 수정한 것으로 보인다. 원뜻을 해치는 정도는 아니지만, 그래도 초간본의 시어가 시의 원뜻에 맞는 경우가 더 많다. 삼간본에는 연작시의 배열 순서를 바꾼 경우가 있다. 「감회가 있어[有懷]」라는 작품은 유배지 의주에서 그리운 벗 13명과의 추억을 13수 연작시로 읊은 시이다. 초간본은 남곤(南袞), 박은(朴誾), 김천령(金天齡), 홍언충(洪彦忠), 이행(李荇), 김경유(金景劉), 권민수(權敏手)·권달수(權達手) 형제, 안침(安琛), 이우(李堣), 김종필(金終弼), 이장곤(李長坤), 신사중(申思仲), 황숙도(黃叔度) 순서로 배열되어 있다. 그러나 삼간본은 남곤에 대해 읊은 시를 이행 다음, 즉 5번째 위치에 배치하였다. 나머지 순서는 동일하다. 이는 남곤에 대한 후인들의 부정적인 인식을 반영하여 삼간본 편집자들이 의도적으로 순서를 바꾼 것으로 보인다.

셋째, 동산도서관본 『허암유고』에는 이 책을 소장했던 누군가가 찍은 '권점(圈點)'이 있다. '권점'은 중요하거나 잘된 구절에 동그라미를 치거나 점을 찍은 것을 말한다. 『허암유고』 초간본의 권점은 소장자의 시에 대한 안목과 감수성을 보여줄 뿐만 아니라 정희량의 시를 깊이 이해하는 자료가 된다.

동산도서관본 『허암유고』는 이 세 가지에 더해서 글자가 선명하고, 훼손된 부분이 없는 등 보존 상태가 양호한 점을 인정받아 2013년 10월 30일 대구광역시 유형 문화재로 지정되었다.

2. 작자 정희량

정희량은 자가 순부(淳夫), 호가 허암(虛菴) 또는 산은(散隱)이며, 본관이 해주(海州)이다. 조부는 정침(鄭忱, 1424~1485), 부친은 정연경(鄭延慶)이고, 모친은 청주(淸州) 경간(慶侃)의 딸이며, 부인 최씨는 강릉 최진(崔璡)의 딸이다.

허암은 점필재 김종직(金宗直, 1431~1492)의 문인이다. 1495년(연산군1) 27세 11월, 문과에 급제하여 이듬해 예문관 검열에 발탁되었고, 같은 해 12월 15일에 신용개(申用漑), 김일손(金馹孫), 남곤(南袞), 성중엄(成重淹), 홍언충(洪彦忠), 박은(朴誾) 등 14인과 함께 사가독서할 사람으로 뽑혔다. 1498년(연산군4) 30세 가을에 탁영(濯纓) 김일손(金馹孫)의 옥사가 발단이 되어 의주로 귀양을 갔다. 무오사화(戊午士禍)이다.

무오사화는 1498년 7월에 유자광(柳子光), 윤필상(尹弼商), 노사신(盧思愼), 한치형(韓致亨), 이극돈(李克墩), 신수근(愼守勤) 등 훈구 대신들이 사초 문제로 김종직(金宗直, 1431~1492)의 문도들을 일거에 숙청한 사건이다. 정희량은 강경서(姜景敍), 이수공(李守恭), 정승조(鄭承祖)와 함께 난언(亂言)한 것을 알면서도 고발하지 않았다는 이유로 곤장 1백 대를 맞고 3천 리 밖으로 추방되었다.

정희량은 의주(義州)로 유배되었다가 1500년(연산군6) 5월 7일 김해(金海)로 이배되었다. 김해에서, 1501년(연산군7) 1월에 모친상을 당했다. 권별(權鼈)의 『해동잡록(海東雜錄)』에 따르면 허암이 "모친상을 당했지만 부음을 듣고 당장 달려갈 수 없었다. 그래서 항상 우울했으나 하늘에 호소할 길이 없었다. 수로왕릉(首露王陵)이 제법 영험하다는 말을 듣고 애절하게 호소하는 글을 지었는데, 성명을 쓰지 않고 '정(鄭)' 자를 나누어 '전(奠)'과 '읍(邑)' 두 자로 파자해서 적었다. 그날 밤 꿈에 매우 헌걸차고 겹눈동자를 한 신인이 나타나 정희량을 불러 '너는 풀려날 것이다.'라고 하였다. 허암은 꿈을 깨고 나서 친구들에게 알리고, 또 기록해서 간직했는데, 그해 겨울 해배되어 고향으로 돌아갔다."라고 한다. 허암은 1501년 9월에 윤필상, 한치형, 강경서, 이수공, 정승조 등과 함께 해배되었다.

고향으로 돌아온 정희량은 고양(高陽)에서 시묘살이를 하였다. 그러나 연산군의 비행(非行)으로 국사가 그릇되자 근심과 울분에 병에 걸렸다가, 1502년 5월 5일에 조강(祖江)에 빠졌다. 남겨진 옷으로 고양의 선영에 장사지냈다. 조신(曺伸)은 『소문쇄록(謏聞瑣錄)』에 정희량의 죽음을 다음과 같이 기록하였다.

> 어느 날 혼자 나가서 언덕을 이리저리 거닐었는데, 어린 종이 찾아오자 그를 속여서 "너는 나를 위해 필관채(筆管菜)를 뜯어 오너라. 내가 먹고 싶구나!"라고 하였다. 어린 종이 돌아왔을 때는 이미 그가 보이지 않았다. 이에 집안사람들이 사방으로 흩어져 찾았으나 종적이 보이지 않자 '분명히 물에 빠져 죽었을 것이다.'라고 하였다. 해평군(海平君) 정기수(鄭耆叟)가 바로 정군의 친족인데 연산군에게 아뢰어 그를

> 찾아 줄 것을 청했으나 연산군은 "미친놈이 달아나서 죽었는데 무엇 때문에 찾는가!"라고 하였다. 끝내 종적이 끊어졌는데, 당시 그가 죽지 않았다고 의심하는 사람도 있었다.

위의 기록을 보면, 조강 가에 정희량의 의복만 있고 그의 흔적을 찾을 수 없어서 사람들은 그가 조강에 빠져 죽었을 것으로 생각하였다. 그래서 그의 친족인 정기수가 연산군에게 찾아 줄 것을 청했으나 연산군은 미친놈을 무엇 하러 찾느냐고 거절하였다. 『연산군일기』 8년(1502) 5월 14일 기사에, 정희량이 고양군에서 어머니의 묘를 지키다가 병에 걸려 풍덕현(豐德縣) 종의 집으로 잠시 거주했는데, 이내 도망쳐서 간 곳을 알 수 없었다. 승지들이 연산군에게 "정희량은 오랫동안 경연에서 모시던 사람인데, 지금 미친 병을 얻어 집을 나가서 간 곳을 알 수 없으니, 경기와 황해 두 도의 감사에게 널리 찾도록 하소서."라고 청하였다. 그러나 연산군은 "착하지 않은 사람을 무엇 때문에 찾겠는가?"라고 거절하였다. 정희량의 죽음에 대해 사신(史臣)은 어떤 사람은 갑자사화가 일어날 것을 미리 알고 죽었다고 하고, 또 어떤 사람은 '거짓 미쳐 세상을 피하며 지금도 아직 살아있다.'라고 한다고 하였다.

정희량의 죽음에 대해서는 두 가지 시각이 있는데, 첫째는 물에 몸을 던져 자결했다는 쪽이다. 이우의 「허암유고 서문」을 보면, 정희량은 무오사화의 변고를 당해 오랫동안 귀양지를 떠돌다가 사면되어 고향에 돌아온 지 얼마 안 되어 큰 사단(甲子士禍)이 일어날 것을 미리 알고 강물에 빠져 죽었다. 몇 년이 못 되어 그와 함께 유배되었던 사람들이 거의 다 죽임을 당했는데, 그만 홀로 기미를 알아 자결함으로써 그 집안을 온전히 지켜내었으니 지혜롭다 할 만하다고 하였다.

둘째는 죽음을 위장한 뒤에 승려 등으로 변장해서 세상을 떠돌아다녔다는 쪽이다. 김안로(金安老)의 『용천담적기(龍泉談寂記)』에, 묘향산 어느 옛 절에서 한 승려를 만났는데, 비록 스스로 추위에 떨며 구걸하지만, 세속 승려의 행동이 아니어서 마음속으로 이상하게 여겼다. 훗날 그를 찾아 다시 방문했으나 이미 그가 간 곳을 알 수 없었는데, 그는 허암이 틀림없다고 하였다. 또 가천원(加川院)의 벽에 두 편의 시가 적혀있는데, 아래의 시는 그중에 한 편이다.

새는 무너진 담 구멍 엿보고	鳥窺頹垣穴
사람은 석양의 샘물 긷누나	人汲夕陽泉
산수를 집으로 삼는 나그네	山水爲家客
하늘 땅 어딘들 끝이 있으랴	乾坤何處邊

용재 이행이 마침 거기를 지나다가 "이 시는 반드시 허암이 지은 것이다."라고 하고 가천원 주인에게 물으니, "납의를 입은 승려가 조금 전에 이곳을 지나다가 쓴 것입니다."라고 하였다. 이행은 함께 간 사람에게 찾도록 했는데 찾지 못하였다.

이상을 정리하면 정희량은 무화사화에 연루되어 의주와 김해에 유배되었다가 돌아온 뒤에 어머니 묘를 지키던 중 강가에 의복만 남긴 채 홀연히 잠적하였다. 사람들은 정희량이 강에 빠져 자결했다고도 하고, 승려로 변장해서 세상을 떠돈다고 하며, 또 신선이 되었다고 한다. 요컨대 견결(堅決)한 젊은 지식인과 당시 현실의 괴리를 잘 보여주는 비극적인 사례다.

3.『허암유고』의 시 세계

동산도서관본 『허암유고』는 3권 1책으로, 269제(題) 351수(首)의 시가 실려 있다. 1, 2권은 의주에서 지은 시 169제 240수가, 3권은 김해에서 지은 시 100제 111수가 창작 시기 별로 편집되어 있다.

허암 정희량은 서른넷의 젊은 나이에 세상과 결별을 했지만, 그의 시는 당대에 이미 저명했다. 그는 박은, 이행, 홍언충과 함께 연산조의 문장사걸(文章四傑)로 추앙되었고, 「산은설(散隱說)」, 「혼돈주가(混沌酒歌)」, 「압록강 봄의 조망[鴨江春望]」 등 작품 10편이 『속동문선(續東文選)』에 수록되었다. 또한 『국조시산(國朝詩刪)』에 8수, 『기아(箕雅)』와 『대동시선(大東詩選)』에 각각 6수가 수록되는 등 후대에도 높은 평가를 받았다. 송재 이우는 정희량의 시를 읽고 다음과 같이 평가하였다.

> 내가 받아서 읽어보니 그 통쾌하고 뛰어난 묘미가 예전에 얻은 것들에 비해 월등하니, 오랜 귀양살이와 나그네의 시름으로 인한 곤궁과 울분의 감정이 격동케 한 것이 아니겠는가. 고인이 '곤궁할수록 시가 공교해진다.'라고 한 것이 바로 이를 두고 말하는 것이다.

『허암유고』에 실린 시는 고향과 부모 그리고 친구에 대한 그리움, 유배지에서의 곤궁함, 변방에서 헛되이 보내는 시간에 대한 한탄, 현실 정치에 대한 분노 등의 감정을 격렬하게 쏟아내고 있다. 그래서 전체적으로 암울한 색채를 띠고 있다. 그런 가운데에서도 임금을 향한 충심과 '오도(吾道)는 올곧다'는 신념, 현실의 부조리에 타협하지 않는 절개, 시에 대한 강한 자부심 등을 이따금 분출하였다. 그러나 석방이 되지 않는 데 대한 좌절과 체념, 오랜 고립과 심한 내적 갈등 등이 어우러지면서 일체의 문명과 제도를 부정하고 개인의 절대적 자유를 꿈꾸는 시를 짓기도 하였다.[442] 심지어 현실을 부정하는 허무주의와 염세적 색채를 드러내기도 하였다. 여러 측면 중에 부모와 친구에 대한 그리움, 자신의 정치적 이상, 시에 대한 자부심, 개인의 절대적 자유를 꿈꾼 시 등에 대해 간단하게 살펴보자.

1) 고향과 부모 및 친구에 대한 그리움

정희량의 시에서 가장 많이 보이는 것이 고향과 부모 및 친구에 대한 그리움을 절절하게 읊은 것이다.

아버지께서 손수 쓰신 편지를 받고[得家君手書]

고향서 오는 소식 없더니	故國無消息
오늘 아침에야 좋은 기별이 왔네	今朝得好音
옷에는 자애로운 어머니 손길 더했고	衣添慈母線
글자에는 연로하신 아버지 마음 담겼네	字寄老君心
먼 이별에 유배객 더욱 시름겹고	遠別羈愁益
그리울수록 세월만 깊어가네	相望歲月深
아쉬운 마음에 괜히 쯧쯧 탄식하는데	含情空咄咄
지는 해는 높은 숲 아래로 내려오누나	薄日下高林

442 임형택, 『한국문학사의 시각』, 창작과 비평사, 1999, 407쪽.

김해에서 지은 시이다. 정희량은 1500년(연산군6) 5월에 북쪽 끝 의주에서 남쪽 끝 김해로 유배지를 옮겼다. 정희량의 조부 정침(鄭忱)은 방목(榜目)에 거주지가 서울로 되어 있고, 유배에서 풀려난 허암은 고양(高陽)에서 그 모친의 시묘살이를 하였다. 의주에서 김해로 유배지를 옮기면서 정희량은 고양과 서울을 경유했을 것이다. 그럼에도 가족을 만나지 못한 마음이 어떠했을까. 부모가 보낸 편지와 옷을 유배지에서 받은 자식의 마음은 평이한 시어로 담담하게 드러나 있다. 다음은 친구에 대한 그리움을 읊은 시이다.

내가 사랑하는 박중열은	我愛朴仲說
갠 날의 달처럼 속마음 깨끗하지	肝膽如霽月
세상일 잊고 물고기 구경할 때	相忘到濠梁
지극한 즐거움 서로 똑같았네	至樂相與敵
매화 핀 창에는 봄비 소리 들리고	梅窓響春雨
초가엔 밤에 눈 내리는 소리 울리네	草屋鳴夜雪
술잔 들 땐 반가운 눈빛 짓고	把酒作青眼
시 논할 땐 붉은 촛불 돋우었네	論詩跋紅燭
이런 진실한 흥취 말할 때면	謂言此趣眞
아이들 알까봐 늘 두려웠지	常恐兒輩覺
세상일이 이와 같고 보니	世事乃如此
아! 조물주, 깜짝 놀랍구나	造物吁可愕

의주에서 지은 작품으로, 그리운 친구 13명과의 추억을 읊은 13수 연작시 중 제2수이다. 읍취헌(挹翠軒) 박은(朴誾)을 읊었는데, 중열(仲說)은 박

은의 자이다. 이 시는 크게 두 부분으로 나뉜다. 전체 12구 중에 앞의 6구는 박은의 고매한 인품을, 뒤의 6구는 박은의 시에 대한 열정을 비유하였다. 앞부분에서 정희량은 박은의 속마음을 '갠 날의 달[霽月]'이라 표현하였다. '갠 날의 달'은 '광풍제월(光風霽月)' 곧 '비가 갠 뒤의 맑게 부는 바람과 밝은 달'을 뜻하는 말로 박은의 고매한 인품을 상징하는 자연이다. 또 두 사람은 세상일을 잊고 물고기를 구경할 때 지극한 즐거움을 느낀다고 하였다. 이때의 지극한 즐거움은 무엇일까? '기심(機心)'이 없는 물고기의 움직임을 통해 자연의 이치를 깨닫는 데에서 오는 흥취일 것이다. 그리고 그와의 많은 추억 중에 매화 핀 창에 들리는 봄비 소리와 깊은 밤 초가지붕에 눈이 내리는 풍경을 읊었다. 두 풍경 역시 속기 한 점 없는 청징한 자연을 상징한다. 정희량은 '제월(霽月)', '호량(濠梁)', '매화[梅]', '눈[雪]'과 같은 시어를 사용하여 박은의 고매한 인품과 속기 한 점 없는 청징한 정신을 강조한 것이다.

뒷부분에서는 분위기가 반전된다. 함께 술을 마실 때는 '반가운 눈빛[靑眼]'을 짓지만, 시에 관해 토론할 때는 꺼져가는 촛불을 돋우어가며 밤새 치열하게 토론한다. 토론이 얼마나 치열했는지 잠자는 아이들이 깰까 두려울 정도였다. 두 사람은 조선 중기의 해동 강서 시파(海東江西詩派)를 대표하는 시인이다. 두 사람 모두 시에 관해서는 당대를 대표하는 시인이었던 만큼 토론이 치열하였다.

2) 현실 참여 의지와 시에 대한 자부심

정희량은 유배지에서 실의에 빠져 외롭게 지내면서도 가끔 다시 정치에 참여하여 자신의 이상을 실현하고픈 의지가 터져 나왔다.

취해서 노래하다[醉歌]

그대 보지 못했나	君不見
신야의 구름 일군 노인네와	莘野耕雲叟
위수에서 낚시하는 늙은이를	渭川釣魚翁
하나같이 산림의 일개 범부였지만	俱是山林一凡夫
때를 만나 교룡처럼 몸을 떨쳤지	時來奮迅如蛟龍
사내의 곤궁과 영달을 알 수 없다지만	男兒窮達未可知
지금 나는 가을 쑥처럼 귀밑머리만 쇠었네	我今衰鬢生秋蓬
소매 속에서 십년을 간 검을 어루만지니	袖裏摩挲十年劒
세상에서 누가 영웅이 될까	世間何者爲英雄

의주에서 지은 작품이다. 우선 1, 2구에서 이윤(伊尹)과 강태공(姜太公)을 언급하였다. 이윤은 신야(莘野)에서 농사짓고 살다가 은(殷)나라 탕왕(湯王)의 간곡한 부름을 받고 마침내 출사하여 탕왕을 도와 하(夏)나라 걸왕(桀王)을 몰아내고 천하를 통일한 인물이다. 강태공은 위수(渭水) 가에서 낚시하며 은둔하다가 주(周)나라 문왕(文王)에 의해 발탁되었고, 뒤에 무왕(武王)을 도와서 은(殷)나라 주왕(紂王)을 몰아내고 주나라를 건국한 인물이다. 정희량이 이들을 언급한 이유는 두 사람은 산림에서 농사짓고 강에서 낚시나 하던 보통 사람이었지만, 때를 만나 하늘로 승천해서 용이 된 교룡이기 때문이다. 그래서 남아의 곤궁와 영달은 알 수 없다고 하면서 자신이 비록 변방에서 쓸쓸히 늙고 있지만, 소매 속에 10년을 간 검을 감추고 있으므로 훗날 누가 영웅이 될지를 한번 보라고 한다. 강한 자부심이다.

정희량이 외롭고 고통스러운 귀양 생활에서 그나마 버틸 수 있었던 것은 바로 시이다. 그래서 문집 곳곳에 시에 대한 자부심을 강하게 드러내었다.

직경의 시에 차운하다[次直卿韻]

천 년토록 이름난 강서 시인 몇 명뿐인데　千載江西只數君
어지러이 남은 사람들 구름처럼 흩어졌네　紛紛餘子散如雲
하늘 가르침의 정통 우리에게 달렸으니　天敎正脈關吾輩
구양수와 매요신만 고문 창도한 게 아니라네　不獨歐梅唱古文

우암(寓菴) 홍언충(洪彦忠, 1473~1508)의 시에 차운한 작품이다. 칠언절구에다 당대 최고의 시인이라는 자부심을 드러내었다. 일세를 풍미했던 소식, 황정견, 진사도 등과 같은 강서 시파(江西詩派) 문인들은 모두 사라지고 없을 뿐만 아니라 강서 시풍 역시 중원 땅에서 희미하다. 그러나 하늘은 강서 시풍의 부활을 정희량, 박은, 이행, 홍언충 등과 같은 조선의 문인들에게 맡겼다. 정희량은 고문 창도는 중국에서만 이루어지는 것이 아니라 조선에서도 이루어질 수 있음을 강조하며, 그 중심에는 자신과 같은 '해동 강서 시파'가 있음을 자부하였다. 강서 시풍에 대한 칭송과 이를 추구하는 자부심 등이 「감화가 있어[有懷]」 13수 중 박은에 대해 읊은 시, 「직경과 중열에게 부치다[寄直卿仲說]」, 「직경의 시에 차운한다[次直卿韻]」, 「계문의 시에 차운하다[次季文韻]」 등의 작품에 잘 드러나 있다. 이러한 자부심은 같은 시풍을 추구하던 친구들에 대한 믿음과 자신감에서 나온 것이다.

3) 자유를 꿈꾸며

정희량의 시는 전반적으로 암울한 색채를 띠지만, 그래도 의주에 있을 때는 내심 곧 사면되어 고향으로 돌아갈 수 있다는 희망을 품고 있었다. 그러나 1500년 5월 7일 김해로 이배되면서 그 희망은 부서졌다. 그는 현실에 대해 절망하고 좌절하면서 현실 세계를 초월하거나 몽환적인 시를 읊기도 하였다. 개인의 자유와 연결되는 내용을 발견할 수 있다. 「밤에 앉아 차를 달이며[夜坐煎茶]」, 「혼돈주가(混沌酒歌)」가 대표적이다. 특히, 「혼돈주가」는 정희량의 대표 작품으로, 『속동문선』에도 수록되어 있을 뿐만 아니라 허균(許筠)이 『성수시화(惺叟詩話)』에서 "그의 혼돈주가는 너무나도 훌륭해서 소동파와 매우 흡사하다."라고 칭송하였다. 이 작품은 원대한 포부가 유배로 인해 좌절되면서 세상에 대한 실망과 울분을 술로서 달래고, 더 나아가 현실을 초월하려는 의지를 담고 있다.

한 잔 술에 신령과 통하니	一飮通神靈
우주가 열릴 듯이 아득해지고	宇宙欲闢猶蒙矓
두 잔 술에 자연과 하나 되니	再飮合自然
혼돈을 빚어 홍몽을 초월하여	陶鑄渾沌超鴻濛
손으론 혼돈 세상을 어루만지고	手撫渾沌世
귀로는 혼돈 세상의 소리를 듣네	耳聽渾沌風
이 광대한 취향은 내가 주인이니	醉鄕廣大我迺主
사람이 아닌 하늘이 준 작위라네	此爵天爵非人封
구차하게 두건을 어디에 쓰리오	何用區區頭上巾
도연명도 참 시시한 사람이구나	淵明亦是支離人

「혼돈주가」의 결말 부분이다. 정희량은 혼돈주(混沌酒)라고 이름붙인 막걸리를 마시고 취해 즐기면서 일체의 가치를 부정하였다. 유가의 성현이 아닌 혼돈주를 스승으로 삼아 천성을 보존한다고 하고, 천지 만물과 자기 자신이 분별을 넘어선 혼돈 상태에 이른다고 하였다. 특히, "이 광대한 취향은 내가 주인이니, 사람이 아닌 하늘이 준 작위라네[醉鄕廣大我迺主, 此爵天爵非人封]"라고 하며, 일체의 문명과 제도를 부정하고 개인의 절대적 자유를 그리고 있다.

『허암유고』는 성균관대학교 대동문화연구원의 '이조명현집' 시리즈에 포함되어서 비로소 널리 학술 자료로 이용되었다. 거기에 실린 해제는 『허암유고』의 첫 해제로 학술적으로 의미가 있으므로, 필자이신 임형택 선생님의 허락을 얻어 「허암유고에 대하여」라는 제목으로 이 책의 첫머리에 함께 실어둔다.

2022년 11월 28일

김윤조

역자 후기

계명대학교 동산도서관 소장 고문헌 번역총서의 여섯 번째 결과물로 허암(虛庵) 정희량(鄭希良)의 『국역 허암유고』를 내놓는다. 동산도서관 소장 『허암유고』는 임진왜란 이전에 간행된 초간본이라는 면에서 매우 귀중할 뿐만 아니라 시제(詩題)나 시어 및 연작시의 배열 순서가 저자의 의도에 가까운 면에서도 중요한 자료이다. 게다가 훼손된 부분이 없고 글자가 선명하여 초간본 중에 선본이다. 이런 점을 인정받아 2013년 10월 30일 대구광역시 유형문화재로 지정되었다.

이 책은 앞서 출간한 『천사일로일기』 및 『학음집』의 경우와 마찬가지로 윤독을 하고 그 결과를 정리한 것이다. 계명대 한문교육과 김윤조 교수님, 이지안 한국국학진흥원 연구원, 그리고 고려대 박사과정에 재학 중인 김민구, 김세연 동학과 필자가 한 팀이 되어, 2021년 1월 2일부터 매주 한 차례씩 윤독을 진행하여 같은 해 11월 중순에 전체 번역을 마쳤다. 『허암유고』는 여러 차례 간행이 되었지만 규장각 소장본 곧 한국문집총간 수록본을 작업을 위한 대조본으로 하였다. 번역과 원문의 각주에서 '이본'이라고 한 것은 모두 규장각본 『허암유고』를 가리킨다. 초간본이자 저본인 계명대 소장본과 삼간본인 규장각본의 서로 다른 곳이 400곳 이상이라는 점은 허암 시 이해를 위해서는 따로 연구를 필요로 하는 과제로 보인다.

간행을 위한 작업이 한창이던 시기에 건강의 문제로 김윤조 교수님은 잠시 학교를 떠나 계셨다. 그래서 작업은 이종한 동산도서관장님과 이지안 선생님, 그리고 필자가 담당하였다. 이지안 선생님은 전체 원고를 하나로 모으고 정리하였고, 이종한 관장님은 전체 원고를 교열하셨다. 특히, 이종한 관장님께서는 바쁜 시간을 내셔서 원고 전체를 꼼꼼하게 읽어주셨다. 깊은 감사의 인사를 올린다. 그리고 학업에 바쁜데도 시간을 내어 작업에 참여해 준 김민구, 김세연 두 동학에게도 감사를 표한다.

허암 정희량은 무오사화에 연루되어 의주(義州)와 김해(金海) 두 곳에 유배되었다. 동산도서관 소장 『허암유고』는 이 두 곳의 유배지에서 지은 시만 수록하고 있다. 시는 전체적으로 암울한 색채를 띠는 가운데 몇 작품은 현실을 부정하는 허무주의와 염세적 색채를 드러내기도 한다. 이 역서의 발간을 계기로 허암 정희량의 시문학에 관한 연구가 한층 더 깊어지기를 바란다.

역자를 대표하여, 황동권

찾아보기

ㄱ

ㄴ

ㄷ

ㅁ

ㅂ

ㅅ

ㅇ

ㅈ

ㅊ

ㅌ

ㅍ

ㅎ

옮긴이 소개

김윤조

계명대학교 한문교육과와 성균관대 대학원 한문학과를 졸업하고, 한국고전번역원의 연구 과정을 수료하였다. 현재 계명대학교 한문교육과 교수로 재직하고 있다. 역서로 『고운당필기(古芸堂筆記)』(한국고전번역원, 2020, 공역), 『학음집』(계명대학교 출판부, 2021, 공역) 등이 있다.

이지안

계명대학교 한문교육과와 동 대학원 국어국문학과(한문학 전공)를 졸업하고, 경북대학교 한문학과 박사과정을 수료하였다. 한국국학진흥원 부설 한문연수원을 졸업하고, 현재 한국국학진흥원 전임연구원으로 재직하고 있다. 역서로 『송재집(松齋集)』(2018, 한국국학진흥원, 공역), 『해창집(海窓集)』(2019, 한국국학진흥원, 공역) 등이 있다.

황동권

계명대학교 대학원 국어국문학과(한문학 전공)에서 문학박사 학위를 받았다. 역서로 『국역 경설유편』(2017, 한국국학진흥원, 공역), 논문으로 「자희옹(自喜翁) 최치덕(崔致德)의 『역대사기(歷代史記)』 연구」(2018) 등이 있다.

감수자 소개

이종한

계명대학교 인문국제학대학 중국어중국학과 교수, 동산도서관장. 한유를 위시한 중국 산문 연구와 고전 번역에 관심을 두고 있다. 『한유산문역주』(전5권, 2013년 대한민국학술원 우수도서) 등을 출간하였다.

계명대학교 동산도서관 소개

계명대학교 동산도서관은 『용비어천가』 등 23종 97책의 국가 지정 문화재(보물)와 『대구읍지』 등 8종 18책의 대구광역시 유형 문화재를 포함하여 79,000여 점의 고문헌을 소장한 우리나라의 대표적인 고문헌 소장 기관으로, 전시회 개최, 목록과 해제집, 번역서 발간 등을 통하여 전통문화 유산의 체계적 관리와 한국학 연구의 증진에 기여하고 있다.